동아시아
문화 교류와
이동의 기록

한국 언어·문학·문화 총서

4

동아시아 문화 교류와 이동의 기록

허경진 편

보고사

동아시아 문화교류
강의에서 단행본까지

한국한문학은 한국과 한문학이라는 두 개의 이질적인 단어가 합해진 말인데, 한국은 우리나라지만 한문학은 한자로 된 문학이어서 중국은 물론 한국이나 일본, 베트남 등에서도 창작되었다. 한국한문학은 한국 안에서 한국인끼리 주고받은 작품이 대부분이지만 중국에 가서 지은 작품도 있고, 일본에 가서 지은 작품도 있다. 물론 중국인이나 일본인이 한국에 와서 한국인과 주고받은 작품도 많다. 한자가 동아시아 공통문자였기에, 한자를 아는 지식인이라면 외국인의 한문학 작품을 번역하지 않고도 읽을 수 있었다.

연세대학교 국문과는 2006년 BK21사업의 주제를 「한국언어·문학·문화 국제인력양성」으로 정하여 많은 성과를 내었고, 2013년 BK21플러스사업에는 「한국언어·문학·문화 국제창의인력양성」으로 주제를 정해 참여하였다. 한국한문학 연구자들도 이러한 주제에 맞춰 「동아시아 문화교류와 이동의 기록」이라는 방향을 정하고 다양한 강의를 개설했으며, 학생들에게 작은 주제를 정해서 집중적으로 연구하게 하였다. 학기 첫 주에 발표 제목이 정해지면 두어 차례 발표하면서 기말보고서의 틀을 잡아가고, 강의가 끝난 뒤에는 학생들끼리 강독회를 꾸려 논문 형식으로 다듬게 했으며, 국내외 학술대회에서 발표하여 다른 학자들의 의견을 듣게 하였다.

BK21사업이 시작된 첫 학기(2006년 2학기)에 「동아시아문화교류연구」 강의를 개설하고 2008년 1학기에 「해외한국전적자료조사」 강의를 개설하였는데, 문화교류의 다양한 양상 가운데 한일교류에 주목하여 통신사(通信使) 연구에 집중하였다. 대학원생들과 함께 국내외 도서관, 주로 일본의 국회도서관과 공문서관을 집중적으로 조사하여 100여종의 필담창화집과 사행록을 복사하였다. 2006년에『계미통신사 사행문학연구』라는 논문으로 박사학위를 받은 구지현선생이 연세대학교 국어국문학과 BK21사업단에 신진연구인력으로 참여하여 대학원생들과 함께 자료를 정리하고, 이 자료를 바탕으로 하여 2008년 한국연구재단 토대연구를 신청하여『조선후기 통신사 필담창수집의 수집·번역 및 데이터베이스 구축』이라는 연구과제를 3년 동안 수행하였다. 국제인력양성 교육을 받은 대학원생들이 연구보조원으로 참여하여 국내외에서 현장학습을 체험했으며, 원문과 번역문을 합하여 200자원고지 5만매의 연구성과를 50권 단행본으로 출판하는데 커다란 역할을 하였다. 이 과정에서 100여종의 필담창화집 데이터베이스를 바탕으로 하여 대학원생들이 국제학술대회에 개별발표를 신청하여 영어, 중국어, 일본어, 또는 한국어로 발표하였으며, 국내 학회지에도 수많은 소논문을 투고하여 게재하였다.

해외 학국학 국제학술대회 가운데 가장 규모가 크고 수준이 높은 학회가 유럽한국학회(AKSE)인데, 우리 대학원생들은 제25회(2011년 모스크바국립대학) 학술대회에서 동아시아 여행기를 주제로 패널을 조직하여 박노자 교수(노르웨이 오슬로대학)를 지정토론자로 하여 발표하였고, 제26회(2013년 비엔나대학)에서는 동아시아 시화를 주제로 패널을 조직하여 아나스타시아 구리예바교수(러시아 상트페테르부르그대학)을 지정토론자로

하여 발표하였다. 올해에는 제27회 대회가 독일 보훔대학에서 열리는데, 이미 작년에 동아시아 여행기를 주제로 스위스 제네바대학의 엠마뉘엘 게 교수와 함께 패널을 조직하여 초청받았다. 유럽한국학회를 비롯한 수많은 국제학술대회나 프로젝트 결과를 정리한 논문들이 이 책에 주제별로 편집되었다.

BK21사업과 BK21플러스사업을 진행하는 동안 해외 석학을 여러 차례 초청하여 강연을 들으며 연구방향을 제시받았는데, 이 가운데 여러분들이 유럽한국학회(AKSE)를 비롯한 국제학술대회에서 우리와 함께 패널을 조직하여 발표하거나, 지정토론자로 도와주었다. 이 책에는 그분들 가운데 장뼈웨이(張伯偉, 중국 남경대학) 교수의 강연원고를 실었다. 우리 주제에 맞는 강연을 부탁하였기 때문이다. 우리가 초빙한 해외석학 가운데 엠마뉘엘 게 교수(스위스 제네바대학)은 필자와 공동으로 동아시아 여행기 연구를 진행하고 있으며, 자오지(趙季, 중국 남개대) 교수도 필자와 함께 「중조삼천년시가교류계년(中朝三千年詩歌交流繫年)」이라는 주제를 중국전국철학사회과학규획판공실(中國全國哲學社會科學規劃辦公室)에 신청하여 "2014년 사과기금중대항목(社科基金重大項目)"으로 선정되었다. 4년 동안 중간 학술대회 때마다 우리 대학원생들이 논문을 발표하여, 「한국언어·문학·문화 국제창의인력양성」이라는 방향에 걸맞는 연구업적이 축적될 것이다.

그 동안 산출된 연구성과 가운데 일부를 편집하여 「동아시아 문화교류와 이동의 기록」이라는 제목으로 평가를 받고자 한다. 다음 학기에도 「동아시아문화교류」 강의를 개설하였으니, 대학원생들의 교육성과가 연구성과로 축적되어 몇 년 뒤에는 보다 알찬 단행본을 출판할 것을 약속한다.

2015년 5월 허경진

중조 외교활동과 조선여성시문의
편찬 및 전파 — 【張伯偉 · 이금선(번역)】

한중교유와 19세기 거주지 재현 예술 — 【김기완】

『월남망국사』의 유통과 수용 — 【박상석】

제2부 여행과 이주의 기록

여행이 우리에게 가져다 주는 것

『노가재연행일기(老稼齋燕行日記)』를 중심으로 — 【이상욱】

조선통신사와 류큐사절단의 필담(대담)

아라이 하쿠세키(新井白石)를 중심으로 — 【조영심】

19세기 말 일본인의 조선여행 관련 기록물

1894년 출판 조선여행기록을 중심으로 — 【문순희】

1920년대 내지시찰단 기행문에 나타난 향촌 지식인의 내면의식 ― 【박애경】

조선인의 만주기행문 속 '국제도시' 하얼빈 ― 【강혜종】

설화로 보는 간도지역 조선인의 이주와 정착

조선족 설화의 역사적 의미 ― 【김창화·朴永海】

제3부 자료의 데이터베이스화

일본에 관한 정보의 수집과 정리

『청령국지(蜻蛉國志)』를 중심으로 ― 【박혜민】

조선시대 표류를 통한
해외 정보의 수집과 활용의 추이 ― 【최영화】

한국 시화자료 활용 방법의 제시

『한국시화인물비평집』 소재 여성한시 비평자료를 중심으로 — 【장진엽】

XML을 활용한 디지털 용어사전 편찬을 위한 데이터 모델

'조선시대 대일외교 용어사전'을 중심으로 — 【구지현 · 김영선】

동아시아 문화교류의 다양한 층위와 데이터베이스 구축의 필요성

허경진
연세대학교

서울에서 비행기를 타면 베트남 호치민시까지 4시간 만에 도착한다. 항공사의 운항노선은 한자문화권(漢字文化圈) 문화교류의 길과 같다. 이 길을 통해서 베트남 하노이(河內)에서 중국 북경(北京)까지 사신이 파견되었고, 한국 서울(漢陽)에서 역시 북경까지 사신이 파견되었다. 한국과 베트남은 거리가 워낙 멀기 때문에 직접적인 외교관계를 맺지는 않았지만, 북경에서 만나 공동문자(共同文字)인 한자를 통해 필담(筆談)을 나누고, 한시(漢詩)를 주고받았다. 뜻하지 않게 표류당한 사람들의 체험 기록은 사신들이 보지 못하는 외국의 뒷모습까지도 전달해 주었다.

임진왜란(1592) 이후에 중국과 일본의 공식적인 외교가 단절되었다. 그러나 한국과 일본은 여전히 공식적인 외교관계를 유지하였고, 에도막부(江戶幕府)의 장군이 즉위할 때마다 축하사절인 통신사(通信使)를 파견했다. 500명이나 되는 통신사 일행 가운데는 시인(詩人)·화원(畵員)·의원(醫員)·악공(樂工)·사자관(寫字官)·마상재(馬上才) 등의 전문가들이 함께 파견되어, 다양한 문화교류가 이뤄졌다. 통신사를 통해서 일본은 조선의 문화뿐만 아니라 중국의 문화도 계속 받아들였다. 류큐(琉球) 왕국도 에도막부에 사절단을 파견했다. 동아시아의 동쪽 끝나라 일본과 류큐의 문화가 조선의 통신사를 통해서 중국 북경을 거쳐 서쪽 끝나라 베트남까지 이어진 것이다.

이 여러 나라의 언어는 각기 달랐지만, 한자(漢字)라는 공동문자를 통해서 다양한 형태로 문화를 교류했다. 서적을 통한 간접교류로 시작하여 사행(使行)과 표류(漂流)를 통한 직접교류, 필담과 척독을 통한 문학 교류에 이르기까지, 한자 기록을 통한 동아시아인들의 문화교류를 다섯 가지 층위로 나누어 보고, 이같이 복잡다단한 문화교류 양상을 언어와 문자가 다른 현대의 여러 나라 학자들이 공동 연구할 수 있는 방법을 모색해 보고자 한다.

1. 간접적인 서적교류(書籍交流)

중국에서 만들어진 한자는 한(漢)나라 무제(武帝)가 조선(朝鮮)과 남월(南越)을 정복한 시기에 두 나라 지배층의 공식 문자가 되었으리라고 생각된다. 한나라는 남월(南越) 영토 일부에 B.C.111에 한구군(漢九郡)을 설치하고, 조선 영토 일부 어디엔가 B.C.108에 한사군(漢四郡)을 설치하였으니, 한국보다 베트남에서 몇 년 먼저 한자를 공식 문자로 사용했을 가능성도 있다.

현재 남아 있는 한국인의 한자 기록 가운데 가장 오래 된 것은 414년에 세워진 고구려 광개토왕비(廣開土王碑)이고, 이 시기의 서적은 남아 있지 않다. 그러나 광개토왕비 비문의 문장 구성을 보거나 백제가 541년에 양(梁)나라에 사신을 보내어 모시박사(毛詩博士)와 열반경의(涅槃經義)를 청했다는[1] 기록을 보면, 그 이전에 상당한 수준의 서적 수입이 이뤄졌음을

---

1 (聖王)十九年, 王遣使入梁, ⋯⋯ 請毛詩博士·涅槃等經義. -『三國史記』卷四,「新羅本

알 수 있다. 565년에는 진(陳)나라 사신 유사(劉思)와 승려 명관(明觀)이 신라에 불경(佛經) 2,700권을 가져올² 정도로 서적교류가 활발해졌다.

『일본서기(日本書紀)』와 『고사기(古事記)』에는 4세기말 5세기 초에 백제 (百濟) 왕인(王仁) 박사(博士)가 일본에 『논어(論語)』와 『천자문(千字文)』을 가지고 왔다는 기록이 있는데, 중국 양(梁)나라 주흥사(周興嗣, 470~521)가 『천자문(千字文)』을 만든 것보다 앞선다. 따라서 백제에서는 주흥사의 『천자문』이 수입되기 전에, 다른 형태의 『천자문』을 출판했으며, 그 책을 일본에까지 전파했음을 알 수 있다.

교통이 불편하던 전근대시기에는 다른 나라의 문인들이 직접 만나서 교유한 것이 아니라, 대부분 서적 수출입을 통해서 문화를 교류했다. 서적교류가 활발해진 가장 중요한 이유는 과거제도의 시행이다. 한국에서 788년에 독서삼품과(讀書三品科)가 시행되고³ 958년에 당나라의 제도를 받아들여 과거제도가 시행되자 그에 따른 교육과정도 확립되었으며, 수많은 응시자들이 유교의 경전 및 제자백가(諸子百家), 두보(杜甫)·이백(李白) 등의 시문집(詩文集)을 공부하느라고 대량의 한문 서적이 고려에 수입되었다. 고려의 서적문화 수준이 높아지자 송(宋)나라의 철종(哲宗)은 중국 대륙에 이미 없어진 희귀본을 구하기 위해 1091년 고려에 도움을 요청⁴하였으며, 고려의 문학 수준이 높아진 것을 걱정한 소식(蘇軾)은

紀」第四.

2　(眞興王)二十六年春, …… 陳遣使劉思與僧明觀來聘, 送釋氏經論千七百餘卷. ―『三國史記』卷四, 「新羅本紀」第四.

3　(元聖王)四年春, 始定讀書三品以出身, 讀春秋左氏傳, 若禮記, 若文選, 而能通其義, 兼明論語·孝經者爲上, 讀曲禮·論語·孝經者爲中, 讀曲禮·孝經者爲下, 若博通五經·三史·諸子百家書者, 超擢用之. ―『三國史記』卷十, 「新羅本紀」第十.

4　丙午, 李資義等還自宋奏云, 帝聞我國書籍多好本, 命館伴書所求書目錄, 授之乃曰, 雖有卷第不足者, 亦雖傳寫附來. ―『高麗史』卷十 宣宗 八年.

1093년에 철종에게 "고려에 서적을 수출하지 말자"고 상소하였다.[5]

중국이나 한국에서는 서양문화를 받아들인 19세기 후반에 과거제도를 폐지하고 새로운 시험으로 관원을 선발했지만, 베트남에서는 1919년까지 과거제도로 관원을 선발하여 가장 늦게까지 한문서적(漢文書籍)을 활용하였다. 그러나 중국 이외의 나라들이 중국에서 처음 만들어진 한자를 그대로 사용한 것이 아니라, 각기 자기 나라 사정에 맞게 변형하여 이용하였다. 한국에서는 향찰(鄕札), 이두(吏讀), 구결(口訣), 언해(諺解)의 방법을 사용하고, 일본에서는 가나(假名)와 카에리텐(返り点), 쿤도쿠(訓讀), 오쿠리가나(送假名) 등의 방법을 사용하며, 베트남에서는 쯔놈(字喃, 喃字)이라는 글자를 만들어내어 중국과는 다른 문자로 서적을 만들었다.

동아시아는 시대가 내려올수록 국경이 높아져, 중국은 외국에서 오는 유학생의 숫자를 점점 줄였다. 한국을 예로 든다면 신라시대에 가장 활발해 820년부터 906년까지 당(唐)나라 유학생 가운데 58명이 빈공과(賓貢科)에 합격하고, 907년부터 오대(五代) 말까지 32명이 급제했다. 고려시대에는 송(宋)나라 빈공과에 최한(崔罕)·왕림(王琳)·김성적(金成績) 등이 합격하고, 원(元)나라 제과에 합격한 사람은 안진(安震)·최해(崔瀣)·안축(安軸)·조렴(趙廉)·이곡(李穀)·이색(李穡) 등이 있었다. 명(明)나라의 과거에 김도(金濤)가 합격했지만, 명나라가 외국인을 상대로 한 과거를 폐지함으로써 더 이상의 유학생은 없었다. 심지어는 중국어 회화까지도 중국에 유학가거나 조선에서 중국인 강사를 초청하여 배운 것이 아니라 조선에서 조선인에게 서적을 가지고 배웠으니, 쇄국주의가 심해질수록 역설적으로 서적교류가 더욱 활발해졌다.

청(淸)나라는 일본과 공식적인 외교를 맺지 않았지만, 민간(民間) 차원

---

5 「論高麗買書利害箚子 三首」, 『東坡續集』 卷十三.

의 무역은 계속 유지하였다. 청나라 남경(南京) 상선 원순호(元順號)가 1779년 11월 5일에 일본 나가사키(長崎)를 향해 출발했는데, 태풍을 만나 일본 치쿠라(千倉) 바닷가에 표착(漂着)하였다. 분고(豊後) 히지번(日出藩)에 관원으로 있던 소라이학파(徂徠學派) 학자 이토 란텐(伊東藍田, 1734~1809)이 1780년 5월 23일에 수용소를 찾아가 선장(船長) 심경첨(沈敬瞻)과 필담(筆談)을 시도하였다. 원순호에 실려 있던 화물 가운데 상당수가 서적이었다.

당시 사에키번(佐伯藩)에는 장서(藏書)가 8만 권에 달하는 사이키문고(佐伯文庫)가 있었다. 학문을 좋아했던 사이키번의 제8대 번주(藩主) 모리 다카스에(毛利高標, 1755~1801)는 재임 기간에 많은 서적을 수집하였다. 지금까지 남아있는 사이키문고의 구장서(舊藏書) 중에는 심경첨을 통하여 입수한 서적이 49점이나 확인되었는데, 모리 번주가 심경첨에게 주문하였고, 심경첨의 무역선을 통해 나가사키에서 다시 사이키번으로 전해졌다. 이 장서들은 지금까지도 일본 학계에 영향을 미치고 있다.[6]

모리 번주의 장서 중에 조선으로부터 입수한, 원나라에서 1267년에 만든 『어약원방(御藥院方)』이 있었는데, 1798년 겨울에 센가요시히사(千賀芳久)에 의해 250부 인쇄되었고, 그 중 몇 부가 심경첨에게 선물로 보내졌다. 1798년 센가요시히사(千賀芳久)에서 출판한 『어약원방(御藥院方)』을 저본(底本)으로 하여 1983년에 중국 중의고적출판사(中醫古籍出版社)에서 영인본을 출판하였는데, 이 저본은 심경첨이 일본으로부터 입수한 것일 가능성이 높다.[7] 원나라 때 만들어진 중국 의약서가 조선에 전해졌고,

---

6 大庭修, 『漂着船物語-江戸時代日中交流』, 岩波新書, 2001, 84~86쪽.

7 (沈敬瞻)從1777(安永六年)到1803(享和三年), 一直沒有間斷来航. 天明二年他以高价售出舶來的書籍, 其中有的在以后流入紅叶山文庫, 成爲善本書籍. 寬政四年他還將元佚書復刻本《御藥院方》舶來日本. (大庭修(1997)《江戸時代日中秘話》第十章).

또 조선에서 일본으로, 일본에서 다시 중국에 입수되어 지금까지 전해져 한중일 동아시아 삼국의 서적 유통의 실체를 여실히 보여주고 있다.[8]

2. 일방적인 직접 체험기 사행록(使行錄)

사행(使行)은 왕이 파견하는 공식 사절단이기에, 귀국하면 당연히 보고서를 작성하여 왕에게 제출했다. 왕은 공식적인 보고서를 읽어야 했지만, 연행사(燕行使)같이 1년에 서너 차례 파견하는 사행의 다양한 보고서를 모두 다 읽어볼 수는 없었다. 그래서 삼사(三使)가 귀국하여 복명하면 궁금한 이야기들을 개인적으로 물어보았다. 11차 통신사 조엄(趙曮)이 1764년 7월 8일 경복궁에서 영조(英祖)에게 복명하자, 영조가 사현합(思賢閤)에서 이들을 만나 그 동안의 노고를 치하한 뒤에, 여러 가지 궁금한 이야기들을 물어보았다. 영조는 삼사 뿐만 아니라 제술관 · 서기 · 군관들에게까지 각자 임무에 어울리는 질문을 하며 관심을 쏟았다.

사신(使臣) 이외에는 공식적으로 외국에 나갈 수 없던 시대였으므로, 많은 사람들이 외국 이야기에 관심을 가졌다. 사행(使行)에 참여했던 인원들은 자신의 신분에 따라 다양한 독자들을 상대로 자기가 보고들은[見聞] 이야기들을 기록해 전달하였다. 대부분의 독자들은 남성 지식인이었기에 당연히 한자로 기록하였지만, 어머니나 아내에게 외국 이야기를 들려주기 위해서는 국문(國文)으로 기록하기도 하였다.[9]

---

8 허경진 · 최영화, 「청나라 무역선의 일본 표류와 『유방필어(遊房筆語)』」, 『아시아문화연구』 제26집, 2012.

9 3대 연행록으로 불리는 김창업의 『노가재연행일기』, 홍대용의 『을병연행록』, 박지원의 『열하일기』를 비롯하여 이계호의 『연행록』, 강호부의 『상봉록』, 이계호의 『연행록』, 서유문의 『무오연행록』 등 18세기 연행록에 국문본이 많다.

통신사(通信使) 경우에는 정사(正使)와 부사(副使), 종사관(從事官)이 각자의 수행원들을 데리고 다른 배에 탔으므로, 같은 노정(路程)을 다녀오면서 조금씩 다른 체험을 기록하였다. 정사는 아무나 만날 수 없고 마음대로 돌아다닐 수도 없었으므로, 아무런 직책 없이 자유롭게 수행했던 자제군관(子弟軍官)과는 견문이나 체험이 달랐다.

연행록이나 통신사 사행록 가운데 상당수가 노정에 따라 비슷한 기록을 남긴 것에 비해, 외국 구경을 하기 위해 자원한 자제군관들의 견문기는 남다른 이야기가 많다. 3대 연행록이라 불리는 김창업의 『노가재연행록(老稼齋燕行錄)』(1712), 홍대용의 『담헌연기(湛軒燕記)』(1765), 박지원의 『열하일기(熱河日記)』(1780)가 모두 자제군관의 기록이고, 통신사 사행록 경우에는 홍경해의 『수사일록(隨使日錄)』(1748)이 자제군관의 기록이다.

조선 전기에는 일본 사신들이 한양까지 올라왔지만, 사신들의 상경로(上京路)를 따라 임진왜란 때에 왜군들이 북상했으므로, 17세기부터는 일본 사신들이 한양까지 올라오지 못하고 동래(東萊) 왜관(倭館)에서 업무를 처리했다. 따라서 일본 승려 덴케이[天荊]가 1577년 10월에 일본 효고[兵庫]를 출발해 1579년 7월 동래(東萊)에 체류할 때까지의 평화시기에 기록한 견문기 『도해잡고(渡海雜稿)』와 임진왜란(1592) 때에 제1군 소속으로 참전하여 기록한 종군일기인 『서정일기(西征日記)』를 비교하면 일본인의 조선 인식을 다른 층위(層位)로 분석할 수 있다.

중국 사신이 조선에 다녀와서 기록한 사행록은 17종이 『사조선록(使朝鮮錄)』이라는 제목으로 편집 출판되었으며,[10] 류큐(琉球)에 파견된 명나라와 청나라 책봉사들도 삼백여년 동안 15종의 견문기를 기록하였다. 류큐는 명나라와 청나라 황제에게 공물(貢物)을 바치는 진공선(進貢船)을 2년에

---

10 殷夢霞, 于浩, 『使朝鮮錄』, 北京圖書館出版社, 2003.

1회 정도 보냈는데, 1척에 100여명 규모로 2척 내지 4척을 보냈다. 중국의 책봉사는 500여명 규모였는데, 명(明)·청(淸)의 실록과 채온(蔡溫)의 『중산세보(中山世譜)』를 바탕으로 정리한 책봉사 사행록은 다음과 같다.

〈표 1〉 중국의 류큐 책봉사 사행록 목록[11]

代	派遣者	請封者	實錄紀年	世譜紀年	正·副使		冊封使錄
明	世宗	尚淸	1532	1534	吏科左給事中 行人	陳侃 高澄	陳侃 『使琉球錄』
	世宗	尚元	1558	1561	吏科左給事中 行人	郭汝霖 李際春	郭汝霖/李際春 『重編使琉球錄』
	神宗	尚永	1576	1579	戶科左給事中 行人	蕭崇業 謝杰	蕭崇業/謝杰 『使琉球錄』
	神宗	尚寧	1602	1606	兵科右給事中	夏子陽	夏子陽 『使琉球錄』
	莊烈帝	尚豐	1629	1633	戶科右給事中 行人司司正	杜三策 楊掄	胡靖 『琉球圖記』
淸	世祖 /聖祖	尚質	1654	1663	兵科副理官 行人	張學礼 王垓	張學礼『使琉球記』 『中山紀略』
	聖祖	尚貞	1682	1683	翰林院檢討 內閣中書舍人	汪楫 林麟焻	汪楫『冊封疏鈔』 『中山沿革志』 『使琉球雜錄』
	聖祖	尚敬	1718	1719	翰林院檢討 翰林院編修	海寶 徐葆光	徐葆光 『中山傳信錄』
	高宗	尚穆	1755	1756	翰林院侍講 翰林院編修	全魁 周煌	周煌 『琉球國志略』
	仁宗	尚溫	1799	1800	翰林院修撰 內閣中書	趙文楷 李鼎元	李鼎元 『使琉球記』
	仁宗	尚灝	1807	1808	翰林院編修 工科給事中	齊鯤 費錫章	齊鯤/費錫章 『續琉球國志略』
	宣宗	尚育	1837	1838	翰林院修撰 翰林院編修	林鴻年 高人鑑	
	穆宗	尚泰	1865	1866	詹事府左春坊贊善 翰林院編修	趙新 于光甲	趙新 『續琉球國志略』

---

11 原田禹雄, 尖閣諸島, 榕樹書林, 2006, 8~9쪽.

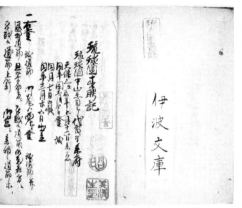 

〈그림 1〉『유구국내빙기(琉球國來聘記)』　　〈그림 2〉 이언진의 6일치 일기

　　일본의 사츠마번[薩摩藩]이 1609년에 류큐를 침공하여 일본에 복속시킨 뒤에도 청나라의 책봉사가 형식적으로 류큐에 파견되어 조공외교를 계속했다. 류큐에서는 "江戶上り"라 불리는 류큐사절(琉球使節)을 에도막부로 파견했는데, 장군습직(將軍襲職)을 축하하는 경하사(慶賀使)와 류큐국왕(琉球國王)이 즉위한 후 보내는 사은사(謝恩使)가 1634년 이래 18차례 파견되었다. 이들도 일지를 기록했지만, 그들에게 이미 일본은 이국(異國)이 아니어서, 타자 인식이 드러나지 않는다. 『유구국내빙기(琉球國來聘記)』(〈그림 1〉)에서 볼 수 있는 것처럼 글자 그대로 일지(日誌)에 지나지 않아, 문화교류 연구 자료로는 적합하지 않다.

　　사행 도중에는 여정이 바쁘다보니 일기를 제대로 쓸 수 없어 초서로 썼다가, 귀국한 뒤에 다른 자료들을 참조하여 다시 정리하기 때문에, 사행록은 정본이 없는 경우가 많다. 이언진(李彦瑱)이 1764년 통신사행 때에 교토와 오사카에서 기록한 6일치 일기(〈그림 2〉)가 따로 돌아다닌다든가,[12] 박지원의 친필본『열하일기』초본이 여러 형태로 돌아다니는 것이 바로 그런 예이다.(〈그림 3〉)

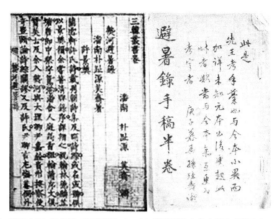

〈그림 3〉 박규수가 찾아낸 박지원의 수고본 『열하일기』「피서록」(淵民先生 舊藏本)

사행록을 연구할 때에 주의할 점은 귀국한 뒤에 혼자서 초고를 정리하기 때문에 내용의 사실 여부를 검증하기가 힘들다는 점이다. 외국인과 대담을 했더라도, 사실 그대로 기록했는지 확인할 수가 없다. 박규수가 박지원의 수고본(手稿本) 『열하일기』의 한 부분을 찾아내어 다른 본과 대조한 결과, "이것은 선왕고(先王考)의 수고(手稿)인데, 지금 가지고 있던 본과 조금 다르고 더욱 자세해서, 어느 것이 원본인지 알 수가 없다[此是 先王考手稿也. 與今本小異, 而加詳, 未知元本也.]"고 하였다. 박지원의 친필본이 발견될 때마다 대조해보면 조금씩 내용이 달라서, 손자 박규수도 끝내 정본을 만들지 못하였다.

대부분의 연행록은 그 자체로 출판된 경우가 거의 없어서 본인 내지 필사자에 의해 몇 차례 필사를 거치는 과정에서 상당한 분량이 고쳐졌으니, 연행록이나 통신사 사행록을 연구할 때에는 일방적인 기록이라는 점을 감안하여야 한다.

---

12 강순애·심경호·허경진·구지현, 『우상잉복—천재시인 이언진의 글향기』, 아세아문화사, 2008에 원문 사진과 번역이 실려 있다.

3. 예기치 못한 이국 체험기 표류기(漂流記)

사신들만이 공식적으로 외국에 나갈 수 있었는데, 그들이 볼 수 있었던 지역은 언제나 정해져 있었다. 한국과 중국을 예로 든다면 한양에서 북경까지 가는 길만 오고 갔으며, 다른 지역은 볼 수 없었다. 그러나 배를 타고 항해하던 어민이나 상인, 관원들이 태풍에 휩쓸려 표류하게 되면 예기치 않은 지역에 표착(漂着)하여 새로운 경험을 하게 된다. 이들은 귀국한 뒤에 관청에 표류 사실을 신고하여 공식적인 신문기록을 남겼을 뿐만 아니라,[13] 자신들의 기이한 체험을 글로 기록하여 여러 사람들에게 알리기도 했다.

표류인에게는 국경이 없기에 동아시아 여러 나라에 표착했는데, 조선의 지식인 가운데 외부세계에 대해 관심을 가진 일부 지식인들이 표류기를 통해 확보한 해외정보를 체계화하였다. 최영화는 실록(實錄)같이 공적인 기록에 실린 표류기 외에 20여 종의 표류기를 수집하여 목록을 만들고,[14] 표류인의 외국 견문기를 가공하여 정제된 지식의 형태로 발전시킨 이익태의 『지영록(知瀛錄)』(1696), 송정규의 『해외문견록(海外聞見錄)』(1706)과 정운경의 『탐라문견록耽羅聞見錄)』(1732) 등을 분석하여 '지식체계의 새로운 글쓰기'라고 평가하였다.

13　동래에 살던 무인(武人) 이지항이 1696년 봄에 일본 북해도(北海島)에 표착했다가 송전번(松前藩) 관원들에게 공술한 기록 『漂流朝鮮人李先達呈辭』가 일본 북해도대학 도서관에 소장되어 있고, 귀국한 뒤 동래 관아에 가서 공술한 기록인 『표주록(漂舟錄)』이 『해행총재(海行摠載)』에 실려 있어, 두 기록을 비교해볼 수 있다. 허경진, 「표류민 이지항과 아이누인, 일본인 사이의 의사소통」, 『洌上古典研究』 32집, 2010.

14　최영화, 「18세기 전기 표류를 통한 해외 정보의 유입과 지식화 – 漂流記事 纂輯書를 중심으로」, 연세대학교 대학원 석사학위논문, 2013, 11~12쪽.

'찬집서'의 출현은 해양에 대한 관심을 촉구한 조선후기의 지성사적 흐름에 있어 선구적 역할을 하였다. 표류를 통한 해외정보의 지식화는 이 시기 지식인들의 역동성의 산물이면서도, 당시 이미 경계가 확장하기 시작한 지식체계에 새롭게 편입된 항목에 대한 주목을 글쓰기로 구현하였다는데 의미가 있다. '해외 지식'이라는 항목이 당대의 지식 체계에 편입된 것은 당시 지식인들의 지향하는 지식의 범주가 자국의 경계를 넘어서 확장되었다는 것을 말해준다. 요컨대, 세 텍스트는 서로 다른 지점에서 전시대와는 확연하게 구분되는 선구적인 성향을 보여주면서 다가오는 '18세기 지식의 滿開'를 준비하였다.[15]

표류인들이 이같이 방대한 분량의 새로운 지식과 견문을 국내 지식인들에게 전달하기 위해서 겪어야 했던 과정에 언어와 문자의 충돌이 일어났다. 조선은 중국이나 일본, 류큐, 베트남 등의 어느 나라와도 언어가 달랐으므로 표류인과 현지인 사이에는 당연히 언어적인 충돌이 일어났는데, 중국에서는 곧바로 필담(筆談)으로 소통되었으며, 일본이나 류큐에서도 어느 정도 시간이 지나면 표착지에서 관청으로 옮겨져 역관(譯官)을 만나 통역을 통해 의사가 소통되었다. 그러나 한자마저 통하지 않는 지역에 표착한 표류인들은 더욱 새로운 체험을 하였다.

동래에 살던 무인 이지항(李志恒)이 1696년 봄에 일본 북해도(北海島)에 표류했다가 1697년 봄에 부산으로 돌아와, 『표주록(漂舟錄)』을 기록하였다. 자발적인 기행문이 아니라, 3월 5일 부산포에 돌아왔다가, "다음날 아침 관아로 들어가 공술을 들인" 것이다. 일행 8명 가운데 왜관(倭館) 주변에 살았던 김백선은 일본어를 좀 알았으며, 비장 공철과 김여방도 문자를 좀 알았다. 일본인과의 의사소통은 이지항과 김백선이 주로

---

15 같은 글, 89쪽.

담당했는데, 그들의 지위가 일행 가운데 높은데다 문자를 알아서 일본인들이 이들을 상대했기 때문이다. 그러나 처음에는 한자는 물론이고, 일본어를 아는 사람도 만날 수 없었다. 이들이 한자문화권(漢字文化圈) 밖에 표착한 것이다.

이지항의 학력은 분명치 않지만, 그가 표류 당시에『서한연의평(西漢演議評)』·『의학정전(醫學正傳)』·『제약초방(諸藥抄方)』·『주후방(肘後方)』·『약성가(藥性歌)』·『시집(詩集)』등 서책과 조선력(朝鮮曆), 그리고 벼루를 소지하고 있었다[16]고 하니, 의학과 문학에 관심이 많았던 듯하다. 여행길에 벼루를 가지고 있었던 점을 미루어보면, 평소에도 자주 글을 쓴 듯하다. 기억을 더듬어 공술한『표주록』의 문장이라든가, 일본인들과 주고받은 한시도 무인 치고는 상당한 독서력과 문장력을 입증한다.[17]

이지항의 표류와 관련된 자료는 두 가지이다. 이 가운데 조선측 기록인『표주록(漂舟錄)』은『해행총재(海行摠載)』에 편집되면서 학계에 알려졌지만, 일본측 기록인『표류조선인이선달정사(漂流朝鮮人李先達呈辭)』는 거의 알려지지 않았다.『표류조선인이선달정사(漂流朝鮮人李先達呈辭)』는 아이누 지역에서 그를 발견한 일본 관원이 송전번(松前藩)으로 호송한 뒤, 관청에서 공술한 기록이다.『표주록』은 이지항 일행이 귀국한 뒤에 부산포 관아에 가서 공술한 기록이다. 표류하게 된 경위와 귀국한 경로를 밝히는 것이 목적이었기에, 일본인과의 한시 창화는 거의 빠져 있다.

『표주록』은 귀국한 뒤 부산진 첨사에게 공술한 기록이다. 그는 일본에 표류했던 당시에도 그곳 관청에서 같은 형식으로 공술서를 작성하였다.

---

16 이러한 도서목록은『표주록』에 기록되어 있지 않고, 당시 북해도 관원이 보고한 문서에 보인다. 남미혜,「표주록을 통해 본 이지항(1647~?)의 일본 인식」,『梨花史學硏究』제33집, 2006, 101쪽 재인용.

17 허경진, 위의 논문, 58쪽.

그러나 공술 시기가 다르고 시점이 달랐기에, 기록 형태도 다르고, 내용도 일부 다르다. 자신에게 불리한 부분은 감출 수도 있고, 기억력이 흐려져 잊어버릴 수도 있기 때문이다. 따라서 표류기가 두 나라에 함께 전할 때에는 반드시 대조해볼 필요가 있다.

그는 일본 지도를 본 적이 있고 통신사 수행원으로부터 일본의 지리에 관한 이야기도 들은 적이 있으므로, "동해 바다가 다하는 곳까지 가면 반드시 일본 땅일 것"이라고 생각하였다. 그가 일본에 도착하는 것을 요행이라고 생각한 까닭은 통신사가 다니며 외교관계를 맺은 나라이기에 귀환할 방법이 있다고 여겼기 때문이다. 그러나 그들이 5월 12일쯤 도착한 곳은 일본이 아니었다. 며칠 만에 사람을 만났지만, 기대하던 일본인이 아니었다. 김백선의 일본어도 통하지 않았기 때문이다. 지도와 통신사 수행원의 이야기를 통해 들은 일본이 아니라 미지의 땅에 도착했다고 깨달은 순간, 이들은 살해당할까봐 놀라고 떨었다. 아무 말도 못한 채 묵묵히 바라만 보다가, 배가 고파 다시 접촉하였다.[18]

글자도 없고 말도 통하지 않아, 이들과는 몸짓으로 의사를 소통했다. "입과 배를 가리키며 배가 고프고 목이 마르다는 시늉을 시험삼아 해보였고(指口腹而試說飢渴之狀)", "그릇을 내보이며 쌀을 달라고 청해 보았지만 대답할 줄 몰랐다(出示行器, 請得升米之語, 而不知所答.)." "머리를 흔들고 대답하지 않는 것을 보고(掉頭不答)" "그들이 정말로 쌀이나 콩을 모르는 자들(厥類正不知米太者)"임을 깨달았다. 상륙 이틀째인데다 마을을 발견하고 여러 사람들을 만났기에 여러 가지로 의사를 소통해보려 했지만, 이들이 알아낸 것은 지명 뿐이었다. 이곳이 일본이 아니라는 것을 알았지만, '제모곡(諸毛谷)', '지곡(至谷)', '소유아(小有我)'라는 곳의 지도상 위

---

18 같은 글, 60~61쪽.

치는 알 수 없었다. 문명권 밖의 지역이었기 때문이다. 며칠 지나며 서로 적의(敵意)가 없음이 확인되자, 이들은 물물교환을 시작하였다.[19]

이들은 아이누인들과 손짓 발짓으로 의사를 소통하기 시작했는데, 이 지항 일행이 돌아가는 뱃길을 묻자, 그들은 "면전에 같이 서서 손으로 남쪽을 가리키고 입으로 바람을 내는 모양을 지으면서 '마즈마이……'라 말하였다[以手共立面前而向南, 口吹風形, 指曰마즈마이云云.]" 이지항은 처음 으로 아이누의 언어를 기록했는데, 한자가 아니라 한글로 기록했다. 뜻 글자가 아니라 소리글자로 기록했으니, 아이누가 이지항이 원하는 것을 제대로 가르쳐 주었지만 이지항은 알아듣지 못했던 것이다. '마즈마이' 는 아이누지역 남쪽 끝, 일본의 행정과 문명이 미치는 지역 송전(松前)의 일본어 발음이다. 김백선이 일본어를 조금 알았지만, 아이누가 일본 글 자를 모르고 소리만 알았기에 의사가 통하지 않았던 것이다.

이들은 남쪽으로 4일을 더 가다가 드디어 일본어를 하는 사람을 만났 다. 아이누를 벗어나 일본어 지역으로 들어선 것이다. 일본인을 만나자, 일본어를 조금 아는 김백선을 통해 의사가 소통되기 시작하였다. 며칠 뒤에 만난 왜인이 봉한 편지를 전해 주기에 뜯어 보니, "모두 일본 언해 (諺解)여서 그 사연의 뜻을 알 수가 없었다. 그 글월의 밑에 다만 한자(漢 字)로 '송전인 신곡십랑병위(松前人新谷十郞兵衞)'라고 씌어져 있었다. 마 음속이 조금 기뻐져, 마치 꿈을 꾸다가 놀란 듯하였다."[20] 일본 언해(諺 解), 즉 히라가나는 읽을 수 없었지만, 이들을 찾고 있는 '송전인 신곡십 랑병위(松前人新谷十郞兵衞)'의 이름을 한자로 보는 순간 "마음속이 조금 기뻐져, 마치 꿈을 꾸다가 놀란 듯" 하였다. 한자문화권에 들어섰으니,

---

19 같은 글, 62~63쪽.

20 又傳封書坼見, 皆日本諺解, 未知辭意, 書下只眞書, 松前人新谷十郞兵衛, 心中少快, 有若夢驚.

이제부터는 필담(筆談)으로 의사를 소통할 수 있다는 확신이 선 것이다.

김백선이 일본어로 나라 이름을 물었지만 일본인들에게 잘 통하지 않아, 필담을 통해 "하이국(蝦夷國)"임을 알았다. 명치 2년(1869)에야 일본 영역으로 들어와 북해도라고 개칭한 곳이다. 통신사 일행의 필담은 한자로 쓴 필담이지만, 김백선의 필담은 일본 글자로 쓴 필담이다. 이 지역에는 한자로 필담할 만한 지식인이 없었다. 일본어 지역에 들어왔지만, 주민들이 대부분 한자를 모르다보니 이지항 일행에게는 아이누 지역이나 다름없었다.

김백선의 일본어가 제대로 통하지 않아 일본글자로 필담을 시도한 다음날, 이지항이 드디어 한자로 필담을 하게 되었다. 본격적인 필담은 7월 23일부터 시작되었는데, 관원에게 공술하는 형태였다. 7월 27일 송전(松前) 태수를 만나 본격적인 필담과 서신 왕래가 시작되었다. 그 이후에도 여러 차례 필담과 서찰이 오갔지만 표류에 관한 질문일 뿐, 조선의 제도나 성리학, 문학, 의학같은 전문지식에 관한 질문은 없었다. 통신사 일행이 거쳐간 지역의 필담같이 상업적으로 출판될 성격은 아니었다.

이지항은 7월 1일 처음으로 한시를 지었다. 일본인의 요구에 응한 것이다. 필담이나 서찰이 정보 전달이라면, 한시는 감정의 전달이다. 가장 먼저 이지항에게 한시 창화(唱和)를 요청한 사람은 송전번(松前藩) 태수였다. 7월 27일 송전 관청에서 공식적인 필담을 주고받았으며, 28일에는 공술에 대한 답장을 받았다. 그 다음날 태수가 선물을 보냈다. 이지항에게 종이를 특히 많이 선물한 까닭은 그의 지위가 높기 때문이지만, 글을 쓰는 사람이기 때문이기도 하다. 며칠 뒤에 태수가 한시를 지어 달라고 요청했다.

두 사람이 마주앉아 창화(唱和)하지 않고 태수가 먼저 이지항에게 시를 요구한 다음에 차운하여 보내왔는데, 이는 태수의 한시 창작력이 뛰어나지 않기 때문이다. 한자리에서 창화하려면 상당히 빠르게 시를 주고 받아야 하는데, 전문적인 시인이 아니면 불가능하다. 무인인 이지항 경우에도 즉석의 차운시는 힘들었을 것이다.

표류인 이지항이 도착하자 두 나라 관청에서 모두 공술을 들였다. 공술은 개인적인 기행문과 달리 공식적인 보고인데, 관청의 질문은 처음 한 차례이고, 그 다음부터는 공술자의 일방적인 보고가 이어진다. 주고 받는 대화체가 아니다. 물론 중간에 질문이 있었는데 답변만 썼을 가능성도 있다. 『표주록』에서 이지항이 조선에 돌아와 공술하는 과정을 보면 당시 일본에서 조선으로 돌아오는 절차가 보여진다.

> 비로소 순풍을 만나 우리나라 부산포(釜山浦)에 도착했다. 왜관(倭館)의 금도왜(禁徒倭) 등이 날이 어두워 검사할 수 없으므로, 날이 새기를 기다려 검사를 받은 뒤에야 나왔다. 우리는 가지고 온 짐을 같이 표류했던 울산 도포(桃浦) 사람 박두산(朴斗山)의 배에 옮겨 실었다. 부산진의 영가대(永嘉臺) 앞에 정박하여 배에서 내렸다. 부산첨사가 표류했던 사람들의 배가 닿았다는 소식을 듣고는, 우리를 불러 공술(供述)을 들이라 했다.[21]

그는 무인이었지만 한문에 익숙했기에 두 나라의 공식적인 심문 절차를 한문으로 답변할 수 있었으며, 이 기록은 두 나라 관청에서 접수 처리 되었다. 그가 한문에 익숙치 않았더라면 일본에서는 아이누어와 조선어에 익숙한 일본 역관이 중간에 끼어들어야 했으며, 조선에서도 부산진 아전이 이지항의 조선어 공술을 한문으로 번역해 기록했어야 했다. 그가 직접 한문으로 썼기에 그의 표류과정과 귀환과정이 정확하게 기록될 수

21　始得順風出來我國釜浦, 倭館禁徒倭等, 暮不得搜檢. 待明搜檢後出途, 移載路卜於同漂蔚山桃浦人朴斗山之船, 來泊釜鎭永嘉臺前下船, 釜山僉使聞泊漂. 招致納供, …… 翌朝入官納供.

있었다.

이지항 일행은 공식적인 역관이 없었지만, 동래에서 일본어를 주워들은 김백선을 통해 초보적인 의사소통이 가능했다. 그러나 김백선의 일본어보다는 이지항의 한시가 더 환대를 받았다. 언어가 통하지 않는 아이누 지역에서 표류와 만남이 시작되었기에 이들은 손짓 발짓에서 일본어, 히라가나 필담, 한자필담, 한시 창화에 이르기까지 동아시아 한자문화권을 단계적으로 다양하게 체험하였는데, 동아시아 문화권에서는 결국 한시가 가장 고급 단계의 의사소통 수단이라는 것이 확인되었다.

통신사가 이백년이나 에도막부에 파견되었지만 이들이 한양에서 에도[江戶, 지금의 도쿄]까지 다녀오는 길은 늘 정해져 있었으며, 일광산(日光山)을 세 차례 방문한 것 외에는 다른 지역을 볼 수 없었다. 그러나 이지항 일행은 일본 에도막부의 통치가 미치지 못했던 북해도에 표착하는 바람에 한자는 물론이고 일본어조차 못하는 아이누인들을 만났으며, 마츠마에[松前]를 거쳐 나가사키[長崎]를 통해 부산 왜관으로 돌아오는 낯선 체험을 했다. 일방적인 기록인 사행록과는 달리, 마츠마에[松前]와 동래부 양쪽에 공술기록을 남겨, 표류기가 쌍방적인 견문기가 될 수 있음을 시사하였다.

4. 쌍방의 기록인 필담(筆談)과 한시(漢詩) 창화(唱和)

사행록과 표류기가 외국에 가서 보고들은 이야기들을 귀국한 뒤에 일방적으로, 또는 현지 관원과 마주앉아 쌍방적으로 기록한 글이라면, 필담과 한시 창화는 외국 현장에서 언어가 통하지 않는 외국인과 마주앉아 의사를 소통한 글이다. 일방적인 기록은 본인에게 유리하게 조작하거나 과장할 가능성도 있지만, 필담과 한시 창화는 쌍방적인 기록이어서 타자 인식(他者認識)을 연구하는 데 도움이 된다. 일본 경우에는 곧바로 출판 되어서, 통신사 행렬을 직접 볼 수 없었던 지역의 독자들에게까지 파급 효과가 많았다.

쓰시마와 후쿠오카 사이에 있는 섬 아이노시마[藍島, 相島]는 12차 사 행이 모두 거쳤던 곳인데, 사행원 500여 명과 일본 측 호송인 2,000여 명이 이 작은 섬에 도착하면 숙소가 모자라 그때마다 새로 숙소를 세웠 다. 사행원들이 이 섬에서 풍랑이 잔잔해지기를 기다리는 동안 후쿠오카 일대의 여러 분야 지식인들이 섬 안의 숙소에까지 찾아와 필담을 주고받 거나 한시를 창화했으니, 교토[京都]나 오사카[大阪], 에도[江戶, 지금의 도 쿄] 같은 대도시에는 얼마나 많은 지식인들이 찾아와 필담과 한시 창화 가 이뤄졌는지 짐작할 수 있다. 일본과 중국은 임진왜란 이후에 공식적 인 외교가 단절되었으므로, 일본의 지식인들은 조선 지식인과의 필담을 통해 대륙의 문화를 받아들이려 했으며, 이와 같은 지식은 곧바로 교토 나 오사카, 에도의 출판사에 출판되어 널리 전파되었다.

이 부분에 관해서는 필자가 이미 「조선후기 통신사 필담창화집의 수 집, 번역 및 데이터베이스 구축」(2008~2011) 프로젝트를 통해서 필담창 화집 178종을 정리해 200자원고지 45,000매의 번역문과 이미지 데이 터 17,800면을 확보했으며, 「통신사기록 조사, 번역 및 목록화 연구용 역」(2013)을 통해서 필담창화집 50종의 이미지 데이터 4,000면을 추가 로 확보하였다. 이에 관한 연구성과는 『조선후기 통신사 필담창화집 연 구총서 1-6』(보고사, 2012)와 『조선후기 통신사 필담창화집 번역총서 1-10』(보고사, 2013)이 이미 출판되었기에, 여기에서는 자세히 소개하지 않는다.

조선 사행원의 숙소에 일본 지식인들이 찾아와 필담과 한시 창화를

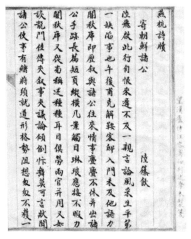

나눈 것과는 달리, 중국에서는 조선 지식인들이 중국 지식인들을 찾아가 필담을 청하였다. 조선은 병자호란(1636)에 후금(後金)에 항복하고도 청나라를 오랫동안 중화(中華)로 인정하지 않았으므로 필담이나 한시 창화에 적극적이지 않다가, 홍대용(1765), 박지원(1780)의 연행(燕行) 때부터 북학(北學)의 방법으로 필담을 시작하였는데, 일본의 경우처럼 출판되지는 않았다. 문화는 물과 같이 높은 곳에서 낮은 곳으로 흐르기 마련이었으므로, 중국에서 조선의 지식에 관심을 가진 독자가 일본처럼 많지는 않았던 것이다.

5. 시간과 공간을 극복한 쌍방적 교류인 척독(尺牘)

필담과 한시(漢詩) 창화(唱和)가 쌍방적인 문화교류이기는 하지만 일시적이라는 시간적 한계를 지닌데 비해서, 두 사람이 주고받는 척독(尺牘, 편지) 교류는 쌍방적이면서도 시간과 공간의 제약이 없어 가장 자유로운 문화교류 형태이다. 척독을 보내는 인편에 서적이나 다양한 물품까지도 선물로 보낼 수 있어, 구체적인 교류 성과를 확인할 수도 있다.

한국인과 중국인들이 주고받은 척독을 동아시아 문화교류의 연구자료로 가장 먼저 활용한 학자는 경성제국대학 교수로 와 있던 후지즈카 지카시[藤塚鄰]인데, 자신의 서재 이름을 표기한 원고지에 원찰(原札)들을 옮겨 썼으며, 이따금 자신의 의견을 밝히기도 했다.(〈그림 4〉)

조선과 청나라 지식인들의 문화교류가 홍대용에게서 시작되었다고 하지만, 원찰로 따진다면 김재행의『중조학사서한(中朝學士書翰)』이 첫번째 척독집이다. 조선과 청나라 문인들 사이에 주고받은 척독집은 현재 40여 종 수집되었으며, 가장 마지막 자료인 김창희(金昌熙)의『석릉수간(石菱受柬)』을 주제로 한 국제학술대회가 2013년 12월에 개최되었다.[22]

척독은 수신자와 발신자를 비롯한 여러 가지 정보가 필수적이며, 다음과 같은 방법으로 연구하는 것이 효과적이다.

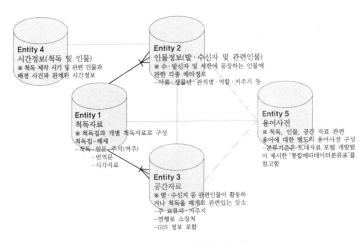

〈그림 5〉 척독의 엔티티 관계도

척독은 한 장만 가지고 문맥을 파악하기 힘들고, 두 사람 사이에 오고 간 여러 편의 척독을 함께 연구해야만 이해하기가 쉽다. 위와 같은 디지털 데이터베이스를 구축하면 척독 한 편을 연구할 때에도 척독자료(척독원문, 번역문, 해제, 사진), 인물정보(발신자와 수신자의 이름, 생몰년, 관직명,

---

22 「石菱受柬과 壬午軍亂」 학술대회가 洌上古典硏究會 주최로 2013년 12월 27일에 개최되었으며, 여기에서 발표된 논문 5편이『洌上古典硏究』 39집(2014년 3월)에 기획논문으로 게재되었다.

역할, 거주지), 공간자료(발신자와 수신자가 활동하던 장소, 만난 장소, GIS정보), 시간정보(발신시기, 수신시기, 관련인물이나 배경사건과 관련된 시간정보), 용어사전 등을 한꺼번에 검색할 수 있고, 이와 관련된 다른 발신자, 수신자들의 척독까지 잇달아 검색할 수 있다. 원찰 사진이나 번역문만 보여주던 종이책과는 달리, 가장 효과적인 척독 연구방법이다.

6. 다양한 층위의 자료들을 효과적으로 연구할 수 있는 데이터베이스 구축 제안

한자문화권의 문화교류는 언어가 다른 나라 사이에 몇 백 년에 걸쳐 서적, 사행록, 표류기, 필담, 한시 창화, 척독(尺牘)이라는 다양한 방법을 통해서 이뤄졌으므로, 지금까지의 종이책 연구방법만으로 연구하기에는 한계가 있다. 따라서 다양한 개별자료들을 하나의 장면 중심으로, 의미적으로 연관된 자료들을 모아 놓고 그 공간 속에 연구자들이 함께 들어가 공동연구를 할 필요가 있다. 다양한 층위의 자료들을 데이터베이스로 구축해 놓으면 언어가 다른 외국 학자들도 각기 자기 나라의 연구실에서 공동의 데이터베이스가 구축된 웹 공간에 들어가 공동으로 연구할 수 있다.(〈그림 6〉)

시각적 인문학
하이퍼미디어의 콘텍스트

Pavilion	Scene	Data
특정한 영역에 속하고, 의미적으로 연관된 자료들의 모임	하나의 장면을 중심으로 공간적, 의미적으로 직접 연관된 자료의 모임	개별자료

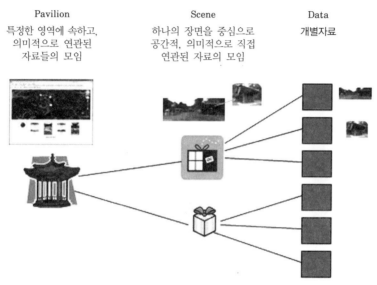

〈그림 6〉 시각적 인문학-하이퍼미디어의 콘텍스트[23]

필자는 현재 서적에서 과거(科擧), 사행록, 표류기, 필담, 한시(漢詩) 창화(唱和), 척독(尺牘)에 이르기까지 수많은 자료를 데이터베이스로 구축해 놓았다. 한문으로 된 원전을 사진 찍어 이미지데이터로 만들고, 원문을 입력한 다음, 한글로 번역했는데, 이러한 세 가지 종류의 데이터베이스는 한국어를 모르는 외국 학자도 다양한 검색 방법을 통해 이용할 수 있다. 언어와 문자가 다른 여러 나라의 학자들이 각자의 관심사에 따라 같은 공간(空間)에 들어와 공동으로 연구하기를 제안한다.

---

23 김현, 「디지털시대, 인문지식의 새로운 형식」, 2013년 6월 12일 자문회의 자료.

제1부

동아시아 문화교류

『중조학사서한』을 통해 본 김재행과 항주 문사들의 교유

千金梅

중국 남통대

한국과 중국은 전통시대 한문이라는 공동문자의 사용을 배경으로 한 문명, 동일 문화권이라는 동질성을 가졌으며 이를 기반으로 문화교류가 활발하게 이루어졌다. 조선에서 북벌론의 이념을 뛰어넘고 소중화의식의 우물 안에서 벗어나와 청나라 문인들과 최초로 깊은 교류를 진행한 인물로 홍대용(洪大容)이 널리 알려졌다. 그러나 또 한 사람의 양반출신의 조선 선비가 홍대용과 함께 대청 문화교류의 문호를 열었다는 사실은 사람들에게 소홀하여 왔다. 그는 곧 홍대용과 함께 연행을 갔으며 함께 항주 세 선비들과 만나 교류를 하고 천애지기의 우정을 맺은 김재행(金在行)이다.

필자는 18~19세기 한중 문인들의 교류에 관심을 갖고 연구하던 중에 김재행이 항주 문사들로부터 받은 시와 편지들을 모아 장첩(粧帖)한 서간첩 『중조학사서한(中朝學士書翰)』을 발견하였다. 이 서간첩에는 김재행에게 써준 중국 문인들의 친필 편지가 표구되어 있다.

지금까지 홍대용과 항주 문사들 사이의 교유는 널리 알려졌으나[1] 김재

---

1 김태준이 홍대용과 항주 세 선비 사이의 만남과 교유를 교우록(1), (2)로 나누어 자세하게
   연구하였다. 김태준, 『洪大容과 그의 時代』, 一志社, 1982, 61~90쪽, 126~157쪽.

행도 역시 항주 문사들과 친밀하게 교유했던 사실은 별로 주목받지 못하였다. 김재행의 유고가 있다고[2] 하나 전해진 것이 없고, 연행록도 남기지 않아서 그의 행적에 대해 잘 알려지지 않았다. 그와 청나라 문사들의 교유는 홍대용의 연행록 「건정동필담(乾淨衕筆談)」과 이것을 바탕으로 한 후대 문인들의 단편적인 언급에서 찾아볼 수밖에 없었다. 「건정동필담」에는 홍대용과 김재행이 함께 항주 세 문사와 교유했다는 사실이 언급되어 있다. 하지만 홍대용 중심으로 서술되었고, 김재행과 항주 문사들이 주고받았던 시와 편지는 수록되지 않았다. 그러므로 이번에 발견한 『중조학사서한』은 김재행 연구자료의 공백을 메울 수 있고 김재행과 항주 문사들의 교류 내용을 보다 자세하게 파악할 수 있는 일차 원시 자료를 제공한다는 점에서 중요한 가치가 있다.

1. 『중조학사서한』의 편찬과 내용

『중조학사서한』은 김재행이 중국 항주의 문사 육비(陸飛), 엄성(嚴誠), 반정균(潘庭筠)으로부터 받은 시와 편지의 원찰을 표구하여 만든 서간첩이다. 김재행(1718~1789)은 자가 평중(平仲)이고 호가 양허(養虛)이며 본관은 안동이다. 그의 부친은 강동현령을 지냈던 김천서(金天敍)이며 김재행은 2남2녀 중 차남이다. 김재행은 아들이 없어 종제 김안행(金安行)의 차남 리권(履權)을 입양하였다. 평생 출사하지 못하고 가난한 선비로 살았으며, 사후 사복정(司僕正)에 추증되었다.[3]

---

2   『安東金氏世譜』권5, 安東金氏中央花樹會, 1982. 「判官公派-休庵公(尙寓)派」, 488쪽.

3   安東金氏大同譜刊行委員會編, 『安東金氏世譜』권5, 安東金氏中央花樹會, 1982. 「判官公派-休庵公(尙寓)派」, 488쪽.

김재행은 1765년 동지사(冬至使)의 부사(副使)인 족형 김선행⁴을 따라 연행을 갔다. 북경에 머물고 있는 동안 과거시험 보러 상경한 항주 문사 육비, 엄성, 반정균 세 사람을 만나서 교유하였다. 그들은 약 한 달간 교유하며 깊은 우정을 쌓았고 김재행이 귀국한 후에도 계속 편지를 주고받으며 천애지기의 우의를 나누고 지속적인 교류를 이어나갔다.

『중조학사서한』에는 김재행이 북경에 연행 갔을 때에 항주 문사와 창수한 시와 받은 편지 및 귀국 후에 받은 편지들을 수록하였는데 모두 항주 선비들의 친필 척독이다. 이 서간첩은 앞뒤로 목장(木裝)을 하고 비단으로 제첨을 붙여서 매우 고급스럽게 장정하였다. 제첨에는 "중조학사서한"이라는 큰 해서와 그 아래 작은 글씨로 "乾隆三十二年丁亥"라고 써서 1767년의 내용이라는 뜻을 밝혔다. 또 "完"이란 글자가 쓰여 있는데 이 한 책이 완질이라는 뜻이다.

이 서간첩은 고려대학교 화산문고(華山文庫)에 소장되어 있다. 화산문고는 고서상 화산 이성의(華山 李聖儀, 1902~1965)가 소장했던 고서들을 기증받아 설치한 것이다. 이 서간첩 속에는 이성의의 친필 원고지 6매가 삽입되어 있는데 이 서간첩과 관련된 내용을 고증한 것이다. 그 원고지에 의하면 이 첩은 홍대용이 친히 제본한 서책이며 서전(書牋)은 운현대 감흥선대원군(雲峴大監興宣大院君)의 친필이라고 감정하였다. 이성의는 40년간 고서점 화산서림을 경영하였으므로 고서에 대한 깊은 안목을 지녔다고 할 수 있으며 따라서 그의 고증도 신빙성이 높다고 할 수 있다. 그러나 과연 그러한지는 다시 고찰해볼 필요가 있다.

홍대용의 『담헌서』에는 「김양허재행절항척독발(金養虛在行淅杭尺牘跋)」

---

4 金善行 : 1716~1768. 자 逑夫, 호 休休先生. 대사헌, 도승지, 한성부좌윤, 예조참판 등을 역임하였으며 1765년 동지사 부사로 청나라에 다녀왔다. 김재행과 같은 증조부 金壽翼의 후손으로서 두 사람은 족형제 사이이다.

이란 발문이 있는데 홍대용이 김재행을 위해 서간첩을 만들어주었다는
내용이 기록되어 있다.

> 그는 하루 아침에 군복을 갖추고 연경에 들어가 절강 항주의 세 사람과
> 더불어 마음이 맞아서 매우 즐겁게 지냈다. (중략) 이번 걸음에는 나도 시
> 종 같이 했었다. 그의 시와 서찰은 분량이 이 정도 뿐이 아니었는데, 귀국
> 한 후에 많이 유실되었다. 겨우 보존된 것도 또한 가난해서 장정할 수 없었
> 다. 그러므로 내가 그것을 거두어다가 첩을 만들어 돌려주었다. (一朝具韎
> 韋入燕都, 與浙杭三人相得甚歡. (중략) 是行也, 餘實與之終始焉. 其詩翰固
> 不止此, 歸後多散失, 其僅存者, 又貧不能爲粧, 餘挈取而編帖以歸之.)[5]

홍대용의 발문에 의하면 김재행이 항주의 세 선비로부터 받은 시와
서찰은 분량이 많았으나 귀국 후에 많이 유실되었고 겨우 보존된 것도
집이 가난해서 장정할 수 없었다. 그래서 홍대용이 그 남은 것들을 거두
어서 서간첩을 만들어 주었다고 하였다.

홍대용의 발문에는 그 첩의 이름을 무엇이라고 지었다는 기록은 없지
만, 그의 발문 제목에는 "절항척독(浙杭尺牘)"이라 했다. 성대중은 김재행
의 그 척독첩을 보고 지은 시 한 수와 발문 한 편이 있는데 각각 「제양허김
평중재행항사수창첩용청음운(題養虛金平仲在行杭士酬唱帖用淸陰韻)」과 「서
김양허항사첩(書金養虛杭士帖)」이라 하였다.[6] 제목으로 보아 성대중은 "항
사수창첩(杭士酬唱帖)" 또는 "항사첩(杭士帖)"이라 하였다. 이로보아 홍대
용이 김재행의 그 척독첩을 만들 당시에는 정해진 표제가 없었던 것 같
다. 제목에서 알 수 있듯이 육비, 엄성, 반정균 세 사람은 모두 절강성

5　洪大容, 『湛軒書』 內集卷3, 「金養虛在行浙杭尺牘跋」.

6　成大中, 『靑城集』 卷2, 「題養虛金平仲在行杭士酬唱帖用淸陰韻」. 『靑城集』 卷8, 「書
　金養虛杭士帖」.

항주 지역의 출신이기 때문에 "절항" 또는 "항사"라고 하였으며, 그들이 쓴 창수시와 편지를 첩의 형태로 편집했다는 것이다. 이로부터 볼 때에 홍대용이 김재행을 위해 이 서간첩을 제작해준 것은 분명한 사실이다.

『중조학사서한』이란 제첨은 후에 누군가 다시 붙여준 표제인 것 같다. "항사" 즉 항주 선비라는 좁은 지역적 명칭으로 국한하지 않고 "中朝學士" 즉 중국의 학자들의 편지라는 넓은 범위로 확대하였다. 그런데 이 제첨이 과연 흥선대원군의 친필 제첨인지는 아직 검증할 근거를 찾아내지 못하였다.

『중조학사서한』에는 시 6편, 척독 10편, 기문 1편이 수록되어 있다. 발신자별로 본다면 시와 편지 전체를 통합하여 육비 3편, 엄성 4편, 반정균 6편, 엄성과 반정균 공동 3편, 저자불분명 1편이 있어 총 17편이 수록되어 있다. 시는 육비의 「곡철교(哭鐵橋)」 외에는 모두 북경에 있을 때에 수창한 것이며 편지는 북경에 있을 때에 주고받은 것이 5통이고 귀국 후에 받은 것이 5통이다. 그 외 서간첩의 끝부분에 나열(羅烈)의 발문 한 편이 첨부되어 있다. 수록 순서에 따라 정리하여 보면 다음과 같다.

〈표 1〉 『중조학사서한』 수록 내용

번호	발신자	제목(첫 구)	내용	비고
1	陸飛	送養虛兄別(別愁千斛斗難量)	7언절구	『燕杭詩牘』에 있음
2	嚴誠 潘庭筠	養虛賢長兄啓(拜讀瓊篇如獲鴻寶)	재경시 편지	『燕杭詩牘』에 있음
3	嚴誠	敬次湛軒先生韻和答養虛尊兄兼請敎定(客心無定似縣旌)	7언율시	『燕杭詩牘』에 있음
4	潘庭筠	次韻奉贈養虛吟長兄	7언율시	『燕杭詩牘』에 있음
5	潘庭筠	(蒙示啖鰒魚法甚善)	재경시 편지	『燕杭詩牘』에 있음
6	嚴誠 潘庭筠	金大雅案下(昨日足下不至鬱甚)	재경시 편지	『燕杭詩牘』에 있음

7	嚴誠 潘庭筠	(袖裏相思字) (素書讀罷無他說)	7언절구 2수	『燕杭詩牘』에 첫 수만 있음.
8	陸飛	(正想行塵 忽見伴至 喜極)	재경시 편지	『燕杭詩牘』에 있음
9	嚴誠	(傷哉傷哉 夫復何言)	재경시 편지	『日下題襟集』에 있음
10	潘庭筠	養虛堂爲金丈平仲所居不能蔽風雨 賦詩志慨 (遼海孤貧士)	5언율시	『燕杭詩牘』에 있음
11	嚴誠	養虛堂記	記文	「乾淨衕筆談」에 있음
12	潘庭筠	(燕城判別更會無期)	귀국후 편지	『燕杭詩牘』에 있음
13	潘庭筠	(車輪門外日如飛)	7언절구 2수	다른 문헌에 없음
14	嚴誠	(弟今年遠客福建離家一千七百裏)	귀국후 편지	『日下題襟集』에 있음
15	潘庭筠	(庭筠再拜 養虛尊兄足下)	귀국후 편지	다른 문헌에 없음
16	陸飛	(文章莫妙於言情而亦莫難於言情) 哭鐵橋	귀국후 편지 7언율시 첨부	『燕杭詩牘』에 있음
17	潘庭筠	養虛先生案啓(使星至得淸劑)	귀국후 편지	『燕杭詩牘』에 있음
18	羅烈		발문	

『중조학사서한』에 있는 시와 편지는 홍대용 집안에서 편집한 척독집
『연항시독(燕杭詩牘)』[7]과 엄성의 문집인『철교전집(鐵橋全集)』속의『일하
제금집(日下題襟集)』에도 일부 수록되어 있다.[8] 특히 엄성이 지은 「양허
당기(養虛堂記)」는「건정동필담」에도 수록되어 있는데, 내용을 대조해보

---

7   허경진·천금매, 「홍대용 집안에서 편집한 燕杭詩牘」, 『열상고전연구』 27집, 열상고
    전연구회, 2008.6.
8   박현규, 「조선 청조인의 연경 교유집-일하제금합집의 발굴과 소개」, 『한국한문학연
    구』 23집, 한국한문학회, 1999.
    祁慶富, 「中韓文化交流的歷史見證-關於新發現的鐵橋全集」, 『浙江大學學報』 第31卷,
    第1期, 2001.1.
    박현규의 논문에서는 북경대학교에 『日下題襟合集』이 소장되어 있다고 하였고, 祁慶
    富의 논문에서는 국사편찬위원회에 엄성의 문집인 『鐵橋全集』이 소장되어 있으며 그
    속에『日下題襟集』이 포함되어 있다고 하였다. 필자는 국사편찬위원회 소장본을 확인
    해보았으며 서울대학교 중앙도서관에도 『鐵橋全集』 필사본 한 부가 소장되는 것도 발
    견하였다.

면 몇 군데 차이가 있다. 「건정동필담」에는 김재행이 「양허당기」에 주
(酒)자가 너무 많이 들어갔다고 엄성에게 고쳐주기를 부탁했다는 기록이
있다. 김재행이 술을 좋아하여 함께 술을 마셨다는 부분의 내용에서『중
조학사서한』의 「양허당기」가 더 간결하고 우회적으로 다듬어졌다. 이는
수정을 거친 후에 써준 것임이 틀림없다. 그외『중조학사서한』에는 다른
문헌에 보이지 않은 반정균의 편지 1통과 시 2수도 수록되어 있다.

이 서간첩의 말미에는 "白牛星陽月望日 朱溪翁羅子晦書"라고 표기한
발문이 첨부되어 있다. 주계옹 나자회(朱溪翁 羅子晦)는 곧 나열[9]이다. 발
문에서는 김재행이 연행 가서 엄성, 반정균, 육비와 깊은 우정을 맺고
귀국 후에도 이국 만리를 멀다하지 않고 서로 서신을 왕복한 사실을 소
개하고 그들의 독실한 우도(友道)에 감개하며 다행히 이 첩을 보게 되어
발문을 쓴다는 경위를 밝혔다. 마지막으로 김재행과 항주 선비들이 청음
김상헌(淸陰 金尙憲) 시에 차운하여 창수한 시에 또 차운하여 칠언율시
한 수를 지었다. 이 발문은 1781년에 쓴 것이다. 이로보아 이 척독첩은
1781년에 최종으로 만들어졌다. 이때는 김재행이 항주 선비들과 이별하
고 귀국한지 벌써 15년이 지난 뒤이다. 그때까지도 김재행과 항주 선비
들의 우정이 담긴 이 서간첩이 여러 문사들에게 읽혀졌으며 소중하게
간직되었던 것이다.

---

9 羅烈(1731~1803)은 조선인으로서 字는 子晦, 號는 朱溪·海陽, 본관은 安定이다.
1753년(영조 29) 사마시에 합격하여 진사가 되고, 獻陵參奉, 익위에 이어 여러 관직을
거쳐 돈령부도정에 올랐다. 시와 글씨로 이름을 떨쳤으며『海陽詩集』이 있다.

2. 김재행과 항주 문사들의 교유

1) 북경에서의 즐거운 만남과 문학적 교류

김재행은 1765년에 연행사의 부사 김선행(김재행의 족형)을 따라 북경에 가서 이듬해 2월 초에 북경에 과거시험 보러 온 항주 문사들을 만나 교류를 시작하였다. 그 만난 경유를 말하자면 1766년 2월 1일에 비장 이기성(李基成)이 원시경을 사러 유리창 거리에 갔다가 마침 엄성과 반정균을 만났고 반정균으로부터 안경을 선물받아 왔다. 다음날 그들의 숙소로 방문하여 사의를 표하고 돌아와서 홍대용에게 그들의 인품을 극구 칭송하며 한번 찾아볼 것을 권하였다. 그래서 2월 초사흗날 이기성의 인도 하에 김재행과 홍대용이 함께 항주 문사들이 묵고 있는 건정동의 숙소로 방문하러 갔다. 숙소에 있던 엄성과 반정균은 생면부지의 조선 사람들을 반갑게 맞아주었다.

반정균은 김재행의 성을 듣자 곧 김상헌을 아는가고 물었다. 청초 대표적 학자인 왕사정(王士禎)의 『감구집(感舊集)』에 김상헌의 시가 상당수 수록되어 있어 청나라 문인들에게 널리 알려졌던 것이다.[10] 김재행의 5대조 김상준(金尙寯)과 청음 김상헌이 사촌 형제간이니, 역시 김재행 가문의 조상인 셈이다. 엄성이 『감구집』을 꺼내어 보여주니 김재행은 그 속에 실린 김상헌의 시에 차운하여 시를 읊었다. 그러자 엄성과 반정균 두 사람도 곧 차운하여 화답하였다.[11] 이렇게 그들은 만나자마자 서로 시를

10　洪大容, 『湛軒書』外集卷2, 「乾淨衕筆談」, "潘生聞平仲之姓, 問曰, 君知貴國金尙憲乎? 餘曰, 金是我國閣老而能詩能文, 又有道學節義, 尊輩居八千裏外, 何由知之耶? 嚴生曰, 有詩句選入中國詩集故知之. 嚴生卽往傍炕持來一冊子示之, 題雲感舊集. 蓋淸初王漁洋集明淸諸詩, 而淸陰朝天時, 路出登萊, 與其人有唱酬, 故選入律絶數十首焉."

11　洪大容, 『湛軒書』外集卷2, 「乾淨衕筆談」, "平仲卽席次淸陰韻賦一絶, 兩人看畢, 卽次之. 皆援筆疾書, 頗有艶羨之意."

창수하며 문학의 동질성 속에서 환담을 나누었다. 김재행이 이때 지은 시는 엄성의『철교전집』에 실려 있고, 엄성과 반정균의 차운시는『중조학사서한』에 원찰이 표구되어 있다.

첫 만남 이후 그들은 여러 차례 만나서 해가 저물도록 필담을 하며 시를 창수하고 학문을 논하였다. 만나지 못하는 날에는 편지를 주고받으며 서로의 그리운 회포를 풀었다. 김재행은 시를 잘 지었으며 글씨도 잘 썼다. 또한 성격도 호방하고 소탈하였으며, 술도 좋아하였다. 항주 선비들은 이런 김재행과 교유하는 것을 즐겁게 생각하였다. 엄성은 김재행이 시를 잘 짓고 성격도 호매하고 기개있는 선비라고 좋아하였다.

> 김군은 시 짓기를 좋아하였다. 한·위·성당 여러 대가들을 마음으로 본받고 손으로 쫓아서 풍격이 굳세고 글씨도 좋고 시원스러워서 반갑다.(金君喜作詩, 於漢魏盛唐諸家, 心摹手追, 風格遒健, 而書亦俊爽, 可喜.)[12]

> 김수재 재행은 ……(중략) 호매하고 기개가 있는 선비이며 시를 잘 짓고 초서도 잘하였다. 몸가짐에 꾸밈이 없으며 행동거지가 구애없이 자유로우니 반갑다. (金秀才在行 (중략) 豪邁倜儻之士, 工詩善草書. 不修邊幅, 擧止疏放, 可喜.)[13]

육비도 김재행이 시를 꾸밈없이 잘 짓는다고 찬탄하였다.

> 두 편의 시는 총망히 떠나갈 무렵에 지은 것인데, 여전히 이와 같이 초탈하고 차분하며 말이 이르는 곳에 정도 이르니 더욱 경복합니다. (兩詩作於恩恩將行之時, 尚能如此超脫穩愜, 語到情至, 益增敬佩.)[14]

---

12 嚴誠의「養虛堂記」.
13 嚴誠,『鐵橋全集』제4책.

반정균은 김재행의 시를 잘 짓는 것과 소탈한 성격을 이백, 소식에 견주고, 가난하지만 기개 있는 성품을 북송 때의 유명한 문인 매요신(梅堯臣)과 석연년(石延年)에까지 견주어 높이 평가하였다.

> 족하는 타고난 성품이 고상하고 훌륭하며 거문고를 타고 글을 쓰는 것도 질탕하며 시와 술이 맑고 한가하니 마치 이청련과 소자첨과 같은 무리라서 아직 필적할 만한 사람을 보지 못했습니다. 시는 빈궁할수록 더욱 훌륭하고 품격은 가난할수록 더욱 굳센 것을 생각하면 또한 오늘날의 매성유와 석만경과 같습니다. (足下天懷高妙, 琴書跌宕, 詩酒蕭閑, 如李靑蓮蘇子瞻一輩人, 目中未見其匹. 顧詩以窮而益工, 品以貧而益堅, 則又今日之梅聖俞石曼卿也.)[15]

김재행은 이처럼 시와 글씨 면에서 항주 선비들로부터 크게 인정을 받았다. 그러나 아쉽게도 현재 문집이나 친필 글씨가 전해진 것이 없고, 엄성의 『일하제금집』 속에 몇 편의 시와 척독이 수록되어 있을 뿐이다.

김재행은 자유분방하고 시를 즐기고 술을 좋아하는 성격으로 인하여 항주 문사들과 허물없이 지냈으며 술상을 함께 하면서까지 필담을 하며 즐거운 만남을 거듭하였다.

김재행이 자신의 당호인 양허당(養虛堂)에 대해 시문을 구하니, 반정균은 시를 지어 주고 엄성은 「양허당기」를 써주었다.

> 養虛堂爲金丈平仲所居不能蔽風雨賦詩志嘅
> 양허당은 김어른 평중이 사는 집인데 비바람을 가리지 못하여 시를 지어 뜻을 탄식하다.

---

14 『중조학사서한』, 陸飛의 편지.
15 『중조학사서한』, 潘庭筠의 시.

遼海孤貧士	요해 바다 너머에 외롭고 가난한 선비
寒廬乏棟材	차가운 오두막이 동량을 고달프게 하네.
艱辛留小築	고생스레 작은 건물 남겨두었고
跌宕欠深杯	질탕하게 깊은 술잔 채우기 부족하네.
詩已存天地	시는 이미 천지간에 존재하지만
人猶臥草萊	사람은 오히려 잡초위에 누워 있다네.
秋風愁屋破	가을 바람에 지붕이 망가질까 걱정되니
愧未送資來[16]	재물을 보내오지 못한 것 부끄럽구나.

　이것은 반정균이 김재행의 당호인 양허당에 대해 써준 시이다. 김재행은 재능이 있는 훌륭한 선비이나 가난하고 불우하여 비바람도 가리기 어려운 오두막에서 사는 신세라고 읊었으며, 또한 친구의 경제적 사정을 도와주지 못함을 안타까워하는 마음을 표현하였다. 이 시의 끝에서 반정균은 가난하게 사는 김재행을 도와줄 재물을 보내주지 못함을 못내 부끄럽게 여긴다고 하였다.

　실제로 반정균은 김재행이 가난하게 사는 것에 대해 매우 걱정하였으며, 생업을 가꿀 것을 권유하기도 했다. 서로 이별한지 3년 뒤에 보낸 편지에서도 김재행을 이백이나 매요신 같은 시를 잘 짓는 사람, 가난하지만 기개 있는 인물로 평가하면서도, 생업을 다스리지 않아 집안사람에게 책망을 듣는 것도 또한 현사로서 도에 맞는 행위가 아니라고 하였다. 또한 도연명이 인생은 도가 있는 곳으로 돌아가지만 입고 먹는 것을 먼저 해결해야 한다고 한 말을 근거로 제시하면서 도연명 같은 고아한 선비도 한 달에 아홉 끼니밖에 먹지 못하는 가난한 삶을 좋게 여기지 않았으니 생업을 가꿔야 할 것을 권하였다.[17] 그 후에는 김재행에게 돈을 보

16　『중조학사서한』, 潘庭筠.
17　『중조학사서한』, 潘庭筠의 편지. "但不治生産, 至使室人交讁, 亦未爲賢士中行之道,

내주려고도 하였다. 조선의 이백석(李白石)에게 보낸 편지에서 이백석이
부탁한 책을 구해주면서 그 책값을 받지 않겠다고 사양하고, 굳이 주려
고 한다면 그 돈을 김재행에게 보내어 지필묵이나 사는 비용으로 삼게
하라고 하였다.[18] 반정균은 조선의 벗 김재행을 진심으로 걱정해주었다.
　엄성은 김재행에게 「양허당기」 한 편을 지어주었다. 이 글에서 김재행
의 말을 빌려 호가 왜 양허인지 그 까닭을 길게 설명하였다.

　　내가 한가할 때 김군에게 "자네는 어찌 벼슬하지 않는가?"하고 물으니
　김군이 개연히 길게 탄식하며 말하였다. "자네도 내가 양허로 호를 한 것을
　아는가? 우리나라 풍속이 문벌을 중히 여기니, 용렬한 자는 혹 높은 지위
　를 얻기가 어렵지 않으나, 조금 떨어진 가문의 가난한 선비는 비록 재주가
　아주 좋아도 등용되지 못한다. 나는 본래 높은 가문의 자제이므로 좋은 벼
　슬 얻기는 쉽고 나이도 거의 50이 되어 늙었는데 기꺼이 스스로 은거하여
　몸을 궁하게 함은 대개 하지 않는 바가 있기 때문이네. 대저 나의 마음은
　태허와 같고 부귀를 뜬 구름 보듯이 하며 또한 성품이 게으르고 오만하여
　세상에 쓸데가 없으니, 때론 시 1편을 읊으며 자득하여 즐기고, 때론 손님
　한 분이 오면 도도하게 서로 얻은 바 있을 것이다. 나는 나의 허를 기를
　뿐이니 게으르고 오만한 성품을 억지로 굽혀 세상에 나타나기를 구한다면
　남에게 도움이 없고 나에게 손해만 되니, 나의 허를 방해함이 이보다 더
　큰 것이 없다. 이것이 내가 호로 삼은 까닭이며 이에 내 거실의 편액에 쓴
　것이다." 나는 "이것은 기술해 둘 만하다"고 생각하였다.(余閒語金君, '子
　胡不仕?' 金君則慨然太息曰, '子亦知吾之所以號養虛者乎? 吾國俗重門閥,
　庸庸者或不難得高位, 而後門寒畯之士, 雖才甚良, 弗見焉. 吾世寶之冑, 得

　　還宜料理園田. 弟之所見, 雖近鄙陋, 然陶徵士亦云衣食固其端, 可見高雅如陶公, 亦未
　　嘗以三旬九食爲賢者, 必當如是而後可也. 高明以爲如何."
18　『燕杭詩牘』, 潘庭筠이 李白石에게 보낸 편지. "後煩張僕以袖珍總目四套仰呈, 不審
　　曾收到否. 今若以値見價, 是以市心視筠也. 力拒張僕不敢收存, 倘先生過於介介, 則以
　　此値轉贈養虛, 以爲故人紙墨微資."

美官甚易, 且年幾五十老矣, 而甘自伏匿, 以窮其身. 蓋有所不爲也. 夫吾心
猶太虛而以浮雲視富貴, 又性懶且傲, 無所用於世. 時吟一篇焉, 囂囂然樂
也, 時來一客焉, 陶陶然若有所得也. 吾知養吾虛爾而已. 欲强懶且傲之性以
求效於世, 無益於人而徒損於己, 其累吾虛者莫大焉. 此吾所以爲號者也, 而
吾因以題所居之堂.' 余曰, ‘是可記也'.)[19]

조선은 문벌을 중히 여겨서 문벌이 좋으면 재주가 없는 용렬한 자라도
높은 자리에 올라갈 수 있고, 재주가 있지만 한미한 가문의 가난한 선비
는 등용되기 어렵다고 하였다. 김재행은 안동 김씨 명문가의 자제여서
마음만 있다면 좋은 벼슬 얻기가 어렵지 않았지만, 구차하게 벼슬을 구
하지 않고 부귀를 구하지 않고 스스로 은거하여 가난하지만 시와 술로
자유로운 생활을 하겠다는 지조를 드러냈다. 엄성은 김재행의 그런 지조
에 동감을 표하면서 그의 기개를 오래 기리겠다는 생각에 이 문장을 써
준 것이다. 그들은 비록 언어는 통하지 않았으나 서로 마음을 알아주는
지기가 되었던 것이다.

북경에서의 만남은 비록 짧았지만 그들은 깊은 우정을 쌓았으며, 이
별에 임하여 아쉬움과 슬픔을 못 이겨 눈물을 보이기도 하였다. 육비는
김재행에게 보내는 송별의 편지에서 "천지간에 이와 같은 훌륭한 형을
어찌 쉽게 얻으리오. 어찌 쉽게 얻으리오. 글로 내 마음을 다 표현할 수
없습니다. 눈물을 거두며 양허 형님과 이별을 청합니다. 어리석은 동생
육비가 머리 조아립니다.(天壤間有此難兄, 豈易得哉, 豈易得哉. 書不盡意, 收
淚請別, 養虛大兄. 愚弟陸飛頓.)"라고 이별의 애석한 정을 토로하였다.

김재행과 육비는 비록 이틀간의 짧은 만남이 있었지만, 그 우정은 최
고조에 달하였다. 육비는 원래 엄성, 반정균과 일행이었으나 며칠 늦게

---

19 『중조학사서한』, 嚴誠의 「養虛堂記」.

북경에 도착해서 김재행과 두 번 밖에 만나지 못하였다. 그러나 김재행과 육비는 처음 만나는 날, 이미 오랜 친구가 된 듯이 다정하였으며 육비의 제안으로 나이순에 따라 서로 호형호제하였다. 김재행의 나이가 육비보다 조금 많았으므로 육비가 형이라 불렀고, 김재행 역시 스스럼없이 육비를 아우로 불렀다. 이날 그들은 술상까지 벌여놓고 국가와 예속의 구애 없이 환담을 나누었다.

육비는 이별에 임해 김재행에게 다음과 같은 송별시를 써주었다.

別愁千斛斗難量　　이별의 슬픔 수천 섬이라 말로 헤아리기 어려운데
不得臨岐盡一觴　　갈림길에 임하여 한 잔 술을 다 마실 수 없네.
直恐酒悲多化淚　　다만 술이 슬픔 때문에 모두 눈물로 변할까 두려운데
海風吹雨濕衣裳[20]　바다 바람이 비를 불어와 옷을 적시네.

헤아릴 수 없는 이별의 슬픔으로 인해 이별주마저도 눈물로 변할까 두려워 한잔 술 못다 마시고, 애써 눈물을 안보이려 하지만 바다 바람에 불어오는 비가 옷을 적신다고 하였다. 저 바다 건너 조선으로 떠나가는 친구를 보내는 이별의 아쉬움에 눈물이 옷을 적시는 것을 애꿎은 비에 핑계하였다.

김재행과 항주 문사들의 만남은 비록 짧았지만 정은 깊었고, 언어는 비록 통하지 않았으나 마음만은 서로 통하는 지기가 되었다. 엄성과 반정균은 이 만남을 "하늘 끝의 지기요, 천고의 기이한 인연이니 의지하고 사모하는 마음을 붓으로 다 표현해 낼 수가 없으며 오직 마음속에 간직할 뿐입니다.(天涯知己, 千古奇緣, 依戀之私, 筆難盡罄, 惟有中心藏之而已)"라고 하면서 서로간의 우정을 소중하게 여겼다.

---

20 『중조학사서한』, 육비의 시고.

2) 귀국 후의 지속된 척독 교류와 천애지기의 우정

북경에서의 짧지만 깊은 교유를 통해 우정을 쌓은 김재행과 항주 문사들은 김재행의 귀국 후에도 계속 척독을 왕래하며 지속적인 교류를 진행하였다. 『중조학사서한』에는 귀국 후에 반정균이 보낸 편지 3통, 엄성의 편지 1통, 육비의 편지 1통과 엄성의 죽음을 애도하는 시 1수가 있다. 이런 편지들은 연행록에도 쓰이지 않은 또 다른 교우록으로서 양국 문사들의 지속적인 교류 양상을 살펴볼 수 있는 소중한 자료이다.

우편제도가 발달하지 않았던 그 시대에 오직 중국으로 왕복하는 사신편에 의지하여 편지를 주고받을 수밖에 없었으며, 청나라에서도 다시 지인을 통해 항주로 보내야 하는 불편이 있다. 편지를 한번 왕복하려면 짧게는 1년, 길게는 10년이 걸릴 수도 있으며, 때론 중간에서 유실되기도 하였으니 참으로 대단한 성의와 인내가 필요한 교류방식이다.[21] 그럼에도 불구하고 김재행과 항주 선비들은 끊임없이 편지를 주고받았다는 사실은 그들 사이의 천애지기(天涯知己)의 우정을 여실히 보여준다.

귀국 후 편지를 통한 이들의 교류는 더욱 아름답고 진지한 우정의 꽃을 피웠다. 그들은 편지로 서로에 대한 그리움을 전하며 선물을 주고받았으며 동시에 시문과 서적 등의 문학교류도 진행하였다. 심지어 흉보가 전해왔을 때에 제물과 애(哀辭)사를 지어 보내면서 죽음에도 끝나지 않은 우정을 보여주었다. 그들의 편지에는 죽어서도 다시 만날 수 없는 이국 만리 벗에 대한 깊고 진실한 우정이 깃들어 있다. 『중조학사서한』에 수록된 항주 문사들의 편지를 통해 살펴보기로 한다.

---

21 김태준, 『洪大容과 그의 時代』, 一志社, 1982, 126~157쪽.

(1) 반정균의 그리움이 담긴 편지

반정균은 이별한지 약 반년 후에 곧 김재행에게 편지를 보내왔다. 편지에서 그는 과거시험에서 낙방하고 고향에 돌아가 음풍농월하며 한가한 시간을 보내고 있었다고 하였다. 그리하여 한가한 틈을 타서 조선의 풍토세기와 조선의 시를 모아서 책을 편집하여 주태사(周太師)의 예의지교(禮義之敎)와 풍화지미(風化之美)가 아직도 존재하고 있는 곳 조선이 있다는 것을 중국에 알리고 싶다고 하였다. 그래서 김재행에게 조선의 정인지(鄭麟趾) 등 여러 문인들의 문집이나 『기아(箕雅)』와 같은 서적을 보내주기를 부탁하였다. 반정균은 같은 부탁을 홍대용에게도 하였다. 이에 홍대용이 『해동시선(海東詩選)』을 편집하여 보내주기까지 하였으나 아쉽게도 반정균은 그의 저술을 완성하지 못하였다.[22]

그 후 반정균은 두 번째 편지를 보내왔는데, 엄성의 사망소식을 전하였다. 그는 친구의 죽음을 애도하며 옛날 북경에서의 만남도 아득하여 다시 할 수 없음을 슬퍼하였다.[23] 김재행은 엄성의 사망 소식을 듣고 산에 올라가 크게 통곡하였으며, 애사를 지어 보냈다.[24]

반정균은 세 번째 편지에서 김재행의 애사를 받았으며, 엄성의 형인 엄과(嚴果)에게 전달하여 고인의 무덤 앞에서 읊게 하겠다고 하였다. 천고에 두 번 다시없을 기이한 만남을 가졌던 그들은 한 친구의 사망을 같이 슬퍼하며 그 친구에 대한 애정으로 서로 연결되어 국경도, 죽음도

---

22 허경진·천금매, 「홍대용 집안에서 편집한 燕杭詩牘」, 『열상고전연구』 27집, 열상고전연구회, 2008.6.

23 『중조학사서한』, 潘庭筠의 편지. "鐵橋竟入道山仙去, 有才無年, 天道難知, 爲之悼歎. 城南把臂之樂, 邈不可再, 如何如何."

24 홍대용, 『湛軒書』 外集卷1, 「항전척독」 반정균에게 보내는 편지에서 "金養虛落拓依舊, 聞鐵橋訃, 登山大慟, 旋有書致慰, 滿幅悲恨, 令人感歎." 김재행의 이 「哀辭」는 엄성의 『철교전집』에 수록되어 있다.

떼어놓을 수 없는 깊은 우정을 다져갔다. 또한 옛적 북경에서 함께 노닐
던 친구들을 그리워하며 다시 만날 수 없음을 탄식하였다.

> 정균은 두 번 절하며 삼가 양허선생 안전에 전합니다. 사행이 와서 편지
> 를 받았습니다. 말의 뜻이 서글프니 더욱 생사존망의 슬픔을 더합니다. 철
> 교는 이미 돌아갔고 소음을 못 본지도 지금까지 3년이 되었습니다. 족하는
> 만리에 떨어져 있어서 종신토록 다시 만날 날이 없으며 휴휴선생(金善行)
> 도 또 돌아가셨으며 담헌도 상중에 있습니다. 홍학사(洪檍)는 영화롭게도
> 부제학이 되었으니 역시 만날 기한이 없으며 순의군(李烜)은 여전히 북경
> 에 오지만 아직 한번 만나보지 못하였습니다. 북경성 남쪽에서 함께 노닐
> 던 옛 친구를 생각하니 마치 딴 세상 같고 옛 친구들은 드물게 있으니 매우
> 슬픕니다. 눈물이 어찌 흐르지 않을 수 있으며 머리가 어찌 희지 않을 수
> 있겠습니까?(庭筠再拜謹白養虛先生師席, 使星至, 得淸劄, 辭旨酸楚, 益增
> 存沒之感. 鐵橋旣化去, 不見篠飮者於今三年. 足下相隔萬裏, 終身無合并之
> 時, 休休先生又復仙去, 而湛軒憂居哀服之中, 洪學士榮列玉堂, 亦無見期.
> 順義君雖仍來日下, 尙未謀一晤, 回憶城南舊遊, 恍同隔世, 舊雨晨星, 殊深
> 惆悵, 涕安得不流, 髮安得不素耶.)[25]

반정균은 북경에서 만났던 정사 이환(李烜), 부사 김선행, 서장관 홍억
(洪檍), 그리고 친밀하게 교유했던 홍대용과 김재행을 몹시 그리워하였
으며 다시 만날 수 없음을 안타까워했다. 그리고 김선행의 사망 소식을
듣고서 만시(輓詩) 2수를 지어 보내고 향과 차도 함께 보내어 영전에 제
물로 올리도록 하였다.[26]

반정균은 편지 외에 이사(李斯)의 「택산비(澤山碑)」 탁본, 시화(詩話) 한

25 『중조학사서한』.
26 『중조학사서한』, 潘庭筠의 편지, "輓休休先生詩二章, 并瓣香淸茗, 可於神次一奠之."

책과 法帖 등 여러 선물들을 보냈다. 이사의 택산비 탁본은 김재행이 북
경에 있을 때에 구하려고 했던 것인데 마침 자기 집에 있어서 선물한다
고 하였다. 그 외 김재행이 중국의 책을 보고 싶은 것이 있으면, 말만
하면 구해주겠다고 하였다.

(2) 엄성의 마지막 편지와 시

엄성은 고향으로 돌아갔다가 부명(父命)으로 생계를 위해 한동안 복건
(福建)에 가 있었는데 그때에 김재행에게 한 통의 편지를 보냈왔었다. 그
는 편지에서 김재행과 성정이 비슷하여 의기투합하였는데 하늘은 어찌하
여 이다지도 사람을 농락하여 한 달 동안의 즐거운 만남을 주고는 종고(終
古)에 다시 볼 수 없는 사람들이 되게 하였는가 하고 깊이 탄식하였다.

> 우리들은 영원히 다시 볼 수 없는 사람이며 만리에 편지를 부치기가 지
> 극히 어려운데도 세 번이나 편지를 보내주었습니다. 사람으로 하여금 울적
> 하고 절망스럽게 하니 蘇武와 李陵이 河梁에서의 이별이 어찌 우리들의 이
> 별의 한에 비해 만분의 일이라도 되겠습니까? 아직도 담헌이 했던 말 '끝내
> 한번 이별해야 하는 것인데 아예 처음부터 만나지 않았을 것을.'이라는 말
> 이 기억납니다. 매번 이 말을 생각하면 눈물이 줄줄 흐릅니다. 저는 형과
> 의기가 투합하였는데 참으로 성정이 비슷해서입니다. 저 조물자는 어찌하
> 여 영원히 다시 못 볼 사람들을 희롱하여 이와 같이 한 달간의 만남만 만들
> 었습니까?! 고향의 친척이나 친구는 비록 다시 이별하더라도 끝내는 다시
> 만날 기약이 있지만, 담헌과 양허 두 사람은 오직 눈을 감고 골몰히 생각해
> 야만 혹 보일 듯 할 뿐입니다. 슬프고 슬픕니다. (吾輩爲終古不再見之人,
> 而又萬裏寄書, 艱難之至, 三復來敎, 令人氣結心死. 蘇李河梁之別, 豈足比
> 吾輩之恨於萬一哉. 猶記湛軒有云, 終歸一別, 不如初不相逢. 每念斯言, 潸
> 然出涕. 弟與吾兄氣味相投, 實緣性情相似, 彼造物者亦何苦播弄此終古不

再見之人, 而作此一月之合哉. 故鄕戚友雖復星離雲散, 終有會面之期, 如吾
湛軒養虛兩人, 則惟有閉目凝想, 若或見之而已, 哀哉哀哉.)[27]

이것은 엄성이 병중에 있으면서 김재행에게 보낸 편지이다. 엄성은
두 달 넘게 학질에 걸려 고생하고 있었으며, 편지를 쓸 당시에도 아직
회복되지 않아 숨이 차고 마음과 정신이 어지럽다고 하였다. 그렇지만
그리운 마음은 천마디 만마디 말로도 다 표현할 수 없이 아득하여 시
2 수를 지어 보낸다고 하였다. 그중 한 수를 보기로 한다.

一別成千古	한번 이별하니 천고가 되어버리고
生離是死離	살아서 이별함은 곧 죽어서 이별함이네.
書來腸欲斷	편지가 오니 애가 끊어질 듯 하고
夢去淚先垂	꿈에 가니 눈물이 먼저 흐르네.
豪士中原少	호기로운 선비 중원엔 적으니
淸辭兩晉宜	맑은 문장 양진시대에 걸맞네.
百年吾與爾	백년 후에 나와 당신은
泉下盡交期	황천 아래에서 만날 기약을 이루겠네.

이 시에서 생이별이 곧 사별이 되었으며 죽어서나 저세상에서 다시
만날 것을 기약한다고 하였는데, 이 말은 그만 참언(讖言)이 되었고 이
편지도 마지막 편지가 되고 말았다.

엄성은 성정이 바르고 나이도 비슷해서 김재행을 비롯해 홍대용과도
절친한 우정을 맺었다. 그도 또한 조선인과의 만남과 우정을 매우 소중
하게 여겨서 연행사신 다섯 사람의 화상을 그려놓았고, 그들과 주고받았
던 필담과 시문, 편지들을 모두 간직하고 있었다. 엄성의 사후 그의 고향

---

27 『중조학사서한』.

친구 주문조가 유고들을 정리하여 문집을 편찬하면서 엄성이 간직했던 다섯 조선인과의 주고받은 시문과 편지를 모두 따로 정리하여 「일하제금집」을 편집하였다. 이것이 약 10년의 우여곡절을 거쳐 마침내 홍대용에게 전해졌고, 그의 문집도 조선에 들어오게 되었다. 이것은 18세기 한중 문인들의 진실한 우정을 보여주는 소중하고 영원한 징표가 되었다.

(3) 육비가 보내준 편지

김재행도 귀국 후에 항주의 선비들에게 편지를 보내어 문안하고 그리움을 전했다. 그가 1767년 10월에 산냉(疝冷)을 앓고 있는 중에 연행 가는 사신 편으로 항주 세 친구들에게 보낸 편지 한통이 있다. 편지에서 그는 소무(蘇武)와 이릉(李陵)의 하량증별(河梁贈別)이 자신들의 이별 상황과 조금 다르지만 다시 볼 수 없는 슬픔은 마찬가지이며, 자신이 밤새 잠 못 이루며 늘 마음에 두고 그리워하고 있는 것은 죽을 때까지 그치지 않을 것이라 하였다.[28] 김재행은 병중에 편지를 보내면서 이 편지가 반드시 전달될지 기대할 수 없으며 할 말을 모두 표현할 수 없으나 "願君崇令德, 努力以爲期"[29] 두 구절을 받들어 서로 권면하겠다고 하였다.

김재행의 편지는 항주 선비들에게 전달되었고 육비가 그에게 답장도 보내왔다. 육비는 김재행에게 보낸 편지에서 그들의 이별이 한나라 때의 소무와 이릉의 하량증별보다도 더 슬프다고 하였다. 또 북경에서의 만남을 다음과 같이 추억하였다.

---

28 『日下題襟集』, 김재행의 편지.

29 蘇武李陵贈別詩 중에 이와 비슷한 구절이 있다. 소무가 시에서 "願君崇令德, 隨時愛景光"라고 하자 李陵이 "努力崇明德, 皓首以爲期"라는 구절로 서로 증별하였다. 김재행의 이 두 구절은 여기에서 따온 것이다.

지난 해에 북경의 저택에서의 한 때 만남은 성대하고 질탕하였으며, 문득 엄숙하게 토론을 하다가도 문득 우스갯말도 하였으니 곧 천하의 지극함을 다 하였습니다. (昨歲京邸一時萍聚, 淋漓跌宕, 忽而莊論, 忽而諧語, 便是極天下之至.)[30]

그들은 북경에서 만날 때에 정말로 진지하게 학문을 논하기도 하고 서로 농담도 하면서 호탕하게 웃고 떠들며 마음껏 회포를 풀었던 것이다. 육비와 김재행은 나이도 비슷하고 성정이 비슷하여 모두 어디 얽매임 없이 호방하고 술을 잘 마셨기에 그들의 우정도 각별하였던 것이다.

김재행이 산냉을 앓고 있었다는 소식을 듣고 문안을 하며 하루 빨리 깨끗이 회복되기를 바라는 마음을 전했다. 편지의 끝에는 엄성의 죽음을 애도하는 시 한 수를 지어 첨부하였다. 이처럼 천고에 두 번 다시없을 만남을 가진 그들은 편지를 통하여 국경도, 죽음도 떼어놓을 수 없는 깊고도 영원한 우정을 다져갔다.

3. 김재행의 연행과 『중조학사서한』의 의미

김재행과 홍대용이 연행 가서 중국 선비들과 교유하며 벗을 사귄 사건은 조선에서 커다란 반응을 일으켰다. 오랑캐 나라 사람들과 상대했다고 비판하는 사람이 있는가 하면, 기뻐하고 부러워하는 사람들도 있었다. 박지원, 이덕무, 박제가, 성대중 등 진보적 지식인들은 긍정적으로 받아들였으며, 홍대용의 『건정동필담』이나 김재행의 『중조학사서한』 등을 비롯한 그들의 연행에 관련된 글들을 적극적으로 읽었으며 중국에 대한

---

30 『중조학사서한』, 陸飛의 편지.

선망을 가지고 북학사상을 키워나갔다.

홍대용이 김재행을 위해 만들어준 척독첩인『중조학사서한』도 조선에서 많이 읽혔던 것 같다. 특히 박지원, 박제가, 이덕무, 성대중 등 북학파 문인들은 모두 김재행이 항주 선비들과 교유했던 사실과 그들이 주고받았던 시와 편지에 대해 잘 알고 있었다.

성대중은 김재행의 척독첩을 보고 「서김양허항사첩(書金養虛杭士帖)」이라는 발문 한 편을 지었다.

> 김양허와 홍담헌은 사행을 따라 연경에 들어가 과거 시험 보러 온 항주의 선비 엄성, 반정균, 육비 세 사람을 만났다. 한번 보자 서로 맞아서 두 사람(김재행과 홍대용)의 초상을 그려서 간직하고 만리 먼 곳에 편지를 부치기를 마치 제 집 드나들 듯이 하였다. 반정균, 육비는 후에 모두 급제하였고 반정균은 이미 이름을 날렸다. 육비는 서호에 돌아가 은거하였는데 절강에서는 그의 고상한 절조를 칭찬하였다. 오직 엄성만이 일찍 죽었는데 죽기 직전에 두 사람의 초상을 꺼내어 보며 눈물 흘리면서 숨을 거두었다. 후에 연행을 가는 사람들이 반한림(반정균)과 사귈 때 반드시 두 사람을 끌어다가 중개로 삼았다. 그러나 서로 허물없이 사이좋게 사귐은 마침내 두 사람과 사귈 때와 같지 않았다. 담헌은 인품과 가문이 본디 중히 여김을 받기에 충분하지만 양허는 다만 하나의 가난한 선비일 뿐이다. 고집스럽고 청고하여 세상에서 뜻을 이루지 못하고 시와 술로 자처하였으니 후생들에게 비난을 받기에 충분하였다. 그러나 세 사람(육비, 엄성, 반정균)과 만남에 이르러서는 이와 같이 중히 여김을 받았으니 그의 텅 비고 넓은 마음이 그렇게 되게 한 것이지, 여기에서 뜻을 얻지 못하였는데 마침 저기 가서 뜻을 얻게 된 것은 아니다. 이에 내가 느끼는 바가 있었다. 세 사람의 문장과 글씨와 그림은 중국에서도 손꼽히는 것이다. 그들이 연경의 저자에서 모여 술을 마실 때에는 풍류스럽고 기개가 높았으며 거의 일세를 기울여 뛰어났으니 외국의 사람들에게 있어서 무슨 아쉬움이 있겠는가. 그러나 예

법을 갖춰 자신을 낮추어 돌아봄이 이미 아주 심한 것인데 생사의 즈음에
도 이처럼 잊지 못하였으니 대국의 사람이 아니고서 이럴 수 있겠는가. 세
상에 재주와 가문을 믿고 사람을 업신여기며 절절히 뽐내는 자들은 이것을
보면 족히 부끄러움을 알 것이다. 그러나 중국 사람들은 청음(김상헌)을
몹시 중히 여겨 우리나라 사람을 만나면 반드시 물어보았다. 양허는 청음
의 族孫이니 세 사람이 그를 중히 여김도 또한 이것 때문일 것이다. 만약
그렇다면 우리나라를 중히 여기는 것이며 어찌 다만 두 사람에게만 이겠는
가. (金養虛與洪湛軒, 隨至使入燕, 遇杭州貢士嚴誠, 潘庭筠, 陸飛三子者,
一見相合, 畵二公像藏之, 萬裏寄書, 如門庭然. 潘, 陸後皆登第, 潘已顯揚
臺省. 陸則歸隱西湖, 江浙稱其高. 獨嚴誠者早夭, 臨歿, 出二公像見之, 噓
唏而絕. 後之入燕者, 與潘翰林交, 必援二公而爲介. 然交好無間, 終不如二
公時. 夫湛軒人地固足取重, 養虛則直一窮士爾, 嵚崎歷落, 不得志於世, 其
以詩酒自命者, 適足見姍於後生. 而及與三子者遇, 取重也如此. 蓋其胸懷之
虛曠有以致之, 而無亦不得於我者, 適以得於彼耶. 抑吾因此而有感也. 夫三
子之文章書畵, 并中國之選也. 方其聚飮於燕市也, 風流氣岸, 殆將傾一世而
右之, 其於外國之士何有. 而顧乃禮下之已甚, 死生之際, 尙此不忍忘, 非大
國之人然乎哉. 世之挾才地而驕人, 切切以爲高者視此, 足以知愧也. 然華人
甚重淸陰, 遇我人則必問. 養虛淸陰族孫也, 三子者之重之, 其亦以是夫. 苟
其然者, 是乃我國之重也, 豈特二公爲哉.)[31]

　발문에서 보다시피 성대중은 김재행과 항주 세 선비들의 교유의 내력
과 그 이후의 일들에 대해서 잘 알고 있었다. 그는 또 중국 사람들이 대
국의 풍모가 있으며 김상헌을 중히 여겼으니 조선이라는 나라도 중히
여겼다고 하였다. 그의 이런 발언은 조선에서 만연했던 북벌론과 소중화
의식의 우물 안에서 벗어난 생각이며 더 이상 청나라를 오랑캐 나라요
북벌의 대상으로 삼지 않고 대국으로 인정한 것이며 나아가 청나라의

31　成大中, 『靑城集』 卷8, 「書金養虛杭士帖」.

선진문화와 문물을 배워야 한다는 북학사상에까지 나아갈 수 있는 조선 지식인계층의 의식변화를 보여주었다.

성대중은 또 김재행과 항주 선비들이 청음 김상헌의 시에 차운하여 창수했던 시에 다시 차운하여 「제양허김평중재행항사수창첩용청음운」 라는 시 한 수를 지었다.[32]

이덕무는 홍대용과 김재행이 항주 선비들과 교유한 사실을 아주 흠모 하였으며 그들이 주고받았던 필담과 편지, 시문들을 편집하여 「천애지 기서(天涯知己書)」를 만들었다. 그리고 서두에서 다음과 같이 그 동기를 밝혔다.

> 홍대용의 자는 덕보, 호는 담헌이다. 널리 배우고 옛 제도를 좋아하였 다. 을유년(영조 41, 1765) 겨울에 그의 숙부 서장관 홍억을 따라 북경에 갔었다. 그때 항주의 명사인 엄성·육비·반정균 등을 만났었다. 그들과 나 누었던 필담과 서간은 그 하나하나가 모두 훌륭했으며, 이국에서 지기를 맺고 돌아왔으니, 이 또한 성대한 일이라 하겠다. 이때 자는 평중, 호는 양허인 김재행도 畜士로서 함께 북경에 들어갔었는데, 엄성·육비·반정균 에게 존경을 받았다. 이제 그때의 서간과 필담첩들을 보니 정의를 나누면 서 화답한 즐거움이 옛사람에게 뒤지지 않음은 물론이고, 때때로 감정을 격발하여 눈물을 흘리게 할 만한 것도 있었다. 이에 그때의 서간·시문과 필담첩들을 간추려 기록하고 이를 '천애지기서'라 이름하고 친구간의 우의 에 야박한 자들을 경계하는 자료로 삼는다.(洪大容字德保, 號湛軒, 博學好 古. 乙酉冬, 隨其季父書狀官檍遊燕. 逢杭州名士嚴誠, 陸飛, 潘庭筠. 筆談 書牘, 翩翩可愛, 結天涯知己而歸, 亦盛事也. 時金在行字平仲, 號養虛, 奇 士也, 同入燕, 爲三人者所傾倒. 今觀其諸帖, 輸瀉相和之樂, 不愧古人, 往

---

32 成大中, 『靑城集』卷2, 「題養虛金平仲在行杭士酬唱帖用淸陰韻」: "客有懷詩逐使旌, 神州文物醉中經, 平生海外頭空白, 數子燕南眼忽靑, 獨許高名留雪爪, 可論遐契比晨 星, 西湖梅柳今何似, 惟遣心魂入杳冥."

往感激有可涕者. 錄其尺牘及詩文抄刪筆談, 名日天涯知己書, 以刺薄於朋
友之倫者焉.)[33]

    이덕무는 홍대용과 김재행이 모두 항주 명사들과 만났고, 김재행은
엄성·육비·반정균에게 존경을 받았다고 하였다. 그들이 항주 문사들과
주고받은 서간과 필담첩들을 보니 서로 화락한 정이 옛 사람들에게 뒤지
지 않으며 감격하여 눈물을 흘리게 할 만한 것도 있다고 독후감을 표현
하였다. 그는 김재행과 홍대용이 항주 선비들과 나눈 진지한 우정을 본
보기로 삼았으며 조선의 야박한 교우의 도를 경계하는 자료로 삼았다.
    당시 북학파 문인들은 홍대용, 김재행의 항주 선비들과의 교유를 높
이 평가하고 선망하였다. 박지원도 「건정동필담」의 서문에서 "홍군은 벗
사귀는 도리를 통달하였도다! 내 이제야 벗 사귀는 도리를 알게 되었도
다. 그 벗삼는 바도 보았고 그 벗되는 바도 보았으며, 또한 그 내가 벗하
는 바를 그는 벗하지 않음도 보았도다."[34]고 감탄하였다.
    이덕무는 또한 「청비록(淸脾錄)」에서도 엄성, 육비, 반정균을 각각 소
개하면서 김재행과 교유했던 사실과 그들이 주고받았던 시문, 편지를 선
록하였다. 육비를 소개하는 편에서는 육비가 김재행에게 써준 송별시와
귀국후에 보내준 편지의 일부를 베껴놓았고[35] 엄성을 소개하는 편에서도
김재행과 창수했던 시와 복건에 있을 때에 보낸 마지막 편지와 시 2수도

---

33 이덕무, 『靑莊館全書』 권63, 「天涯知己書」.

34 홍대용, 『湛軒書』 외집 권1, 「會友錄序」. "餘旣讀畢而歎日, 達矣哉, 洪君之爲友也. 吾乃
今得友之道矣. 觀其所友, 觀其所爲友, 亦觀其所不友, 吾之所以友也. 燕巖朴趾源序."

35 이덕무, 『靑莊館全書』 권32, 「淸脾錄」. "贈養虛詩有日, 別愁千斛鬥難量, 不得臨歧
盡一觴, 直恐酒悲多化淚, 海風吹雨濕衣裳. 又於便面墨畵荷花, 題詩以贈日, 開宜明月
下, 種愛碧池深, 淸曠有如許, 誰知多苦心. 養虛的國後, 起潛寄書日, 一時萍聚, 淋灘
跌宕, 忽而莊語, 忽而諧語, 極天下之至文. 嘗謂眞氣不死, 眞情不斷, 千裏萬裏, 窈窈
默默, 流絲裊空, 不可蹤跡, 皆情境也, 非阿兄絕妙文, 心不足以狀之."

옮겨놓았으며[36] 반정균을 소개하는 글에서도 마찬가지로 주고받은 편지
와 시문을 선록해놓았다. 선록한 내용들은 홍대용의 「건정동필담」이나
「연기(燕記)」에도 없고 『중조학사서한』에만 있는 내용이 상당히 많다. 이
는 이덕무가 김재행의 이 척독첩을 직접 보았으며 그것을 바탕으로 베껴
놓았음을 알 수 있다.

박제가는 「희방왕어양세모회인(戲倣王漁洋歲暮懷人)」 60수에서 김재행
을 한 수 읊어서 그가 북경에서 교유했던 일을 추억하였다.[37] 또 김재행의
당호를 위해 「양허당기」를 지어 주면서 김재행과 항주 선비들의 교유했던
사적을 기렸다.

박지원은 연행갔을 때에 중국 선비들과 필담하는 중에 반정균이 김재
행에게 써준 칠언절구 한 수를 써서 보여주기도 하였다.[38] 이는 박지원도
김재행과 항주 선비들이 주고받았던 서간첩을 보았다는 것이다.

이처럼 김재행과 항주 선비들이 교유한 사실과 주고받은 필담, 시,
문, 편지들이 당시 조선의 북학파 문인들 사이에서 많이 읽혔다. 김재행,
홍대용의 연행 및 항주 문사들과의 천애지기의 우정은 조선의 진보적
지식인들에게는 선망의 대상이 되었다. 그 후 이덕무, 박제가, 박지원을
비롯한 지식인들이 잇달아 연행 길에 나서 중국을 견문하고 적극적으로
중국 문인들과 사귀며 활발한 한중 문학교류를 진행한 것은 홍대용, 김

---

36 이덕무, 『靑莊館全書』 권32, 「淸脾錄」, "丁亥歲, 遊閩中爲館師, 病瘲寄書及詩於金
洪二公, 因還家而歿. 書甚悽惻, 益絶筆也. 南閩館寄養虛, (중략) 一別成千古, 生離是
死離, 書來腸欲斷, 夢去淚先垂, 豪士中原少, 淸辭兩晉宜, 百年吾與爾, 泉下盡交期."
이 시 외에도 『중조학사서한』에 있는 여러 시와 편지들이 수록되어 있다.

37 박제가, 『貞蕤閣初集』, 「戲倣王漁洋歲暮懷人」 「金養虛在行」, "日下追遊已十霜, 峻嶒
一士臥東方, 便便不負平生腹, 半是詩愁半酒香."

38 朴趾源, 『熱河日記』, 「商樓筆談」, "酒行數巡, 費生磨墨展紙日, 穆繡實願得先生筆
蹟, 爲上珍. 餘爲書潘香祖送金養虛七絶一首, 東野間潘香祖貴邦名士麽? 餘曰, 非敝邦
人, 這是錢塘人, 名廷筠, 即今中書舍人, 香祖其字也."

재행의 본보기와 자극이 있었다고 할 수 있다. 『한객건연집(韓客巾衍集)』
과 같은 조선 사가(四家)의 시집을 중국으로 가져가서 반정균, 이조원(李
調元) 등 중국 문인에게 평을 받았던 것도 이런 배경에서 이루어진 열매
이다. 아직도 북벌론이 강조되던 당시 조선 지식계어서 김재행과 홍대용
이 항주 문사들과 진행한 깊이 있는 교류는 조선과 청나라 문인들의 활
발한 문화교류의 문호를 열어주는 효시의 역할을 했다는 점에서 매우
큰 의미가 있다.

4. 맺음말

본고는 최초로 김재행과 청조 문사들의 교류 내용이 수록된 서간첩
『중조학사서한』을 학계에 소개하였다. 이 서간첩은 김재행이 항주 문사
엄성, 육비, 반정균으로부터 받은 시와 편지의 원찰을 표구하여 만든 첩
이다. 이 첩은 김재행과 함께 연행을 갔던 홍대용이 가난한 김재행을 위
해 장정해준 것이다. 현재 김재행의 문집도 연행록도 없는 상황에서 이
서간첩『중조학사서한』은 그의 대청 교류 양상을 살펴볼 수 있는 중요한
자료로서 큰 가치가 있다.

『중조학사서한』은 김재행과 항주 문사들의 일생 일대의 큰 만남과 천
애지기의 우정이 기록된 교우록이라고 할 수 있다. 김재행은 1765년에
족형인 김선행을 따라 연행을 갔다가 북경에서 과거시험 보러 상경한
항주의 세 선비 육비, 엄성, 반정균을 만나 깊은 교류를 진행하였다. 북
경에 있을 때에는 약 수차례 만나서 필담을 나누고 시문 창수를 하며
함께 술을 마시면서 허물없이 마음을 터놓은 교제를 나누었다. 만나지
못하는 날에는 매일 편지를 왕래하며 서로 그리워하고 존경하는 마음을

전하였다. 김재행은 귀국 후에도 항주 세 선비와 계속 편지를 주고받으며 국경을 초월하는 진지한 우정을 쌓아갔다. 김재행과 항주 문사들은 생이사별(生離死別)을 당하여도 변함없는 우정을 굳혀갔으며, 조청 문인들의 교류사에서 아름다운 전설을 만들었다.

조선의 명문가의 후손인 김재행이 오랑캐 나라 청조의 문사들과 깊이 있는 사적 교류를 진행한 것은 소중화의식이 팽배하던 18세기 조선 지식인 계층에게 신선한 기운을 불러일으킨 사건이었다. 김재행과 청조 문사들의 교류는 북학파 지식인들에게 경탄과 흠모를 자아내는 화제가 되었으며 향후 청조 문사들과의 적극적인 문화교류에 촉매제 역할을 하였다. 이런 면에서 볼 때 문집도 전하지 않고 뛰어난 학술도 남기지 않은 가난한 선비 김재행과 항주 문사들의 교류는 18세기 한중 문화교류사에서 상당히 큰 의미를 지닌다.

附錄 : 『中朝學士書翰』選取

1. 육비 送別詩扇

別愁千斛斗難量 不得臨岐盡一觴
直恐酒悲多化淚 海風吹雨濕衣裳
丙戌二月送養虛兄別 古杭弟陸飛詩稿

2. 반정균이 김재행의 당호 양허당에 지어준 시

養虛堂爲金丈平仲所居不能蔽風雨賦詩志嘅

遼海孤貧士　寒廬乏棟材
艱辛留小築　跌宕欠深杯
詩已存天地　人猶臥草萊
秋風愁屋破　愧未送資來
禹航小弟潘庭筠拜稿

3. 엄성이 김재행에게 지어준 「양허당기」

4. 엄성의 편지

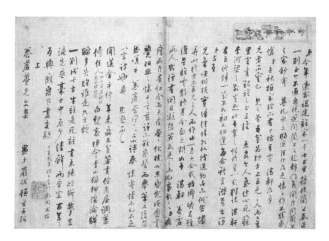

金養虛尊兄啓

弟今年遠客福建, 離家一千七百裏, 篠飮蘭公春正一別, 至今不通息耗, 近聞蘭公又赴都門矣. 閏月間, 蘭公之家鈔寄尊箚, 承示歸途佳什及見懷之作, 不勝感愴. 弟去秋抵家後, 亦有寸楮奉寄湛軒及吾兄者, 不審已見之否. 吾輩爲終古不再見之人, 而又萬裏寄書, 艱難之至, 三復來敎, 令人氣結心死. 蘇李河梁之別, 豈足比吾輩之恨於萬一哉. 猶記湛軒有雲, 終歸一別, 不如初不相逢. 每念斯言, 潛然出涕. 弟與吾兄氣味相投, 實緣性情相似, 彼造物者亦何苦播弄此終古不再見之人, 而作此一月之合哉. 故鄕戚友雖復星離雲散, 終有會面之期, 如吾湛軒養虛兩人, 則惟有閉目凝想, 若或見之而已, 哀哉哀哉. 弟病瘰兩月有餘, 今尙未痊, 奄奄伏枕, 心思昏亂, 頃發書, 覺相思之懷, 千言萬語亦難盡罄, 而擧筆又復茫然. 嗟乎, 養虛奈何奈何. 二小詩奉懷寄情而已, 不足以言詩也, 希照察不一.

聞道金平仲 年來病且貧 著書餘老屋 調藥倚佳人【此二字湛軒所題, 非敢相譴】

白髮哀時命 靑山狎隱淪 驊騮多失路 誰是九方歆

一別成千古 生離是死離 書來腸欲斷 夢去淚先垂

豪士中原少 淸辭兩晉宜 百年吾與爾 泉下盡交期

丁亥九月朔日書於南閭寓館

上養虛尊兄文案, 愚弟嚴誠頓首再拜.

5. 육비의 편지

文章莫妙於言情, 而亦莫難於言情, 不知情生文, 文生情. 要之, 情至則文至, 强顔爲笑, 不戚而呻, 豈有情耶. 昨歲京邸一時萍聚, 淋漓跌宕, 忽而莊論, 忽而諧語, 便是極天下之至, 又覺河梁贈別, 兩人意中情事尙有不能互相傾吐者, 不過假結髮以明恩愛, 聊言別離之狀, 豈若我輩今日中外一家, 浩浩落落, 無不盡之懷耶. 嘗謂眞氣不死, 眞情不斷, 千裏萬裏, 窈窈默默, 遊緣裊空, 不可蹤跡, 皆情境也, 非阿兄絶妙文心不足以狀之. 接來書及見懷諸什, 如是觀矣. 聞患冷疝, 未知何時霍然能去疾, 務盡否. 念切切, 鐵橋今春忽有閭中之行, 十月間抱病歸來. 不一月死矣. 眞堪慟絶. 此行弟苦口力阻, 而鐵橋迫於父命, 爲友人所牽, 率竟不用吾言, 泣嗟, 何及死生固是有數, 電光石火, 倏忽便盡. 令人百念俱灰. 想海東故人, 筍爲之長號也. 秋瘦入都未返, 弟家居已一年矣, 幷聞. 草草率覆, 倍萬珍重, 不備. 養虛老兄文席. 丁亥十二月朔. 愚弟陸飛頓.

哭鐵橋

千裏無端賦遠遊 吾謀不用更誰尤 遺箋剩筆都成讖 瘴雨盲風未是愁

竟夭王濛堪慟哭 難攜謝朓只搔頭 一書眞個關生死 魂斷句驪朝雁秋

6. 반정균의 편지

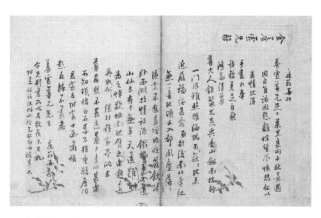

金養虛兄啓

庭筠再拜養虛尊兄足下, 萬裏良田, 千秋奇遇, 固自佳話, 因起離悰, 望風懷想, 何以爲情. 比得手書, 如奉詩敎, 羌足自慰. 鴻篇淸麗, 尊大人鉅製, 尤足與香山劍南抗行. 一門風雅, 照耀海隅, 可敬可敬. 比來近履福綏爲念. 弟別後南北奔馳, 無一善狀, 頃又入都, 風塵落落, 德業不進, 良增內疚. 篠飮歸臥西湖, 放情詩酒. 鐵橋竟入道山仙去, 有才無年, 天道難知, 爲之悼歎. 城南把臂之樂, 邈不可再, 如何如何. 湛軒移家苧洞, 去尊居想不甚遠, 晨夕素心, 其樂可知. 頃晤白石李公, 持重醇厚, 聞君密友, 附寄寸函, 肅候起居, 餘不盡悉. 養虛尊兄先生, 庭筠再頓.

令兄判書公, 叱名致候, 不另札. 附呈詩話法帖兩種, 乞收, 勿哂酸寒也.

중조 외교활동과
조선여성시문의 편찬 및 전파

張伯偉 · 이금선(번역)
중국 남경대학 · 중국 절강수인대학

1. 서론

이 글에서 말하는 '외교'는 비교적 넓은 의미로, 사신(使臣)뿐만 아니라 일반인들이 두 나라 (혹은 그 이상) 사이에서 서로 다른 원인과 목적으로 교제하는 모든 외교적 활동을 가리킨다.

본 논문에서 "조선"은 역사상의 조선시대(1392~1910)이다. '女性詩文'은 여성을 표현의 대상으로 한 시문(詩文)이 아니라, 여성이 지은 시문을 말한다. 우리는 "시가(詩歌)", "가요(歌謠)"를 아울러 "시(詩)"라고 이해하는데, 중국문학사의 시각에서 볼 때는 별문제 없지만, 중국 이외의 동아시아 고대문학사에서의 "詩"는 일반적으로 한자(漢字)로 지어진 일종의 운문형식, 즉 "한시(漢詩)"를 말한다. 언문(諺文), 가나(假名), 놈쯔(喃字)가 창립된 이후, 자기 민족의 문자로 지어진 이 운문형식의 "歌"는 서로 다른 지역에서 각각 "時調(조선)", "和歌(일본)" 혹은 "演歌(월남)"로 불렸다. 때문에 이 글에서의 "시문집(詩文集)"은 모두 한자로 지어진 문학작품, 즉 한문학(漢文學)을 말한다.

현대의 한국학자들이 조선시대의 여성문집을 수집하기 시작한 것은 20세기 50년대 초부터이다. 이를테면 민병도(閔丙燾) 편찬의 『조선역대

여류문집(朝鮮歷代女流文集)』[1]은 모두 12종을 수집했다. 허미자(許米子)편
『조선조여류시문전집(朝鮮朝女流詩文全集)』은 이병도 편찬본보다 8종이
더 많지만『지재당고(只在堂稿)』를 생략하여 모두 19종이 수록되었다.[2]
최상익(崔相翼) 등이 편찬한『조선시대강원도여성시문집(朝鮮時代江原道
女性詩文集)』은 한 지역의 시에만 국한[3]되었지만 허미자편『한국여성시
문전집(韓國女性詩文全集)』보다 더 많이 수록되어 모두 28종[4]이다. 지금
까지 현존하는 문헌을 모두 수집한다면 조선여성시문집(중국인이 편찬한
것은 포함하지 않았음), 합별집(合別集), 가집(家集), 창화집(唱和集), 선집(選
集) 등이 적어도 37종이 있고, 그 외에 또 專書 2종이 더 있어 모두 39종
이다. 이 자료들은 모두『조선시대여성시문집전편(朝鮮時代女性詩文集全
編)』[5]에 수록되어 있다. 이것은 지금까지 관련 문헌을 가장 풍부하게 수
록한, 제일 나중에 출간된 저서라 할 수 있다.[6] 따라서 이 글에서는 이
문헌을 인용하고 이 책을 1차 자료로 한다.

조선시대 여성시문의 창작은 그 기원을 따지고 보면 한대(漢代) 조선
진졸(津卒) 곽리자고(霍里子高)의 처 여옥의 〈공후인〉으로 거슬러 올라갈
수 있어 유래가 깊다. 하지만 조선 여성 시문이 보존되고 편찬되어 지금
에까지 전해져 내려온 것은 그 유구한 창작의 역사에 비하면 그 수가
아주 적다. 중국 여성이 창작한 분량과 비교한다면 더욱 미미하다고 할

---

1 한국 을유문화사, 1950년.
2 한국 태학사, 1988년.
3 한국 강원도, 1998년.
4 한국 국학자료원, 2003년.
5 張伯偉 主編, 俞士玲, 左江 參編, 鳳凰出版社, 2011년.
6 아직 제목만 알고 책을 직접 보지 못한 경우가 있는데 예를 들면 鄭陽貞의『林塘遺稿』,
   기생 翠仙의『雪竹集』등이다. 沈善寶의『名媛詩話』卷十二提 및 조선여자 賈曇雲(瓊花)
   의『風絮亭小稿』등은 모두 더 깊은 고찰을 기다리고 있다.

수 있다. 다행인 것은 전멸되지 않았다는 점이다. 여러 가지 원인이 있을 수 있겠지만 그 중의 한 가지 원인으로 중국과 조선 사이의 외교활동을 들 수 있다. 외교활동이 조선 여성 시문이 편찬되어 지금에까지 전해져 내려올 수 있도록 추동한 힘이라는 점에서 특별히 지목하여 칭찬할 만하다.

외교와 문학의 관계는 중국의 춘추시대로 거슬러 올라갈 수 있다. 각제후국 사신들이 연회석에서 사용한 외교언어에서 제일 교묘하게 사용한 것이 바로 시(詩)(그 때에는 『詩』였다)이다. 이와 관련해서는 청나라 사람 노효흥(勞孝興)의 『春秋詩話』 및 오늘날의 양샹시(楊向時)의 『左傳賦詩引詩考』에서 확인할 수 있다. 때문에 공자는 "시 3백편을 다 외우더라도 벼슬을 주었을 때 능히 해내지 못하고, 타국으로 사신을 보냈을 때 능히 대처하지 못한다면 많이 안다고 한들 무슨 소용이 있겠는가"[7]라고 했고 또 "『시』를 배우지 아니하면 말하지 못하리라"[8]고 했다. 이와 같이 『시』가 외교적 언사로써 외교장소에서 없어서는 안 될 작용을 하였음을 알 수 있다. 시가 춘추시대에는 군사대사(軍事大事)에까지 영향을 미쳤다. 부시(賦詩)를 통해 "잘 나고 못난 자를 구별했으며, 성쇠를 관찰하였다[別賢不肖而觀盛衰]"(『漢書. 藝文志』의 말을 차용). 후세에 외교장소에서의 부시는 그 작용이 양국 사이의 정을 증진시키는 것으로 치우쳐졌지만, 춘추시대의 부시언지(賦詩言志)는 한 개의 전범으로써 그 심원한 영향력을 결코 낮게 평가할 수 없다.

중국과 조선 사이를 보면 명대 정통(正統) 14년(1449), 예겸(倪謙)이 조선에 출사(出使)하여 조선의 여러 문신들과 창화수작(唱和酬酌)했다. 이

---

7 『論語·子路』, 朱熹, 『四書章句集注·論語集注』 7권, 中華書局, 1983년, 143쪽.

8 『論語·季氏』同上 8권, 173쪽.

내용을 귀국 후 모두 한 집으로 묶어『요해편(遼海編)』이라 칭했으며, 시
부외교(詩賦外交)의 새로운 전통을 개척했다. 천순(天順) 원년(1457)에 진
감(陳鑑), 고윤(高閏)이 조선에 사신으로 왔을 때 조선에서는 그들과 여러
관원들의 창화시문을 묶어『황화집(皇華集)』이라는 이름으로 간행하였
다. 이러한 형식으로 숭정(崇禎)년간까지 모두 20여 집을 만들었는데 이
렇게 중조외교의『황화집』전통이 이루어졌다. "황화"로 이름을 붙인 것
은『詩經・小雅』의 "황황자화(皇皇者華)"를 계승한 것으로 이는 중국 사신
에 대한 아칭(雅稱)이다. 이러한 전통은 중국 사신들이 외국에 갔을 때에
만 적용되는 것이 아니라 한문화권(漢文化圈)에서는 보편성을 띠게 되었
다. 나카무라 히데타카(中村榮孝)가 지적한 바와 같이 "외교장소에서 한
시로 수창필담(唱酬筆談)하는 것은 중국문화권 동문(同文)의 여러 나라 사
이의 습관화된 국제예의(國際禮儀)"[9]라는 것이다. 이러한 문제는 더 깊이
연구할 여지가 있지만 이미 중외(中外)의 많은 연구자들의 관심을 받아왔
고 또한 당면한 연구과제이다.[10]

　상대적으로 외교활동과 조선여성시문의 편찬, 전파와의 관계는 눈에
잘 띄지 않는다. 장치성(江契生)이 펑궈둥(彭國東)의『중한시사(中韓詩史)』
에 쓴 제사(題辭)에는 "皇華詞筆, 香奩閨詠, 元是同文侶"라는 구절이 있
는데 다음 구절에 "한국의 향렴시를 가리킨다[謂韓國香奩詩]"라는 주를
달았다.[11] 하지만 "皇華"와 "香奩"은 하나의 대구(對句)에 불과하고 펑씨
의 책에도 양자 사이의 관계에 대한 설명은 없다. 왕자홍(王家鴻) 편찬의
『外交詩話』에는 60여 則을 列目하였지만 여기에 대해서 한 글자도 언급

9　『朝鮮の日本通信使と大坂』,『日鮮關係史の硏究』하, 吉川弘文館, 1969년, 344쪽.
10　중국을 예로 들면 새로 출판된 杜慧月의『明代文臣出使朝鮮與皇華集』과 같은 것이
　　다. 人民出版社, 2010년.
11　正中書局, 1957년, 2쪽.

하지 않았다. 하지만 눈에 띄지 않는다고 해서 중요하지 않은 것은 아니다. 때문에 "중조 외교활동과 조선여성시문의 편찬 및 전파[中朝外交活動與朝鮮女性詩文之編纂流傳]"라는 제목으로 아래와 같은 시론(試論)을 펼치려 한다.

2. 편찬(編纂) 편

조선시대 첫 여성시문집은 허균(許筠, 1569~1618)이 자신의 누이 허초희(許楚姬, 호는 蘭雪, 1563~1589)를 위해 편찬한 『난설헌집(蘭雪軒集)』이다. 책으로 편찬되어 나온 것은 宣祖 23년(1590)이다. 허균이 이 책을 편찬한 동기를 요약하면 첫째는 "許門多才"를 드러내기 위함, 둘째는 누이의 일생에 대한 동정, 셋째는 "文章華國"의식 등 세 가지로 말할 수 있을 것이다. 조선시대의 문화 환경을 살펴보면 여성이 시문 창작을 하는 것을 격려하지 않았다. 여성이 시문 창작을 하더라도 세상에 알리기는 쉽지 않았다. 때문에 허난설은 자기의 작품에 대하여 "태워 버리라[茶毗之]"는 "유명(遺命)"[12]을 할 수 밖에 없었다. 그래서 모두 없애버렸다. 허균은 젊은 나이에 돌아간 누이에 대한 아쉬움으로 순전히 자신의 기억을 더듬어 『난설헌집』을 편찬하였다. 그리고 당시 조선정계와 문단의 두령인 유성룡(柳成龍, 西厓, 1542~1607)에게 서발(序跋)을 부탁했다. 유성룡은 만력(萬曆) 경인(庚寅)(1590)에 〈발난설헌〉을 썼고 또 신묘(辛卯)(1591)에 서(已佚)를 썼는데 찬탄하기를 "기이하다! 부인의 글이 아니다! 허씨 가문의 기재이다!"라고 했고 또 허균에게 "寶藏之, 備一家言, 勿使無傳"[13]라고

---

12 許筠, 「蘭雪軒集跋」, 『朝鮮時代女性詩文集全編』 상, 158쪽.
13 柳成龍, 『跋蘭雪軒集』, 『西厓集 · 別集』 4권, 『韓國文集叢刊』 52권, 483쪽.

당부했다. 여기에서 주목할 것은 그가 이 책을 소중히 여겨 "전해짐이
없게 하지 말라(勿使無傳)"고 당부했는데, 그것이 "이 글을 잘 건사(寶藏
之)"하는 방법이라는 점이다. 즉 새로 각인(刻印)하여 많이 복제하는 방식
이 아니라는 것이다. 난설헌 시가 각본으로 간행되고 기타 여성들의 작
품이 중국시선에 입선(入選)될 수 있었던 것은 당시의 외교활동과 밀접한
연관이 있다.

조선 선조(宣祖) 25년 임진년(壬辰年)(1592), 일본은 조선을 침략하는
전쟁을 발동했는데 역사상에서 "임진왜란(壬辰倭亂)"이라고 한다. 명나라
군대는 고토 수복을 위하여 조선을 원조하여 출병하였다. 원조 군대 중
에 한초명(韓初命), 오명제(吳明濟), 왕백영(汪伯英), 남방위(藍芳威) 등의
사람들이 있었는데 조선의 시를 채집하려 했다. 그 중에서 제일 먼저 편
찬된 것은 오명제의『조선시선(朝鮮詩選)』으로 책으로 만들어진 것이 만
력 27년(1599)이다. 그 전해에 오명제는 허균 등의 도움을 받아 이미 대
량의 조선 시를 수집했는데 거기에는 난설헌의 시도 포함된다. 그 〈자서
(自序)〉에는 다음과 같이 썼다.

丁酉之歲(1597), 徐司馬公以贊畫出軍東援朝鮮, 濟以客從。 次歲戊戌
(1598)季春, 涉鴨綠, 軍於義州。……濟因訪東海名士崔致遠諸君集, 皆辭"無
有"。……然有能憶者, 輒書以進, 漸至一二百篇。及抵王京, 聞多文學士, 乃數
四請司馬公, 願暫館於外。……許之, 濟乃出, 館於許氏。許氏伯仲三人, 日
筬、日篊、日筠, 以文鳴東海間。筬、筠皆擧狀元。筠更敏甚, 一覽不忘, 能
誦東詩數百篇。於是濟所積日富, 復得其妹氏詩二百篇。而尹判書根壽及諸
文學亦多搜殘篇, 遂盈篋。頃之, 司馬公以外艱歸豫章, 濟亦西還長安。長安
縉紳先生聞之, 皆願見東海詩人詠及許妹氏游仙諸篇。見者皆喜曰 : "善哉!
吳伯子自東方還, 囊中裝與眾異, 乃纍纍琳琅乎!"[14]

오명제가 『조선시선』을 편찬한 이후, 또 이덕형(李德馨, 1561~1613)의 협조 하에 이 선집을 다시 증보하였다. 즉 "전후로 신라에서부터 오늘의 조선까지의 百餘家를 더 얻어"[15] 『조선시선』 7권을 만들었다. 시인 120명, 시작(詩作) 340수를 넣었는데, 난설헌 한 사람의 시만 하여도 58수이다. 두 번째로는 정몽주(鄭夢周, 1337~1392)의 시인데 그의 시는 17수에 불과했다. 작품집에서 난설헌 이외에 서명(署名)이 있는 다른 여성들로는 李씨, 成씨, 俞汝舟妻, 趙瑗妾 李氏 등이 있다. 이렇게 조선 여성의 시는 처음으로 선본(選本)에 나타나게 되었다.

조선을 지원하러 출병한 명나라 군대 중에는 조선의 시가에 흥미를 가진 사람이 많았다. 그들은 자기가 채집한 것으로 선집을 편찬했는데 이런 사람이 한 사람뿐이 아니다. 예를 들면 남방위의 『조선시선전집』은 미국의 캘리포니아대학 버클리분교의 도서관과 북경대학 도서관에 소장되어 있는데 후자는 잔결이 많다. 남방위의 『조선시선전집』과 관련해서는 이의현(李宜顯, 1669~1745)의 『도협총설(陶峽叢說)』에서 "남방위라는 사람이 있는데 대사마(大司馬)를 따라 동(東)에 와서 동시(東詩)를 채집하여 6편을 편찬하고 이름을 『조선시선전집』이라 했다. 기자(箕子)의 「맥수가(麥秀歌)」에서 경번(景樊)의 시에 이르기까지 모두 600수를 수록했다[16]는 기록을 볼 수 있다. 또 오지과(吳知過)의 서언에 따르면:

> (藍公) 首尾在朝鮮者幾三年, 得朝鮮投贈詩及士女自所爲詩幾數百篇, 皆不辭手錄, 而親爲選訂[17]

---

14 祁慶福, 『朝鮮詩選校注』, 遼寧民族出版社, 1999, 238~239쪽.
15 同上 注.
16 『陶谷集』 28권, 『韓國文集叢刊』 181권, 455쪽.
17 藍芳威 편, 『朝鮮詩選全集』 卷首, 미국 캘리포니아대학 버클리분교 도서관 所藏本.

이라고 했다. 남씨의 〈선각조선시소인(選刻朝鮮詩小引)〉을 살펴보면 남씨는 다음과 같이 말했다.

士多通詩, 以至於方之外、梱之中, 在不乏人。初不以靺鞈士於翰墨寡所短長, 時詣軍幕, 以詩相投贈, 或以其國中所爲詩交出而傳示[18]

이로부터 알 수 있는 바와 같이 남방위 작품집의 수집 범위는 넓어 승인(僧人)과 여성의 시도 포함했음을 알 수 있다. 오씨는 서(序)에서 특별이 다음과 같이 지적하였다.

許媛髫之雄, 亡難稱白眉, 是奇之奇者[19]

여기에서 '許媛'은 즉 난설헌을 가리키고, "髫"자(蠻夷의 무리를 가리킴)는 조선을 가리킨다. 난설헌의 시는 조선 시단에서 최고로 꼽히는데 이것은 남방위의 『선(選)』에서도 드러난다. 그 책은 모두 8권으로 시 585수를 수록했다. 난설헌 한 사람 것만 해도 두 권(7권, 8권)을 차지하는데 시 130수를 실어 전체 책의 4분의 1을 차지하여 선집 중의 "백미(白眉)"임에 틀림없었다. 실로 난설헌은 "雌"이지만 "雄"이라 불리게 되는 "기이하고 기이한 사람(奇之奇者)"임에 틀림없다. 그 외에 다른 여성들의 작품으로는 신라여왕, 조원(趙瑗)의 첩 이숙원(李淑媛), 성씨(成氏), 俞汝舟처 등의 작품들이 더 있다. 오지과의 서는 만력(萬曆) 갑진(甲辰)(1604)에 썼고

이 도서관의 何劍葉 女士께서 복사하여 자료를 제공해 주었는데 이에 특별히 감사의 말씀을 전한다.

18　同上書 卷首.

19　同上書 卷首.

책을 편찬하여 완성한 것은 오씨의 『선』보다 조금 늦게 나왔다.

또 왕세종(汪世鍾, 伯英) 편찬의 『조선시(朝鮮詩)』 4권이 있다. 이 책은 아직 보지 못했지만 서발의 『필정(筆精)』 5권에 의하면 "新都汪伯英, 從萬中丞經略朝鮮, 集其國中古今詩四卷, 儼然中華之調, 今拔其尤者載之"[20] 라고 했다. 특히 난설헌에 관하여는 "律詩, 古風尤多雅調, 〈月殿(當作'玉樓')上樑文〉亦騈儷, 不能悉錄"[21] 라고 했다. 다른 증빙자료에서도 알 수 있듯이 그 선집도 역시 난설헌을 돌출하게 했음을 알 수 있다. 예하면 왕동궤(王同軌)의 『이담류증』 54권에는 "朝鮮許姝(妹)氏詩"에 대하여 "薊州 賈司馬, 新都 汪伯英이 시집을 만들었는데 유독 許姝(妹)氏의 것이 最多而最工"[22] 이라고 했다. 이러한 사정은 조선인들도 알고 있었는데 홍만종(洪萬宗, 1643~1725)은 "中國以我東爲偏邦, 諸子詩無一見選者。近世薊門賈司馬、新都汪伯英選東方詩, 獨蘭雪軒詩最多。"[23] 라고 하였다. 사실 이 사람들은 서로 연계를 하면서 지내고 있었다. 오명제가 편찬한 『조선시선』의 "동열교정(同閱校正)"자 명단에는 "薊門賈維鑰無扃", "東萊韓初命康侯"와 "新都汪世鍾伯英", 그리고 남씨의 『選』을 함께 교정한 자 즉 "甫口吳知過更伯"과 "東萊韓初命康侯"가 들어 있었기 때문이다. 이 책의 편찬 시기는 확정하기 어렵지만 모두 16세기 말에서 17세기 초 무렵임을 알 수 있다. 특이한 점은 여성 작가들의 작품들이 있다는 점이고 그 대표인물이 난설헌임을 알 수 있다. 이로부터 알 수 있는 바와 같이 난설헌 및 기타 조선여성의 시는 본국에서 편집 간행되기 이전에 중국에서 먼저 간행의 기회를 얻었다. 그 계기는 양국 사이의 사람들의 "외교활동"

---

20 沈文倬교주본, 福建人民出版社, 1977, 170쪽.

21 同上 注.

22 『續修四庫全書』 1268책, 上海古籍出版社, 2002, 211쪽.

23 『小華詩評』 하권, 趙鍾業 己, 『修正增補韓國詩話叢編』 3권, 한국 태학사, 1996, 524쪽.

을 통해서이다. 이것은 편찬한 功이 있을 뿐만 아니라 전해져 내려오게(流傳) 한 효과도 있다.

만력(萬曆) 병오(丙午)(1606), 명나라 조정은 주지번(朱之蕃)을 정사(正使), 양유년(梁有年)을 부사(副使)로 조선에 반조(頒詔)하였다. 마침 허균이 종사관(從事官)이어서 정부사와 많은 교류를 할 수 있는 기회가 주어졌는데 이러한 사실들은 모두 그의 〈병오기행(丙午紀行)〉에 상세하게 기록되어 있다. 주지번은 중국 여성문학에 대하여 관심이 많았기 때문에 조선의 난설의 시에 대하여도 흥미를 가져 허균에게 물었다. 허균은 난설헌의 시집을 주지번에게 주었다. 주지번은 읽고 찬탄하였는데 그가 쓴 서문에는 다음과 같이 말했다.

> 閨房之秀, 擷英吐華, 亦天地山川之所鍾靈, 不容强亦不容遏也。漢曹大家成敞史以紹家聲, 唐徐賢妃諫征伐以動英主, 皆丈夫所難能而一女子辦之, 良足千古矣。卽『彤管遺編』所載, 不可縷數, 乃慧性靈襟不可泯滅則均焉。卽嘲風咏月, 何可盡廢? 以今觀於許氏『蘭雪齋集』, 又飄飄乎塵埃之外, 秀而不靡, 沖而有骨。……又豈叔眞, 易安輩悲吟苦思以寫其不平之衷, 而總爲兒女子之嘻笑顰蹙者哉?[24]

이와 같이 주지번은 명조의 정사로 조선여성의 시집에 서를 썼던 것이다. 이 사건 자체가 조선의 문단으로서는 놀라운 일이었다. 구수훈(具樹勳)의 말과 같이 "華文之弁卷於偏邦女人文集, 罕有之事也"[25]이다. 주지번이 조선에 가기 전에 선조는 여러 대신들에게 "이번의 천사(天使)는 유명한 사람인가"라고 물었다. 또 그의 시 짓는 수준이 어떠한가도 물었다.

---

24 〈蘭雪齋詩集小引〉, 『朝鮮時代女性詩文集全編』 상책, 97쪽.
25 『二句錄』, 『紀聞叢話』 引, 韓國亞細亞文化社, 1990, 369쪽.

그가 얻은 대답은 "중원의 사람들 중에서 학사 문장가를 꼽는다면 초횡
(焦竑), 황휘(黃輝), 주지번 세 사람 뿐입니다. 모두 이름 있는 사람들입니
다."[26]라고 했다. 때문에 이러한 신분과 지위를 가진 사람이 쓴 서문은
주류 문단이 난설헌 시에 대한 높은 평가를 나타내고 또한 조선여성문학
에 대한 긍정을 담고 있음을 말해준다. 이것은 조선여성문학 창작을 추
동하고 문인들의 관념에 충격을 주는데 소홀히 할 수 없는 작용을 했다.
그 후 양유년은 또 〈제사(題辭)〉를 써주었는데 〈제사〉에는 다음과 같이
말했다.

> 唐永徽初, 新羅王眞德織錦作〈太平詩〉以獻, 載之『唐音』, 至今膾炙相傳,
> 謂爲其先王眞平之女. 然則女中聲韻在東方從來旣遠, 而『蘭雪集』尤其趾美
> 獨盛者. 故永以附諸皇明大雅, 流傳萬葉, 厥有史氏在矣.[27]

이는 동국 여성문학의 역사적 발자취를 지적했고 또 난설헌의 특수한
지위를 돌출히 했다. 더 나아가서 사가(史家)들은 반드시 그의 작품을 중
국 고유의 풍아통서(風雅統緖)에 넣어 만대에 전해지게 해야 한다고 했다.
조선의 『난설헌집』의 첫 번째 목각본 간행은 만력(萬曆) 36년(1608), 처음
으로 주지번의 소인(小引), 그리고 양유년의 제사, 권말의 부(附) 허균 발
문으로 편찬되었다. 이후 조선의 각종 간본은 모두 이 형식을 따랐다.
하지만 최초의 『난설헌집』은 중국에서 간행되었다. 심무비(沈無非)가
간행한 『경번집(景樊集)』은 고증에 따르면 만력(萬曆) 34년(1606) 이전에

---

26 이 李德馨의 말은 『宣祖實錄』195권, 宣祖39년 正月 壬辰條『朝鮮王朝實錄』35권을
   참조할 것. 韓國國史編纂委員會編, 1955~1958년 영인본, 152쪽. 朱之蕃의 文才의 수
   준과 地位에 대하여 宣祖에게 대답한 사람은 李好閔, 柳根, 尹昉 등이 더 있다.
27 『蘭雪齋集題辭』, 『朝鮮時代女性詩文集全編』상, 98쪽.

부재(付梓)한 것으로 추정된다.[28] 비록 이 책은 서어만 존재하고 책의 전체 내용을 상세하게 알 수 없었고, 그 내원도 추정할 수 없지만 이 책이 나오기 이전에 오씨의 『선』, 남씨의 『선』, 그리고 왕씨의 『조선시』가 이미 간행되었다. 이들의 선집에는 대량의 난설헌의 작품이 수록되어 있어 이 작품들이 이 작품집의 편찬에 자료를 제공해 주었음을 알 수 있다. 또 지항반(潘之恒)의 『亘史·外篇』 3권의 〈조선혜녀허경번시집서(朝鮮慧女許景樊詩集序)〉에서 "囊沈虎臣娣氏曾梓 『景樊集』 一卷, 余讀之"[29]라고 했다. 이것은 그가 그 책을 보았음을 증명해준다. 그 서를 쓴 시간이 "萬曆戊申春日"이여서 허균이 초간본을 간행한 연도와 같지만 허균은 그 해 여름에 만들었기 때문에 실은 반본이 더 일찍 나왔음을 알 수 있다. 이와 같이 심무비, 반지항은 조선에 간 적이 없지만 그들이 『경번집』을 만들 수 있었던 것은 중조(中朝) 사이의 외교활동의 혜택을 받았기 때문이다.

이의현은 사절로 중국에 간 적이 있었는데 후에 쓰인 그의 『도협총설』에는 "명나라 사람들은 우리 동국(東國)의 시를 대단히 좋아한다, 특히 허경번의 시를 칭찬한다. 시를 편찬하는 사람이면 景樊의 시를 싣지 않는 자가 없다."[30]고 기록했다. 여기에서 말하는 것은 『열조시집(列朝詩集)』, 『명시종(明詩綜)』, 『명시선(明詩選)』, 『시귀(詩歸)』 등이다. 또한 『긍사(亘史)』, 『명원휘시(名媛彙詩)』, 『고금여사(古今女史)』 등 선집에서도 이 말들이 거짓이 아님을 증명해준다. 여기에는 난설헌 외에 기타 여성들의 시도 포함된다. 이러한 것들은 중조간 외교활동과도 밀접한 관계가 있다. 『열조시집』을 예를 들어 설명하면 『열조시집·윤집(閏集)』의 "조선" 하(下)의

---

28 俞士玲, 「明末中國典籍誤題蘭雪軒詩及其原因考論」, 張伯偉 편, 『風起雲揚-首屆南京大學域外漢籍國際學術研討會論文集』에 수록. 中華書局, 2009, 284~321쪽.

29 『朝鮮時代女性詩文集全編』, 상책, 162쪽.

30 『陶谷集』 28권, 『韓國文集叢刊』 181책, 455쪽.

소서(小序)에는 오명제의 『조선시선서』를 인용했는데 이 선집이 많이는 오의 『선』을 남본으로 했음을 알 수 있다. 또 허균 편찬의 〈조선시선후서〉에서도 인용했다. 또 허매씨(許妹氏)에 대해서는 다음과 같이 말했다.

> 許景樊, 字蘭雪, 朝鮮人。其兄筬、筠皆狀元。八歲作〈廣寒殿玉樓上梁
> 文〉, 才名出二兄之右。……金陵朱狀元奉使東國, 得其集以歸, 遂盛傳於中
> 夏。……今所撰錄, 亦據『朝鮮詩選』, 存其什之二三。[31]

그 중에 조선여성의 작품을 수록한 것은 난설헌 외에 또 (李)婷[32], 조원 첩이씨, 성씨, 유여주처, 그리고 기덕개(妓德介)가 있다. 오명제, 남방위 등 사람들이 여러 종류의 조선시선을 편찬한 것은 대체로 명말청초의 중국의 선본에 조선시를 입선할 수 있는 문헌적 근거가 되었다. 또 명나라 사람의 선본은 역으로 조선문단에 자극을 주어 그들이 본국의 여성시 문집의 편찬을 유발할 수 있게 했다.

지금까지 전해져온 조선시대 여성의 문집 중 제일 이른 것은 16세기 초 유여주의 처 김씨의 『임벽당유집(林碧堂遺集)』이다. 이 책을 편찬한 사람은 7대손 유세(俞世基)기이고 편찬 동기는 『열조시집』의 자극을 받았기 때문이다. 그 〈발〉을 보면 다음과 같다.

---

31 『列朝詩集』閨集第六, 中華書局, 2007, 6856~6857쪽.

32 李婷의 자는 子美, 호는 月山大君이다. 조선 成宗大王의 兄으로 시집으로는 『風月亭集』이 있다. 하지만 中國選本들에서는 글자만 보고 대강 뜻을 짐작하여 그를 女性으로 잘못 알고 있다. 俞樾의 『茶香室四鈔』 5권 "朝鮮月山大君"의 조목에 따르면 "國朝程庭鷺『多暇集』에 이르기를: 吳子魚의 『朝鮮詩選』에 月山大君 婷의 詩 一首가 있고, 『明詩綜』에는 그가 조선여자라고 했다. 蒙古博西齋가 분명하게 가려서 '조선의 제도에서 王兄弟封君, 同母弟封大君한다. 婷乃懷簡之子, 康靖王弟, 非女子也.'라고 했다. 월산 대군에 의하면 '余已載於 『三鈔』 卷七, 蓋亦誤以爲女子今訂正'한다고 말했다 한다.

去歲之冬, 友人金子昂斗明以書狀赴燕, 購得錢牧齋謙益氏所輯『列朝詩集』
歸以眎余。是集也, 蓋裒取洪武以後諸家詩編爲一帙, 吾圃(隱鄭夢周)、牧(隱
李穡)以下百餘家亦得與焉。金氏三篇弁諸閨什之首……今因錢公之所撰, 始得
家乘所不載、世間所不傳之三篇, 竝如前所有四篇爲七篇, 其亦多矣[33]

『동문휘고보편(同文彙考補編)』7권『사행록(使行錄)』에 의하면 김두명(金
斗明)이 서장관으로 청나라에 간 시간은 숙종 8년(강희 21년, 1682)이다.
이 행차에서『열조시집』을 구해 동(東)으로 돌아와 유사기에게 보여주었
다. 그 중에는 김씨의 시 3수(『別贈』,『貧女吟』,『賈客詞』)가 들어 있었다.
"가승(家乘)에도 실려 있지 않고, 세상에도 전하지 않던 작품"인 것을 본
兪씨는 감격해마지 않았다. 기타 4수를 보태여『임벽당유집』을 편찬하고
당시의 달환명류(達宦名流)들에게 서발문을 부탁하였다.

이러한 서발문은 한 가지 공통점이 있었다. 그것은『열조시집』에 입선되
었다는 사실에 대한 놀라움인데 모두 원문의 기이한 일이라 보았다는
점이다. 조지겸(趙持謙, 1639~1785)은 〈발〉에서 "今世代垂二百年, 吾東所
不傳之什, 至於所不知何人, 乃復得之於數千里之地外, 風塵掃蕩之後, 文
物灰燼之餘, 此殆遣還也, 實我文苑異事."[34]라고 했고 윤증(尹拯, 1629~
1714)은 〈발〉에서 "三篇이 錢牧齋가 편찬한『열조시집』에 실린 것은 甚奇
하다"[35]라고 했다. 한태동(韓泰東, 1646~1687)의 〈발〉에서는 "東人之所遺,
裔孫之所未睹, 而中州之士獨得以裒次之, 掇取餘馥, 攬撷遺英, 列之文藝
之林者, 抑何奇歟?"[36]라고 했다. 남용익(南龍翼, 1628~1692)은 〈발〉에서

---

33 『朝鮮時代女性詩文集全編』상책, 15쪽.

34 同上注, 17쪽.

35 同上注, 18쪽.

36 同上注, 20쪽.

"기이하고 다행이다."[37]라고 크게 개탄했다. 제일 전형적인 것은 송징은(宋徵殷, 1652~1720)의 〈題義城金氏林碧堂詩後〉인데 아래와 같다.

> 其絶句三首, 得載於天朝錢牧齋謙益所編『列朝詩刪』, 爲使价之所購來. 噫! 我國僻在海外, 雖操觚之士搯腎擢胃, 刻意推敲, 其得傳於中華者甚鮮, 而況林下一婦人, 遺懷於閨梱之內, 而乃爲大朝詞伯之所賞, 編入於諸名家詩選, 豈不奇且幸哉?[38]

하지만 상술한 이 세 편의 시는 문헌에서 많은 의문점을 가진다. 〈별증〉은 오명제의 『조선시선』에서 볼 수 있어 근거가 있다. 하지만 〈빈녀음(貧女吟)〉, 〈가객사(賈客詞)〉는 김씨의 이름으로 되어 있고 또한 최초로 탁명 종성(託名鐘惺)의 『명원시귀』에서 볼 수 있지만 실은 모두 난설헌의 작품이다. 유사기가 『임벽당유집』을 편찬한 후, 당대의 명류들에게 서발을 부탁했는데 그 중 남구만(南九萬, 1629~1711)도 있다. 그는 요청에 의해 〈제임벽당칠수고후(題林碧堂七首稿後)〉를 써주었다. 하지만 유사기는 편집할 때, 다른 사람의 〈김부인침각수시서(金夫人枕角繡詩序)〉로 남구만의 서를 대체했다. 그 원인은 남씨가 "제후(題後)"에서 이 두 편의 시의 진위 문제를 제기했기 때문이다.

> 牧齋所編三首, 聲響稍促, 辭采稍浮. 且〈貧女吟〉, 〈賈客詞〉皆蹈襲古人之陳語, 其視〈枕角詩〉卽事賦懷, 悠然自得者, 不啻逕庭矣. 余曾入燕館, 得『名媛詩歸』一帙, 其中亦載夫人〈楊柳詞二首〉, 流於巧麗, 殊乏風雅本色, 固已疑之矣. 更考『列朝詩集』, 『詞』之其一"條妬纖腰葉妬眉", 則以爲朝鮮婦

---

37 同上注, 23쪽.
38 同上注, 28쪽.

人成氏之作; 其二"不解迎人解送人", 則以爲蘭雪軒許氏之作, 而又譏其偸
取裴說之詞。據此則其非出於夫人決矣。未知編『詩歸』者從何而得之, 有此
錯置也。然念『詩集』, 『詩歸』之所載, 雖或非夫人所作, 唯以其得託於夫人,
參於揀選, 列於簡冊, 卽夫人之聲聞溢於東國, 騰於中華可知也。『胡笳十八
拍』古人以爲六朝人擬作, 幸得託名文姬, 乃入『楚辭後語』。今此諸詩, 無或
亦類於是耶? 然則毋論其詩之眞贋, 夫人以海外偏邦林居寒士之妻, 乃爲上
國文苑諸公所稱道編錄, 傳於天下後世, 是爲盛也。[39]

남구만이 이러한 문제를 발견할 수 있었던 것은 숙종 10년(강희 23년,
1684)과 숙종 12년(1686)년에 두 차례나 정사로 중국에 가서 『명원시귀』
를 보아 이 책을 알기 때문이다. 그 "제후"는 완곡하게 써서 이 문제를
제기했지만 유세기는 남씨의 글이 아름다운 풍경을 훼손시킨다는 생각
에 편집하지 않고 다른 사람의 것으로 대체한 것으로 보인다.

이옥봉(李玉峰)은 대략 난설헌과 동시대 사람으로 조원(1544~1595)의
첩이다. 그의 시집도 백여 년이 지난 후, 조씨의 현손 조정만(趙正萬,
1656~1739)이 숙종 30년(강희 43년, 1704)에 편찬하여 완성했다. 정만이
편찬한 『가림세고(嘉林世稿)』는 그의 가족 3대 진사 고조(高祖) 운강공(雲
江公) 조원의 『운강유고(雲江遺稿)』 1권, 증조 죽음공(竹陰公) 조희일(趙希
逸, 1575~1638)의 『죽음세고(竹陰世稿)』 2권, 그리고 조부 근수헌공(近水軒
公) 조석형(趙錫馨)의 『근수헌유고(近水軒遺稿)』 3권으로 구성되어 있고
『옥봉집』 32수는 권말에 부기했다. 원래 『가림세고』를 편찬하게 된 것
은 정만의 아버지의 유언에 따른 것인데 그 내용은 역시 고조, 증조와
조부 3대의 문집이다. 이옥봉은 그 당시에 시로 다른 사람의 소송장을
써주어서 조원에게 쫓겨난 사람이다.

---

39 同上注, 27~28쪽.

그렇다면 정만은 무슨 계기로『옥봉집』을 편찬했고, 또 가집 뒤에 부기하여 이씨를 위하여『이옥봉행적(李玉峰行蹟)』이라는 전을 써서 그의 문학적 재능을 칭송했는가. 이것은 많은 중국시선들이 이씨의 시를 수록한 것과 직접적인 연관이 있다. 여러 선본을 검토해보면 이씨의 시는 오명제의『조선시선』에 10수,『고금여사』에 6수,『명원휘시』에 6수,『명원시위초편(名媛詩緯初編)』에 3수,『명원시귀』에 13首,『열조시집』에 11수,『명시종』에 2수가 수록되었다.『필정』에서도 알 수 있듯이, 이 시는 왕세종의『조선시』와 정상여(程相如)의『사녀시(四女詩)』에도 수록되어 있다. 이러한 사실들을 조정만이 전부 다 알고 있다고는 할 수는 없겠지만, 풍문으로 많이 들었을 것이라 생각된다. 그는『옥봉집』을 편찬할 때, 작품 중에 11편은『열조시집』에서 얻었는데 그 중의 3편은 기타 문집을 함께 참조해 보면서도 "未詳孰是"[40]라는 의문을 가졌다.『이옥봉행적』에서는 또 특별히 "中朝人亦奇其詩, 重其節, 採其所作録於『列朝詩集』中, 稱之以閨秀玉峰李氏。……不唯名播於東土, 終爲天下人之艶嘉"[41]라 했다. 정만의 이러한 행동은 중국 선본의 자극을 받은 결과이고 자랑스러운 일이기에 당당하게『옥봉집』을『가림세고』에 편입하여 넣어 간행할 수 있었던 것이다.

별집이 이러하니 선본은 더 말할 것도 없다. 동국의 선본이 여성시를 입선한 것은 허균의『국조시산(國朝詩刪)』에서부터이다. 그 이전에 허균의 협조 하에, 예하면 오명제의『조선시선』등은 이미 여성시를 선입하였을 뿐만 아니라 중국에서 크게 환영을 받았다. 허균은 여기에 크게 고무되어 동국선본의 전통적인 관례를 타파하고 처음으로 여성의 작품을 입선해 넣었다. 모두 김씨, 조씨, 양사기 첩, 이씨, 가야선녀(伽倻仙女),

---

40 同上注, 70쪽.
41 同上注, 66쪽.

그리고 난설헌 등 6명인데, 동국 선본사(選本史)상의 일대 혁명이다. 홍
대용(洪大容, 1731~1783)이 편찬한 『해동시선(海東詩選)』(1766~1767년 편찬)
도 중국 문인들이 직접 교류한 결과이다. 그 사이의 인연에 대해서는
〈해동시선발〉에서 다음과 같이 썼다.

> 曩余入燕, 與杭州高士潘蘭公游, 蘭公請見東國詩, 余諾而歸, 取見諸家
> 所選多未粹, 且近世號稱名家者, 多未及入焉。遂欲廣搜爲一編, 而顧不嫺
> 於詩律, 未果也。丹丘先生閔順之氏, 父友也, 適自灑(當作"驪")江來, 聞余
> 北行與中國高士交, 叩其事甚悉。及聞蘭公意, 乃奮然曰："詩固非東國所
> 長, 而自前華人或有采者, 是不鄙夷我也。但爲疆域所拘, 典籍不相通, 其所
> 采者在東國未必爲精選, 而乃謂東國之詩如斯而止, 則東人之恥也。且蘭公
> 之意甚勤, 而子之所欲應者甚誠, 余豈不樂爲助焉?"遂相與往復添刪, 成若
> 干編, 而貢使有期, 入褷是急, 未暇細心脫稿, 安保其能無遺珠濫竽, 而東詩
> 之本末則略具於是矣。[42]

이로부터 알 수 있는 바와 같이 이 책을 편찬하려고 한 동기는 첫째는
중국의 선본에 입선된 조선의 시에 대한 자부심이 있었고, 둘째는 중국
의 선본에서의 선목에 대한 불만이 있었기 때문으로 볼 수 있다. 때문에
새롭게 책을 편찬하여 중국에 보냄으로써 동국 시학의 정화를 보여주려
했다. 그 중에는 대량의 여성작품이 포함되는데 진덕여왕(眞德女王) 1수,
허씨 21수, 조씨 1수, 이원 6수, 양사기(언) 1수, 이씨, 1수, 기계생 1수,
비얼현(婢孼玄) 1수, 취선(翠仙) 1수, 귀녀(鬼女) 1수 등이다. 진덕여왕의
시 외의 나머지 시들은 각체의 말에 "규수(閨秀)"라고 따로 표기하여 구
별했는데 이것은 『당시품휘(唐詩品彙)』를 따른 것이다.

---

42 『湛軒書』內集卷三, 『韓國文集叢刊』 248책, 74쪽.

『해동시선』은 처음에 민백순(閔百順, 자는 順之, 1711~1774), 洪大容 두 사람이 서로 토론하며 함께 편찬했는데 다른 사람의 의견도 들었다. 예 하면 안석경(安錫儆, 1718~1774)은 민씨에게 시를 선택할 때 "不可局於一法", "不可求媚於俗而有所趨避"[43]라는 의견을 내주었다. 이덕무의 『청비록』1권의 "金高城副室"에서도 특별히 이씨의 시가 "四百字內 變換移易, 綽有餘地"라고 제기하였는데 이는 "閔成川百順『동시선(東詩選)』"[44]에 실려 있다. 때문에 어떤 의미에서 『해동시선』이 당시의 조선문단의 여성시를 포함한 비교적 보편적인 인식을 대표한다고 할 수 있다. 홍대용이 영조 41년(건륭 30년, 1765)에 북경에 가서 항주인사 반정균(潘庭筠, 蘭公) 등을 만났는데 그 기록에 따르면 반씨는 동시를 보고 싶어하여 특별히 여성의 시에 대하여 물었다고 한다.

> 蘭公曰 : "東方婦人有能詩乎?" 余曰 : "我國婦人, 惟以諺文通訊, 未嘗使之讀書, 況詩非婦人之所宜, 雖或有之, 內而不出." ……蘭公曰 : "貴國景樊堂, 許筠之妹, 以能詩入於中國詩選." 余曰 : "女紅之餘, 傍通書史, 服習女誡, 行修閨範, 是乃婦人事. 若修飾文藻, 以詩得名, 終非正道."[45]

홍대용은 표면으로는 여성이 시를 쓰는 것이 적합하지 않다고 해명했지만 귀국 후, 민씨와 함께 『해동시선』을 편찬하였는데 34首의 여성시를 수록했다. 이것은 분명히 반씨에게서 받은 자극에 의한 것이다. 이것도 역시 외교활동이 조선의 여성시문집의 편찬에 영향을 준 한 사례라 할 수 있다.

---

43 〈答閔順之〉, 『雪橋集』 6권, 『韓國文集叢刊』 233책, 545쪽.
44 李德楙, 『靑莊館全書』, 32권, 『韓國文集叢刊』 258책, 11쪽.
45 『湛軒書』 外集卷二, 『韓國文集叢刊』 248책, 136쪽. 『湛軒燕記』본의 文字와 약간의 차이가 있다.

3. 유전(流傳) 편

조선 여성 시문의 전파는 중조 외교활동과 밀접한 관계를 가진다. 난설헌의 시가 중국에서 가장 널리 전파되었고 그 영향 또한 제일 큰데, 난설헌의 시가 전해져 내려온 사례가 이것을 말해준다.

난설헌 및 기타 조선여성의 시가 중국에 전파되기 시작한 것은 오명제가 편찬한『조선시선』에서부터이다. 이 책은 오씨가 끝까지 다 편찬하지 못한 채, 중도에 귀국하면서 난설헌의 시를 가지고 갔다(그가 말하는 "그의 매씨 시 200편을 얻었다"일 것임). 때문에 "장안 명사들이 이 소식을 듣고 모두 해동 시인을 이야기하는 것과 허매씨의 유선제편(游仙諸篇)을 보고 싶어 했다."[46] 이때가 만력 26년(1598)이다. 그러나 전겸익(錢謙益)이 말한 바와 같이 "金陵 朱壯元이 동국에 사신으로 갔다가 그 集을 얻어 돌아온 후 점차 仲夏中夏에 널리 퍼져나갔다."[47] 난설헌의 시가 중국에서 가장 크게 유행한 것은 주지번과 밀접한 관계가 있다.

주지번은 만력(萬曆) 34년에 조선에 출사하였는데 이미 난설헌의 명성을 들었다(이것은『조선시선』을 통해서 알았을 것이다). 마침 이번 행차에서 조선 측 응접자(應接者)의 한 사람으로 허균이 있었다. 때문에 3월 27일 처음 허균을 만났을 때, 주지번은 허균에게 난설헌의 시에 대하여 물었다. 균은 "바로 시집을 꺼내서 드렸다. 상사(上使)는 읊고 감탄하였다. 두 사신은 석봉(石峰)의 서(書)를 요구했다. 마침 나에게 〈옥루문(玉樓文)〉두 건이 있어 두 사신에게 나누어 주었다."[48]고 당시의 상황을 〈병오기행〉에 적었다. 석봉은 한호(韓濩, 1543~1605)의 호이다. 〈옥루문〉은 석봉

---

46 〈朝鮮詩選序〉,『朝鮮詩選校注』, 239쪽.

47 『列朝詩集』閨集第六, 6856쪽.

48 『惺所覆瓿稿』18권,『丙午紀行』,『韓國文集叢刊』74책, 290쪽.

이 난설헌의 〈광한전백옥루상량문(廣寒殿白玉樓上梁文)〉을 쓴 글이다. 이 글은 해동의 명필로 그 당시의 중국인들이 중시했다. 만력(萬曆) 33년 (1605) 여름에 쓴 것으로, 거의 한석봉이 임종할 무렵에 썼다. 허균이 주, 양 두 사신에게 준 것이 바로 그 각본이다. 당시 또 다른 중신이자 저명한 서가(書家)인 이반(李盤, 호는 靑川子)도 역시 이 글을 썼는데 이것을 남방위가 중국에 가지고 갔다. 황상진, 반지항 등은 모두 기회가 되어 그것을 점검해 볼 수 있었다[49]고 한다. 4월 20일, 주지번이 〈난설재시집소인〉을 다 써서 허균에서 맡겼고 2년 후, 첫 조선의 각본이 세상에 나오게 되었다.

주지번이 난설헌의 시에 대한 찬미는 마음속으로부터 우러나온 것으로, 귀국 후에도 계속되었다. 그의 정치적, 문학적 지위를 놓고 볼 때 그 영향력은 결코 낮게 평가할 수 없었다. 이로 인해 후세의 사람들은 조선에 출사할 때마다 난설헌의 책을 찾았다. 허균은 〈을유서행기(己酉西行記)〉에 만력 37년(1609) 5월 사신(使臣) 유용(劉用) 등 사람들이 허균을 보고 난설헌의 선집을 달라고 하던 정경을 다음과 같이 적었다.

徐明來言, 在北京見陶庶子齡, 言曾見朱宮諭之蕃, 道東國有許某者, 其姊氏詩冠絶天下, 你之彼, 須求其集以來。都監乃斯人也, 有集在否? 余卽出囊中一部以給。

徐相公曰 : "『蘭雪軒集』劉公亦欲得之, 俺亦請一件也。"余只餘一卷, 出給之, 令致於使。其一件該給徐者, 約於京。田, 楊亦請之, 俱以京爲期。[50]

---

49 潘之恆의 〈朝鮮慧女許景樊詩集序〉에 이르기를: 黃上珍在金陵藍總戎萬里宅, 曾出高麗繭一卷, 精寫〈白玉樓上樑文〉, 詑客稱景樊少時作。"又云 : "辛亥之春, 藍總戎萬里爲方外游, 過海陽, 晤於屯山之遵晦園, 首出朝鮮蚕視予, 卽上珍囊爲予言者, 乃彼國老靑川子李盤七十五歲時書。其字遒媚, 無一敗筆。"(『亘史』外編卷三)旣稱 "國老", 則當爲重臣。

50 『惺所覆瓿稿』 19권, 『韓國文集叢刊』 74책 296쪽.

천계(天啓) 2년(1622) 양지원(梁之垣)은 조선에 출사하여 이정귀(李廷龜, 564~1635)에게 『난설헌집』을 달라고 요구했다. 이씨의 〈答梁監軍之垣書〉라는 글이 있는데 이 글에서 당시의 상황을 "『蘭雪齋詩』果有之云, 而家不曾貯, 聞板本在遠郡, 從當印來."[51]라고 대답했다고 적었다. 양지원은 이정귀의 『월사집』에 서문을 써 주었는데 "東國之於詩學, 若性之者, 樨子女流, 咸嫻聲律"[52]라고 했다. 난설헌을 염두에 두고 한 말인 듯 동방시학의 대성(大盛)을 드러낸다. 숙종 4년(강희 17년, 1678)까지 청나라 사신들이 "東國의 文籍을 보기를 요구하면 石洲, 挹翠, 荷谷, 玉峰, 蘭雪, 圃隱 등의 선집을 선물로 주었다"[53]고 하는데 역시 난설헌의 시를 잊지 않고 있음을 말해준다.

주지번이 귀국한 후, 구두로 난설헌의 시를 칭송했을 뿐만 아니라 가지고 온 시를 간행하였다. 『명원시귀』 29권에는 "金陵朱太史蘭嵎出使朝鮮, 得其集, 刻以行世"[54]라고 했고 『명원시위초편』 28권에도 역시 "朱狀元之蕃出使朝鮮, 得其集, 刻行於世"[55]라고 했다. 하지만 이 책은 세상에 실물로 전해지지 않았고 공사서목저록(公私書目著錄)에도 보이지 않는다. 때문에 그 모양은 상세하게 알 수 없다. 하지만 난설헌 시의 전파에는 큰 작용을 했다. 때문에 전겸익은 난설헌의 시를 "盛傳於中夏"하는데 朱氏의 "得其集以歸"[56]한 공로가 크다고 말했다. 그 외에도 주지번의 이 책은 『경란집』의 출현을 유발했다.

---

51 李廷龜, 『月沙集』 34권, 『韓國文集叢刊』 70책 89쪽.

52 『月沙集』 卷首, 『韓國文集叢刊』 69책, 230쪽.

53 『通文館志』 9권, 일본 民昌文化社가 조선총독부 京城帝國大學藏本을 영인한 것, 1991, 134쪽.

54 『四庫全書存目叢書』 集部第339册, 齊魯書社, 1999, 329쪽.

55 淸 康熙 3년 각본.

56 『列朝詩集』 閏集第六, 6856쪽.

　　허경란은 호가 소설(少雪)이고, 조선역인(朝鮮譯人) 허순(許純)의 딸이
다. 순은 조선 선조 연간(1567~1608)에 명나라에 가서 금릉(金陵)에 살면서
명나라 여인을 아내로 맞아 딸 경란을 낳았다. 안왕거(安往居, 1858~1929)
의『소설헌전략(少雪軒傳略)』에 의하면 "朱之蕃이 사신으로 조선에 가서
허부인의『蘭雪集』을 가지고 돌아왔는데, 중국인들 사이에 크게 성행하
였는데, 景蘭이 읽어보고 사모하여 전편을 화운하였다."[57] 하였다. 전당인
(錢唐人) 양백아가『해동란(海東蘭)』한 권을 편찬하고, 단사리(單士釐)의
『청규수예문략(淸閨秀藝文略)』에 수록했다. 허난설의 자는 경번이고 당대
(唐代) 선녀 반고(樊姑)를 경모하여 이름을 지은 것이다. 그런데 또 경란이
호를 소설로 한 것은 난설헌을 앙모한다는 의미에서 그 호를 지은 것이다.
경란은 늘 "나는 난설헌의 후신이다"[58]라고 했다. 현존하는『경란집』은
모두『난설헌집』과 하나하나씩 서로 대응된다.

　　말할 것도 없이『난설헌집』의 편찬과 전파에 제일 공헌이 큰 사람은
허균이다. 그는 적극적으로 조선에 온 중국인들에게 자기의 누이의 시를
전했을 뿐만 아니라 또 조선의 사신으로 중국에 출사할 때에도『난설헌
집』을 가지고 가서 중국인들에게 선물로 흔쾌히 내주었다. 광해군 6년
(1614), 허균은 천추겸사은정사(千秋兼謝恩正使)의 신분으로 중국에 왔는
데, 4월 21일 출발하여 다음해 정월 11일 귀국했다. 김중청(金中淸)은 서
장관으로『조천록(朝天錄)』을 썼는데 이 행차의 활동을 상당히 기록했다.
기록에 따르면 허균의 누이의 시집을 받은 자들로는 다음과 같다.

　　　　6월 15일, 遼陽을 거쳐 蘭雪詩集을 당지의 官員에게 贈送했다.
　　　　6월 27일, 小凌河 근처를 경과하여 蘭雪軒詩를 方初陽에게 贈送했다.

57　『朝鮮時代女性詩文集全編』상, 172쪽.

58　同上注.

7월 10일, 永平府에 이르러 蘭雪軒詩를 白翰林에게 贈送했다.

11월 10일, 筠은 다시 白翰林에게 蘭雪軒集의 序文을 써달라고 요청하여 이미 撰畢했다.[59]

이상의 기록은 누락된 부분이 없다고 할 수는 없지만 허균이 중국인들에게 누이의 시를 소개하는 데에 힘을 다 했음을 알 수 있다.

중국에서의 전파가 이러할 뿐만 아니라 『난설헌집』의 일본으로의 전파도 역시 외교활동과 관련이 있다. 현존하는 일본 정덕(正德) 元年(1711)에 분다이야지로베(文臺屋治郎兵衛)과 기베(儀兵衛)가 편찬한 『난설헌집』은 동래부(東萊府) 중간본(1692)을 저본으로 개판한 것으로 원서를 두 권으로 나누었을 따름이다. 당시 일본은 쇄국정책을 썼음에도 불구하고 이 책이 일본에 유입될 수 있었던 것은 조선 통신사들이 책을 일본으로 가지고 갔을 가능성이 크기 때문이라고 본다. 동래부가 조선의 동남부에 위치해 있고 바다와 인접하여 대마도와 제일 가까운 거리에 있기 때문에 통신사들이 일본에 갈 때 반드시 경유하는 곳이었다. 통신사들의 직능 중의 하나로 조선 문교의 흥성을 선양하는 것을 들 수 있는데 그들은 시문의 교류를 중시했다. 이노우에 가즈오(井上和雄) 편찬의 『慶長以來書賈集覽』에 의하면 文臺屋治郎兵衛는 연보(延寶)에서 천명(天明) 연간(1673~1789)에 교토(京都)의 호리카와도오리(堀川通)에서 영업을 하였다고 한다. 통신사들은 그 해 9월 말에 교토에 도착하여 12월 1일에 『난설헌집』을 개판인쇄했는데 그 속도가 얼마나 빠른가를 알 수 있다.[60]

---

59   金中淸의 『朝天錄』, 林基中 편찬의 『燕行錄全集』 11책, 한국 동국대학교 출판부, 2001, 448쪽, 465쪽, 481쪽, 542쪽 참조.

60   물론 『蘭雪軒集』의 傳入은 對馬島에 사는 일본인들이 변경에서 『난설헌집』을 구했을 가능성도 배제하지 않는다.

외교활동과 『난설헌집』의 전파의 관계는 20세기에까지 나타난다. 평 궈동의 서술에 의하면 당시 중국주재 한국대사 김홍일이 정초본(精抄本) 『난설헌집』을 보여주었는데『중한시사』라는 책에 대량으로 써 넣게 했 다. 그리고 "蘭雪을 東國의 第一 女作家라고, ……中土에서는 쉽게 볼 수 없다. 주지번이 주숙진(朱淑眞)이나 이안(易安)이라도 견줄 수 없다고 말한 것이 헛된 말이 아니다."[61]라고 했고, 또 "그의 시문이 정교하고 공 교로움은 중국의 부녀자 가운데 맞설 사람이 드문 것 같다."[62]라고 했다. 가위 추숭비지(推崇備至)라고 할 수 있다.

위의 글에서 조선시대 여성시문의 편찬과 시집의 전파에 대하여 논술 했다. 논술의 중심이 서로 다르기 때문에 두 부분으로 나누어 설명했다.

4. 결론

이상의 논의는 대부분 문자로 기재한 재료에 의거한 것이다. 실은 중 조 문인들의 교류로 조선 여성 시문이 중국의 시선에 입선되거나 혹은 중국에서 간행될 수 있었다. 이러한 사실이 조선문단에 준 격려와 자극 은 과소평가할 수 없다. 특히 주지번, 양유년이 "천사(天使)"의 신분으로 『난설헌집』에 서와 제사를 썼다는 사실은 그 반향이 컸다. 조선의 목록학 저작이 여성시문을 수록하기 시작한 것은 김휴(金烋, 1597~1638)의『해동 문헌총록(海東文獻總錄)』에서부터라고 할 수 있다. 그 책은 특별히 "규수" 라는 난을 신설하고『난설헌집』을 저록했다. 선집은 주씨의 "소인"과 양 씨의 "제사"를 수록했다. 한치윤(韓致奫, 1765~1814)의『해동역사·예문

---

61 『中韓詩史』, 137쪽.

62 同上注, 139쪽.

지(海東繹史 · 藝文志)』, 박주종(朴周鍾, 1813~1887)의『동국통지 · 예문지(東國通志 · 藝文志)』, 그리고 정조 연간에 편찬한『증보문헌비고 · 예문고(增補文獻備考 · 藝文考)』등 책에서는『난설헌집』,『옥봉집』중의 다수의 작품이『열조시집』에 입선된 사실을 모두 대서특서하였고 또한 자주 인용하였다.

만약 조선인들이 전(錢)씨가 조선시를 폄하하는 것에 대하여 불만을 가졌다면, 예를 들어 박지원(朴趾源)은『열하일기 · 동란섭필(熱河日記 · 銅蘭涉筆)』에서 "그의 신분은 반은 중국이요 반은 오랑캐이며, 그의 문장은 반은 유교요 반은 불교이다. 그의 명예와 절조는 땅을 쓸다시피 되어 마침내는 부랑자라는 칭호를 면치 못하게 되었다. 그의 위로 스승되는 고양 손승종(孫承宗)에게 부끄러울 것이요, 아래로는 제자되는 유수 구식사(瞿式耜)에게 부끄러울 것이요, 중간으로는 그의 아내 하동군 유여시(柳如是)에게 부끄러울 것이다."[63]라고 했는데 따지고 보면 전씨의 "爲東林黨魁, 則以鄙夷我東爲淸論, 可勝憤惋耶? 至於東國詩文, 則尤爲抹撥"[64]에 기인한 일이다. 하지만 전씨는 책에서 조선 여성 작품을 선입한 사실만으로도 조선인들이 자랑스럽게 여겨진다는 사실을 여러 번 말했다. 이러한 사실들은 서로 모순되는 것처럼 보이는데 매우 흥미롭다.

시와 외교는 그 관련되는 것이 본래부터 군국(軍國)의 대사(大事)에 속한다고 할 수 있다. 후세의 시부외교(詩賦外交)는 서로간의 이해와 감정을 중히 여긴다고 말하지만 그 목적도 여전히 군국의 대사라고 할 수 있다. 상대적으로 외교와 여성 시문의 편찬 및 전파의 관계는 하찮아서 언급할 가치가 없어 보이기 때문에 더욱 쉽게 소홀히 하게 된다. 하지만 우리는

---

63 『燕巖集』15권,『韓國文集叢刊』제252책, 330쪽.
64 同上注, 331쪽.

난설헌을 조선 여성 문학의 전범으로 되게 하는 과정, 즉 주류문화의 높은 상식(賞識)과 찬미를 받고, 더 나아가서 성별의 차이의 제한까지 초월하며 조선 문단의 전범이 되는 과정에 주의를 기울인다면 전범의 형성과정을 논할 때, 서방(西方)과 다른 방식을 발견할 수 있다. 전체적으로 말하면 주류 권위의 세력으로 남을 협박하는 것도 아니고, 유리한 지위에서 은혜를 베푸는 것도 아니다. 또한 남녀 사이의 성별전(性別戰)이 없을 뿐만 아니라 중외(中外)간의 종족배척도 없다. 이러한 점이 한문화권(漢文化圈)에서 문학의 전범을 건립하는 동방의 특색일 것이다. 성별, 족군(族群) 및 서로 다른 문명 사이의 긴장, 대립으로 가득한 21세기의 오늘날, 역사를 돌이켜보면 우리는 한문화(漢文化)의 가치와 의의에 대하여 더 많은 인정과 긍정을 가질 수 있을 것이다. 이것 또한 동아문학의 전범의 형성과정에서 일부 유익한 시사를 받을 수 있었던 점이다.

한중교유와
19세기 거주지 재현 예술

김기완

연세대학교

1. 머리말

조선후기의 거주지 관련 시문 및 이와 관련된 회화에 관한 연구는, 한국 한문학 연구에서 문화사적 연구가 중요한 한 흐름이 된 최근에 들어 점차 확장되고 있다. 심경호가 조선후기(18세기 후반~19세기 초)의 화원 경영 문화와 화원기에 대해 다룬[1] 이후, 명말 황주성(黃周星) 「장취원기(將就園記)」의 영향 등으로 활발하게 창작된 조선후기 '의원' 관련 시문을 다룬 안대회의 연구가 있었으며,[2] 이종묵 『조선의 문화공간』(휴머니스트, 2006, 전4권) 같은 저서 역시 문인의 거처와 관련된 시문을 중심으로 하는 기획을 보여주는 예이다.

이런 상황에서, 신위(申緯, 1769~1847)의 거처인 자하산장(紫霞山莊)이나 벽로음방(碧蘆吟舫)을 그린 그림 및 시가 언급되면서 신위의 주거지

---

1 심경호, 「화원에서 얻은 단상: 조선후기의 화원기」, 『(수정 증보) 한문산문의 내면 풍경』, 소명출판, 2003(1판 1쇄 발행은 2001년), 89~132쪽.

2 안대회, 「18·19세기의 주거문화와 상상의 정원: 조선 후기 산문가의 記文을 중심으로」, 『진단학보』 97, 진단학회, 2004. ; 안대회, 「상상 속의 정원」, 『문헌과 해석』 16, 문헌과해석사, 2001.

관련 사실관계 및 제반 정보가 아울러 소개된 연구는 몇몇 있으나,[3] 이런 류의 거주지 그림 및 시문이 갖는 성격에 관한 연구는 앞으로 더 진행될 여지가 있다고 보인다. 신위의 거주지 그림 및 시문과 유사한 사례들을 다수 남긴 문인으로는 홍현주(洪顯周)가 있는데, 홍현주 문학에 대한 본격적 연구가 진척되지 않은 탓에, 이런 내용을 담은 홍현주의 시작품들은 기존의 한문학 연구에서 많이 조명되지는 않은 듯하다.

본고에서는 신위, 홍현주의 거주지 관련 시문과 회화, 이상적(李尙迪, 1804~1865)의 「조산루도(舡山樓圖)」 및 오경석(吳慶錫, 1831~1879)의 「천죽재도(天竹齋圖)」 관련 자료[4], 이유원(李裕元, 1814~1888)의 「의원도(意園圖)」 관련 자료들[5]을 연구 대상으로 삼으며, 일단 '19세기 거주지 재현 예술'[6]이

---

3 이현일, 「자하시 연구」, 성균관대학교 박사학위논문, 2006. ; 이종묵, 『조선의 문화 공간 4책』, 휴머니스트, 2006. ; 이종묵, 「조선후기 경화세족의 주거문화와 사의당」, 『한문학보』 19, 2008. ; 후지츠카 치카시 저, 후지츠카 아키나오 편, 윤철규·이충구·김규선 역, 『추사 김정희 연구: 조청문화 동전의 연구』, 과천문화원, 2009.

4 신위, 홍현주, 이상적, 오경석의 거주지 그림들은 김현권의 선행연구에서 이미 그 존재가 언급되었고 분석되기도 했으나, 여기서는 회화사 연구의 관점에서 김정희 일파와 청 문사간 회화교류의 총괄적인 전체상을 개관하고 그것이 19세기 조선 화단에 미친 영향을 다루는 작업에 분석의 초점이 있었다. 문학작품뿐만 아니라 회화 이미지, 각종 텍스트와 담론 등을 함께 다루는 문화사적 연구의 입장에서, 한중교유적 성격을 지닌 거주지 재현 회화와 관련 시문을 따로 테마별로 모아 다루는 작업은 더 진행될 수 있다고 판단하고 본고에 착수하였다.
    신위와 홍현주가 청 문인들과 주고받은 거주지 그림의 작품 목록은, 김현권, 「김정희파의 한중회화교류와 19세기 조선의 화단」, 고려대학교 박사학위논문, 2010, 234~235쪽에 도표(표 20. "김정희 문우 − 조선회화의 청 소개 및 청 문사와 회화교환")로 정리되어 있으며, 본고에서 다룰 작품군 역시 이 목록과 상당 부분 겹친다.
    이상적과 오경석의 거주지 그림 관련 자료는, 김현권, 「藕船 이상적의 朝淸회화교류」, 『강좌 미술사』 35, 한국불교미술사학회(한국미술사연구소), 2010. ; 김현권, 「오경석과 淸 문사의 회화교류 및 그 성격」, 『강좌 미술사』 37, 한국불교미술사학회(한국미술사연구소), 2011에서 다루어졌고, 여기서 언급된 회화·시문 자료들을 본고를 쓰는 과정에서 유용하게 참조하였다.

5 이유원의 意園 경영에 관해 다루면서 意園圖를 언급한 연구로는, 이민홍, 「귤산 이유

라는 용어로 이러한 작품군을 명명해 보고자 한다. 이것의 성격과 특징 규명은, 이들의 한중교유 경험, 그리고 그 과정에서 접한 청의 문예적 유행 및 정황에 초점을 맞추어 이루어져야 한다고 생각한다. 기실 더 이전 시기의 조선에도 문인의 거주지를 그린 실경산수 성격의 회화와 이에 대한 시문들이 있어 왔으며, 이런 류의 회화에 관해서는 미술사 방면에서 조규희의 선행연구가 있었다.[7] 다만 이 주제를 다룬 조규희의 박사학위논문(2006)은 15세기부터 18세기-정선, 강세황 등을 포함하는-까지의 별서도(別墅圖)를 다루고 있어, 19세기 이후 거주지 그림의 전개와 향방에 관해서는 후속 논의를 필요로 한다. 그 한 시도로서의 의미를 갖는 본고에서 다룰 사례들이 19세기 이전까지의 거주지 그림과 가장 큰 차이를 보이는 부분은, 추사 일파가 선도하고 그 주변 문사들에 폭넓은 영향을 미친 '한중교유' 체험의 영향이다. 그간 안대회 교수의 논의를 통하여 조선후기 거주지 관련 시문의 모델로서 「장취원기」의 영향이란 측면이 부각되었는데, 본고에서 다룰 문인들의 거주지 재현 그림과 시문은, 「장취원기」류 문학과는 또 다른 연원과 특성을 지닌 계열에 속한다고 보이며, 따라서 별도의 논의를 필요로 한다. 물론 본고에서 다루려는 한중교유 과정에서

원론」, 『한국한문학연구』 24, 한국한문학회, 1999. ; 유영혜, 「귤산 이유원 연구: 문화, 예술 취향을 중심으로」, 이화여자대학교 석사학위논문, 2007 등이 있다.

　규장각본 『橘山文稿』 권8에 「(橘山)意園圖記」를 비롯 「意園圖」 관련 시문들이 실려 있다는 사실은 유영혜의 위 논문에서 이미 언급되었으나, 규장각본 『橘山文稿』에 실린 청 문인들의 「意園圖」 관련 시문들은 아직 선행 연구들에서 충분히 다루어지지 않았다.

6　이러한 용어 설정의 근거와 의도에 관해서는, 졸고, 「한중교유와 19세기 거주지 재현 예술」, 『한국한문학연구』 제51집, 한국한문학회, 2013, 537~538쪽의 각주에 상세히 서술한 바 있다.

7　조규희의 「朝鮮時代 別墅圖 硏究」(서울대 고고미술사학과 박사학위논문, 2006)와 「家園眺望圖와 조선 후기 借景에 대한 인식」(『미술사학연구』 257, 2008)에서는, 문인의 주거지를 그린 실경산수 성격의 조선후기 회화들을, 경관 소유자 입장에서의 일종의 '소유지 그림', 소유권의 시각적 형상화로 독해한 바 있다.

창작된 거주지 그림 및 시문 역시, 안대회 교수의 선행연구에서 언급된 '상상의 정원'으로서의 '의원(意園)'과 완전히 분리되는 것은 아니고 '의원(意園)'적 특질을 띠게 되는 경우들도 일부 있는데, 이 부분에 관해서는 이후 내용에서 다시 언급하려 한다. 다만 본고에서 살펴볼 한중교유 과정에서 오고간 거주지 그림과 관련된 시문(이유원의 거처를 그린 「의원도(意園圖)」에 부친 청 문인들의 기(記) 몇 편을 제외하면, 주로 시가 많다)은, 기존의 의원기(意園記) 관련 논의(안대회, 2004)에서 언급되었던, 조선 문인이 자신의 거처를 스스로 상상하고 설계하는 몇몇 산문들-예컨대, 이용휴, 정약용, 장혼의 산문 등-과 창작 동기 및 성격상 동질적이라고 보기 어렵다. 문인 혼자서 자신이 꿈꾸는 거주지를 자유롭게 산문으로 쓰는 일과, 중국 문인에게 보내기 위한 목적으로 자신의 거주지를 그림으로 그리고 제시(題詩) 속에서 재현하는 일은 서로 다른 문학 경험에 속한다. 본고는 향후 조선후기의 거주지 재현 예술과 관련 문화사의 밑그림을 더욱 정세하게 하기 위하여 거쳐가야 할 중간 단계로서의 의미를 가질 수 있을 것이다.

최근 김현권의 박사학위논문(2010)에서 추사 일파의 한중 회화 교류와, 이것이 19세기 조선 화단에 미친 영향을 종합적으로 논하는 연구가 이루어졌다. 각종 시각 이미지를 통하여 19세기의 유례없이 활발했던 한·중간 문예적 접변을 가시화하는 논의에, 본고 역시 거주지 관련 회화와 문학을 함께 다루는 방식으로 일조할 수 있기를 기대한다.

2. 19세기 한중묵연(韓中墨緣) 속 거주지 재현 예술의 제작

본고에서 한중교유적 맥락이 담긴 거주지 그림 및 관련 시문[8]을 남긴

---

8 본고에서 다루는 조선 문인(신위, 홍현주 등)의 거주지 그림과 관련 시문이, 온전히

작가로서 논의의 대상 자료로 삼는 홍현주, 신위, 이유원, 이상적, 오경석은, 사승관계와 교유로 연결되어 있는 작가들이고 직·간접적 대청(對淸)교유 체험을 갖고 있다는 공통점이 있다. 홍현주는 청 문인들과 서신교유를 통한 묵연을 이어갔고, 홍현주가 교유한 청 인사들은 신위의 대청(對淸) 인맥과도 일부 겹쳐지는데 그 예로는 오숭량(吳嵩梁), 추음 장시(秋吟 蔣詩) 등을 들 수 있다. 이유원은 젊은 시절에 신위를 종유(從遊)하였고, 이상적과 오경석은 사제관계이다. 요컨대 이들은 이 시대 한중교

對淸교유적 맥락에서만 창작되었다고 말하기는 어렵다. 예컨대 신위는 楊根 지역 군수가 「紫霞山莊圖」를 그려 줄 것을 요구하자, 양근 군수가 이후 그림을 받아 감상할 모습을 묘사한 답시를 써 주기도 했다(작품 출처와 원문은 본 각주 하단에 명시함). 이런 사례는 국내(조선 내) 지인과의 교유 정황 속에서 거주지 그림이 향유된 예로 볼 수 있으며, 19세기 이전 조선 내에도 이러한 문화-친구들끼리 거주지 그림을 돌려 보면서 題詩를 짓는-가 어느 정도 있었을 것이다. 다만 필자가 본고에서 중점적으로 다루고자 하는 작품군은, 19세기 한중교류의 확산 속에서 자주 만나기 힘든 이국 지인과의 독특한 유대감을 표현하려는 의도를 담아 제작된 작품들이며, 이런 부류 작품의 증대는 고려~조선 거주지 재현 예술의 전체상을 놓고 봤을 때 19세기에 특히 두드러지는 현상으로 보아도 무방할 것이다.
　참고로 신위가 楊根 지역 군수에게 「紫霞山莊圖」를 그려준 일(1827년)은, 신위가 청 雲客 熊昂碧에게 「紫霞山莊圖」를 부친 일(1827년)과 같은 해에 진행되었고, 신위는 이에 앞서 1826년에 청 오숭량에게 「紫霞山莊(圖)」과 「碧蘆吟舫(圖)」을 그려 부친 일이 있었다(신위 작품의 창작 연대는, 손팔주(1983), '신위전집 총목차' 참조). 이 경우 문인의 자기표현적 의도나 국내(조선 내) 지인과의 교유를 위해 그린 거주지 그림이 더 앞선 시기에 제작되었는지, 아니면 청 문인에게 부칠 목적으로 그린 거주지 그림이 먼저였는지 하는 선후 관계를 굳이 가릴 필요는 없을 듯하다. 다만 중국 문인과의 교유 체험을 통한 청조 문예의 수용과 이 시기 청의 각종 거주지 그림(예컨대 翁方綱, 오숭량의 거처를 그린)의 유입 및 거주지 그림의 조-청간 상호 증여 경험은, 19세기 조선의 거주지 재현 예술사에 새로운 기류를 촉발시켰다고 보인다.
　신위, 『警修堂全藁』, 册14 詩夢室小草一 丁亥十月。至十一月, 「楊根守李稚行書致香蔬, 索余紫霞山莊圖, 以詩答之 四首」 중 제1수, "守居不必佳山水, 底索霞溪別業圖, 堆案製身時讀畫, 半窓梅影似人軀"
　김정희, 『阮堂全集』 제10권 「詩」에, 「送楊根守」 5수가 있는데, 신위의 위 시에 나오는 양근 군수와 동일인일 가능성도 있을 듯하다.

유를 선도한 추사 일파와 연계된 인물들이라 할 수 있는데, 이러한 교유
적 관계망은 거주지 재현 그림을 포함한 청조 최신의 문화취향을 민감하
게 수용·공유할 수 있는 주요한 바탕이었다.

19세기는 추사 일파와 옹방강(翁方綱) 일파의 활발한 한중교유 속에서,
다수의 거주지 그림과 관련 시문들이 제작되고 교환되던 시기이다. 교유
과정에서 실견되고 유입된 중국의 거주지 그림들은, 자연히 조선 문인들
의 문예적 취향에도 영향을 미쳤다. 옹방강의 거처를 그린 그림인 나빙
(羅聘) 작 「소재도(蘇齋圖)」[9]는 추사 일파 문사들도 알고 있었던 그림으로,
김정희는 옹방강의 거처인 소재(蘇齋)에서 이 그림을 보았고,[10] 또 「소재
도임본(蘇齋圖臨本)」을 오숭량에게 보내면서 시를 청하기도 했다.[11] 이 중
에서도 조선 예단에 특히 큰 영향을 미친 것으로는, 청 오숭량의 거주지
그림을 들 수 있다. 이 오숭량의 사례는 그와 교유한 동시대 조선 문사들
의 거주지 그림이 갖게 될 주요 성격-거주지 그림을 통하여 은거 지향을
드러내고, 이를 청 문인들에게 보내어 확인받으면서 제발(題跋) 등을 요
구하는 일, 거주지 그림이 일종이 초상적 성격을 띠게 된 일-들을 압축
적으로 예고하고 있었으며, 아래(4. 1)과 4. 2))에서 이 부분에 관해 더 자
세히 논할 것이다.

거주지를 재현하는 시문 및 회화와 관련해서, 홍현주와 신위[12], 청 오

---

9   정민, 「19세기 동아시아의 慕蘇 열풍」, 『한국한문학연구』 49, 한국한문학회, 2012,
    401~403쪽에 「蘇齋圖」와 옹방강의 제시가 소개되었다.

10 『남종화의 거장 소치 허련 200년』, 국립광주박물관, 2008, 52쪽 『雲林墨緣帖』 소재
    자료 원문 참조.

11 후지츠카 치카시 저, 후지츠카 아키나오 편, 윤철규·이충구·김규선 역, 『추사 김정
    희 연구: 조청문화 동전의 연구』, 과천문화원, 2009, 442~443쪽. ; 『남종화의 거장
    소치 허련 200년』, 국립광주박물관, 2008 소재 「蘇齋圖」 관련 김정희의 편지 참조.

12 홍현주와 신위의 교유를 잘 보여주는 자료로는 신위, 『警修堂全藁』 冊十一, 花徑膡
    墨九 甲申二月 至七月, 「苾海道人小照行看子 五首」를 들 수 있는데, 특히 한중교유

숭량이 서로 영향을 주고받는 가운데 같은 관심을 공유하고 지속해 나가는 과정을, 아래에서 대표적인 사례로 살펴보기로 한다. 홍현주와 신위는 서로의 거주지 그림과 그에 대해 거처 주인 자신이 읊은 시를 본 후, 그 운자를 따서 상대방의 거주지에 대한 차운시를 남겼다.

① 신위, 「寄謝吳蘭雪」 셋째 수(其三)[13]
② 오숭량, 「朝鮮申紫霞侍郎書來 推挹逾分 竝以紫霞山莊碧蘆吟舫二圖 及 哲嗣小霞畫梅見寄 次韻四章」[14]
③ 홍현주, 「次申參判 緯 紫霞山莊圖」[15]
④ 신위, 「海道人用拙題紫霞山莊韻 寄題碧蘆舫 次韻」[16]

위 네 시는 운자가 같아서, 신위와 홍현주, 더 넓게는 중국의 오숭량 사이에 문인 자신의 거주지를 재현하는 시문 및 회화 창작에 대한 공통의 관심사가 차운시의 형태로 상호 교류되는 양상을 잘 보여준다. ①은 신위가 오숭량에게 부친 「자하산장도(紫霞山莊圖)」에 대한 제시인 듯한데,[17] 홍현주는 ①을 본 후 차운시인 ③을 지어 신위에게 보였고, 신위는 다시

체험의 공유에 기반한 동류의식과 집단적 자부심이 드러나는 점을 눈여겨볼 만하다.
13 신위, 『警修堂全藁』, 册13 紅蠶集 5, 「寄謝吳蘭雪」.
14 吳嵩梁, 『香蘇山館詩集』 今體詩鈔 卷16 (淸木犀軒刻本) (中國基本古籍庫 DB(북경) 이용해서 원문 확인함).
15 홍현주, 『海居齋詩鈔』, 권1, 「次申參判 緯 紫霞山莊圖」. (홍현주·안경직, 『한국역대 문집총서 2859 海居齋文集 雙梅堂文集』, 경인문화사, 1999, 44쪽).
16 신위, 『警修堂全藁』, 册13 紅蠶集 5, 「海道人用拙題紫霞山莊韻, 寄題碧蘆舫, 次韻」.
17 신위 「寄謝吳蘭雪」 넷째 수(其四)에, "오난설이 내 그림을 구하기에 「紫霞山莊」·「碧 蘆吟舫」 두 그림을 그려, 각기 시를 부쳤다(蘭雪求拙畵, 故寫寄紫霞山莊碧蘆吟舫二 圖, 各題以詩)"라는 배경설명이 自註로 붙어 있다. 시의 내용으로 볼 때에도, 「寄謝吳 蘭雪」의 셋째 수와 넷째 수가, 각기 「紫霞山莊」·「碧蘆吟舫」 두 그림에 대한 제시인 것으로 추정된다.

같은 운자를 써서 ④를 지었다. 한편 오숭량은 신위의 「자하산장(紫霞山莊)」·「벽로음방(碧蘆吟舫)」 두 그림과 함께 ①시를 받은 후, 그에 대한 차운시인 ②를 남긴 바 있다.

그리고 홍현주가 자신의 거주지를 그린 「음시처도(吟詩處圖)」에 시를 지어 부치자,[18] 신위가 이에 대한 차운시를 지어 화답한 일도 있었다.[19]

또 청 문인이 조선 문인의 거주지 그림을 받은 후 그에 화답하여 보내준 거주지 관련 시는, 다시 조선 문사들 사이에서 회자되면서 조선 문단에 영향을 미쳤다. 일례로 오숭량이 신위가 보낸 「벽로음방도(碧蘆吟舫圖)」에 관해 쓴 시구("매양 밤 비가 강부들 울리는 소리 듣고 / 저 멀리 빈 산에 학 우는 소리가 화답하네" – 벽로음방(碧蘆吟舫)에서의 생활과 운치를 묘사한 구절이다)는, 홍현주 외 여러 문인들이 신위의 벽로음방에서 가진 모임 자리에서 이상적이 읊은 시 속에 언급되기도 했다.[20] 이를 통해 볼 때, 신위의 거주지 그림이라든가 이에 대하여 오숭량이 지어준 시는, 한중교유에 대한 직간접적 경험이 많은 당대 조선 문사들 사이에서 익히 알려지면서 일종의 집단적 문화적 정체감-청 문화의 수혜를 풍부하게 입은 조선 문사층끼리의-을 형성하는 데 일조했던 예술 양식이라고 생각된다.

---

18 홍현주, 『海居齋詩鈔』 권1, 「吟詩處圖奇溫孝廉」. (홍현주·안경직, 『한국역대문집총서 2859 海居齋文集 雙梅堂文集』, 경인문화사, 1999, 49쪽)

19 신위, 『警修堂全藁』, 册13 紅蠶集 5, 「次韻海道人吟詩處自吟」.

20 이상적, 『恩誦堂集』 詩 卷三, [詩○壬辰], 「菊秋旣望夜, 雅集紫霞侍郎碧蘆吟舫, 次香蘇館集. 是夜會者朴雨蕉侍郎, 洪海君駙馬, 李石見復鉉明府, 李東樊晩用, 洪春山祐吉, 洪葯農成謨, 丁酉山學淵, 李石顚海遠, 李谿堂之衡, 雨蕉二哲嗣琴垞齊喆, 靑棠齊兢, 紫霞二哲嗣小霞命準, 藕春命衍, 柳問菴本學, 樹軒本藝昆季, 徐竹垞眉淳, 韓潢人在洛.」 둘째 수, "一笑蘆花吟滿地, 似聞鶴答空山. 先是吳蘭雪寄題碧蘆吟舫圖, 有每聞夜雨菰蒲響, 遙答空山鶴鶴聲之句."
   위 이상적 시의 自註 중에 밑줄 그은 시구는, 오숭량의 문집에도 실려 있다. (오숭량, 『香蘇山館詩集』 今體詩鈔 卷16, 「朝鮮申紫霞侍郎書來 推挹逾分 竝以紫霞山莊碧蘆吟舫二圖 及哲嗣小霞畵梅見寄 次韻四章」 제 4수)

3. 국제적 '회인(懷人)'의 '재현 공간'으로서의 거주지

이 시기 거주지 재현 예술의 내용적 특성을 세세하게 살펴보기에 앞
서, 우선 "왜 거주지 그림이었는가?"라는 문제에 대해서 생각해 보아야
할 필요가 있다. 즉 조·청 문인들은 왜 그들의 우의를 표현하는 도상으
로서 거주지 그림을 선택한 것일까? 조·청 문인들이 자신과 벗의 거주
지를 그리면서 거기에 불어넣으려 한 의미, 그리고 거기서 읽어내고자
한 의미는 무엇인가?

더 깊이 들어가면 자신의 거주지 그림을 그리는 데에는 여러 가지 다
층적인 의도가 잠복되어 있을 수 있겠지만, 우선 가장 직접적이고 1차적
인 동기는, 청 문인에게 보내어 보이기 위한 것이었다. 신위 「기사오난
설(寄謝吳蘭雪)」 넷째 수(其四)에는 "오난설이 내 그림을 구하기에 「자하
산장」·「벽로음방」 두 그림을 그려, 각기 시를 부쳤다"라는 배경설명이
自註로 붙어 있는데, 이는 신위가 「자하산장도」와 「벽로음방도」를 그린
데에는, 오숭량의 요청이라는 제작동기가 있음을 보여준다. 다음 장에
서 또 자세히 서술되겠지만, 이처럼 신위의 거주지 그림 및 관련 시문은
그 제작 목적에서부터 성격 및 내용에 이르기까지, 당시 한중교류의 맥
락 위에서 생성된 작품으로서의 특성이 강했다. 홍현주 역시 청 문인들
에게 자신의 거처 그림(「음시처도(吟詩處圖)」), 강가에 만든 자기 소유의
정자 풍경을 그린 그림(「쌍포별관도(雙浦別館圖)」)뿐 아니라, 자신의 선친
이 살았던 집을 그린 그림(「청담도(淸潭圖)」)까지도 그려서 부쳤다. 이처
럼 홍현주가 자신의 소유지를 그린 다양한 종류의 그림들을 제작하게
되는 데에는, 조선에 와볼 수 없는 청의 지인들에게 자기와 관련된 여러
공간들을 자세히 소개하고 보여주려는 의도도 한 동기가 되었을 법하다.

현전하는 거주지 그림의 실례가 많지 않은 상황에서,[21] "왜 거주지 그림

이었는가?"라는 질문에 대해 또 다른 각도에서 인상적인 시사를 주는 것
은 조·청 문인들 간에 오간 「회인도(懷人圖)」와 관련 시문들이다.[22] 청
동문환(董文煥)은 환경 박규수(瓛卿 朴珪壽, 1807~1876)가 그려준 「회인도」
에 다음과 같은 시를 부쳤다.

> …(전략)…
>
> 不知君家山　　　　모르겠네, 그대의 가산(家山)
>
> 似此畫中否　　　　이 그림 속 풍경 같을까.
>
> 我夢隨題君　　　　나 꿈속에서 그대 좇아
>
> 縮 一作側 身入戶牖　몸을 줄여 그대 집 창문으로 들어갔네.
>
> 覺來向空壁　　　　깨어나 빈 벽 바라보다가
>
> 記君門前柳　　　　그대 집 문 앞 버드나무 떠올려냈네.[23]

이 「회인도」는 박규수가 1861년 연행 때 청 상운 황운곡(絪芸 黃雲鵠)
을 위해 연회석상에서의 조·청 문인간 서화(書畵) 증여시 그려준 산수소
정(山水小幀) 형식의 그림이었으며, 박규수는 옥하관(玉河館)에서 청 문인
들과 이별할 때 동문환을 향해 「회인도」를 상자 속에 보관해 두었다가
후일 '상사(相思)' 내지 회억의 재료로 삼아줄 것을 당부한 바 있었다.[24]
위에 인용한 동문환의 시를 보면, 박규수가 그려준 「회인도」 속 산수풍
경은, (불특정하고 일반적인 산수 이미지가 아니라) '박규수가 사는 곳'의 풍경

21　본고에서 다루는 한중교유적 맥락에서 그려진 거주지 그림들의 현전하는 실물을 확인
　　한 경우는 두어 점(간송미술관 소장 이상적의 거주지 그림인 「艁山樓圖」 두 점)에 불과
　　하고, 나머지는 문헌 자료에서 관련 시문들만을 확인할 수 있는 경우가 대부분이다.

22　19세기 「懷人圖」 도상 및 관련 시문에 나타난 한·중 문인간 神交의 심상 구조에 관해
　　서는 별고를 기약한다.

23　董文煥, 「朝鮮朴瓛卿繪懷人圖見貽賦謝」. (李豫, 崔永禧 集校, 『韓客詩存』, 北京: 書
　　目文獻出版社, 1996, 184~185쪽)

24　李豫, 崔永禧 集校, 『韓客詩存』, 280쪽, 董文煥, 「書朝鮮朴瓛卿懷人圖後」.

으로 해석되고 상상되었다. 청 문인인 동문환은 조선에 있는 박규수가 사는 곳에 실제로 가볼 수 없는 처지이기에, 「회인도」를 보다 잠든 꿈 속에서나마 박규수의 집에 들어가보고, 깬 후에는 그 집의 풍경을 떠올려내는 정황을 시 속에 담았다. 박규수의 「회인도」가 산수경물만을 그렸는지, 아니면 '집'과 집 주인의 형상까지를 함께 명시했는지는 그림이 없는 상태에서 확언하기 어렵지만, 위 동문환의 시에서 「회인도」 속 산수 풍경을 통해 유추된 그리움[懷人]의 시상이 귀결되는 종착점이 박규수의 '집'이라는 것은 특기해 둘 만하다. 요컨대 박규수의 「회인도」 관련 자료는, 이국 지인의 거주 공간을 중심으로 배치된 상상과 감성의 직조가, '회인(懷人)'의 심상으로 결집되는 양상을 잘 보여준다.

박규수의 「회인도」는 현전 여부가 불투명하지만, 청 문인화가인 정조경(程祖慶)이 그린 「풍설회인도(風雪懷人圖)」(개인 소장)[25]가 남아 있어 「회인도」류 회화의 개략을 암시해준다. 「풍설회인도」를 보면 집의 형상과 그 안에 있는 집주인의 생활모습을 중심으로 거처 주변의 산수 풍광을 담아내고 있는데, 이런 구성은 이상적의 집을 그린, 보다 본격적인 거주지 그림인 정조경 작 「조산루도(舡山樓圖)」(간송미술관 소장)와 크게 다르지 않다. 두 그림 모두 정조경이 그린 것이기에 화풍과 필치 같은 조형적 표현방식의 양식적인 유사성 때문에 더욱 그렇게 느껴지는 것일 수도 있겠지만, '회인(懷人)'의 테마와 거주지 도상의 결합이 아주 희귀하고 드문 우연적 사례라고만은 볼 수 없다. 국적의 차이와 그 상당한 물리적 거리 때문에 이별하면 다시 만나기 힘들다고 여겨졌던 조·청 문인간 '회인'의 심상구조는, 동문환이 「회인도」에 부친 위 시에서처럼, 실제로는

---

25 이 도판은 김현권, 「오경석과 淸 문사의 회화교류 및 그 성격」, 『강좌 미술사』 37, 한국불교미술사학회(한국미술사연구소), 2011, 220쪽에도 인용된 바 있다.

가볼 수 없고 그렇기에 더욱 상상과 그리움을 동반하는 '이국땅 벗의 집'
의 이미지로 종종 표상화되었다. 앙리 르페브르는 『공간의 생산』에서
"공간에 따르게 마련인 이미지와 상징을 통해서 체험된 공간"인 '재현
공간'은 "정서적인 핵 혹은 중심을 지니고 있다"고 기술했는데,[26] 조·청
문인들이 한중교유 과정에서 그려준 거주지 그림의 중요한 "정서적 핵"
가운데 하나는 이러한 '회인'의 의미망이라 할 수 있다.

　타국의 지인이 보내준 산수화를 보면서 '그가 사는 곳(집)'을 환기해내
려 하는 심리적 경향성은, 신위가 오숭량의 부인 금향각(琴香閣)이 그린

26　'재현 공간'에 관해서는, 앙리 르페브르 지음, 양영란 옮김, 『공간의 생산』, 에코 리브
　　르, 2011, 87·91쪽 참조. 이 책에서 말하는 '재현 공간'은 본고에서 다루는 거주지 그
　　림의 의미와 성격ー건축적·지형적 도면이나 사진과는 다른 차원의 재현에 속하는ー에
　　관해서도 시사점을 주는데, 그 개념 설명 가운데 특기할 만한 부분을 일부 옮겨 보면
　　다음과 같다.
　　"재현 공간. 이것은 (코드화가 되었거나 되어 있지 않은) 복잡한 상징을 포함한다.
　　이때의 상징들이란 사회생활의 이면과 은밀하게 연결되어 있는 동시에 예술과도 연결
　　되어 있다. 예술이란 잠재적으로 공간의 코드라기보다 재현 공간의 코드로 정의할 수
　　있다(위의 책, 80쪽)."
　　"재현 공간. 재현의 공간은 공간에 따르게 마련인 이미지와 상징을 통해서 체험된
　　공간, 즉 '주민들', '사용자들', 그리고 몇몇 예술가들, 기술하는 자, 아니 단지 기술한
　　다고 생각만 하는 자들, 즉 작가들과 철학자들의 공간이다. 이 공간은 지배를 받는
　　공간, 즉 상상력이 변화시키고 자기 것으로 길들이려고 시도하는 공간이다. 이 공간은
　　대상들을 상징적으로 이용함으로써 물리적인 공간까지도 내포한다. 따라서 재현 공간
　　들은 비언어적인 상징과 기호들의 다소 일관성 있는 체계화를 지향한다(위의 책
　　87~88쪽)."
　　"상상적인 것과 상징주의의 개입을 받는 재현 공간은 …… 자생하며 스스로에게 말을
　　건다. 재현 공간은 정서적인 핵 혹은 중심을 지니고 있다. 재현 공간은 자아, 침대,
　　방, 거처 혹은 집, 광장, 교회, 묘지 등으로 이루어져 있다는 말이다. …… 재현 공간은
　　상징적인 작품, 대부분의 경우 미학적인 방향을 결정하며, 한동안 일련의 표현이나 상
　　상적인 차원에서 영향력을 행사하다가 일정 시간이 지나면 고갈되어 버리는 유일무이
　　한 상징적 작품만을 생산할 수 있을 뿐이다(위의 책, 91~92쪽)."
　　『공간의 생산』에서의 공간 개념과 그 분류 방식을 참조해볼 것을 권해 주시고 이 글
　　의 논점을 잡는 데 많은 시사를 주신 최기숙 교수님께 감사드립니다.

程祖慶, 「風雪懷人圖」

선면산수화(扇面山水畵)에 관해 읊다가 오숭량과 금향각의 은거지인 '구
리매화촌사(九里梅花村舍)'에 대한 시상(詩想)으로 작품을 종결짓는[27] 데
서도 은연중 엿볼 수 있는 것이다. 이국의 벗이 사는 곳과 관련되는 각종
정보(거주지 관련 그림과 시, 당호(堂號)와 그것이 새겨진 인장, 재실명과 편액 등)
들을 입수하고, 국제적 서화 교류 속에서 서로의 '집'과 관련된 예술 형
식과 담론을 만들어나가는 일은 조·청 문인 사이에 가로놓인 공간적 거
리를 단축시키는 한 방식이었다.

현실적 여건 때문에 청 지인의 집에 갈 수 없다면, 조선에 있는 '나'의
집을 국제적 '신교(神交)'의 서식지이자 지속적인 재생처로 의미화하는
방식도 있었다. 홍현주의 경우는 이를 잘 보여주는 한 예이다. 홍현주는
자신의 별서(別墅)에 세운 소정(小亭)에 이름을 짓지 못하고 있다가, 때마

---

27   신위, 『警修堂全藁』, 册十五 江都錄一 戊子九月 至己丑九月, 「吳蘭雪屬哲配琴香閣
於扇面畵山水寄余, 以詩答謝」, "螺靑一角遠山開, 知自琴香畵閣來, 新婦磯頭漁火認,
夫人城下棹歌回, 琴香閣有印曰石磧漁婦, 良朋自有閨房秀, 麗句眞驚異代才, 領取君家
偕隱處, 梅花九里子陵臺(찾았네, 그대 집 함께 은거하는 곳 / 梅花九里의 子陵臺로구
나), 蘭雪山莊在嚴灘, 有印曰九里梅花村舍."

침 청 옹수곤(翁樹崑)이 보내온 돌[石]을 받고 두 사람간의 국적을 넘어선
금석지교를 증거하는 의미를 담아 자신의 소정(小亭)을 '증심정(證心亭)'
으로 명명하였다.[28] 또 자신의 거주지 그림 여러 점(최소 3종 이상)을 청
문사들에게 보냈던 홍현주는, 그(홍현주)의 거처 중 하나인 '시림정(市林
亭)'과 관련이 있을 것으로 추정되는 그림[市林之圖][29]을 청 탁병음(卓秉
恬)·탁운(卓櫄)에게서 받고는, '신교(神交)'의 증표와도 같은 그 시와 그림
을 보고 있자니 이 청 문사들을 만나보는 듯하며, 더 많은 시서화를 얻어
키 높이만큼 쌓아두고 그 속에서 기거하고 먹고 마시며 이러다 늙는 것도
모르고 푹 빠져 지내는 것이 자신의 큰 소원이라 하였다.[30] 이 경우 조선
문사의 '집'은 시서화를 비롯한 '신교'의 증여물들의 집합처이자 전시장
이며, 그러한 증여물을 일상 속에서 마주하는 일은 청 문사와 늘 함께
하는 듯한 감각으로 표현되었다. 홍현주의 거처에 붙여진 「음시처(吟詩

---

28 홍현주, 『海居溲勃』(규장각본), 「證心亭記」. 이 자료와 간송미술관 소장 「艁山樓圖」
   를 본고에 활용할 것을 권해주시고 글의 주요 논지를 비롯한 여러 면에서 많은 조언
   말씀을 주신 박무영 교수님께 감사드립니다.
29 홍현주, 『海居溲勃』(규장각본), 「與卓筍山 秉恬 卓鶴溪 櫄 書」.
   또 홍현주가 중국 문인에게서 받은 「市林遠睡圖」 1폭(홍현주, 『海居溲勃』-규장각본
   -「與卓海帆 秉恬 書」)에 대한 언급이 다른 자료에서도 나타난다. 이 그림의 내용이
   무엇이었는지에 대한 더 이상의 문헌 정보가 없어 확인하기는 어렵지만, 홍현주의 거
   처 중 하나로 '市林亭'이 있었던 것을 감안하면, 「市林遠睡圖」가 홍현주의 市林亭에서
   의 일상 모습을 표현한 그림이었을 가능성이 있다. 「市林遠睡圖」란 표제에서 '遠睡'에
   집중하면, 낮잠 자는 문인의 모습을 그린 「午睡圖」류 회화 도상과 유사한 형태의 그림
   이었을 가능성도 있다. (고연희, 『그림, 문학에 취하다』, 아트북스, 2011, 196~205쪽
   李在寬 「午睡圖」 관련 내용 참조.)
   『海居溲勃』「與卓筍山 秉恬 卓鶴溪 櫄 書」를 보면 홍현주는 청 卓秉恬·卓櫄에게서
   '市林之圖'를 받았다고 하는데, 아마도 이 '市林之圖'는 「市林遠睡圖」를 가리키거나,
   최소한 서로 밀접한 관련이 있는 그림이었을 듯하다. 卓秉恬의 아들이 卓櫄이고, 卓秉
   恬의 아우가 卓秉恬으로 이들은 당시 문장과 서화로 이름난 집안이었다고 한다(金景
   善, 『燕轅直指』, 留館錄[下]○[癸巳]正月 十七日).
30 홍현주, 『海居溲勃』(규장각본), 「與卓筍山 秉恬 卓鶴溪 櫄 書」.

處)」라는 현판 글씨 역시 기본적으로 한중교유의 산물인 동시에, 신위와
홍현주 사이의 문화적 동류의식-중국 문사들과의 교유 경험의 공유를
통해 맺어진-을 보여주는 매개체이기도 했다. 신위의 말에 따르면, 신위
의 거처에는 동시대의 청 문사 유화동(劉華東)이 써준 「노하음시처(老霞吟
詩處)」라는 편액이 걸려 있었는데, 홍현주가 여기서 '노하(老霞)' 두 글자
를 빼고 서체를 임모해서 자신의 원정(園亭) 현판으로 걸었다고 한다.[31]
처음 신위에게 현판 글씨를 써준 유화동은 김정희와도 교유한 청 문사이
다. 그의 글씨 현판이 신위와 홍현주의 거처에 걸리게 되는 현상은, 19세
기 한중교류의 최대 수혜자였던 추사 주변 문사들의 일상에 스며든 국제
적 감각을 보여주는 한 예이다.[32] 편액부터 시작해서 청 문인들의 시서
화, 서적과 돌, 홍두(紅豆), 지필묵을 비롯한 각종 우의의 정표들로 채워
진 이 시기 조선 문사의 거처는 그 자체로 문화적 동질의식을 지닌 조-청
문인 집단 사이에서 독해 가능한 일종의 텍스트와도 같았고, 회화 및 시
문 창작을 통한 2차적 재현과 의미의 확장·파급을 기다리는-재현할 만
한 가치와 의미가 있는- '신교'의 저장소로서의 '재현 공간'이었다.

19세기 조·청 문인들의 주거지 재현 그림과 거기에 대한 담론은, 특정
시기 회화사의 제한된 양식 범주 안에 머무른다기보다는, 이 시기 한중
문인들 간 국제적 교유 체험의 전반적 판도 위에서 싹트고 향유되었던
이미지였다. 이를 보여주는 예로, 청 전림(錢林)이 추음 장시(秋吟 蔣詩)의
집에서 신위의 「회인시(懷人詩)」를 보고 "시 읊는 꿈 속으로 가서 / 벽로
방에서 시 쓰는 모습 보고 싶네(有願得放將吟夢去 碧蘆舫畔看題詩)"라는 시

---

31 신위, 『警修堂全藁』 册11, 「題海道人小照行看子 五首」 중 其三, "(自註) 歗齋老霞吟
    詩處五字扁, 劉子旭華東書也, 道人去老霞二字, 摹揭園亭"
32 연관되는 예로, 淸 胡仁頤가 오경석의 齋號인 '天竹齋' 편액을 써준 일도 있었다(『위
    창 오세창』(예술의 전당 도록, 2001), 185쪽 도판 126).

구를 짓자, 신위는 이 구절에서 '시몽(詩夢)' 두 글자를 취해 자신의 연침
(燕寢)에 편액으로 써서 건 일이 있다.[33] 추음 장시는 신위의 거처를 주제
로 하는 「벽로음방도」를 그려준 바 있는 청 문인이니만큼, 신위의 거처인
'벽로음방'과 관련된 회화, 시문은 전림(錢林)과 같은 장시(蔣詩)의 교유인
사들 사이에서 어느 정도 숙지된 상태였을 것이다. 그런 활발한 한중 서
화교류의 결과, 전림은 신위의 「회인시」를 읽으면서 벽로방에서 시 쓰는
신위의 평소 주거공간에서의 일상 모습을 머릿속에서 떠올려내고, 조선
문인과의 사이에 가로놓인 시공간적 거리를 '꿈'이라는 시적 장치로 단축
시켜 이역만리 신위의 거주공간이 포함된 '회인(懷人)의 풍경'을 꿈속에
서라도 마주하고 싶어한다.[34] 이런 '회인의 풍경'이 그림으로 그려진다
면, 위에서 살펴본 정조경 작 「풍설회인도」와 유사한 도상으로 나타날
것이다. 이런 예는 각종 거주지 그림과 「회인도」·「회인시」를 주고받으
면서 이국의 벗을 회억하는 문예적 관행들을 활발하게 만들어나갔던 19
세기 조·청 문인의 일상과 의식 구조의 한 단면이기도 하다.

4. 거주지 재현 예술의 한중교유적 의미망

여기서는 19세기 조선의 거주지 그림 및 관련 시문들이 갖는 내용적

---

33 신위, 『警修堂全藁』, 冊十四 詩夢室小草一 丁亥十月 至十一月, 「詩夢室小草序」. 이
    자료는 이종묵(2006), 236쪽에서도 이미 인용되었으며, 여기서의 번역을 참조하였다.
34 이 시기 조·청 문인간 주고받은 교유시에서 그리움의 시상이 상대방(이국 문인)의
    '집'이라는 특정 공간으로 귀결, 집약되고, 두 사람의 시공간적 격차를 해소시키는 시
    적 장치로 '꿈'이 활용되는 사례가 자주 보인다. 일례로 淸 陶澍는 홍현주에게 보낸
    시에서 "向後相思何處是 碧山明月夢君家"라고 읊은 바 있다(淸 陶澍, 『陶文毅公全集』
    (淸道光刻本), 卷60 詩集, 「疊楂字韻 答高麗豐山君洪海居顯周 貽書來求筆札 兼寄洪
    駱皐權晶山諸詩人」 -中國基本古籍庫 DB(북경) 이용해서 원문 확인함).

특질 가운데 중요하다고 생각되는 사항들을, 그 한중교유적 맥락에 초점
을 맞추어 살펴보고자 한다.

1) 국제적 지우(知遇)의 맥락에서 본 거주지와 은거

　전통시대 동양 한문학에서 문인이 자신의 거주지를 다룰 때, 현실 공
간과 소망−특히 은거에의 의지−의 공간은 항상 분리할 수 없이 포개진
상태로 존재한다. 그래서 은거지의 실제 집이 완성되지 못하고 거기서의
주거가 아직 이루어지지 않은 상황에서, 자신이 소망하는 산수 속 '집'과
거기에서의 생활을 그린 시문을 먼저 지어놓는 일도 종종 있었다.[35] 이처
럼 거주지와 '은거' 주제의 결합은 전통시대 동양 문화사에서 매우 일반
적이고 전형적인 요소라고 할 수 있지만, 이 역시 본고에서 다루려는 거
주지 관련 예술들에 나타나는 (설령 일반적일지라도 간과할 수 없는) 자료적
실상 가운데 하나로서 여기서 짚고 넘어갈 필요가 있다고 본다. 특히 아
래에서는, 문인이 자신의 거주지 그림에 '은거'의 의미를 불어넣고 타자
에게 확인받는 작업이, 한·중 문인간 교유와 상호 지우(知遇)의 맥락 위
에서 상호 대화적으로 이루어지는 과정을 살펴보려 한다. 즉, 이 시기의
한중교유 체험 과정 속에서, 거주지와 '은거'를 결합시키는 예술 형식과
관련 담론들이 생겨났다는 점을 재인지할 필요가 있는 것이다.

　한중교유의 맥락과 더불어 '은거' 및 은거의 뜻을 담은 '의원(意園)'[36]이

35　일례로 송 주희의 경우 陳同甫에게 보내는 편지에서, '武夷精舍'에 대한 시를 먼저
　　지어놓긴 했으나, 형편이 여의치 않아 무이산에 '무이정사'를 아직 실제로 완성시키지
　　는 못한 채로 매번 생각만 간절한 것에 대한 안타까움을 토로하였다(주자사상연구회
　　역, 『朱書百選』, 혜안, 2000, 153·423쪽 「答陳同甫」).

36　안대회(2004), 121~122쪽에서는, 이유원의 『嘉梧藁略』과 『林下筆記』 소재 「橘山意
　　園圖」 관련 자료들을, "상상의 정원을 묘사한 글", "가상공간을 설계"한 글로 들었다.

란 주제를 동시에 담은 작품으로서 가장 대표적이라 할 수 있는 것은, 귤산 이유원의 「의원도(意園圖)」류 회화 및 관련 시문들이다. 중국 문인들이 장원 경영과 은거를 꿈꾸는 이유원의 뜻을 알고 그를 위하여 「귤산의원도(橘山意園圖)」 첩을 만들어 보내준 일은 이미 잘 알려져 있으며, 규장각본 『귤산문고(橘山文稿)』에서 「귤산의원도」 첩에 실린 청 문사들이 쓴 시문의 내용을 확인할 수 있다. 홍현주도 「제이귤산의원도권(題李橘山意園圖卷)」을 지어, 아직 이루어지지 않은 정원을 그리는 이유원의 소망을 명말 황주성의 「장취원기」에 빗대기도 했다.[37] 실제 거주지가 아닌 '상상의 정원'에 대한 소망을 담은 문학이라는 점에서, 이유원의 '의원'과 「의원도」는 「장취원기」류의 의취를 강하게 풍기고, 홍현주 역시 「장취원기」의 독서경험 위에서 「귤산의원도」의 주제의식을 파악하면서 '의원'의 자유로운 구상에 강한 동조와 공감을 표하고 있다.

그런데 한편으로는, '의원'을 다룬 「장취원기」류 문학 이외에, 이유원보다 앞서 거주지를 다루었던 조선 문인인 신위의 그림·시문과 「귤산의원도」 첩 사이의 계승 관계에 관해서도 생각해볼 수 있다. 신위의 경우와 이유원의 경우는, 한중 문인 사이에 조선 문사의 거주지를 그린 그림과 시가 오갔다는 사실 외에도, '은거'에의 지향이 거주지(별장) 관련 그

---

37 홍현주, 「題李橘山意園圖卷」, "橘山意如義之筆, 已在腴軒(王楚材)雲舫(唐世翼)先, 讀畫看詩梅屋裏, 我園將就亦同燐. (自註) 黃周星九煙, 無園而著將就園記, 余讀而喜之, 胸中之池園樓臺, 定不知幾多所矣, 今讀玆卷, 感同病之燐, 吟成一絶, 呈仍請正." (홍현주, 『海居齋詩集』-규장각본-, 풍산홍씨 대종회 펴냄, 2009, 193쪽) ; 동일한 시가, 규장각본 이유원, 『橘山文稿』에서 「橘山意園圖」 관련 시문들을 모아놓은 부분 끝에 실려 있다. (규장각본 『橘山文稿』 권8)
    이유원은 「橘山意園圖」에 부친 홍현주의 위 시가, 은거하려는 자신의 뜻을 잘 알고 포착해준 것이라고 했다. (이유원, 『嘉梧藁略』, 冊4 詩, 「懷長老 倣古人體 十九首」, '洪海居 顯周 "意園圖中題, 已知我歸田" ; 이유원의 이 시는, 안대회(2004), 122쪽 각주 20번에서 이미 인용되었던 자료임.)

림과 시문을 매개로 표현되었다는 내용적 공통점이 있다. 이유원의 의원
(意園) 경영이나 의원도 제작이, 그의 오랜 은거에의 꿈-하지만 고위 관
료였던 이유원의 현실 때문에 본격적으로 실현시키기는 어려웠던-과 맞
물려 있다는 점은, 이유원 관련 연구들[38]에서 언급되어 왔다. 신위의 거
주지 관련 그림 및 시문에서 이유원의 의원만큼 '은거'의 주제가 대대적
으로 전면화된 것은 아니지만, 신위의 사례 역시 '그림을 통한 은거의
대리 실현과 향후 기약'이란 내용적 단초를 이미 일부 포함하고 있다.
신위가 1827년에 「자제자하산장도 기웅운객(自題紫霞山莊圖 寄熊雲客)」을
지을 때에는 은거를 실현하지 못한 채 그림으로만 만족하는 상황이었
고,[39] 1828년 「자하산장도(紫霞山莊圖)」를 받은 운객 웅앙벽(雲客 熊昂碧)
이 장가(長歌) 30구(句)를 지어 신위에게 보냈는데, 이후 1830년 실제 자
하산장으로 내려와 은거하게 된 신위는 이 웅앙벽의 「자하산장도」에 대
한 장가(長歌)가 (결과적으로 보면) 은거의 사전적 조짐이 되었다고 읊고
있다.[40] 조선 문인이 은거에의 꿈을 중국의 교유인사들에게 표명하고 자

---

38 이민홍(1999) ; 유영혜(2007) 참조.

39 신위, 『警修堂全藁』, 冊14 詩夢室小草一 丁亥十月 至十一月, 「自題紫霞山莊圖, 寄熊
雲客」, "…(전략)… 是時拈山署道號, 自謂終老烟霞傲, 一第誤人三十年, 欲歸不歸空潦
倒, 俗駕妄轡何時迴, 讀書窓戶生苺苔, 山莊之圖自寫看, 聊借丹靑當歸來, 神交我有熊
雲客, 贈以此圖披心赤…(후략)…"

40 신위, 『警修堂全藁』, 冊16 九十九菴吟藁二 庚寅九月 至十二月, 「戊子間, 熊雲客 昂
碧 題余紫霞山莊圖, 有長歌三十句, 時余職事鞅掌, 不遑屬和, 自歸山莊, 舊懷縈心, 乃
發篋出此詩, 臨風朗讀, 多有悵觸, 始依韻和成, 然秋吟已逝, 未知雲客尙能主蔣氏西席
否, 俟訪的信, 將以寄示也」, "惟君預歌山莊圖, 兆我見享山莊趣"
  신위는 1828년에 대리청정하는 文祖의 특별한 지우를 입으면서 강화유수로 출사했으나,
1830년에 문조가 사망하면서 강화유수를 사임하였다. 이 해에 외척 가운데 신위를 시기한
자가 신위를 모함하는 등 위태로운 일이 있었고, 같은 해에 신위는 어릴 적에 공부했던
시흥 자하산장으로 내려가 은거하게 된다(이상의 내용은, 신광수·신위 저, 신석초 역,
『한국명저대전집 석북시집·자하시집』, 대양서적, 1975, 401쪽 신위 연보 참조).

신의 은거지를 그린 그림이나 시문을 부치는 문화는, 이유원 이전에 신위에게서 이런 형태로 나타나고 있었다.

또한 부춘산(富春山) 구리주(九里洲)의 매화 만발한 곳에서 여생을 보내겠다는 희망을 담은 오숭량의 그림과 시가, 김정희 형제(김정희와 산천 김명희(山泉 金命喜))와 신위 등 추사 일파의 문인들에게 널리 알려지고, 이와 관련된 그림 및 시가 조선 문사들 사이에서 창작되거나 오숭량에게 다시 부쳐진 일[41] 역시 이런 류에 속하며 이유원 「귤산의원도」 첩의 선행 형태라고도 할 수 있다. 오숭량의 거주지 그림과 관련 시문의 사례는, 이 시대에 '거주지 재현 예술과 은거'라는 테마가 국제적 지우의 관계망 위에서 재구축되는 양상을 잘 보여준다고 생각되기에 아래에서 이에 관하여 보다 자세히 서술해 본다.

신위가 오숭량에게 부친 시 「기사오난설(寄謝吳蘭雪)」[42]에서, 오숭량의 거주 문화와 이를 재현한 회화 및 시문이 신위에게 미친 영향력을 직접적으로 감지할 수 있다. 이 시의 셋째 수(其三: 아마도 이 시는 내용상으로 볼 때 「자하산장도」에 대한 제시인 듯하다)에서, 신위는 자신의 산장 '자하장(紫霞莊)'에 대해 읊은 후, 말미에 "흡사 선생(오숭량)이 한 매화 기약(매화 가득 핀 산 속 거처에서 살겠다는 기약)의 / 그림 속 서옥, 꿈 속 향기 같네(자주(自註)) 오난설에게 「부춘매은도(富春梅隱圖)」가 있는데, '산을 사들여 거기서 사는 것을 이루지 못했다'는 탄식이 있기에 이렇게 쓴 것이다"[43]라 덧붙이고 있다. 신위 자신의 거처와, 오숭량이 꿈꾸는 거주지 및

---

41 이와 관련된 정보는 주로 후지츠카 치카시(2009)를 참조하였는데, 이에 관해서는 아래 4. 2)에서 다시 언급하기로 한다.

42 신위, 『警修堂全藁』, 冊13 紅鸞集 5, 「寄謝吳蘭雪」.

43 "恰似先生梅有約, 畫中書屋夢中香. 蘭雪有富春梅隱圖, 而尙有嘅乎買山之未就也故云." '買山'이란 매산전(買山錢)의 준말로, 은퇴하여 은거할 산을 살 돈을 말함.

이를 그린 그림(「부춘매은도」)이 한 자리에서 운위되고 있는데다, 이 두 거주지 그림 간 성격상의 유사성―즉 거주지 그림을 통한 은거의 향후 기약 내지 대리 실현―에 대해서도 시사하는 바가 큰 대목이다. 오숭량은 신위의 「자하산장」·「벽로음방」 두 그림과 함께 신위의 이 시를 받은 후 차운하면서, "나를 그림 속에 놓아두는 것 당연히 싫지 않으니 / 꿈 속에서 찾은 매화 기약(매화가 만발한 곳에서 은거하겠다는 기약), 깨고 나서도 향기롭네"[44]라고 호응했다.

위 신위 「기사오난설」 셋째 수의 자주(自註)에 나오는 "매산(買山)(지(之))미취(未就)"란 표현은 오숭량이 자기가 유람한 명승지를 그림으로 그리게 하고 글을 부친 「기유도서(紀遊圖序)」 중 제16도(圖) '부춘매은(富春梅隱)' 부분에 나오는 말이다. 신위와 오숭량이 주고받은 위 시의 내용적 맥락, 그리고 이들의 거주지 그림이 갖는 성격을 이해하기 위해 필요하므로 더 자세히 살펴보기로 한다.

> 구리주(九里洲)는 부춘(富春)의 산수가 아름다운 곳에 있는데, 이랑을 헤아려 매화를 심으면 삼십만 그루는 되어, 꽃 심은 밭과 띠집에서 기거하면서 향기로움을 갖추게 될 것이다. 나는 이 곳에서 노년을 보내고 싶어하여 '매은중서(梅隱中書)'라는 내 도장을 새기고, 사는 곳[所居]에 '구리매화촌사(九里梅花村舍)'라 제(題)하였다. 조선 학사 김추사가 그 아우 산천과 함께 장다농에게 부탁하여 이 그림을 그리고 감실 하나에다 내 시를 공양하고 감실 밖에다는 온통 매화를 심고 시를 부쳐 화답을 구한 것이 멀리 조선으로부터 전해져 왔으나, 나는 <u>아직 산을 사들여 거기서 은거하는 것을 이루지 못했으니[買山未就]</u>, 참으로 개탄스러운 일이다.[45]

---

44 오숭량, 「朝鮮申紫霞侍郞書來, 推挹逾分, 竝以紫霞山莊碧蘆吟舫二圖, 及哲嗣小霞畵梅見寄, 次韻四章」 제 3수: "著我畵中應不惡, 夢探梅信醒猶香"
   (吳嵩梁, 『香蘇山館詩鈔』 今體詩鈔 卷16 淸木犀軒刻本 ; 中國基本古籍庫 DB(북경) 이용해서 원문 확인함.)

위 내용으로 볼 때, 오숭량이 제작케 한 「기유도(紀遊圖)」 중 '부춘매은
도'라든가, 김정희 형제가 중국 화가 장다농에게 부탁해서 제작한 오숭
량의 거처 그림인 「매감도(梅龕圖)」류의 회화[46]는, 오숭량의 현재 주거지
를 현실적·실제적으로 재현한 것이라고 보기는 어렵다. '부춘매은도'나
「매감도」가 제작되던 당시 오숭량은 실제로 부춘산 구리주에 살고 있었
던 것이 아니며, 단지 향후 그곳에 은거하고 싶다는 소망을 그러한 그림
을 통해 대리적으로 실현하고, 조·청의 지인들에게 표명한 것이었다.
신위가 「기사오난설」 시의 셋째·넷째 수에서 「자하산장(도(圖))」과 「벽
로음방(도(圖))」 거처 그림에 대해 읊을 때(1826년)에도, 신위는 실제로 은
거하고 있었던 것이 아니라, 거주지 그림과 제시(題詩)를 통해 은거에의
소망을 표현하고 있었다.[47] 신위의 거처 그림에 부친 제시 속에서 오숭량
의 거처 그림이 호명된 것은 이런 맥락―거주지 그림을 통한 은거에의
소망의 현시―에서 이해할 수 있고, 이것은 이들의 거주지 그림이 갖는
중요한 성격 중 하나이다.

지금까지 「장취원기」류 '의원' 문학과는 또 다른 측면, 즉 앞선 시기
조선 내의 문학적 계보―신위의 선례―라든가, 한중교유 과정에서 등장
한 거주지 관련 그림 및 시문 가운데 '은거'의 테마를 다룬 여타 작품들―
신위와 오숭량의 예―과의 연관성이라는 방면에 초점을 맞추어 이유원

---

45 원문은 후지츠카 치카시(2009), 470~471쪽 참조.

46 조선에서 그려진 「梅龕圖」류의 회화에 관해 다룬 논문으로는, 김현권(2010a) 등이
있다.

47 신위의 「寄謝吳蘭雪」은 1826년작인데, 신위는 1825년 12월부터 대사간으로 있었고
(한국고전번역원 홈페이지 『警修堂全藁』 해제 참조), 「寄謝吳蘭雪」 시의 셋째·넷째
수에서 "年深草徑紫霞莊, 漁弟樵兄笑我忙"(其三), "莫笑軟紅塵迷老, 冷卿居止似諸
生"(其四) 같은 구절들이 속세의 분주한 삶 때문에 은거하고 있지 못한 신위 자신의
현재 삶을 보여주고 있다.

「귤산의원도」첩을 다루었다. 은거 의지를 담은 주거지 그림과 이에 대한
시문을 주고받는 일은, 한·중 문인간에 상호 이해와 지우를 표현하는
한 방식이자 문화적 관행이 되었다. 이를 암시하는 작품으로, 청 문인
풍지기(馮志沂)가 「귤산의원도」에 부쳐 써준 아래 시를 들 수 있다.

唐子筆底烟雲生 당세익(唐世翼: 「귤산의원도」를 그린 청인(淸人))의 붓
　　　　　　　　끝에서 구름, 안개 피어나고
李君意中園林成 이군(이유원)의 뜻 안에는 원림(園林)이 이루어졌네.
君持圖畵索我詩 군이 그림 가져와 내 시를 찾으니
我詩雖拙何敢辭 내 시 비록 보잘것없으나 어찌 감히 사양하리.
憶昨逢君在郊陌 돌이켜보면 전번에 그대를 교야(郊野)의 길에서 만났
　　　　　　　　는데
君始來從朝鮮國 처음 조선에서 온 그대
面上不染風塵氣 얼굴은 세속 기운에 물들지 않았고
胸中猶帶煙霞癖 가슴속엔 자연 그리는 벽(癖)을 지녔었지.
君來策騎走長安 그대는 말을 채찍질해 장안으로 달려가
遍遊名刹與名園 이름난 사찰과 유명한 정원을 두루 다니며
眼底蒼松怪石繁 푸른 소나무와 괴석이 무성한 것 보았고
歸去園林成大觀 귀거래의 원림이 큰 장관을 이루었지.
君家園林在何許 그대 집 원림은 어디쯤 있는지
君之夢與君之意 그대 꿈과 그대 뜻 속에 있다네.
君夢不離江上山 그대 꿈은 강가 산과 떨어지지 않고
君意常懷逍遙地 그대 뜻은 늘상 소요할 곳 그리워하네.
問君夢境淸如何 묻노라, 그대 꿈 속 경계는 맑기가 어떠했는가.
　　　　　……
是時四顧無人聲 이 때 사면엔 사람 소리 없었고
登高長嘯天地淸 높이 올라 길게 휘파람 불자 천지가 맑았는데
忽聞鐘聲動麗譙 문득 종소리가 누각을 울려

枕上驚醒星方明 침상에서 놀라 깨니 별이 한창 밝았네.

追思夢境尋不得 꿈 속 경계 돌이켜 생각해도 찾을 수 없었지만

君心從此幽情闢 그대 마음에선 이 일로 그윽한 정 열리게 되었네.

淸俸積成買山錢 청봉(淸俸)을 모아 산 사서 은거할 돈이 마련되면

他時歸老靑巖側 다른 날 푸른 바위 옆으로 돌아가 늙겠지.

嗚呼君意我能知 아아 이런 군의 뜻, 내 능히 알고 있지만

君園之成我不見 그대 정원 이뤄지는 건 내 보지 못하니

當君置酒同落成 응당 그대 술 따라놓고 낙성식을 함께 하는 날

應讀我詩坐長歎 내 시를 읽은 후 앉아 길게 탄식해 주겠지.[48]

위 시에서 풍지기는 자연에 은거하고 싶어하는 벽이 깊어 이에 대한 꿈까지 꾸었다[49]는 이유원의 취향에 대해 자세히 알고 있으며, 이유원이 꿈 속에서 본 원림에서의 풍광과 경물을 하나하나 상세히 서술하는 데 시의 상당 부분을 할애하였다. 풍지기는 이유원의 '꿈'과 '뜻', 간절한 은거 지향 같은 개인적인 내면을 "능히 알고" 자세히 묘파해낼 수 있는, 국가 간 경계를 넘어선 친밀한 지인으로 자처하였다. 이런 류의 우의의 언술들[50]은 설령 다소간 의례적으로 보일지라도, 은거지를 꿈꾸는 개인

---

48 규장각본 『橘山文稿』 권8, '橘山意園圖' 부분 맨 끝에서 두 번째 시 馮志沂「奉題橘山翰林大兄橘山意園圖, 卽希斥正」.

49 규장각본 『橘山文稿』 권8, '橘山意園圖' 부분 첫 번째 산문 王楚材「意園圖記」를 보면, 이유원은 자연에 은거하고 싶어하는 소망이 강렬해진 나머지, 꿈 속에서 자신의 상상의 정원과 관련된 시구를 얻기도 했다고 한다("嘗于枕上得句云: '詩中拈我屋, 意內作名園' 盖身心念之者, 夢寐係之吾也").

50 이런 류의 언술들로, 다음의 예도 있다.
규장각본 『橘山文稿』 권8, '橘山意園圖' 부분 '意園圖記' 이하 두 번째 산문 周棠의 글: "今先生忽忘吾塗鴉小技, 而責之曰: '萬里心交, 何無一言相贈耶?' 此亦先生年前索圖之意也."
이유원은 「橘山意園圖」와 그에 대한 시문을 조선의 지인에게 부탁하기보다는, 오히려 '萬里心交'의 묵연을 기념하는 징표로 삼으려는 듯 청 문인들에게 청탁하였다. 규장

의 내밀한 취향이 국제적 관계망으로까지 확장되어 나가고 상호 공감하는 화제가 되는 문화적 유행의 출현을 보여주는 언술적 지표로 해석할 수 있다. 평이하고 오랜 주제인 '은거'와 주거지의 테마가 이 시기에는 개인의 상상이나 일국적(一國的) 표현 영역 내에 머무르지 않고, 중국 지인과의 대화적 관계, 상호 합력적 완성이라는 한·중 합작의 맥락 위에서 재설계되었다.

청 문인들 측에서 자신이나 교유인사의 거주지 그림 및 관련 시문을, 조선 문사 측에 부탁하는 경우들도 이 시기의 한중교유사에서 종종 확인된다. 청 서월파(徐月坡)가 새로 수축한 거주지를 그린「동엄초당도(東崦草堂圖)」에 관해 이상적이 시를 지었는데, 이는 이상적·서월파의 교유인사인 청 왕홍(王鴻)의 요청에 따른 것이었다.[51] 청 문인 온충한(溫忠翰)은

각본『橘山文稿』권8에 실린 '橘山意園圖' 관련 시문들을 보면, 맨 마지막에 실린 홍현주의 시 1편을 제외하고는 모두 청 문인들의 작품이다. 이유원의『林下筆記』권30 春明逸史 '意園圖詩'에서도, "참으로 흠송(欽頌)할 작품들로 때때로 펴놓고 볼 때마다 천리 먼 곳에 있는 친구들이 마치 옆에 있는 듯한 감회가 가슴속에 뭉클 느껴진다"라하여「橘山意園圖」첩이 갖는 한·중 문인간 우의와 회억의 의미를 서술하였다.

뒤에서 다시 살펴볼, 현전하는 이상적의 집 그림인「舫山樓圖」두 점이 모두 (조선화가가 아니라) 중국 화가에 의해 그려졌다는 점은, 이 시기 조선 문사들이 자신의 거주지 그림에 한·중 합작을 통한 우호의 의미를 불어넣는 데 큰 비중을 두었음을 암시해 주는 듯하다. 이와 관련하여 이상적이「舫山樓圖」를 그려준 청 문인에 대한 사례의 뜻을 담아 쓴 長詩인「亦梅回自燕京, 傳示吳子珍 懷珍 朝鮮李君歌題程羽稺衡爲余作舫山樓圖者, 詞致淸雋, 奬許逾分, 賦此以謝之」(이상적,『恩誦堂集』, 續集 詩 권4 [詩○丁巳])는, 자신의 거주지에 담긴 본인의 지향에 대한 내용 대신, 이상적과 교유한 청 문인들의 이름을 하나하나 열거하면서 그들과의 성대한 교유를 회억하고 서로간의 묵연을 기념하는 데 지면을 주로 할애하였다.

51 이상적,『恩誦堂集』續集 詩 권1, [詩○壬子]「王子梅屬題徐月坡老人東崦草堂圖」, "萬里梅華夢, 低徊鄧尉巓, 高人有遺構, 此老亦神仙, 春色云誰贈, 冬心只自憐, <u>守門孤鶴怨, 愧我未歸田.</u>"

이춘희,『19세기 한·중 문학교류: 이상적을 중심으로』, 새문사, 2009, 189·192~193쪽에 있는, 이 자료와 관련된 사실관계들을 참조하였다. 위 시의 마지막 두 구("집 지키

자신의 집에 있는 정원인 함벽원(涵碧園)을 그려 오경석에게 주었는데, 거기에는 오경석 형제를 비롯한 조선 문사들의 글과 그림을 얻어 '함벽원도장권(函碧園圖長卷)'류의 첩을 만들고 싶어하는 의도가 있었다고 한다.[52] 만약 온충한의 이런 기획이 실현되었다면, 조선 문인 청탁 ⇒ 청 문인의 응대 순으로 이루어진 「귤산의원도」 첩과 비슷한 방식으로, 청 문인 청탁 ⇒ 조선 문인의 합작 과정을 통하여 완성된 또 하나의 그림·시문첩이 탄생했을 것이다. 이유원, 이상적, 오경석의 자기 거주지 그림과 관련 시문들은, 이들이 익숙히 경험한 이런 문화적 분위기 위에서 탄생했던 한중교유의 산물이었다.

2) 한·중 초상 교환과 거주지 도상

조·청 문사들이 주고받은 거주지 그림의 중요한 특성 중 하나는, 일종의 초상적 성격이다. 거주지의 공간성이 거처 주인의 비범한 인격에 대한 표상이 되는 것은, 동양의 거주지에 대한 시문(기문(記文)과 거주지 관련 시 등)에서 매우 일반적인 사안이라고도 할 수 있지만, 조·청 교류에서 오간 거주지 그림과 관련 시문들을 분석할 때에는 그 한중교유적 맥락과 의미에 대해서 특별히 살펴보아야 한다. 이와 관련해서, 홍대용, 박제가나 추사 일파 등을 포함한 조·청 문사들이 우의의 정표로 서로의 초상을 주고받았으며, 이 과정에서 청 (문인)화가가 그린 조선 문사의 초상이 제작되기도 한 점은, 한중교류 방면의 선행연구에서 자주 언급되어 왔다.[53] 이런 부류의 초상화들은 초상 제작의 동기 혹은 용도상으로 볼

는 외로운 학의 원망은 / 아직 돌아가지 못한 나를 부끄럽게 하네")는, 중국 교유인사의 은거지를 그린 그림을 보면서, 시인인 이상적 자신의 은거 소망에 대한 내용으로 연결시키고 있다.

52 해당 자료는 김현권(2011), 225~226쪽에 인용된 자료를 통하여 접함.

때, 양국 문사들의 특별한 만남과 우정을 기념하는 뜻으로 제작하여, 물
리적 거리 때문에 다시 만나기 힘든 서로를 이후 두고두고 회억하려는
의미가 강하다. 김정희 형제는 매화를 유난히 좋아하고 부춘산의 매화
속에 은거하고 싶어하는 오난설을 위해 조선에서 감실 형태의 모형을
만들어 여기에 난설의 시를 공양하고, 감실 밖에는 매화나무를 심었으
며, 오난설의 60세 생일에 이 매감 앞에서 술을 따라놓고 축하하는 의식
을 가지면서 이와 관련된 시들을 남겼다.[54] 이 오숭량의 육순을 기념하
고, 다시 만날 수 없는 그를 추억하는 자리에는, 신위도 참석했다고 한
다.[55] 조선 문인들에 의해 이루어진 매감(梅龕) 조성 사례는, 그림뿐만 아
니라 오숭량을 상징하는 일종의 미니어춰를 조선 내에서 실제로 만들었
다는 점에서 특별한 사례이다. 「매감도(梅龕圖)」류의 그림이든, 또는 매
감의 모형이든 간에, '매화 (속) 감실'은 거주지의 이미지가 특정 인물(오
숭량)을 대표하는 상징성을 띠게 되는 현상을 보여준다. 실제 인물의 모
습을 담은 초상뿐 아니라 그 거처의 재현물 역시, 멀리 떨어져 있는 이국
의 벗을 회억하기 위한 매체로서의 기능을 분담할 수 있었다. 조선의 글
과 그림에서 오숭량의 외모나 초상화에 대한 언급보다도 '구리매화촌사
(九里梅花村舍)'라든지 '매감'에 관련된 내용이 더 빈번하게 나타나는 것
을 보면, 이 경우에는 청 문인의 거처 공간 이미지가 초상화 이상으로

---

53 안대회, 「楚亭 朴齊家의 燕行과 일상속의 국제교류」, 『동방학지』 145, 연세대학교
   국학연구원, 2009, 54~57쪽. 이 밖에도 이 내용과 관련하여 다수의 연구가 있다. 미
   술사 방면의 연구로는, 조선미, 「중국 초상화의 유입 및 한국적 변용」・「명・청대 초상
   화와의 비교를 통해 본 조선 시대 초상화의 성격」, 『초상화 연구』, 문예출판사, 2007,
   259~263・229~230쪽 등이 있다.
54 후치츠카(2009), 431~485.
55 금지아, 「신위의 회화수장과 감식안」, 『한중인문학연구』 23, 한중인문학회, 2008,
   270쪽.

한 대상인물에 대한 강한 표상력을 띠고 있었다고도 생각된다.

이런 류의 조·청 문사간에 증여된 거주지 그림이 갖는 초상적 성격이 암시되는 조선 문사의 시로, 신위 작 「자제자하산장도 기웅운객(自題紫霞山莊圖 寄熊雲客)」[56]을 들 수 있다. 신위는 이 시에서 자하산장의 지리적 위치와 풍경을 멀리 떨어져서 와볼 수 없는 중국의 벗 운객 웅앙벽(雲客熊昻碧)에게 알려주려는 듯 자세히 서술하고, 이곳에서 지냈던 과거의 한가로운 생활, 그리고 세속의 벼슬살이 때문에 자하산장에서 지내지 못하는 현재의 생활을 대비적으로 제시한 끝에, 다음과 같은 내용으로 시를 끝맺고 있다.

> …(전략)…
> 山莊之圖自寫看 산장의 그림 스스로 그려 보면서
> 聊借丹靑當歸來 그림을 빌어 귀거래(歸去來)하려네.
> 神交我有熊雲客 나는 웅운객(熊雲客)과 신교(神交)를 맺어
> 贈以此圖披心赤 이 그림 보내 내 마음 열어보이노니
> 紫霞之霞雲客雲 자하(紫霞)의 노을[霞]과 운객(雲客)의 구름[雲]이
> 畫中卷舒無晨夕 조석으로 그림 속에서 끼었다 걷혔다 하리.

신위는 귀거래의 뜻을 담은 자하산장 그림을 스스로 그려 신교를 맺은 사이인 웅앙벽에게 주어, 은거에의 소망을 담은 진심을 그에게 열어 보일 수 있다고 하였다. 자하산장 그림은 단순히 특정 지역의 실제 풍경을 보고하는 현대의 사진 같은 의미에 그치는 것이 아니라, 마음을 아는 벗에게는 산장의 주인인 신위의 본마음을 드러내 보여줄 수 있는 그림으로 의미부여된다. 거주지 그림에 관한 이런 의식은, 조·청 문사들이 초상

56　신위, 『警修堂全藁』, 冊14 詩夢室小草一 丁亥十月 至十一月, 「自題紫霞山莊圖, 寄熊雲客」.

金熙彬, 「舶山樓圖」

증여를 통해 서로의 마음을 전하며 먼 이국의 벗과 우의의 뜻을 다졌던
일을 떠올리게 한다.

3) 거주지 도상의 재구축과 비형사적(非形似的) 지향

청 문인이 그려준 조선 문인의 거주지 그림에서 중요하게 감안해야
할 점은, 청 문인이 조선 문인의 집에 실제로 가보기 어려운 처지였다는
점이다. 그렇다면 청 문인이 조선 지인의 집을 그리는 작업은 어떤 과정
을 통해서 가능해졌을까? 또 그러한 작업 방식상의 특수성은, 재현 방식
측면에서 어떤 특질과 지향으로 이어졌는가?

(1)

실견(實見)을 어렵게 하는 장소적 제약 때문에 청 문인·화가측에서 그
린 조선 문인의 거주지 도상은 현존하는 실제의 공간을 그린 것이라기보
다는, 의미와 상징으로 증류된 "해석된 풍경"을 그린 것에 가까워졌다.
청 문인에 의한 "해석된 풍경"의 직조에 중요한 한 재료가 되었던 것은,

程祖慶, 「艄山樓圖」

조선 문사가 자신의 거주지에 관해 쓴 글(편지 등)이나 거주지와 그 의미를 청 문사에게 설명해주는 '말'이었다. 그 대표적인 예로는, 청 문인화가들이 그려준 이상적의 거주지 그림을 들 수 있다.

홍현주와 신위의 경우에는 조선 문사 측에서 자신의 거주지 그림을 먼저 스스로 제작해서 청 오숭량에게 시와 함께 보냈지만, 이상적의 경우에는 청 문인화가인 정조경(程祖慶)과 정조경의 친척 김희빈(金熙彬)이 각각 이상적의 집인 「조산루도(艄山樓圖)」를 그려서, 청에 왔다가 조선으로 돌아가는 오경석 편에 보내주었다.[57] 조선에 올 수 없었던 이 청 화가들은 이상적의 말(설명)이나 글에 의존해서 조산루(艄山樓)의 모습을 상상하고 재구축했을 것이기에, 이 「조산루도」 두 점의 성격은 거처의 실물성에 대한 '형사적(形似的) 재현'보다는 일종의 '사의적(寫意的)' 풍취를 더

---

57 두 「艄山樓圖」의 도판과 관련 해설은, 『간송문화 제83호: 명청시대회화』(전시도록), 한국민족미술연구소 발행, 2012, 79·82·146~147·149쪽 참조.
  김문규의 도판 해설(위의 책, 147쪽)에서는, 이상적의 조산루가 실제로는 한양에서 가장 번화한 종로 한복판에 있었음을 서술하면서, 정조경 작 「艄山樓圖」가 "이상적이 이런 (한적한) 곳에서 살았으면 하는" 정조경의 마음을 담은 그림일 가능성이 있다고 하였다.

강하게 띠게 되었다. 이상적은 「조산루기(舠山樓記)」에서 자신의 거주지
인 조산루를 탈속적 경계와 (도심 속) 은거의 공간으로 그려내고자 했는
데,[58] 청 화가들이 그려준 「조산루도」 도상의 풍치도 대략 이러했다.

　근본적으로는 '사의적' 풍경 쪽으로 재현 의도가 더 기울어졌다 해도,
이 청 화가의 「조산루도」가 조산루가 갖는 지형지물적 특질에 대한 형사
(形似)에 완전히 무심하지는 않았다. 특히 정조경이 그린 「조산루도」의
경우는, 이상적 「조산루기」에 서술되어 있는 조산루의 지형적·조경적
특질(집이 세워진 곳이 사방의 지세보다 높이 솟아오른 형세, 비가 오면 여울에
급류가 생기는 주변 풍광, 집 주변에 매화와 대나무를 울창하게 심어 담장 너머의
세속과 구분되는 탈속적 분위기를 조성하려 한 조경 특질 등)[59]을 어느 정도 반
영하고 있다. 정조경은 이상적과 직접 만남과 실제적 교유가 있었기에,
이상적 조산루의 이런 풍경에 대하여 말이나 글로 전해받을 기회가 있었
을 것이다.[60] 정조경과 김희빈이 각기 그린 두 「조산루도」 간 도상의 차

58　이상적, 『恩誦堂集』, 續集 文 권2 [文], 「舠山樓記」, "主人浮沈闤闠, 幽憂嬰疾, 歸田
有計, 買山無貲, 徒使胸中之邱壑, 輪囷鬱結於寤寐之間, 而有不能自己者焉, 故寄懷陳
迹, 如對巉巖, 冥契斯會, 遐想隨作, 若將追禽向之高風, 飄飄乎神遊物外, 此乃騷人之
逸致……)."

59　이상적, 「舠山樓記」, "地勢比四鄰嶐然而高, 雨水時至, 庭溜趨下若急湍, 市植老梅修
竹, 蒼蔚蔽虧, 不知環堵以外塵滾滾如海矣."

60　반면 이상적과 교유한 청 王鴻의 청탁을 받고 이상적의 舠山樓를 그리게 된 청 김희
빈의 「舠山樓圖」에서는 그런 구체적 지형 특질들이 더 모호하게 희석되고 거주지 형상
이 화면 요소 가운데 차지하는 비중도 현저하게 축소되어, 언뜻 보면 특정 인물의 주거
지와 관련된 그림이 아니라 마치 일반 산수화처럼 보일 정도이다(무엇보다도 이 그림
에서는 집·누각 형상이 워낙 가파른 산비탈 사이사이에 위치하고 있어, 탈속적 심미
경개를 확보하는 대신 실질적인 생활공간으로서의 이미지는 거의 확보하지 못하고 있
다). 아마도 이 그림을 그릴 당시 이상적과 김희빈 간의 직접적 교유는 없었던 듯한데
(『간송문화 제83호: 명청시대회화』, 149쪽에 제시된 자료와 설명 참조), 화가-주문자
간의 관계가 개인적 교유에 기반한 것이 아니라 주문자의 지인을 통한 간접적 청탁에
의한 것이었기에 김희빈의 「舠山樓圖」는 정조경의 「舠山樓圖」에 비하면 '舠山樓'에

이는, 거주지 주인인 조선 문사—청 화가 간의 실제적 교유 여부에 따른 거주지 관련 제반 정보의 입수 정도에 따른 차이를 암시할 뿐만 아니라, 실견할 수 없는—따라서 지리적·지형적 도면으로 파악되기에 한층 불리한— 타국의 거주 공간 이미지가 상상을 기반으로 그려질 때 (각 화가에 따라) 다양한 재현 방식을 취할 수 있음을 보여준다.

(2)

위에서 조·청 문인간에 거주지 그림이 그려지는 한 방식으로서, "전언(傳言)을 통한 거주지 도상의 재구축"이라는 측면을 지적했는데, 이와는 달리, 조선 문인 측에서 자신의 거주지 그림을 먼저 그려 보내면, 이것이 청 문인에 의해 다시 모사·재창작되는 제작 방식도 있었다. 조선 문인이 청 문사 측에 그림 제작을 염두에 두고 자신의 거주지에 관해 이야기할 때, 말과 글로 된 언어적—이차적 자료를 제공하는가, 아니면 시각적 구축이 한번 완료된 기성의 회화 자료를 제공하는가 하는 차이라고 할 것이다.

조선 문인이 청 문인에게 자신의 거주지 그림을 그려 보내고 이것이 청 문인의 재창작을 촉발신킨 사례로는, 홍현주가 오숭량에게 부친 「쌍포별관도(雙浦別館圖)」의 사례를 들 수 있다. 이것은 조선 문인의 거처 내지 별장을 그린 그림이면서, 한·중 문인이 모두 그리고 시를 부치는 조(朝)·청(淸) 공통의 화제(畵題)가 되었다는 점에서 청 장시(蔣詩) 작 「벽로음방도(碧蘆吟舫圖)」(신위의 집인 '벽로음방'을 그린 그림)[61]의 사례와도 비견할 만하다. 오숭량은 홍현주가 보내온 「쌍포별관도」를 받고, 그림에 능

대한 구체적 정보와 傳言이 더 부족한 상태에서 그려진 것이 아닌가 싶다.

61 자료 출처는 좀 더 아래에서 다시 이 자료를 언급하면서 밝히도록 한다.

한 자신의 부인 장씨(蔣氏, 금향각(琴香閣))를 시켜서 「쌍포별관도」의 화의
(畫意)를 본떠[倣其意] 부채 그림을 그리게 한 후, 홍현주의 「쌍포별관도」
제시에 대한 차운시를 지어 보냈다.[62] "방기의(倣其意)"란 표현으로 볼 때,
오숭량의 부인이자 여류화가인 금향각 장씨(琴香閣 蔣氏)는 홍현주가 보
내온 「쌍포별관도」를 그대로 모사하기보다는, 원 그림을 '방(倣)'하는 차
원에서 일종의 변형과 재창작을 시도했던 듯하다. 「동파입극도(東坡笠屐
圖)」나 「매감도(梅龕圖)」, 「추림독서도(秋林讀書圖)」[63]처럼 옹방강·오숭량

---

62 홍현주, 『海居齋詩鈔』, 권1, 「雙浦別館圖寄吳蘭雪」 附次韻 「道光七年孟春月, 海居
   先生, 以雙浦別館圖見寄, 因命山妻蔣氏, 倣其意畫扇奉呈, 卽次自題原韻請正」. (『한
   국역대문집총서 2859 海居齋文集 雙梅堂文集』, 52~53쪽)
      오숭량이 쓴 이 시는, 吳嵩梁 『香蘇山館詩集』 今體詩鈔 卷16에도 「次韻又爲海居題雙
   浦別館圖」란 제목으로 실려 있다. (中國基本古籍庫 DB(북경)에서 확인)
63 옹방강-추사 일파(추사의 영향을 받은 중인화가들과 19세기 조선 화단의 동향을 포함
   한) 간에 제작, 향유된 畫題인 「秋林讀書圖」에 관해서는, 졸고, 「추사 일파의 「秋林讀書
   圖」를 통해 본 19세기 문예사의 實景」(워크숍 발표문), 8th Worldwide Consortium
   of Korean Studies Centers Workshop(제8차 세계한국학센터 컨소시움 워크숍)
   "Tradition & Transculturation", International Center for Korean Studies 주최,
   고려대학교 민족문화연구원 개최, 2012년 7월 4일~6일, 발표자료집 197~214쪽(초록
   은 발표자료집 26~29쪽)에서 보다 상세히 다루었다. 옹방강이 淸初 王士禎(王漁洋)의
   행적과 관련된 그림인 「秋林讀書圖」에 관심을 갖고 모사본을 제작하여 자신의 거처에
   수장한 것은, 왕사정의 문학과 학문을 이어받고자 한 옹방강의 학술적 지향과 밀접한
   관련이 있다(옹방강이 저술 및 편찬 작업 차원에서 왕사정 문학을 연구, 논평했을 뿐만
   아니라, 왕사정과 관련된 그림을 모으고 題詩와 題跋을 덧붙이는 회화 감평 및 수장
   차원의 작업에도 큰 공력을 기울였다는 점은 특기할 만하다. 이는 금석 고증과 서화
   감식에 능했던 옹방강의 면모와도 연관된다). 이것은 전통시대에 회화의 제작 및 향유
   가 학통적 계보의 시각화된 상징이자, 학술과 문예의 집약적 표상이 되는 한 양상을
   보여주는 것이다. 기실 옹방강의 거처에는 왕사정의 학문적 모델 중 하나였던 송 陸游
   - 왕사정 - 옹방강 자신으로 이어지는 학문적 계승 관계를 상징하는 서화 작품, 편액
   등이 가득했고(즉 옹방강의 거처 공간과 그 안에 진열된 수장품들 자체가, 옹방강의
   학술적 연원 및 관심사를 물질적으로 현시하는 시각적 계보도와도 같았다), 이런 부류
   의 예술작품에 담긴 의미는 고스란히 옹방강을 경모했던 추사 일파에게로 이입되었다.
   필자는 이 발표문에서 추사 일파 내에서 향유되었던 구체적인 한 예술작품(「秋林讀書

으로부터 유입되어 한·중 화단 공통의 화제가 된 그림들이 있었는가 하면, 「벽로음방도」나 「쌍포별관도」 같은 주거지 성격의 그림은, 조선 문인에게서 유래하여(즉 조선 문인의 거처를 재현한 화제로서) 양국 공유의 화제가 된 이례적인 경우라고 할 수 있다. 다만 청 화가 추음 장시와 금향각 장씨의 그림은 거주지의 원 주인인 신위와 홍현주에게 보내 주기 위한 목적으로 제작된 것으로 보이고, 이런 주제-조선 문인의 거주지 그림에서 유래된-가 청 화단 내에서 독자적인 화제로 자리잡고 지속적으로 그려진 흔적은 아직 찾지 못하였다.

위에서(특히 4.3) 부분에서) 대략적으로 서술한 바 조·청 문인들 사이에서 그려지고 향유된 몇몇 조선 문인들의 거주지를 재현한 그림들은, 사진을 찍거나 지도를 그리듯이 특정 거주지의 지형지물과 경관을 사실적으로 재현하려는 방향과는 거리가 멀었다. 이는 전대에 조선에서 그려진 별서도(別墅圖)들이 별서와 주변 승경을 소유화하고 그곳에 미치는 가문의 영향력을 시각화하고자 할 때, 실경에 충실한 '지형도적 실경산수도'라든지, 그림 속 경물에 지명이 부기되거나 지도식 부감시의 화면 구성을 취한 일종의 '회화식 지도', 특정 지역의 지형적 정보를 주는 '(지리)기록화적인 성격'을 종종 띠었던 것과 차별화되면서, 한중교유적 의미망 위에서 제작된 이 시기 거주지 그림의 특징을 예고해 준다.[64] 즉 19세기

圖」)을 통하여, 이미지·문예취향·예술담론·학술적 경향이 동아시아 전반에 걸쳐 동시적으로 유통되고 재생산되었던 19세기 문화사의 한 국면을 재구해내는 작업을 시도하였다. 김정희, 신위, 이상적 등 추사 일파의 빈번한 연행과 지속적인 후속 서화교류는 청조 문예에 대한 동시대적 수신과 발신을 가능케 했고, 이들의 한중교류 과정 속에서 청조 최신의 문예취향을 담지한 새로운 감각의 국제적 예술 형식과 작품들이 조선 내에서 새로이 산출되었다. 본고에서 다루는 추사 일파의 거주지 그림이나 「秋林讀書圖」가 모두 그러한 사례이다.

이런 부류의 거주지 그림에서는 언뜻 일반적인 산수인물화처럼 보일 수 있는 도상에 '특정인의 집'이라는 의미가 포개지기도 하고,[65] 심지어는 거주지 풍경('집'·누각 같은 건축물이나 정원의 경관)의 명시적 재현 대신 거주지 주인의 당호(堂號)를 도해(圖解)한 '버드나무 아래 배 한 척'의 이미지로 '집'의 심상을 환유(換喩)하기까지 했다.[66] 현전하는 회화작품이 많지 않은 상황에서 이런 면모가 이 부류 거주지 그림의 '모든' 특질과 양상을 대표한다고 단언할 수는 없지만, 이러한 '비형사적(非形似的) 지향'의 빈번한 검출은 유의미한 지점을 내포하고 있다고 생각된다. 청 문인이 조선 문인의 거주지에 실제로 가볼 수 없는 상황에서, 특정 지역의 지형적 구체성은 양국 문인 간에 정확한 체험과 견문을 공유하기 힘든 요소였다. 그보다도 공간적·물리적 거리나 국적의 경계를 초월하는 정신적 교류와 교감(예컨대 '회인(懷人)')의 회화화(繪畵化)가 더욱 중요해지기도 했다. 이런 방향의 회화화는 반드시 정세하고 구체적인 대상(공간) 재현을 목표로 하지는 않는다. 때로는 간솔(簡率)한 사의적(寫意的) 필치

---

64 19세기보다 이전 시기의 조선 別墅圖가 보여주는 특징에 관해서는, 조규희(2006), 36·149·155·167·169·244·245쪽 등 참조.

65 청 金熙彬, 「艁山樓圖」(간송미술관 소장)가 그런 예이다.

66 청 문인 秋吟 蔣詩가 신위를 위하여 「碧蘆吟舫圖」를 그렸는데, 그 그림에서는 성긴 버드나무 아래 배 한 척만 가로놓여 있어 쓸쓸[荒寒]한 정취를 풍겼다고 한다(신위, 『警修堂全藁』, 册16 九十九菴吟藁二 庚寅九月 至十二月, 「哭蔣秋吟御史 五首」 중 其三, "(自註) 秋吟前爲余作碧蘆吟舫圖, 踈柳下, 橫一舟而已, 寄託甚荒寒也"). 거주지를 그린 그림인 「碧蘆吟舫圖」가 마치 버드나무 아래의 강물과 배를 그린 일반적인 산수화의 화제처럼 그려졌다는 언급이 이채로운데, '碧蘆'와 배[舫]로 거처의 심상을 표상화하는 상상력이 이렇듯 특이한 도상의 거주지 그림을 낳은 것이라 할 수 있다. 추사 일파의 문인화가들 및 이들과 교류한 청 문사들이 이처럼 지인의 字號를 경물 이미지로 圖解하는 그림을 종종 그렸던 다른 예는, 2013년도 한국한문학회 춘계학술발표대회 발표문집에 수록된 졸고, 16~20쪽에 더 자세히 서술하였다. 이 시기 추사 일파의 거주지 그림 중 한 도상 유형으로서 나타나고 있는 "字號·堂號의 시각적 圖解" 방식에 관해서는 별고를 기약하고자 한다.

라든가, 단순한 재현보다는 '상징화' 차원의 도해(圖解), 대상인물의 거
처 풍광을 암시하는 일반성이 다분한 산수인물화식의 이미지만으로도
충분했다. 연관되는 예로 청 문인 온충한(溫忠翰)이 자신의 집 정원을 그
린 그림인 「함벽원도(涵碧園圖)」를 오경석에게 그려 주면서 "형사를 추구
하지 않고 다만 죽석(竹石)과 임목(林木)으로 정원과 정자의 경개를 간략
하게 그렸을 뿐"이라고 서신에서 밝힌 것을 보면,[67] 이 시기 청 문인이
조선 문사에게 보낸 자신의 거주지 그림 역시 이런 '비형사적 지향'을
띠게 되는 경우가 종종 있었던 듯하다. 「함벽원도」의 이런 재현 방식은
일차적으로는 당대 청 화단의 화풍에 따른 것일 수 있겠지만, 거주지 그
림의 상호 증여를 통하여 사실적 시각 정보의 제공보다도 회화화(繪畵化)
된 '신교(神交)'의 서식지로서 거주 공간 이미지를 구축해나갔던 19세기
조·청 문인들의 의식 세계를 보여준다. 19세기 이러한 성격의 거주지
그림들이 직업화가가 아니라 국제 교유의 당사자인 조·청 문사들(문인화
가) 본인에 의해 직접 그려지는 경우가 많았던 것[68]은 그 '비형사적 지향'

---

67 김현권(2011), 225~226쪽에 인용된 자료를 참조함.
68 신위가 오숭량에게 「紫霞山莊」·「碧蘆吟舫」을 그려 보낸 일이라든가, 程祖慶과 정조
경의 친척 金熙彬이 이상적의 집인 「船山樓圖」를 그린 일 등을 떠올려볼 수 있다. 조
규희(2006), 136쪽을 보면 중국에서는(명대) 지인의 별서를 방문한 것을 기념하고 접
대에 대한 보답으로 士人들이 별서주인에게 별서도 성격의 그림을 직접 그려 선사하는
문화 풍조가 있었던 반면, 우리나라에서는 조선 초기부터 별서도 제작을 직업 화사에
게 담당시키는 전통이 있었으며, 18세기에 이르면 정선, 이인상, 심사정, 강세황 등의
사인화가들이 별서도 성격의 그림을 그려 택주에게 선사한 경우가 보인다고 한다.
  본고에서 살펴본 19세기 조·청 문인들의 거주지 그림의 경우 불특정 다수의 관람자
를 위한 것이라기보다는, 그에 앞서 1차적으로 수신인과 발신인 간의 사적 관계 내지
시서화를 주고받는 교유 인물들 간 개인적 친분의 맥락이 중요하게 전제되어 있다고
보인다. 이런 상황에서 교유의 당사자인 이국 문사가 직접 그린 그림이라는 사실은,
거주지 그림의 수신인에게 곧 이국의 벗의 인물과 (마치 가까이에 있는 듯한) 존재감,
변치 않는 우의 등의 가치를 환기시키기 용이했을 법하다.

의 강화에 더욱 일조했을 것이다.

5. 맺음말

지금까지 19세기 한·중 문인들이 서로 거주지를 그려 주고 그와 관련된 시문을 교환하면서, '집'을 매개로 이국의 벗을 회억하는 문화 관행을 만들어간 양상을 살펴보았다. 본고에서 다룬 19세기 조선 문인들의 거주지 재현 예술은, 그 제작 동기와 목적, 작품 내용과 형식 면에서, 특히 추사 일파가 선도한 한중교유의 경험과 깊은 연관을 맺고 있었다. 여기서 다룬 내용은 당대 조선 문사들의 일상에 광범위하게 스며든 국제적 감각 내지 초국가적 유행의 문화사를 재구하는 데 기여할 것으로 생각된다. 본고를 중간 단계 삼아, 조선후기 '거주지 재현 예술사'의 총체상을 재구하는 작업을 한층 심화시키는 향로(向路)가 앞으로 가능할 것이다.

본고에서는 추사 일파와 연관되는 작가군의 거주지 그림이 갖는 한중교유적 의미를 최우선적으로 부각시키다 보니, 이러한 작품들에서 발견되는 작가 본인의 자기표현적 의미, 그리고 이런 부류의 거주지 재현 예술이 조선 내의 지인들 사이에서 교환될 때 생기게 되는 의미에 대해서는 소략하게 다루었다. 이런 부분에 대한 의미 부여는 보다 종합적이고 정세한 '거주지 재현 예술사'가 쓰여지게 될 차후에 다시 조명되기를 기대해 본다.[69]

---

69 필자의 공부와 지면상의 한계로 인해 본고 내에서 소화하지 못한 부분들이 많다. 청 문인의 거주지에 대한 정보가 조선 문인들 사이에서 종종 실제와 어긋난 채로 유포되고 시문의 소재로 활용되었으나 그 나름대로 한중교유적 거주지 담론의 일각을 담당했던 양상과 그 의미(청 葉志詵의 집에 있는 子午泉-자시와 오시에만 맛이 달다는 특이한 샘물-이 본디 청 紀昀의 소유지였다는 정보가 조선 문인들에게 입수되어 洪吉周,

신위를 비롯한 다수의 조선 문인들이 이에 의미부여하는 시를 남겼으나, 후일 홍길주
는 자오천이 있는 집이 뒤늦게 알고 보니 紀昀의 거처가 아님을 문헌적으로 고증하면
서 이미 중국에 지어 보낸 시의 오류를 소급해서 고칠 수 없음에 한스러워했는데, 향후
사실 관계의 조사가 필요하다), 그리고 19세기 후반~20세기초까지 지속되었던 한중
문인간 거주지 그림의 제작과 증여 양상(양승민, 「민영익이 상해에서 받은 책과 명함」,
『문헌과해석』 58, 문헌과해석사, 2012, 144~145쪽에 중국인 서화가들이 남긴 다수의
「千尋竹齋圖」-민영익의 上海 거처를 그린-가 소개되어 있다) 등이 그 예이다. 이런
부분은 향후에 더 공부하; 별고를 마련하고자 한다.

『월남망국사』의 유통과 수용

박상석
동아대학교

1. 서론

판보이쩌우(潘佩珠, 1867~1940)는 과거 베트남이 프랑스의 식민지 지배 아래에 있을 때 베트남의 독립운동을 펼친 지사(志士)이다. 1905년 판은 프랑스의 감시를 피해 몰래 일본으로 건너간다. 그는 일본에서 독립운동에 쓸 무기를 구입하고자 하였고, 베트남 학생들이 일본에서 유학하도록 하는 동유운동(東遊運動)을 펼쳤다.

1905년에 판보이쩌우는 역시 일본에 머물고 있던 중국의 사상가, 저술가인 량치차오(梁啓超, 1873~1929)를 찾아가 만난다. 판보이쩌우는 량치차오를 만나기 이전에 이미 량치차오의 저술을 접하고 그를 흠모하고 있던 터였다.[1] 판보이쩌우는 량치차오와 요코하마(橫濱) 바닷가의 작은 술집에서 만나 베트남이 프랑스의 압제 하에서 겪는 참상을 토로하였다.

판보이쩌우와 량치차오가 베트남 문제에 대해 나눈 이 대화를 바탕으로『월남망국사(越南亡國史)』가 나오게 되었다.『월남망국사』는 「序」, 「越南亡國史前錄(記越南亡人之言)」, 「越南亡國史」, 「附錄 越南小志」의 네 부

---

[1] 吳雪蘭, 「潘佩珠與梁啓超及孫中山的關係」, 『北京師範大學學報(社會科學版)』, 北京師範大學歷史系, 2004年 第6期(總第186期), 136쪽.

분으로 이루어져 있다. 「서」는 량치차오가 쓴 글로 월남의 한 망명객을
만나 월남의 사정을 듣게 되었다는 간단한 진술이다. 「월남망국사전록」
은 량치차오와 판보이쩌우가 요코하마 바닷가의 작은 술집에서 만나 나
눈 대화를 량치차오가 기록한 것이다. 여기에서 판보이쩌우는, 프랑스에
항거할 베트남인들이 많으며, 프랑스가 자신들에게 저항하는 베트남인
들을 혹독하게 처벌한다는 사실, 또 프랑스가 베트남 사람들의 이동을
철저히 감시하고, 베트남인으로부터 과중한 세금을 징수한다는 사실 등
을 말하고 있다.

　『월남망국사』의 셋째 부분 「월남망국사」는 책의 중심이 되는 부분으
로, 분량 면에서도 책의 대부분을 차지한다. 「월남망국사」는 다음과 같
은 차례로 이루어져 있다. 1) 월남의 망국 원인과 그 실상(越南亡國原因及事
實), 2) 국망 시절의 지사 소전(國亡時志士小傳), 3) 프랑스 사람이 월남을
괴롭히고 약하게 하며 어리석게 한 사정(法人困弱愚瞀越南之情狀), 4) 월남
의 장래(越南之將來). 「월남망국사」의 앞에 '월남 망명객 소남자(巢南子)가
진술함'(越南亡命客巢南子述)이라고 밝히고 있다. '소남자'는 판보이쩌우
의 호(號)이다. 실제로는 「월남망국사」의 1)~3)은 판보이쩌우가 쓴 것이
고, 4)는 량치차오와 판보이쩌우의 대화를 량치차오가 기록한 것이다.
『월남망국사』를 량치차오의 저술로 말하는 경우가 많은데, 이를 판보이
쩌우와 량치차오의 공동 저술로 보는 것이 옳겠다.

　『월남망국사』의 부록 「월남소지」는 량치차오가 쓴 글이다. 월남의 지
리, 역사, 월남과 중국 및 프랑스와의 관계, 월남을 둘러싼 중국과 프랑
스와의 관계 등을 논하고 있다.

　『월남망국사』는 베트남과 중국의 지식인이 일본에서 공동 저술하여
출간한 책이다. 그리고 이 책은 바로 중국과 베트남에 전해지고, 한국과
일본에서도 번역이 되었다. 이러한 『월남망국사』는 근대 초기 한(韓)·월

(越)·중(中)·일(日)의 동양 4국 간에 일어난 지식과 사상의 교섭 및 전파를 알아볼 수 있는 좋은 자료이다. 제국주의 국가의 식민지 지배를 극복하며 근대화를 개척한 나라에서는 식민 통치에 대한 저항문학과 근대문학이 필연적으로 밀접한 연관을 갖게 되는 만큼, 프랑스 식민 통치에 대한 처절한 저항의 기록인 『월남망국사』는 베트남의 근대문학을 이해하는 데에도 중요한 텍스트가 된다.

본고에서는 『월남망국사』의 유통과 수용에 초점을 맞추어 기존의 연구 성과를 검토하고, 단편적인 것이나마 몇 가지 새로운 자료도 살펴보고자 한다.

2. 『월남망국사』의 유통

여기서는 『월남망국사』가 중국, 베트남, 한국, 일본에서 출판, 유통된 양상을 살펴보기로 한다.

1) 일본에서의 유통

『월남망국사』는 1905년에 중국 상해(上海)의 광지서국(廣智書局)에서 처음 출판되었다. 이 책의 판권지를 보면 인쇄소가 상해의 '廣智書局 活版部'로 되어 있다. 그러나 당시 출판 사정으로 볼 때 실은 『월남망국사』가 상해가 아닌 일본 요코하마에서 인쇄되었거나, 상해와 요코하마에서 각각 인쇄되었을 것이라는 견해가 있다.[2] 당시 량치차오를 비롯한 중국

---

2 吳雪蘭, 앞의 논문, 137쪽 ; 최박광, 「『월남 망국사』와 동아시아 지식인들」, 『人文科學』 36, 성균관대학교 인문과학연구소, 2005, 11~12쪽, 각주 3번 참조.

의 개량파(改良派) 및 혁명파(革命派) 인사들이 일본에서 자신의 저작물들을 발행하고 있었다. 판보이쩌우도 프랑스 치하(治下)에 있는 베트남에서는 프랑스에 저항하는 내용의 저술을 출판할 수 없었다. 일본에 와서야 판은 자신의 여러 저서를 일본 현지에서 출판할 수 있었다.[3]

근래 일본에서도 『월남망국사』를 번역하였다. 이 역본은 『ヴェトナム亡國史 他』(潘佩珠 著, 長岡新次郎・川本邦衛 編, 平凡社, 1966)에 수록되어 있다. 『ヴェトナム亡國史 他』는 『월남망국사』를 포함한 판의 저술 네 편을 일역(日譯)한 책이다. 이 책에 수록된 「일역 월남망국사」는 中國近現代資料叢刊 6 『中法戰爭』(中國史學會編, 1955)을 저본으로 한 것이다.[4] 이 「일역 월남망국사」는 『월남망국사』의 네 부분 중 「월남망국사전록」과 「월남망국사」만을 번역한 것이다. 「월남망국사」에서도 그 소서(小序)에 해당하는 앞부분, 즉 판보이쩌우가 량치차오의 권유로 이 글을 짓게 되었다는 내용은 생략되어 있다.

2) 중국에서의 유통

량치차오는 먼저 『월남망국사』 중 「越南亡國史前錄(記越南亡人之言)」을 자신이 발행하는 잡지인 『신민총보(新民叢報)』 67호(1905.4.19)에 발표하였다.[5]

그리고 판보이쩌우와 량치차오가 요코하마에서 만나 베트남의 문제를 토론한 1905년 바로 그 해에 중국에서 『월남망국사』가 출판되었다. 출판사는 상해(上海) 광지서국(廣智書局)이고, 출판일은 1905년 9월 15일이

---

3 吳雪蘭, 앞의 논문, 137쪽.

4 潘佩珠 著, 長岡新次郎・川本邦衛 編, 「凡例」, 『ヴェトナム亡國史 他』, 平凡社, 1966.

5 최기영, 「한말 천주교회와 『越南亡國史』」, 『아시아문화』 제12호, 翰林大學校 아시아文化研究所, 1996, 394쪽.

다. 이 책은 최소한 5판까지 발행되었다.[6] 또한 『월남망국사』는 량치차오가 발행한 잡지인 「청의보(淸議報)」 19호(1899)에서부터 연재되었고, 량치차오의 문집인 『飮氷室文集』(上海 廣智書局, 1907)에도 실렸으며, 근래 발행된 『中法戰爭』(中國史學會 編, 2000) 7권에도 실렸다.[7]

3) 베트남에서의 유통

『월남망국사』가 출간되자 판보이쩌우는 이 책 50부를 베트남에 유포시켰다. 그리고 이 유포 과정에서 이 책이 많이 복사되었다. 『월남망국사』는 월남어를 로마자화한 국어(國語, Quoc Ngu)로도 번역이 이루어졌다.[8] 판보이쩌우는 『월남망국사』 외에도 일본에서 출판된 다른 책들을 베트남에 반입시켰다.[9]

4) 한국에서의 유통

한국에서는 당시 량치차오의 저술이 빠르게 입수되어 읽혔고, 신문, 잡지, 단행본 등의 지면을 통해 대중에게 소개되었다. 신채호, 장지연을 비롯한 한국의 많은 지식인들이 량치차오의 저술로부터 큰 영향을 받았다.

이런 분위기 속에서 『월남망국사』 역시 처음 출간된 바로 이듬해에 그 내용이 황성신문(皇城新聞)에 연재되었다. 황성신문은 1906년 8월 28

---

6 David G. Marr, *Vietnamese Anti colonialism*(Berkeley, Los Angeles and London: University of California Press, 1971), 115쪽.

7 吳雪蘭, 앞의 논문, 137쪽, 각주 1번.

8 David G. Marr, 앞의 책, 115쪽.

9 吳雪蘭, 앞의 논문, 135쪽.

일부터 9월 5일까지 7회에 걸쳐 「독월남망국사(讀越南亡國史)」라는 기사를 2면 1단 '論說' 란에 연재하였다. 1회에서 6회까지의 내용은 『월남망국사』의 네 부분 중 「월남망국사」를 발췌, 요약한 것이다. 그리고 마지막 7회는 이 기사를 연재한 기자가 『월남망국사』를 읽은 자신의 감회를 서술한 것이다.

「독월남망국사」를 쓴 기자는 베트남의 현실을 통해 조선의 현실을 말하고자 하였다. 당시 조선은 1905년에 제2차 한일 협약(第二次韓日協約, 乙巳條約)을 강제로 맺은 이후 일본에게 외교권을 빼앗기고 식민지화되어가는 상황이었다. 「독월남망국사」의 기자는 베트남이 프랑스의 식민지가 되어 고통 받고 있는 것처럼 조선도 일본의 식민지로 전락할 수 있음을 경고하고 각성을 촉구한 것이다. 이러한 기자의 의도가 「독월남망국사」의 7회에 잘 나타나 있다. 그 중 일부를 보자.

> 그러나 분격(憤激), 불평(不平)이 일을 구제할 수 없고, 우수(憂愁)와 비탄(悲歎)이 어려움을 구할 수 없도다. 타인의 실패를 가져다 거울삼으며, 타인의 실책을 끌어다 경계삼음이 기자(記者)의 간절한 마음이니, 저 월남의 망함이 어찌 프랑스인이 망하게 함인가. 정교(政敎)가 이처럼 부패하고, 민지(民知)가 이같이 미개하여 프랑스인의 채찍을 맞지 않은들 육주(六洲) 열국(列國) 중에 또 다른 프랑스인이 없겠는가? 오직 동포들에게 바라는 것은 위로 정당(政黨)에는 진문상(陳文祥) 같은 매국노 일파가 없으며, 아래로 군민(軍民)에는 임금을 팔고 아비를 파는 순경병(巡警兵)[10] 같은 집단이 없고, 영호회민(英豪會民)처럼 호랑이를 끌어다 날뛰게 하지 말며, 삼성회

---

10 앞의 「독월남망국사」 5회 중에, 순경병(巡警兵)이 밤중에 젊은 과부의 집에 들어가 음행(淫行)을 했다고 무고(誣告)하여 여자로 하여금 기생 노릇을 허가하는 황지(黃紙)를 발급해 달라고 애걸하도록 하고 이를 통해 기생세(妓生稅)를 징수한다는 내용이 있다.

민(三省會民)처럼 나방이 불에 뛰어들듯 하지 말고, 오로지 혈성(血誠)으로
천지(天地) 간에 서서 일개 간장(肝腸)이 언제나 썩지 않고, 자벌레가 장차
몸을 펴기 위해 몸을 굽히는 것처럼 자신의 몸을 펴되, 안중(眼中)에 그
동포 있음을 알 뿐이며, 흉중(胷中)에 그 조국 있음을 알 뿐이오, 그 밖의
것은 모른다면 지금 이 열방(列邦)이 누가 감히 나를 업신여기리오.[11]

황성신문에서『월남망국사』를 발췌하여 소개한 데 이어, 한국에서『월
남망국사』의 번역본이 연이어 출간된다. 먼저, 현채(玄采)가 번역한『월
남망국사 부멸국신론(越南亡國史 附滅國新論)』이 1906년에 발행되었다(普
成社, 1906.11). 이 책은 다음 해 5월에 재간(再刊)되었고(發行者 玄公廉,
1907.5.27), 대구 광문사(廣文社)에서도 현채 역본의 초간본을 그대로 다시
간행하였다. 그리고 현채의 역본은 1907년 7월에 초등학교 교과서의 교
사용 지침서인『유년필독석의(幼年必讀釋義)』의 권4 하에 전문(全文)이 수
록되었다.『유년필독석의』의 편찬자가 바로 현채였다.[12]

현채의 번역은 국한문혼용체로 이루어졌다. 현채의 번역은 원문인 한
문에 한글 토를 다는 식의 번역이다. 현채는 원문을 번역하면서 내용을
더러 생략하였다. 역자가 덜 중요하다고 생각한 부분, 난해한 시가나 번

11 雖然이나 憤激不平이 無濟於事오 憂愁悲歎이 無救於難이라 他人償事를 我當援之而爲
鑑ㅎ며 他人失策을 我却引之而爲戒홈이 此乃記者에 惓惓之心也로니 彼越南之区은 是
豈法人이 区之歟아 政敎가 如此腐敗ㅎ고 民知가 如是未開ㅎ고야 雖無法人之着鞭인달
六洲列國中에 其夔無法人歟아 只願一般同胞에 在上之政黨은 無如賣國誤身之陳文祥一
流ㅎ며 在下之軍民은 無如罵天罵父之巡警兵一隊ㅎ고 毋如英豪會民의 導虎爲倀ㅎ며
毋如三省會民의 飛蛾赴火ㅎ고 惟以血誠으로 立於天地ㅎ야 一個腔腸이 百轉不虧ㅎ고
尺蠖之屈로 以求其伸호딕 眼中에 知有同胞而已며 胸中에 知有祖國而已오 并不知有其
他ㅎ면 今此列邦이 孰敢侮予리오 (「讀越南亡國史」,『皇城新聞』, 1906.8.28~9.5. 현대
역은 필자)
12 최기영, 「國譯『越南亡國史』에 關한 一考察」,『東亞 硏究』6, 서강대학교 동아연구
소, 1985, 495쪽.

역하기 어려운 어구, 양계초의 평언(評言) 가운데 주관성이 강한 것들이 생략된 것으로 보인다.[13] 그리고 현채 역본은 「越南亡國史前錄(記越南亡人之言)」 뒤에다 량치차오의 논설인 「조선망국사략(朝鮮亡國史略)」을 발췌하여 실었다.[14]

현채 역본(譯本)은 원본과 체재가 달라졌다. 현채 역본에는 우선 안종화(安鍾和)가 쓴 서문이 있다. 그리고 본문에서는 원본의 부록인 「월남소지」를 빼고, 대신 양계초의 논설 두 편, 즉 「멸국신론(滅國新論)」과 「일본지조선(日本之朝鮮)」을 추가하였다.

「멸국신론」의 요지는 한 나라가 다른 나라를 멸하는 것은 예부터 있어 온 일이지만, 이제는 그 방법이 달라졌다는 것이다. 예전에는 전쟁으로 강국이 약국을 멸했지만 이제는 부유한 나라가 빈곤한 나라에 차관(借款)을 대주어 부채를 진 나라를 교묘하게 잠식해 들어온다는 것이다. 과거 이집트, 폴란드 등이 그러했고, 이제 중국이 그 일을 겪고 있다는 내용이다.

「일본지조선」의 내용은 이러하다. 1903년 12월 30일에 조선의 일신회(一新會) 회원들이 정부의 개혁을 요구했다. 이들을 진압하는 과정에서 조선 경찰이 던진 돌이 일본 보병 한 명을 다치게 했다. 일본은 이일을 빌미로 한국 정부에 요구하기를 한국 경찰력이 치안을 유지하지 못하니 지금부터 전국 경찰권을 옮겨 일본 군사경찰(軍事警察)의 명령에

---

13 송엽휘, 「『越南亡國史』의 飜譯 過程에 나타난 諸問題」, 『語文研究』 34권 4호, 한국어문교육연구회, 2006, 196~200쪽.

14 牛林杰, 「梁啓超 역사·전기소설의 한국적 수용-『越南亡國史』와 『意大利建國三傑傳』을 중심으로」, 『제6회 중한인문과학연구회 국제학술대회 자료집』, 중한인문과학연구회, 2001.5, 101~102쪽 ; 정환국, 「근대계몽기 역사전기물 번역에 대하여-『월남망국사(越南亡國史)』와 『이태리건국삼걸전(伊太利建國三傑傳)』의 경우」, 『大東文化研究』 48, 성균관대학교 대동문화연구원, 2004, 16~17쪽.

복종하라고 하였다. 「일본지조선」은 이러한 사태를 소개하며 이를 개탄하고 있다.

현채의 역본은 황성신문의 「독월남망국사」처럼 베트남의 역사를 통해 조선에 대한 일본의 침략을 경계하려는 의도를 지니고 있다. 현채 역본이 원본에 없는 「조선망국사략」과 「일본지조선」을 싣고 있다는 점이 이 점을 잘 보여 준다.

이어서 1907년에는 순 한글로 번역한 『월남망국사』 두 편이 나온다. 주시경(周時經)의 번역본(博文書館, 1907.11.3)과 이상익(李相益)의 번역본(玄公廉 교열 및 발행, 1907.12)이 그것이다. 이들 순 한글 번역본은 판보이쩌우와 량치차오의 『월남망국사』를 대본으로 한 것이 아니라 현채의 번역본을 대본으로 한 것이다. 현채 역본에서 판과 량의 원서와 달라진 체재가 주시경, 이상익의 역본에도 그대로 이어지고 있다는 데에서 이 사실을 확인할 수 있다.[15]

주시경의 역본은 국한문혼용체로 된 현채의 역본을 순 한글로 번역하여 한자 해독이 어려운 독자도 쉽게 읽을 수 있도록 하여 『월남망국사』의 독자층을 넓혔다. 이상익 역본은 현채 역본을 순 한글로 옮기면서 내용을 많이 축약하였다. 이상익 역본은 보급판의 성격을 지니고 있다고 할 수 있다. 주시경 역본은 1908년 3월 12일에 재판이, 같은 해 6월 15일에 3판이 나왔다. 이처럼 짧은 기간에 판이 거듭된 것을 통해 이 책이 당시에 널리 읽혔음을 알 수 있다.

『월남망국사』는 1949년에 김진성(金振聲)이 또 한 차례 번역하여, 홍문서관(弘文書館)에서 출판되었다. 김진성 역본은 현채의 역본을 바탕으로 한 것이고, 역시 국한문혼용체로 되어 있다. 『월남망국사』는 1909년

---

15 최기영(1985), 496쪽 ; 정환국, 앞의 논문, 20~24쪽 ; 송엽휘, 앞의 논문.

에 일제에 의해 압수되는데, 김진성 역본은 보급이 중단되었던 이 책을
다시 보급시킨 것이다.[16]

　1908년 7월 22일, 일본 경무청(警視廳)은 한(韓)·일(日) 경관(警官)을
동원하여 '『월남망국사』, 『伊太利三傑傳』, 『乙支文德傳』, 『飮氷室自由
書』와 기타 수 종의 서적'을 수거하였다.[17] 이후 일제(日帝)는 1909년 2월
에 출판법을 반포하였다. 『월남망국사』는 1909년 5월 5일부터 출판법을
내세운 일제의 조치에 따라 발매 및 반포(頒布)가 금지된다. 그리고 『월
남망국사』를 포함한 서적들을 계속해서 압수하고 있다는 기사가 『황성
신문』 5월 29일자 2면 기사에 보인다.[18] 1909년 5월 5일 이후 12월까지
일본이 압수한 책 가운데 『월남망국사』가 832권이고, 『월남망국사』가
실린 『유년필독석의』 권2가 312권으로, 그 합계가 1,144권에 이른다.[19]
한국에서 『월남망국사』의 보급이 매우 활발히 이루어지다가 일제의 금
서 조치에 따라 그 확산이 위축된 것이다. 그러나 『월남망국사』는 감시
의 눈을 피해 사람들 사이에서 계속 읽히고 있었다. 다음 장에서 볼 김소
운(金素雲)의 글이 그러한 사실을 보여 준다.

3. 『월남망국사』의 수용

　여기서는 『월남망국사』의 수용 양상을 살피고자 한다. 현재 확인 가

16　이상 두 문단은 송엽휘, 앞의 논문, 188~193쪽.

17　「書籍收入」, 『大韓每日申報』, 1908.7.24.

18　●連續押收 罵者에 發賣를 禁止흔 東國略史, 越南亡國史, 幼年必讀, 幼年必讀釋義,
　禽獸會議錄, 우순소리, 二十世紀朝鮮論 等 各冊은 二十一日까지 各道에셔 三千七百部
　를 押收ᄒ얏ᄂᄃᆡ 其後에도 連續 調査押收ᄒᆫ다더라.

19　최기영(1985), 502~505쪽 ; 최박광, 앞의 논문, 12~13쪽.

능한 한국의 관련 자료들을 통해『월남망국사』가 한국 독자들에게 수용
된 양상,『월남망국사』가 한국 사회에 일으킨 반향 등을 검토해 보기로
한다.

1)『월남망국사』독서의 기록

판보이쩌우와 량치차오는『월남망국사』를 지어 베트남의 현실에 대해
세계 사람들로 하여금 공분(公憤)을 느끼게 하고자 했다. 그리고『월남망
국사』를 한국어로 번역, 소개한 역자(譯者)들은 이에 더해 베트남이 프랑
스에 압제를 받은 것처럼 한국도 일본에 같은 일을 당할 수 있다는 경각
심을 일깨우고자 했다.『월남망국사』에 담긴 이러한 원저자, 역자의 의
도대로 이 책을 대한 한국의 독자들은 베트남에 대한 프랑스의 만행에
분노를 느끼고, 한국이 일본에 같은 일을 당하게 될 것을 우려하였다.
당시 한국인들이『월남망국사』를 읽은 이 같은 느낌을 신문에 기고하거
나 자신의 문집, 저서에 기록한 자료들이 몇 가지 있다. 아래에서 이들을
살펴보기로 한다.

김윤식(金允植, 1835~1922)은 1882년 임오군란(壬午軍亂)이 일어나자
청나라에 파병을 요청하는 동시에 흥선대원군 제거 방략(方略) 등을 제의
하여 청나라 개입을 주도한 인물이다. 그는 1884년 갑신정변이 일어나
자 위안스카이에게 구원을 요청하여 정변을 종식시켰다. 그가 판보이쩌
우와 량치차오의『월남망국사』를 읽고 난 감회를 읊은 5언 24행의 다음
한시가 그의 문집『운양집(雲養集)』(권6, 詩○東芭稿 自辛丑七月至丁未六月)
에 남아 있다.

讀越南亡國史 安南亡命客巢南子述 有感
안남 망명객 소남자가 찬술(撰述)한 월남망국사를 읽은 유감

交趾重譯地　　교지(交趾, 월남)는 말을 두 번 통역해야 하는 곳으로
向來視秦瘠　　예전에는 남의 일로 보았다가
今日覩遺史　　오늘 그 유사(遺史)를 보니
不翅悲親戚　　다만 가까운 이를 슬퍼할 일만이 아니구나.
秕政闋百年　　그릇된 정치가 백 년 동안 이어져
昏奸已病國　　혼매함이 이미 병든 나라를 범하여서
引虎入其室　　호랑이를 그 방으로 끌어들이니
耽耽恣噬食　　맘껏 방자하게 밥을 먹어치우는구나.
其民則何罪　　그 백성이 무슨 죄인가
忠良亦可惜　　충량(忠良)한 이들이 또한 안타깝도다
人生同天賦　　사람 목숨은 모두가 하늘이 준 것인데
何有別黃白　　황인, 백인 간에 어찌 차별이 있으리오.
慘毒壹至此　　참혹한 독이 죄다 이에 이르러
山川爲失色　　산천은 빛을 잃고
天地本憒憒　　천지는 어두웠으니
哀籲竟無益　　애통히 불러도 끝내 헛되도다.
公法安在哉　　공변된 법이 어디에 있는가
列強盡緘嘿　　열강은 모두 다 입을 다물고
各有狡焉謀　　각자가 교활한 꾀 가졌으니
誰肯救焚溺　　누가 기꺼이 물불에서 구해주리.
痛恨專制治　　통한(痛恨)스러운 것은 오로지 벼슬아치라
與民爲仇敵　　백성에게 원수가 되었네
顚沛不知悔　　엎드러지고 자빠져도 후회를 몰라
一轍堪歎息　　전철(前轍)을 밟는 것이 한탄스러워라.

김범부(金凡夫, 1897~1966)는 1915년에 장학생으로 일본 도요대학(東洋

大學)에 입학하여 동양철학을 전공하였고, 귀국 후 불교중앙학림에서 강의한 인물이다. 1948년에는 서울에서 경세학회(經世學會)를 조직하여 건국이념에 대한 연구 및 강좌를 하였고, 1950년 제2대 국회의원선거 때 동래에서 출마하여 당선되었다. 1955년에는 계림대학장(鷄林大學長)이 되었으며, 1958년에는 건국대학교에 동방사상연구소를 설립하고 3년 동안 강의하였다. 김범부의 행적을 소개한 글 중에 그가『월남망국사』를 읽었다는 아래의 기록이 있다.

4세부터 김계사(金桂史)에게 한학을 배웠고, 16세에 경주 남문에다 일제에 항거하는 격문을 붙인 뒤 산으로 들어가서 초막을 짓고『월남망국사』를 읽는 한편 병서를 탐독하였다.[20]

김소운(金素雲, 1907~1981)은 13세 때 도일(渡日)하여 34년간 일본에서 머물며 일본 시단에서 활약한 인물이다. 그는『조선민요집』(1929),『조선시집』(1943) 등 많은 작품을 일본에 소개하는 데 크게 공헌하였다. 1965년 귀국 후에는 본격적으로 수필문학에 몰두하였다. 그는 어려서『월남망국사』를 읽고 느꼈던 감회를 아래와 같이 회고하였다.

아무런 순서도 체계도 없는 그런 독서 중에서 어린 가슴에 감명을 새겨 준 것이 음빙실주인(飮氷室主人) 양계초가 쓴『월남망국사』이다. 소남자(巢南子)란 월남의 지사가 찾아 와서 양계초 선생에게 월남의 비참과 지배자인 佛國의 專橫을 눈물로 호소하는 그런 스타일로 써진 글인데, 순한문은 아니나마 국문으로 토를 단 정도의 그 어려운 글을 어떻게 읽을 수 있었는지 지금 생각해도 이상하다.

---

20 한국학중앙연구원 한국역대인물종합정보시스템 사이트 (http://people.aks.ac.kr/index.aks)

그 책을 읽으면서 나 자신이 소남자인 양 비분을 느꼈다. 마치 내가 불
란서인의 채찍 아래 피를 흘리며 신음하는 것 같은 그런 아픔에 가슴이 떨
렸다.

　침략이 무엇이며, 민족의 자유란 어떤 의미를 가졌다는 것을 가장 절실
히, 가장 구체적으로 내게 가르쳐 준 것이 이 얇다란 『월남 망국사』 한 권
이다. 그 속에 있는 『월남』 이란 글자를 무의식 중에 내 나라 이름으로 바
꾸어서 읽을 수 있었다. 예술의 메카(聖地)인 프랑스—, 베를레에느, 보오
들레에르를 낳은 그런 프랑스인데도 월남인에게 있어서는 지옥의 사자같
은 무서운 침략자였다. 그야 프랑스뿐이랴—, 강대국으로 일컫는 나라치
고 남의 영토, 남의 민족을 겁탈하고 침략치 않은 나라가 과연 있었던가?
찬연한 문화를 지녔던 잉카 帝國, 아스테카 王國을 일순에 멸망시킨 것은
스페인이요, 제 영토의 몇 십 배나 되는 식민지를 울궈 먹고 살찐 것은 영
국이다.

　그러나 어린 시절에 우연히 읽은 책 한권은 마치 프랑스 하나가 침략의
원흉 같은 인상을 내게 꽂아 넣었다.[21]

　김소운이 『월남망국사』를 접한 것은 그의 나이 12세가 되던 1919년으
로 추정된다.[22] 그가 읽은 『월남망국사』가 '순한문은 아니나마 국문으로
토를 단 정도의 그 어려운 글'이라고 한 점으로 미루어 이 책이 현채의
역본이 아니었을까 생각된다.

2) 『월남망국사』에 대한 종교계의 반응

　앞 절의 자료를 통해 당시 『월남망국사』가 한국 사람들에게 널리 읽혔

21　김소운, 『김소운수필집』, 아성출판사, 1983, 28쪽 (최박광, 앞의 논문, 14~16쪽 ;
　우림걸, 앞의 논문, 105쪽에서 재인용)
22　최박광, 앞의 논문, 15쪽.

으리라는 사실을 확인할 수 있고, 또 이 책이 그들에게 어떠한 반응을 불러일으켰는지를 살필 수 있다.

그런데『월남망국사』가 당시 한국인에게서 이처럼 공감을 불러일으키기만 한 것이 아니라 일부 집단으로부터는 반대로 심한 반발을 사기도 하였다. 경향신문(京鄉新聞)에서는 1908년 4월 10일부터 7월 31일까지 무려 3개월이 넘는 기간 동안 총 17회에 걸쳐「근릭 나는 칙을 평론」이라는 기사를 연재하며『월남망국사』의 내용을 신랄하게 비판하였다.

왜『경향신문』이 이처럼『월남망국사』를 비판했을까? 거기에는 그럴 만한 종교적, 정치적 배경이 있다. 경향신문은 당시 한국 천주교회에서 발행하던 주간지였고, 이때 한국 천주교회는 베트남의 경우와 같이 프랑스의 파리外邦傳敎會(Société des Missions Etrangéres de Paris)가 관장하고 있었다는 데에 그 원인이 있다. 일차적으로 이런 관계 때문에 한국 천주교는 프랑스를 옹호하고, 베트남에 대한 프랑스의 부당한 처사를 고발한『월남망국사』에 적극적인 반론을 펴게 되었던 것이다.

또, 한국 천주교 측은『월남망국사』때문에 한국인들 사이에 프랑스와 천주교에 대한 반감이 생겨 천주교의 교세가 약화될 것을 염려했다. 더욱이 당시 한국에서 세력을 확장하며 천주교와 경쟁 관계를 이루던 개신교(改新敎)에서 선교(宣敎) 활동에『월남망국사』를 활용하고 있었다. 1909년 2월 일본 통감부의 보고에 따르면 함흥(咸興)을 중심으로 활동하던 캐나다 장로교 선교부 소속의 맥레(Duncan M.McRae, 1868~1949) 목사가 영흥군(永興郡)과 정평군(定平郡)의 신자를 모아 연설회를 개최하였는데, 여기서『월남망국사』의 내용을 소개하고 신자뿐 아니라 일반인들에게도 이 서적을 배포했다고 한다. 경향신문의「근래 나는 책을 평론」에서도 개신교 측에서 이처럼『월남망국사』를 선교 자료로 활용하고 있다는 사실을 말하며 이를 비판하고 있다. 아래를 보자.[23]

근래에 예수교인들이 여러 지방에서 전도할 때에 제일 그 책(『월남망국
사』-필자 주)을 풀어 찬미하여 극구 칭도하기를 이 책에 있는 말은 다 참말
이라 하니, 그 책에 기록한 대로 안남에 법국사람들이 다 괴악한 사람일지
라도 예수교가 참교요 천주교가 거짓교되는 빙거는 아니거니와, 우리나라
에 천주교사들이 법국인인즉 안남에서 법국사람을 미워하게 하는 것이 우
리나라 천주교를 미워하게 하는 것인 줄을 알겠고, 또 그 책을 예수교 회장
들이 팔게 하고 찬미하는도다.[24]

개신교에서 『월남망국사』를 선교 자료로 활용한 것이 천주교를 공격
하는 데에 주목적이 있었던 것은 아니었을 것으로 보인다. 주된 목적은
한국 사람들로 하여금 일본의 침략 의도를 깨닫고 이를 경계하도록 하려
는 데에 있었을 것이다. 개신교 측에서 뿐만 아니라 천주교 측에서도 『월
남망국사』를 신도의 교육 자료로 활용하였다는 자료가 있어 이 점을 뒷
받침한다.[25] 그러나 한편 개신교에서 이 책을 통해 한국 천주교를 공략하

---

23 이상 두 문단은 최기영(1996), 397~398쪽.

24 「근릭 나는 칙을 평론」(一), 『경향신문』, 1908.4.10. 이하 「근릭 나는 칙을 평론」의
    인용문은 최기영, 「한말 천주교회와 『越南亡國史』」, 『아시아문화』 제12호, 翰林大學
    校 아시아文化硏究所, 1996에서 재인용하고 필자가 현대어로 표기한 것임. 참고로,
    「근릭 나는 칙을 평론」의 전문(全文)을 현대역한 글이 이충호, 「1908년 경향신문에 게
    재된 『월남망국사』에 대한 서평 소개」, 『한국민족운동사연구』 12, 한국민족운동사학
    회, 1995에 실려 있다.

25 정규하(鄭圭夏, 1863~1943)는 천주교 신자의 아들로, 천주교회의 블랑(Blanc, J.
    M. G., 한국명 白圭三)주교에 의해 신학생으로 선발되어 명동성당의 글방에서 공부한
    뒤, 신부가 되기 위하여 1884년 말레이반도의 페낭신학교에 유학한 인물이다. 그는
    1896년 뮈텔(Mu'tel, G. C. M., 한국명 閔德孝)주교에 의하여 사제로 서품되었고, 신
    부가 된 뒤 죽을 때까지 47년 간 강원도 횡성의 풍수원본당(豊水院本堂)에서 활동하였
    다. 그는 천주교 신부들 중 드물게 의병에 지원하고, 일제의 침략기에 민족의식을 고취
    시킨 인물로 평가되고 있다. 1910년 일제의 침략이 더욱 노골화되자 그는 교회 본당
    사랑방에 삼위학교(三爲學校)를 개설하고 논산에서 선생을 초빙하여 학생들에게 신학
    문을 가르치게 하고 『월남망국사』를 보급하여 읽게 하는 등 민족의식의 고취에도 노력

려는 의도가 어느 정도는 있었던 것도 사실일 것이다.

경향신문의 「근래 나는 책을 평론」은 『월남망국사』를 '거짓말', '미친 사람의 소리'로 몰아붙인다. 『월남망국사』에 묘사된 프랑스의 잔학상은 전혀 근거가 없는 것이고, 프랑스는 베트남의 요청으로 베트남에 관여하였으며, 오히려 베트남에 여러 혜택을 베풀고 있다는 논리를 펴고 있다. 기사의 몇 군데를 발췌하여 아래에서 보기로 한다.

> 거년 오월에 『월남망국사』라 하는 책이 났으니, 그때부터 우리나라에 그 책을 본 사람이 많도다. 이 책에는 어떤 월남(안남) 사람이 안남국이 법국에게 독립을 잃어버린 사기를 기록하노라 하고 법국 사람들이 안남 사람에게 혹독히 해하는 것을 말하였도다. 그 책은 신론이라 하나 참 이름을 하려면 신소설이라 하겠으니, 소설이라 하는 것은 참된 사실을 혹 가지고 하되 그 사정을 참 있는 대로 기록하지 아니하고 쓰는 사람의 마음대로 기록하니 이와 같이 이 책에 거짓말이 참말보다 더 많은 것을 이후에 낮낮이 증거하겠으나……[26]

> 안남이 법국 정부하고 처음 상관된 것을 생각하건대 서력 일천칠백칠십육 년에 안남에 역적이 일어나서 본 임금을 내친고로 본 임금이 역적들을 이기기 위하여 안남에 있는 천주교 주교에게 가서 법국에게 도와줌을 청하시니, 주교의 말이 이런 일이 본래 주교에게 상관없는 일이라 한즉, 그 임금이 주교의 의심을 없게 하기 위하여 태자를 주교에게 맡기시고 주교를 법국에로 보내어 법국하고 약조하여 병선을 보내어 안남 임금을 위하여 역적을 치니 안남 임금이 그 도와준 신세를 생각하시고 법국에게 장사 잘 되기 위하여 항구 하나를 주시고 또 법국 전교사들이 마음대로 천주교를 전

하였다. (한국학중앙연구원 한국역대인물종합정보시스템 사이트 http://people.aks. ac.kr/index.aks)

26 「근래 나는 책을 평론」(一), 『경향신문』, 1908.4.10.

하게 하셨는지라.[27]

이 책을 지은 사람이 여러 번 말하기를 법국인들이 가끔 무덤을 파서 시체를 내버렸다 하였으되 그 말이 거짓말인 줄은 분명히 아나 더 똑똑히 알기 위하여 안남 사람에게 편지를 보내어 물어본 즉 대답이 이런 일이 도무지 없으니 이런 말 하는 사람은 우리 안남국 사기를 모르는 이에게는 부끄러움 없이 이런 거짓말을 만들어 하였거니와 여기 안남에서는 그런 말을 못하겠고 또 드러낼 빙거도 없고 법국을 제일 미워하는 안남인 중에도 그런 말을 한 자가 하나도 없으니 이는 곳 거짓말인 줄을 분명하다 하였느니라.[28]

법국이 안남에로 들어간 목적은 세 가지 뿐이니 하나는 이왕에 안남 임금이 약조를 거스른 것과 같이 다시 법국인을 못 죽이게 하고 법국 장사를 못 금하게 함이오, 둘은 법국 장사를 위함이니 안남에 들어간 후 법국이 제 물건을 안남에 팔기도 하고 또 동국(東國) 물건을 일본이나 다른 나라에 가서 살 것 없이 안남에서 살 것이오, 셋은 이전부터 참 개화도 힘쓰기 위하여 법국이 온 세상에 이름남과 같이 안남에도 참 개화를 하게 하기를 위함이라.[29]

소금과 담배 구실을 전에 여러 잡세에 비기면 백성에게 매우 가벼웠으니 백성이 원망치 아니하고, 또 그 구실만 관리들이 공변된 일을 위하여 쓰고 각 사람이 내는 땅 구실은 백성에게 바로 쓰는 것을 보고 매우 좋아하고, 또 전에 말함과 같이 땅 구실과 그 세를 합하면 안남 각 사람이 해마다 이 환만 내는 것이니 다른 나라에 대하여 매우 적도다.[30]

---

27 「근릭 나는 칙을 평론」(四), 『경향신문』, 1908.5.1.
28 「근릭 나는 칙을 평론」(六), 『경향신문』, 1908.5.15.
29 「근릭 나는 칙을 평론」(七), 『경향신문』, 1908.5.22.
30 「근릭 나는 칙을 평론」(十四), 『경향신문』, 1908.7.10.

위 기사에서는 베트남, 프랑스와의 관계에서 『월남망국사』에서는 논하지 않은 베트남의 과오를 언급하고 있다. 베트남이 내분(內紛)을 겪는 가운데 베트남 국왕이 프랑스에 군사적 도움을 요청한 사실, 베트남에서 프랑스 천주교 선교사들을 가혹하게 처형한 사실 등이 그것이다. 『월남망국사』와 경향신문의 논설은 각각 베트남과 프랑스의 입장에서 일방적으로 상대의 부당함을 비판하는 내용이기 때문에 양쪽에 다 편협함과 과장이 들어 있는 것이 사실이다. 그러나 역사적 사실에 비추어 볼 때 『경향신문』의 논설은 그 정도가 훨씬 심하고, 사실과 다른 내용이 많음을 볼 수 있다. 예를 들면, 위에 인용한 내용대로 프랑스가 베트남 국민에게 세금을 경감해 준 것이 아니라 『월남망국사』에서 말한 것처럼 과중한 세금을 부과한 것이 사실이다. 프랑스는 분명히 제국주의 정책 하에 베트남을 침략한 것이고, 베트남을 통해 자국의 이익을 취하고 베트남에 막대한 고통과 피해를 끼쳤다. 그럼에도 불구하고 프랑스를 베트남에 대한 시혜자로 묘사한 경향신문의 논설은 종교적 입장 때문에 역사적 사실을 적지 않게 호도한 것이라 하겠다.[31]

그러나, 경향신문의 논설은 『월남망국사』가 한국에 끼친 영향력을 매우 잘 보여 주는 자료이다. 내용은 비록 『월남망국사』를 신랄하게 비판하고 있지만, 『경향신문』의 논설이 이처럼 『월남망국사』를 대대적으로 비판한 것은 역으로 『월남망국사』가 당시 한국인들에게 널리 읽히며 큰 영향을 끼치고 있었음을 증명하는 것이다.

---

31 최기영(1996), 410~417쪽.

4. 결론

본고는 유통과 수용 문제를 중심으로『월남망국사』에 관한 기존의 연구 성과를 살펴보고, 몇 가지 새로운 자료도 함께 검토하였다.

『월남망국사』는 한(韓)·월(越)·중(中)·일(日) 동양 4국이 모두 관여된 책이다.『월남망국사』에는 당시 동양 4국의 정치적 역학관계가 반영되어 있고, 또 이 책이 이들 동양 4국에 각각 전파되어 영향을 주었다. 근대 초기 동양 4국 간에 일어난 지식과 사상의 교섭과 전파 양상을 살피는 데에『월남망국사』는 매우 중요한 자료이다. 이 책이 지닌 그 같은 자료적 가치를 십분 활용하고자 한다면 이 책이 각국에서 어떻게 유통, 수용되었으며, 어떠한 영향력을 행사했는지에 관한 연구를 앞으로 더욱 진전시켜야 한다.

필자가 과문(寡聞)한 탓이 있겠으나,『월남망국사』의 유통, 수용에 관한 연구가 한국에서는 어느 정도 이루어졌으나, 중국과 베트남에서는 아직 많은 연구가 이뤄지지 않은 듯하다. 중국에서『월남망국사』의 수용 문제와 관련해 필자가 확인한 사실은 판보이쩌우가 일본에서 쑨원(孫文)을 만난 일을 술회하는 글에서 쑨원이『월남망국사』를 읽어 보았다고 말했다는 것 정도이다.[32]『월남망국사』가 중국과 베트남, 나아가 일본에서 유통되고 수용된 양상을 확인해야 관련 논의가 보다 깊이 있어질 것이다. 한국의 연구자도 이 점을 향후 과제로 남겨 둔 상태이다.[33] 앞으로 한국, 베트남, 중국, 일본 각국의 연구자들이『월남망국사』가 자국에서 유통, 수용된 실상을 보다 자세히 연구하고 그 결과를 공유하며 이에 대

---

32 章收,『潘佩珠年表』, 潘佩珠全集 第6卷, Vietnam 河內: 順化出版社, 2000, 431~433 쪽. (吳雪蘭, 앞의 논문, 140쪽에서 재인용)

33 최박광, 앞의 논문, 20쪽.

해 서로 토론할 수 있게 되기를 기대해 본다.

한국과 베트남처럼 제국주의 국가의 식민지 지배를 극복하며 근대화를 개척한 나라에서는 식민 통치에 대한 저항문학과 근대문학이 필연적으로 밀접한 연관을 갖게 된다. 프랑스 식민 통치에 대한 처절한 저항의 기록인『월남망국사』는 그 자체가 베트남의 중요한 근대문학이요, 베트남의 근대문학을 잘 설명해 줄 수 있는 텍스트가 될 것이다. 앞으로「월남망국사」에 관한 연구가 깊어져 베트남 근대문학을 이해하는 데에 도움이 될 수 있기를 아울러 바란다.

제2부

여행과 이주의 기록

여행이 우리에게 가져다 주는 것

『노가재연행일기(老稼齋燕行日記)』를 중심으로

이상욱
연세대학교

1. 들어가며

우리는 개인적으로나 사회적으로나 인식 틀의 변화를 경험한다. 각자가 세계를 인지하는 이 인식의 틀은 상황의 변화에 맞춰 수동적으로 변하기도 하지만, 반대로 새로운 체험들을 통해 상황 변화에 앞서 능동적으로 변화할 수도 있다. 결국 이 차이가 우리가 흔히 선진(先進), 후진(後進)이라 부르는 차이를 만들어 내는 것은 아닐까?

체험에는 간접체험과 직접체험이 있다. 간접체험의 대표적인 것으로는 '독서'를 들 수 있을 것이다. 풍부한 독서는 우리들의 인식에 많은 자양분을 제시해 주는 것이 사실이다. 하지만, 그것이 '간접'이라는 데에 근본적인 한계성이 있다. 다시 말해, 인식 틀의 근본적인 재편을 기대하기는 힘들다는 것이다. '독서'라는 것 자체가 우리의 사고 체계, 혹은 인식 체계를 많은 부분 규정하고 있는 언어체계를 통해 습득되고 이해되기 때문이다. 우리가 이해할 수 있는 문자에 의해 어떤 사상이 전해진다는 것은 이미 그 사고체계 안에 포섭이 되고 있음을 의미하고, 또, 이것에는 어느 정도의 의미의 왜곡(?)이 필요하기 때문이다.

예를 들어, 17세기에 이미 천주교는 이미 조선의 지식인 사회에 알려져 있었지만, 그것이 인식의 틀을 바꾸는 데에는 미치지 못한다. 그 이유는 그것이 간접체험(독서)에 의해 조선의 지식인들의 언어체계에 '포획'되고 '소화'되고 있기 때문이다. 서양에서 하나님(God)의 의미는 조선에서 '상제'(上帝)라는 말로 이해되곤 했는데, 이미 '상제'라는 말은 동양에서 그 뜻한 바가 있던 단어였다. 하지만 'God'와 '上帝'는 사전적 의미는 같을 수 있지만, 당시의 조선인들은 '上帝'라는 말을 통해 서양인들과는 전혀 다른 '것'을 떠올리고 있었을 가능성이 많다. 그 '실체의 본질'과 상관없이, '자기 식'으로 이해했기 때문이다. 이는 간접체험의 강점이기도 하면서 한계이기도 하다. 다시 말해, 천주교는 당시 조선 사람들의 인식의 틀 자체를 변화시킨다기보다는 하나의 '지식'으로서 본래의 체계에 '더해지고' 있다고 보는 것이 옳다.

하지만 소위 '성령체험'을 한 이들의 '하나님'은 그 자신의 기존 인식틀을 전면적으로 바꿀 수 있는 가능성을 지닌다. 우리는 주변에서, 이런 종류의 종교적 경험을 통해 '새사람'이 되었다는 사람들을 어렵지 않게 찾아 볼 수 있다. 이 경우 '변화'는 점진적이라기보다는 급진적이며, 부분적이라기보다는 전면적이다. 자신이 믿어 의심치 않는다고 생각한 사실들에 의심이 생기며, 자신이 생각하는 생각의 우선순위나 도덕적 판단 기준 등에 있어서도 변화가 생긴다고들 한다. 이와 비슷한 종류의 경험은 사실 일상생활에서도 쉽게 일어난다. 대학에 들어가서, 군대에 가서, 취직해 사회생활을 시작할 때, 결혼을 해서, 아기를 출산한 후 등 인생에 있어서 특정 상황에 대한 직접 체험은, 정도의 차이는 있을지라도 우리의 생각들을 바꾸고 행동의 변화를 이끌어 낸다. 중요한 것은 이런 '변화'가 다른 이로부터 전해 듣는 것이나 독서 등의 간접체험을 통해 이루어지는 것이 아니라, 자신의 직접체험으로부터 유발된다는 사실이다. 그렇다면, 이 직접체험은 무엇이고, 그것이 유발하는 이 인식 틀의 변화는 어떤 과정을 통해서 이루어지는가?

간접체험의 대표적인 예가 독서라면, 직접체험의 대표적인 예는 여행이라고 할 수 있다. 여행자 문학이란 어느 한 나라의 사람이 자기 나라의 언어적 또는 정치적 국경선을 넘은 타국에서의 일시적 유람이나 거주를 통해 갖게 된 '직접체험'의 문학적 표현을 의미하고, 이러한 의미에서 여행자 문학은 이주민 문학이나 상상적인 또는 간접 여행 체험에 바탕한 문학과는 확실히 구분된다.[1] 이와 같이 여행자 문학론에서 직접체험은 여행자 문학을 규정하는 결정적인 변별자질이 되며, 거꾸로 우리는 여행자 문학을 통해 직접체험의 한 양상을 관찰할 수 있다. 그리고 여기서 더 나아가 이 직접체험 내용이 어떻게 글에서 형상화되며, 체험을 통한 인식의 틀은 어떻게 변화되는지 알아 볼 수 있다.

본고에서는 위의 문제의식과 관련해 김창업(金昌業)의 「노가재 연행일기」(老稼齋燕行日記, 이하 「연행일기」)를 그 분석 텍스트로 삼는다. 김창업의 「연행일기」는 '가재연행록(稼齋燕行錄)'이라 불리기도 하고, 줄여서 '연행일기(燕行日記)'라 불리기도 한다. 김창업은 숙종 38년(1712) 동지사겸사은사(冬至使兼謝恩使) 김창집(金昌集, 김창업의 형)의 자제군관으로 연행에 참가했으며, 그 기록으로 본 서를 남겼다. 담헌(湛軒) 홍대용(洪大容)의 『湛軒燕記』, 연암(燕巖) 박지원(朴趾源)의 『熱河日記』와 함께 3대 연기(燕記)로 꼽히며,[2] 한글번역 필사본도 존재한다. 김창업(金昌業)은 병자호

---

1 이혜순, 「여행자 문학론의 정립」, 『비교문학의 새로운 조명』, 태학사, 2002. 225쪽.
   최근 '문학'이란 용어는 근대의 리터러쳐(literature) 번역어로서 한정적으로 쓰이는 경우가 많은데, 본고는 전근대 문예물들을 포괄하는 좀 더 넓은 의미로 쓰기로 한다.

2 1832년 동지사겸사은사로 북경에 다녀온 김경선(金景善)은 그의 『燕轅直指』의 서문에서 '북경에 갔던 사람들이 대부분 기행문을 남겼는데, 그 중 3家가 가장 저명하니 그는 노가재 김창업, 담헌 홍대용, 연암 박지원이다'라고 설명하고 있다. 또, '史例로 말하면 노가재는 편년체에 가까운데 평순하고 착실하여 조리가 분명하며, 홍담헌은 가사체에

란 때의 대표적인 척화파 청음(淸陰) 김상헌(金尙憲)의 손자로 문곡(文谷) 김수항(金壽恒)의 아들, 몽와(夢窩) 김창집(金昌集), 농암(農巖) 김창협(金昌協), 삼연(三淵) 김창흡(金昌翕)의 동생으로, 당시 최고의 문벌 집안에서 태어났다. 병자호란 때 김상헌은 예조판서로서 척화를 주장하다가 청나라에 인질로 잡혀갔던 이력이 있고, 그 이후 김수항과 김창집은 당시 서인 강경파(노론)를 이끌면서 당시 당쟁의 중심에 서 있던 인물들이다.

　김창업에 대한 종래의 연구는 주로『연행일기』를 중심으로 이루어져 왔다. 그것은 이『연행일기』가 연행록사(燕行錄史)에서 가지는 중차대한 의미 때문일 것이다.『연행일기』에 대한 연구는 현재까지 서지적 측면,[3] 해제 및 내용 소개의 측면,[4] 대청인식(對淸認識)의 측면,[5] 글쓰기 방식의 측면[6] 등으로 이루어져 왔다. 최근에는 관심영역의 확대에 따라, 비교문학적 관점에 의해 분석이 되기도 하고,[7] 사학(史學) 분야에서의 연구[8]도

　따랐는데 典雅하고 치밀하며, 박연암은 전기체와 같은데 문장이 아름답고 화려하며 내용이 풍부하고 해박하다'고 했다. 金景善著, 김주희 역,『燕轅直指』,「序言」,『國譯燕行錄選集』X, 민족문화추진위원회, 1976, 25쪽.

3　李章佑,「「老稼齋燕行錄」과「연행일기」」,『國會圖書館報』187, 1986

4　金彰顯,「『老稼齋燕行錄』에 대하여」,『旅行과 體驗의 文學』, 민족문화문고간행회, 1985.
　　趙沫翼,「老稼齋의 中國체험」,『旅行과 體驗의 文學』, 민족문화문고간행회, 1985.
　　朴智鮮,「金昌業의『老稼齋燕行日記』硏究」, 고려대학교 박사학위논문, 1995.

5　朴智鮮, 위의 논문.

6　李君善,「金昌業「燕行日記」의 敍述視角과 手法에 대한 考察」, 성균관대학교 석사학위논문, 1997.
　　金亞利,「『老稼齋燕行日記』硏究」, 서울대학교 석사학위논문, 1997.

7　全美子,「金昌業『燕行日記』中的中國形象」,『중국연구』29, 한국외국어대학교 외국학종합연구센터, 2002.

8　송미령,「18세기 조선지식인이 본 청조의 통치」,『명청사연구』23, 명청사학회, 2005.
　　정혜중,「조선 선비의 청국수도 北京見聞」 -金昌業의『稼齋燕行錄』을 중심으로-,『명청사연구』23, 명청사학회, 2005.

활발하게 진행되고 있다. 이런 연구사에서 볼 수 있듯이, 『연행일기』는 주로 국문학적 관점에서 연구가 이루어졌고, 최근 들어 그 연구의 분야가 다양화되고 있으나 아직도 이 작품이 '여행자 문학'이라는 것, 즉 '여행'이라는 특수한 상황에서 산출되고 있다는 점은 주목하지 못했다. 물론 절대적인 수에 있어서 얼마 되지 않지만, 이러한 경향은 「담헌연기」(湛軒燕記)나 「열하일기」(熱河日記) 등의 연구의 경우에 있어서도 마찬가지라 생각된다.[9] 하지만 필자는, '여행'이라는 상황이 일상적인 공간에서 글 쓰는 상황과 근본적으로 다르다고 생각한다. 일상적인 공간에서 작자는 반복적인 생활패턴과 익숙한 의식주, 그리고 의심의 여지가 없는 언어의 세계에 머물면서 작품을 구상하고, 글을 쓰게된다. 반면 '여행자'는 계속해서 움직임의 상태에 있고, 언제 일어날지 모르는 돌발 상황에 의식적으로 대비해야 하고, 전혀 익숙하지 않은 의식주에 적응해야 하며, 계속해서 의사소통의 한계에 부딪히고, 자신의 언어로 재현해 내기 힘든 사물과 현상을 경험하게 된다. 이 과정에서 여행자는 분명히 일상적 공간에서 작품을 산출하는 작자와는 전혀 다른 정신적 메커니즘을 가진다. 만약 「연행일기」같은 작품이 이런 '여행'이라는 역동적인 정신상태가 고려되지 않고, 정적인 상태의 작자가 산출하는 작품들과 똑같은 방법으로 접근된다면, 그 고유한 가치를 잃게 될 것이다. 사실 여행 전후의 사상적 변화나 대청인식 등의 내용은 굳이 여행을 매개로 하는 텍스트가 아니더라도 다른 텍스트에서도 찾을 수 있을 것이다. 오히려 이런 문제들만 고

---

9 김태준, 「18세기 실학파와 여행의 정신사」, 『한국문학의 동아시아적 시각』 I, 집문당, 1999. 이 논문에서는 홍대용과 박지원의 예를 중심으로 '여행'에 주목하고 있기는 하지만, '여행록'을 실학사상의 결과물로만 간주하고 있다. 여기서 '여행'이라는 것은 단순한 소재의 차원에 머문다. 예를 들어 '여행록'에서 문체와 서술방식에 주목하기는 했으나, '여행'이라는 서브텍스트(sub-text)가 각각의 여행자, 혹은 여행록에 미치고 있는 영향에 대해서는 언급이 없다.

립시켜 보는데 있어서는, 거꾸로, '여행이라는 변수'가 개입되지 않는 텍스트를 찾는 것이 사태를 더 정확하게 보여줄 것이다. 여행 글쓰기에서 여행이라는 변수가 압도적으로 영향을 끼치기 때문이다.

따라서 본고는 김창업의 「연행일기」의 독해에 있어서, '여행'이라는 주어진 상황에 주목할 것이다. 그리고 '여행'이 「연행일기」라는 특수한 글쓰기에 변수가 되는 지점에 관심을 갖는다. 이를 통해, '여행'이 매개가 되는 텍스트, 다시 말해 여행자 글쓰기가 다른 여타 텍스트들과 구분되는 특질에 대해 논할 것이다. 이는 18세기에 있었다고 말해지는 사상사적 변화의 요인으로 설명될 수도 있을 것이다. 더 나아가 '여행'이라는 인간의 '보편적' 행위가 우리에게 가져다 줄 수 있는 미덕은 무엇인지에 대해서도 논하고자 한다.

2. 여행자의 조건

위의 여행자 문학에 대한 서술[10]에서 '직접체험'과 관련해 눈여겨보아야 할 것이 있는데, 그것은 직접체험이 '타국'에서 이루어져야 한다는 것이고, '일시적'이어야 한다는 것이다. 이같은 여행 상황의 규정은 단순히 공간적, 시간적 배경의 의미를 넘어선 의미를 지니고 있다. 먼저 '타국'이라는 상황은 '전혀 익숙하지 않은 것들을 받아들여야 하는 상황'으로 요약될 수 있다. 간접체험이나, 국내 여행에서는 자신이 이해할 수 없는 것, 즉 자신의 기호체계 안에 소화시킬 수 없는 것에 대해, 거부하거나 '이상한 것'으로 치부할 수 있는 여지가 있다. 예컨대, 조선에서 조선 사람이 변발을 하고 다니는 사람이 있다면, 조선 사람들은 그 복장의 사람

---

10 각주 1) 참조.

을 '다수'의 입장에서 광인 취급하게 될 것이다. 하지만 후술되겠지만, 길거리 모든 사람이 변발을 하는 상황에서, 변발을 하지 않은 '낯선' 여행자는 분명 그들 모두를 광인 취급하기는 힘들 것이며, 분명 자신이 익숙한 조선의 거리에서와는 전혀 다른 심리 상태를 갖게 될 것이다. 완전히 다른 기호체계 안에서, 의식주를 해결하고, 자신이 목적한 바를 이루기 위해서는 자신이 갖고 있는 인식의 틀로부터 탈주해, 자의반 타의반 범세계주의(cosmopolitism)적 시각을 견지할 수밖에 없다. 그리고 '일시적'인 상황도 이와 무관하지 않은데, 그것은 이주민이 대상국의 기호체계 수용에 적극적일 수밖에 없는데 반해, '일시적'이라는 단서는 그것이 불가능 할 뿐만 아니라, 그럴 필요도 없게 만든다. 이 '일시적'이라는 상황은 여행자로 하여금, 나, 우리, 그리고 타자에 대한 매우 복잡하며, 또 유동적인 정서를 유발한다.

또 생각해 볼 수 있는 것은 여행자의 신분이다. 작자가 한 국가의 공식 사신인 경우에는 여러 가지 측면에서 '여행자'로 불릴 수 없는 조건이 발생한다. 공식 사신인 경우, 체험의 양이 절대적으로 제한될 뿐만 아니라, 자신이 그 나라를 대표한다는 자기 인식, 또 사행(使行) 전체를 책임져야 한다는 의무감 때문에, 여행자가 갖는 역동적인 정신 상태와 그것의 '진실한 표현'을 기대하기 힘들다. 실제로, 조선후기의 연행록이나 통신사행에 있어서 정식 사행의 일원으로 참여한 이들의 작품들과 자제군관이나 제술관 등 비교적 자유로운 신분의 사람들의 작품들은 큰 차이를 보인다. 특히 통신사의 경우에 있어서는, 일본 정부의 지원으로 공식적인 일정에 의해 호행(護行)되고, 치밀하게 기록된 빙례(聘禮)를 따르게 되어 있으며, 숙소와 만나는 사람들도 제한되어, '여행자'로서의 면모를 기대하기 힘들다. 여기에 일본 사람들은 '조선의 사대부'에 대해 일종의 환상을 가지고 깍듯하게 대한 것으로 보여, 조선의 사대부의 입장에서는 굳이 '여행자'가 될 필요가 없었으며, 일본 측에서도 엄격하게 외출을 통제했다. 이에 반해, 김창업이나 홍대용, 박지원 등은 자제군관으로 비교적 운신의 폭이 넓었으며, 보통의 중국 사람들과 접촉할 기회도 있었고, 사행을 이탈해서 자신이 가보고 싶은 곳을 가볼 수 있는 기회도 있었다. 여행기간 동안 이들은 조선에서의 양반, 사대부, 유력 당파 등, 자국에서 자의든 타의든 자신에게 부여되었던 여러 가지 동일성(identity)으로부터 '일시적으로' 자유로울 수 있는 기회를 갖는다.

그리고 한 가지 더 기본적인 조건이, 여행자가 어느 정도의 교양수준을 가져야 한다는 것이다. 교양수준을 갖는다는 것은 곧, 여행 출발국의 언어체계 내지는 기호체계가 비교적 강하게 체화되어 있는 것을 의미한다. 이것은 자신의 경험을 글로써 표현할 수 있다는 것 이외에, 새롭게 접하는 것들을 이해하는 단초가 되며, 자신의 기호체계와 새로 접하는 기호체계에 대해 비판적인 입장을 견지할 수 있게 한다. 쉽게 말해 '나'에 대한 설정이 없으면 '타자'에 대한 이해도 불가능하다는 것이다. 스스로에 대한 어느 정도의 '자부심'은 대상에 대한 '비판적 거리'를 유지시키기도 하고, 스스로를 대상화할 수 있는 가능성을 담보한다. 우리는 흔히 외국 여행을 갔다 온 사람들이, 그 대상국을 지나치게 전적으로 미화하거나 폄하하는 경우를 볼 수 있다. 이 경우 전적으로 판단기준이 자신의 문화의 것이거나, '그들'(여행 대상국)의 것 둘 중 하나가 될 가능성이 많다. 어떤 하나의 문화현상을 평가하기 위해 '그들'의 맥락을 이해하면서도, '자신'을 버리지 않기 위해서는 나름의 판단기준과 교양수준이 필요하다. 김창업, 홍대용, 박지원이 모두 당시 조선에서 보수적 당파로 분류되는 노론계 기득권층이었다는 것은 우연이 아닐 것이다.

이외에 우리는 '좋은' 여행자로서의 자질을 김창업과 그의 「연행일기」에서 찾을 수 있다. 그것은 적극적인 자세, 긍정적 사고방식, 주위 사람을 배려하는 것, 유머 감각 등이다.

3. 여행에서의 의식주

의식주의 문제는 인간이 삶을 영위하는데 있어 가장 필수 불가결한 요소들이지만, 일상적 공간에서는 그것들이 너무 익숙한 관계로 당연시 여겨지고, 경제적인 어려움이 없는 한 특별한 인식의 대상이 되지 못한다. 하지만 비일상적 공간, 즉 여행 중에 이것들은 여행자 스스로 자신이 여행을 하고 있음을 인식 시켜주는 계기가 되며, 그 차이는 자기나 타자를 다른 관점에서 관찰하게 하는 동기가 되기도 한다.

1) 의(衣) – 여행자의 페르소나

먼저 「연행일기」에서 옷은 여행하고 있는 도중의 '자기'(自己)를 표상하는 도구로 쓰인다. 김창업은 조선에서는 유력한 집안의 자제로서, 통상 갓과 도포 등의 유복(儒服)을 입지만, 연행에서는 자제군관으로 사행에 참여하게 되어, 무관(武官)의 복장을 입었다.

> 우리는 말에서 내려 자리하고, 기생들과 장교를 보내어 말을 달려 얼음 위에 기를 꽂았다가 뽑게 하였는데, 그 중 한 기생은 잇달아 세 기를 뽑았다. 나는,
> "이런 일은 유복(儒服)으로는 볼 수 없다."
> 하고 도포를 벗어 버렸다. 떠나올 때 속에 융복(戎服)을 껴입고 왔었다.[11]

---

11 壬辰(1712), 11월 25일 甲辰: 遂下馬而坐 遣妓輩與將校 馳馬冰上立旗而拔之 其中一 妓連拔三旗 余曰此事不可以儒服臨視 乃去道袍 來時着戎服于裏也. 본고의 대상 텍스

압록강을 건너기 전 의주에서의 환송연에서 김창업은 겉을 둘러싸고 있는 '儒服'을 벗어 버리고, 융복을 드러내 보인다. 심리적 차원에서 이 행동은 청나라로의 여정의 시작을 암시한다. 평소에 '유복(儒服)'이라는 일상적 의복은 자신의 행동과 사고를 '유자(儒者)'로 제어한다. 하지만 이 여행 기간 동안의 '융복(戎服)'은 그 한정된 기간 동안 '여행하는 자기'를 표상하는 기호로써 기능하며, '일시적'으로 조선에서 자신을 규정하는 동일성으로부터 자유롭게 된다. 이와 같은 옷의 기능은 그의 글 여러 곳에서 확인할 수 있다.

次伯氏辭家韻

自幸懸弧計不違	남자로 태어나 뜻이 어긋나지 않음을 다행히 여기니,
出門何用護依依	집을 나서 어찌 게으름 피며 주저주저 할 것인가?
百年古匣防身劍	백년 된 옛 상자에서 방신검(防身劍)을 꺼내고
七尺衰軀短後衣	칠 척 쇠한 몸엔 단후의(短後衣)를 걸쳤네.
壯士寧能守蓬戶	장사가 되어 어찌 초라한 집만 지킬 수 있는가?
兒時固願成金微	어릴 때, 그렇게도 변방의 군인이 되고 싶었는데.
從他擧世皆嘲笑	남을 따르는 모습에, 세상이 들고 일어 모두 조소하지만
萬里幽燕遍踏歸[12]	만리 길 먼 연경까지 두루 밟고 오겠네.

무인의 복장인 방신검을 꺼내고, 단후의를 걸친다는 표현이 곧 만리 길 먼 연경까지 두루 밟고 오겠다는 의지와 연결되고 있다. 여행 중의 자기는 곧 계속 융복을 통해 표상된다. 그것은 물론, 조선에서 '유복'을

트는 규장각본 『老稼齋燕行日記』이며, 민족문화추진회 국역본을 참조하였다. 본문에 인용된 인용문은 국역본의 번역을 기본으로 하되, 필요한 부분에서는 번역을 고쳤다.

12 金昌業, 「燕行塤篪錄」 「老稼齋集」, 『韓國文集叢刊』 175, 民族文化推進會 편, 1996. 101쪽.

입고 생활하던 '자기'와는 전혀 다른 심리 상태를 의미하는 것이며, 그를 통해 그는 '조선의 사대부'라는 기호적 속박으로부터 어느 정도 벗어나 있는 새로운 주체이다.

자기 인식뿐만 아니라, 김창업의 의복은 실제로 청나라에서 다른 이들에게 신기하게 느껴지는 '이상한 것'이 된다. 김창업은 북경의 시내를 물을 긷는다는 핑계로 돌아다니는데, 그 상황을 의복과 관련해서 한번 상상해보면, 옷이 김창업의 심리 상태에 미칠 수 있는 영향을 짐작해 볼 수 있다.

> 다만, 여러 호인들이 몰려 와서 몇 겹으로 둘러싸고, 우리들의 의관과 갖고 있는 물병·도시락 따위를 하나하나 눈여겨본다.[13]

물론 김창업은 자신의 복장에 대해 상당한 자부심을 갖고 있었던 것으로 보이지만, 이것을 낯설게 보는 타인들의 시각에서 완전히 자유롭지는 못했을 것이다. 조선에서는 부러울 것 없는 명문대가의 자제로서, 평소 자신의 의관은 이렇듯 주목의 대상이 되지 못한다. 조선에서 입던 평소 자신의 의관은 스스로 양반임을 의식하게 하는 도구가 될 뿐만 아니라, 사회 안에서도 그 '의관'이 내포하고 있는 기호(양반이라는 것)에 대한 동의가 있다. 조선 사회에서 김창업의 의관은 자타에게 당연한 것으로 여겨지고, 위와 같은 호기심의 대상이 되지 못한다. 더 나아가 그 의관이 조선 사회에서 내포하는 기호적 권력(의관을 통해 보이는 위엄)에 의해, 그만큼의 기득권을 보장 받는다. 하지만 조선과 전혀 다른 기호체계를 가지고 있는 청나라에서 조선의 옷은 더 이상 어떤 것을 말해주는 기호로

---

13 癸巳(1713), 1월 19일 丁酉: 但見羣胡來集 圍市數重 余等衣冠及所持壺筒之屬 件件 着眼.

서 역할하지 못하고, 다만 단지 호기심의 대상이 된다. 김창업도 이런 시선에 얽매여 평소 '자기'와는 사뭇 다른 심리 상태를 얻는다.

> 내가 착용한 이엄(耳掩)을 보고 '당신의 관모(冠帽)는 무슨 가죽이냐'고 묻는다. 나는 여우 가죽이라고 대답했다. 사실인즉 개가죽이나 이곳 사람들은 개가죽을 매우 천하게 여기므로 속여서 대답한 것이다.[14]

조선에서 쓰고 다니면 아무런 문제가 없는 개가죽 이엄을 청나라에서는 천하게 여김을 받고 있다는 것을 김창업은 지각하고 있었으며, 그 천시하는 시선을 모면하기 위해 거짓말을 한다. 이 거짓말을 하는 김창업의 자아 심리상태는 분명 조선에 있을 때와 근본적으로 다르다고 할 수 있다.

이 청나라에서 느껴지는 '타인의 시선'과 소중화 조선인 김창업의 자부심으로부터 옷을 담보로 한 게임이 시작된다.

> "나의 의관이 네가 보기에 어떠냐? 꽤 우습지?"
> 하고 물으니,
> "감히 웃겠습니까?"하였다. 내가 사실대로 말해도 괜찮다고 하였더니,
> "의관이란 바로 예(禮)인데, 어찌 웃겠습니까?"
> 한다.[15]

「연행일기」의 전반부에서 김창업은 대화의 기회가 있을 때마다, 이 옷

---

14 癸巳, 1월 22일 庚子: 指余所着耳掩 而問尊冠何皮 余曰 是狐皮 實則狗皮 而此處人甚
    賤之 故詭對焉.
15 壬辰, 12월 12일 辛酉: 問俺們衣冠 你見如何 好笑否 答不敢笑 實說無妨 答曰 衣冠乃
    是禮也 有何笑乎.

에 대한 질문을 계속한다. '꽤 우습지?'라는 질문은 이미 그것을 물어보는 주체가 자기 자신을 객관화하고 있다는 것을 의미한다. 적어도 소중화의식에 젖은 꼬장꼬장한 조선인의 입장은 아니다. 그리고 '사실대로 말하라'고 하는데, 이미 김창업이 중국 사람들이 자신의 의복을 어떻게 생각할지를 알고 있다는 것을 보여준다. 이것은 적어도 김창업이 소중화의식에 빠져 있는 조선인의 입장에서 일방적으로 주장하지는 않겠다는 포석으로 보인다. 여기서 김창업이 의복에 대해 취한 입장(stance)은 '우리의 의관이 네가 보기에 우습다고 치자'라는 한 발 물러선 위치에 있다. 그것은 객관적 차원의 논의로 한 번 이야기 해보자는 메시지이다. 김창업은 이 의복을 소재로 한 대화의 전략에서 결국 '너희들이 입고 있는 의복은 오랑캐의 것이고, 우리가 중화다'라고 말하고 싶었을 것이다. 하지만 여의치 않자, 계속 이어지는 대화에서, 김창업은 다시 조선인의 입장으로 돌아와 다소 공격적인 자세를 취한다.

> "머리를 깎는 것이 네 뜻엔 즐거우냐? 왜 우리처럼 머리를 기르지 않느냐?"
> "머리를 깎는 것은 풍속이며, 깎지 않음은 예(禮)입니다."
> (중략)
> "달자들도 머리를 깎으며 너희들도 머리를 깎는데, 무엇으로써 중국과 이적을 가리느냐?"
> "우리들은 머리를 깎지만 예가 있고, 달자는 머리도 깎고 예도 없습니다."
> 고 하였다. 나는,
> "말이 이치에 맞는다. 네 나이 아직 어린데도 능히 이적과 중국의 구분을 아니, 귀하기도 하고 슬프기도 하구나!"라고 하였다.[16]

---

16 壬辰, 12월 12일 辛酉: 壬辰, 12월 12일, 問剃頭 爾意樂乎 何不存髮如我們 答剃是風俗 不剃是禮 …(중략)… 㺩子剃頭 你們亦剃頭 有何分別中國夷狄 答雖我們剃頭有禮 㺩子剃頭無禮 余曰說得有理 你年少能知夷狄中國有別 可貴可悲.

이 영리한 아이는 예(禮)를 그 보편적 원리로, 풍속을 그 특수성으로 보고, 풍속의 상대성을 이야기했다. 김창업이 옷을 매개로 중화와 오랑캐를 구분하고자 했던 전략은 실패로 돌아간다. 김창업도 인정하고 마는 이야기의 결론에서 의복은 예가 있고 없음을 구분하는 절대적 기준이 아니라, 그저 '풍속'일 따름이었기 때문이다. 김창업이 기존에 가지고 있는 조선 의복에 대한 생각은, 그것 자체로써 중화(中華)와 이적(夷狄)을 구분하는 것이었다. 그리고 그는 그것을 소중화의식을 무조건 신봉하는 일방적인 입장에서가 아니라 나름 객관적인 시각에서 토론하려는 의도를 보인다. 그 객관적인 시각이란 물론 여행이라는 상황이 있었기에 경험해 볼 수 있는 관점이며, 바로 내 앞에 나의 생각과 전혀 다른 생각을 하고 있는 대화의 상대가 있으므로 가능한 것이다. 계속 이어지는 청나라 사람들과의 의복에 대한 대화에서 그는 줄곧 이런 자세를 견지한다. 그리고 여정이 진행됨에 따라, 그의 의복에 대한 생각에는 확실히 변화가 있다.

> 군관·역관들은 다 관대를 갖추고 있으며, 나의 복색은 종들과 구별이 없으나 표구(豹裘)를 입고 종자(從者)까지 있으니, 호인들이 흔히 눈여겨 보는지라, 드디어 표구를 벗고 종자를 물리치고 하배들과 섞여 두루 구경하였다. 묻는 자가 있으면 방자(幇子)라고 대답했다. 방자는 이곳 사람들이 노예를 부르는 말이다.[17]

북경에 도착해서 김창업은 자신이 그 자체를 '예(禮)'라고 믿던 의복을 종자와 같은 모양으로 하고 '두루' 구경을 하러 다닌다. 그리고 심지어

---

17 癸巳, 1월 1일 乙卯: 軍官譯官皆具冠帶 余服色與奴輩無別 而以着豹裘 且有從者 胡人多目之 遂脫豹裘 却從者 混下輩周玩 有問者 對以幇子 幇子 此地人奴稱也.

자신을 노예라고까지 말하는 대범함을 보인다. 이는 자신들이 '예'라는 이름 하에 조선에서 누리던, 권력적 기호(양반의 의복) 혹은 기호적 권력(예: 양반이기 때문에 누릴 수 있는 기득권)들에 대한 '일시적' 포기를 의미하며, 그의 의복에 대한 관점이 조선의 그것이 아니라, 여행자의 그것으로 대체되어 있음을 보여준다. 조선에서 양반의 체면으로 도저히 할 수 없는 일을 그는 서슴지 않고 하고 있는 것이다. 그리고 이어지는 다음의 진술은 김창업이 의복에 대해 가지고 있던 생각들에 큰 변화가 있었음을 방증해주고 있다.

> 이러한 복색이 비록 원래 중화의 제도는 아니나 그 귀천과 품급이 또한 분명해서 문란함이 없다. 우리 나라는 스스로 관대지국(冠帶之國)이라고 하나, 귀천·품급의 분별이 겨우 띠와 관자(貫子)에 불과하며, 보복에 이르러서는 일찍이 문무 귀천의 구분을 두지 않았고, 부사(副使) 또한 백씨와 같이 선학(仙鶴)을 써서 그 무늬가 문란하니, 가소롭다.[18]

이 진술에서, 당시 조선의 의복제도가 청나라의 그것보다 우월하다고 믿던 소중화인 김창업의 모습은 찾아볼 수 없다. 오히려 청나라의 의복제도가 예(禮)의 의미를 더 충실히 표현하고 있다는 뉘앙스를 풍긴다. 적어도 '옷 자체가 바로 예'가되는 소중화적 인식이 '옷은 예를 표현하는 하나의 도구'라는 상대적인 인식으로 변모되어 있음을 엿볼 수 있다. 「연행일기」의 돌아오는 여정에는 의관에 대한 언급이 있는 필담이 단 한 차례 나온다.

---

18 癸巳, 1월 1일 乙卯: 此等服色 雖非華制 其貴賤品級 亦章章不紊矣 我國自謂冠帶之國 而貴賤品級之別 不過在帶與貫子 至於補服 不曾分文武貴賤 副使亦用仙鶴 與伯氏同其 文 紊亂可笑.

주인집 아들이 내가 쓰고 있는 갓(笠)의 값을 물어 보기에 내가 '무슨 생각에서 그걸 물어 보느냐?'고 했더니 그는 대답하기를,

"저는 그 값이 얼마나 가는 것인지 몰라서 물어 보았을 뿐, 별다른 뜻이 있는 건 아닙니다."

(중략)

"우리들의 관복(冠服)은 황제께서도 전에 가져다 구경하신 일이 있다."

여러 사람들이 그 말을 듣더니 모두들 '아 그러냐!' 하면서 한참 동안이나 감탄을 했다.[19]

상대방의 반응에 대해 자신의 의관을 설명하는 방식이 완전히 달라져 있음을 볼 수 있다. 여기서 보면 김창업의 '의관을 통한 전략'에는 대폭적인 수정이 있음을 볼 수 있다. 조선인의 입장에서, '예'와 '존명' 사상을 역설해서 그로 중화와 이적을 구분하려던 김창업의 전략은, '너희 황제도 관심을 보였다'라는 상대방에게 어필할 수 있는 방법으로 변해 있다. 그것은 여행을 통해 자신의 입장을 취하는데 유연성이 생겼기 때문이다.

2) 식(食) - 언어의 한계성의 인식

자신이 전혀 접해보지 못했던 비일상적인 음식은 여행자에게 가장 강렬한 감각을 제공한다. 여행이라는 것, 또 새로운 것을 경험한다는 것이 모두 감각을 통해, 여행자에게 인식된다는 사실을 유념하면, 먹는 것은 '여행'이라는 것의 아주 중요한 일부가 된다. '맛'이라는 것은 무엇보다도, 체험자의 몸에 가해지는 가장 물리적이며 직접적인 감각이기 때문이

---

19 癸巳, 2월 22일 庚午: 主人子問余笠價 余日問價何意 對日 我不知這裏價多少 并無別意 …(중략)… 余書日 我把冠服 皇帝曾拿去看 諸人聞之 皆日好好.

다. 이것을 대하는 김창업의 태도를 알아보면, 여행 중에 오감(五感)에
의해 입력되는 새로운 정보들이 어떤 방식으로 여행자에게 인식되고 또
그것이 실제 작품에 있어서 글쓰기를 어떻게 추동하고 있는지를 알 수
있을 것이다. 즉, 여행 중의 직접체험이 작품에 녹아드는 방식을 이해할
수 있다. 김창업은 그의 「연행일기」에서 이 먹는 것에 대해 특히 많은
지면을 할애하고 있다. 먼저 김창업은 이 음식물의 경험에 상당히 적극
적인 자세를 취하고 있음을 알 수 있다. 새로운 음식물은 단순히 끼니를
때우는 것에 머무는 것이 아니라 감각적 호기심의 대상이 되고, 즐김의
대상이 된다.

조금 있으니 안주인이 밥을 지어다가 그들에게 주는데 훔쳐보았더니,
당미(唐米) 쌀이었는데, 퍽 부드럽게 보였다. 그래서 나도 두어 숟갈 떴다.
안주인이 개송엄채(芥松淹菜) 및 송저(菘葅, 배추김치) 한 접씨씩을 내왔
는데 맛이 먹음직하였다.[20]

이어 타락차(駝酪茶)를 큰 병으로 하나 보내 왔으나, 사신들은 들지 않
았다. 나는 일찍 그 맛이 좋음을 알았기 때문에 연거푸 두 잔이나 마셨다.[21]

그 가운데는 오색 물을 들인 것도 있고, 잡탕류가 가장 많았다. 내가 두
루 맛보았는데, 다 먹을만 했다. 우리 나라의 복어·해삼·대구도 또한 있
었다.[22]

---

20 壬辰, 11월 29일 戊申: 俄而主婆炊飯饋車胡 取視之 乃唐米 而頗柔軟 遂喫數匙 討下
飯主人卽進芥松淹菜及菘葅各一楪 味皆可喫.

21 癸巳, 1월 1일 己卯: 繼送駝酪茶一大壺 使臣不肯進 余曾知其味佳 連啜二鍾.

22 癸巳, 1월 14일 壬辰: 間染五色雜湯之類最多 余遍嘗 毕可食 我國鰻魚 海參 大口 亦
有焉.

이러한 음식물에 대한 그의 적극적인 관심은 곧 그것을 글로써 표현하
고자 하는 욕구로 연결된다.

박동화가 와서 회회국(回回國)참외 반쪽을 바치며 말하기를, "이게 바로
황제에게 진상한 것인데, 통관 (朴得人)이 보내 온 것입니다." 한다. 그 모
양이 남과(南瓜, 속명 호박)와 같으나 작고, 껍질은 푸르고 속은 누르고 붉
어서 우리 나라의 이른바 쇠뿔참외의 빛과 같으나, 그 씨는 보통 참외와
비슷하고 조금 크다. 맛은 달며 향기로와 우리 나라 참외와는 현격하게 다
르고, 껍질이 두껍기가 수박과 같으나, 두꺼운 껍질을 깎아 내고 씹으면
단단하면서도 연하고, 깨물면 소리가 나는데, 그 맛이 또한 참외보다 기이
하다. 그러나 지나치게 상쾌하여 많이 먹을 수는 없었다.[23]

최수창이 생 여지(荔枝) 다섯 개를 얻어 백씨에게 드렸는데, 부사와 서
장관이 마침 와서 각각 한 개씩 나누고, 나에게도 또한 하나를 보내었다.
그것을 보니, 껍질은 말랐으나 아직도 붉은 색이 있고, 안은 희기가 옥과
같은 것이 씨를 몇 겹이나 둘러싸고 있다. 껍질과 살 사이에 물이 가득히
찼는데 그 단맛이 꿀과 같았다. 껍질을 깨뜨릴 때 입을 대어야만 물을 흘려
버리지 않는다. 생각해 보니, 그것이 싱싱할 때는 살이 껍질 안에 가득 찼
을 것이나, 딴 지 오래 되었기 때문에 물러서 물이 된 것 같다. 그 살을
씹으니, 부드럽고도 소리가 나고, 그 단맛은 과즙만은 못하고, 조금 깔깔한
맛도 있었다. 일찍이 듣건대, 여지는 7월에 익는데, 따서 하루만 되면 향내
가 변하고, 이틀이 되면 빛깔이 변하고 사흘이 되면 맛이 변한다고 하였는
데, 이것은 그 가지에서 딴 지가 이미 오래 되었으나 그 맛이 이와 같으니,
만약 나무 밑에 가서 금방 따서 먹는다면 그 맛이 희한함이 어떠랴? 비록

---

23 癸巳 1월 3일 辛巳: 朴東和來進回回國甜瓜半片曰 此乃進獻皇帝者 而通官朴得仁送
來云 其狀似南瓜 俗名琥珀 而小 皮靑瓤黃赤 似我國所謂牛角甜瓜之色 其子與常甜瓜
相似 而較大 味甘香 與我國甜瓜懸殊 外殼厚如西瓜 削去麤皮啖之 則硬而脆 嚼之有聲
其味尤奇於瓤 然過爽 不可多喫.

지금 맛으로 말하더라도 딴 과실은 견줄 것이 없으며, 씹는 것 이외에 껍질의 향내 또한 좋은데, 이것은 그 단물이 스며들었기 때문일 것이다.[24]

이 과일들을 문자로 표현하기 위해, 시각, 미각, 후각, 촉각, 청각 등 인간이 동원할 수 있는 모든 감각을 동원하고 있는 것을 볼 수 있다. 이 「연행일기」 전편에는 이와 같은 음식물에 대한 장황한 설명이 가끔 나온다. 이런 표현에의 욕구는 어디서 생기는가? 이런 표현의 공통점은, 그것이 우리나라에서 경험할 수 없던 음식이라는 것이다. 당연한 말 같지만, 그것은 곧 조선에서 이 과일들이 개념적으로 존재하고 있지 않음을 의미한다. 이런 새로운 음식물 이외에 김창업이 경험하는 여러 다른 음식물들은 '이것은 대개 우리나라의 ~과 같다', 혹은 '~의 등속인데, 더 맛있다' 등의 표현으로 간단하게 처리된다. 이것은 그런 음식물들이 우리나라의 기호체계 안에서도 표현이 가능하다는 의미이다. 하지만 이런 새로운 음식물은, 김창업의 감각에 의해 '직접체험'되고 있지만, 우리나라의 감각의 체계에 있지 않아, 표현하기가 곤란해진다. 예를 들어, '이것은 우리나라의 밤과 같은데, 더 맛있다'라는 표현이 있다고 하면, 이것을 보는 사람이 만약 밤을 경험해 본 사람일 경우 그 맛을 상상할 수가 있을 것이다. 문제는, '여지'가 조선에 비슷한 등속도 없고, '달콤하**면서도** 깔깔한 맛'이라는 것이다.

필자는 '여지(荔枝)'가 우리가 중국집에 가서 가끔 후식으로 먹는 '리

24　癸巳, 1월 17일 乙未: 崔壽昌得生荔枝五個進 伯氏副使書狀適來 各分一個 亦送一個 於余 見之則其殼半枯 而向有丹色 內白如玉 裹核上數重 殼肉之間 有漿盈滿 而其甘如 蜜 啖時破殼 承以口 漿卽不失 想其生時 肉塡滿殼內而摘已久 故融化爲水 嚼其肉 脆而 有聲 其甘不及漿 微有滿意 曾聞荔枝以七月熟而摘 一日香變 二日色變 三日味變 是則 去其枝已久 而其味如此 使就樹下摘食者 奇當如何 然以今味論之 它果亦無可比者 嚼 外殼 香味亦佳 是則似以其漿液浸入而然也.

찌'라는 사실을 뒤늦게 알게 되었는데, 알고 생각해 보니, 김창업의 '달콤하면서도 깔깔한 맛'이라는 표현이 얼마나 적당하고 참신한 표현인지 깨닫게 되었다. 내가 만약 리찌의 맛을 표현했다면, '리찌 맛이지'라는 말 밖에는 표현할 수 없었을 것이다. 김창업의 '리찌의 맛'에 대한 표현은 결국 여행 대상국의 고정관념에서 나온 것도 아니고, 직접체험하지 못한 사람이 하는 추상적인 표현과도 질적으로 구분된다. 바로 여행자만이 가질 수 있는 표현 방식인 것이다. 요컨대, 말로 표현할 수 없는, 언어가 구축하고 있는 감각의 범주를 살살 빠져나가는 '감각'을 몸으로 느껴보는 것은 아마도 간접체험과 비교되는 직접체험, 즉 여행의 가장 큰 의의가 될 것이다.

새로운 감각을 대한다는 것은 위에서 본 바와 같이, 언어의 한계에 대한 체험이다. 위의 예는 물론 지엽적인 것이지만 이런 체험은 여행 내내 여행자에게 사물을 인식하는 새로운 시각을 제공할 것이다. 보통 여행을 출발하기 전의 '고정된 세계'에서는 언어와 사물들이 대략 일대일의 대응관계를 가진다. 사물이나 사상의 명칭들은 그 사회 내에서 통용되는 코드에 의해 '의심할 것'이 되지 못한다. 사과는 그저 사과이고 밤은 밤이며, 사과는 사과 맛이고 밤은 밤 맛이 될 것이다. 하지만 타국을 여행하면서 경험하게 되는 여러 사물과 사상들은, 이런 일상적인 언어의 범주체계로부터 항상 벗어난다. 이 때 여행자는 그 자신이 사용하고 있는 언어와 사물이 정확하게 일치하지 않음을 느끼게 되며, 여행의 경험을 통해, 언어=사물의 사고방식에서 벗어나 명명(命名) 이전의 사물 세계의 가능성을 엿본다.

3) 住 – 낯선 여행 숙소의 열린 지붕

여행자가 머무르는 숙소는 예나 지금이나 여행자의 관심사가 된다. 옷은 자신이 익숙하고 편하면 그만이고, 먹을 것은 먹기 싫으면 안 먹으면 되지만, 숙소는 이미 정해져 있는 것으로 더럽거나 춥거나 시끄럽거나 자신이 그것에 맞추어야 하는 고충이 있다. 물론 자신의 '품위에 맞는' 숙소를 얻으면 모르지만 그렇지 않을 경우, 숙소의 문제는 자신이 여행을 떠나기 전에 상정하고 있던 자신의 '품위'에 대한 기준을 포기하게 만든다.

> 우리들이 든 캉(炕)은 많이 파괴되었으므로 관부(館夫)에게 말해서 미장이를 불러 회를 발랐지만, 집이 워낙 큰데다 대청 사이로 출입하는 판자 문틈으로 바람이 들어와 방답지 않게 싸늘하였다. 백씨는 캉위에 방장(房帳)을 쳤다. 나의 캉은 대자리로 방을 만들었는데 길이는 한 길 남짓, 넓이는 그 절반이었으며, 남쪽으로 문을 내고 전(氈)을 쳐, 낮에는 걷어 올리고 밤에는 내리니 참 좋았다. 또 바닥은 대자리를 깔았는데 그 위에 기름종이를 깐 뒤에 이부자리와 책을 올려놓으니 기분이 상쾌했다. 그래서 내가, "나갈 때는 이 방이 아깝겠다."하고 농을 하였더니, 동행들이 모두 웃었다.[25]

위의 에피소드와 김창업의 농담은 결국 여행이라는 것이 '일시적'이라는 데서 연유한다. 즉 자신이 계속해서 살 집이 아니고, 비일상 공간의 임시거처라는 말이다. 집은 본래 정착해 사는 사람들에게 '본래부터 있는 것' 또는 '고정되어 있는 것'을 표상한다. 특히 조선시대 사람들에게

---

25 壬辰, 12월 28일 丁丑: 吾輩所入炕 多穿破 言于館夫 召泥工 以泥灰塗之 屋旣高大廊
落 室與大廳之間 出入板門多隙 風入疏冷 不似室中 伯氏炕上設房帳 余炕以簟爲屋 其
長丈餘 廣僅半之 南面開門垂氈 晝捲夜垂 便成好房 底鋪簟 其上又鋪油芚 置衾枕書册
亦蕭灑可喜 余戲曰 出去時 此屋可惜 同行皆笑.

는, 지금처럼 이사나 이동이 자유롭지 않았고, 같은 집에 태어나 자라고 살다 죽는 그런 정적인 삶의 패턴이 일반적이었을 것이다. 물론 그렇지 않은 사람도 있었겠지만, 적어도 집이 지금처럼 쉽게 사고 팔리고, 아무 때나 바꾸고 싶을 때 바꾸는 그런 성격의 대상은 아니었으며, 지금보다 더 '익숙함'이라는 느낌과 결부되어 있었을 터이다. 그런데 이제 그 '거처'는 오히려 '낯설음'이라는 감정과 결부되며, 그것에 좋든 싫든 '적응해야할 필요'를 느끼게 하는 가장 직접적이며, 강력한 외부환경이 된다. 그 적응해야하는 강력한, 또 고정되어 있는 외부환경은, 여행하는 '나'의 심리상태를 평상시의 그것과 다르게 만드는 가장 중요한 요인 중에 하나가 된다.

사실 "나갈 때는 이 방이 아깝겠다."라는 '농'은, 자신의 조선에서의 '품위'와 현재의 '보잘 것 없는' 상황이 복합적으로 얽혀진 자기 희화화이다. 이 농담은 '여행'에의 성공적인 적응을 스스로 자축하는 말이기도 하면서, 그런 적응하면서 자축하고 있는 자기를 한 편으로는 비웃는 시선이 함축되어 있다. 이 임시 방(여행)을 둘러싼 김창업의 시선은 이렇듯 단일하지 않다. 낯설면서도 고정된 것에 할 수 없이 적응하면서도, 그 적응하는 자기를 응시하는 시선이 교직되어 있는 것이다. 이런 시선의 분열은 '여행'이라는 조건을 통해서만 가능해진 경험이다.

次伯氏大凌河風雪韻

一領羊裘萬里來	한 벌의 양가죽 옷입고 만리길을 왔는데,
勁風打面雪如埃	거센 바람이 얼굴을 때리고 눈이 먼지처럼 휘날리네.
去年東郭梅花發	작년에 동곽에 매화가 피었을 때엔,
深臥閑房戶不開[26]	한가한 방에 깊숙이 누워 문도 열지 않았는데.

---

26 金昌業, 「燕行塤篪錄」, 위의 책, 106쪽.

지난겨울 문도 열리지 않는 한가한 방에 칩거해 있던 김창업은 올해에는 '한 벌의 양가죽 옷'을 입고 여행에 나선다. 이 시에서 방 안에 누워 있는 고정된 이미지의 '나'는 가죽 옷 입고 눈바람 맞으며 '이동 중'인 나의 모습과 극명하게 대조된다. 매화의 이미지, '깊게 누웠다' 등의 시어는 효과적으로 정적이고 고정되어 있던, 여행 전의 자기를 표현한다. 익숙한 방과 집, 사람들, 공기, 냄새 등 익숙하고 안정되며 고정된 '관계망' 안에 깊숙이 누워 있던 김창업은 '모든 것이 낯선' 거센 눈바람이 얼굴을 때리는 '길' 위에서 자기를 발견한다. 여행을 통해 얻게 된 일시적 '자기'와 자신이 조선에서부터 유지해 온 방안의 '자기'는 이 여행 내내 충돌하기도 하면서, '글쓰기'의 주체를 형성시킨다. 위의 시를 하나의 글쓰기 주체로 상정한다면, 거기에는 집 안에 깊숙이 누워 있는 자기와 눈바람 맞으며 이동 중인 자기, 즉 양자가 대비적으로 혼합되어 있다. 요컨대, 이 「연행일기」 글쓰기에서 생성된 주체는 결코 자신의 집 안의 '나'와 같은 안정되며 단일한 주체가 아니며, 여행이라는 조건 하에 매우 복잡하게 유동하며 생성되는 역동적인 주체이다. 이러한 여행의 역동적 주체는 「연행일기」 후반부의 다음의 장면에서 매우 극적으로 형상화된다.

밤이 깊어 숙소(寓炕)로 돌아와 옷을 벗고 자리에 누웠다. 말안장에 있던 담요 조각을 가져다 허리를 덮었더니 역시 추운 줄을 모르겠다. 한밤중에 바람이 불기 시작하여 소나무 회나무(檜)들이 모두 울어댔다. 원건을 불러 밤이 얼마나 깊었는지 보라고 했더니 달이 아직 떠오르지 않았다고 한다. 내 자신이 일어나 문 밖으로 나가 보았다. 바다 빛만이 창연할 뿐이었다. 이내 다시 돌아와 자리에 누웠다. 스스로 생각해 보니 인생이 비록 뜬구름과 같아 남북을 정할 수 없다고는 하지만, 내가 이 절에 와서 묵게 될 줄이야 어찌 꿈엔들 일찍이 생각해 보았던 것이랴!

생각이 여기에 미치자 마음이 한편 기쁘기도 하고 한편 서글픈 것 같기도 하여 잠을 이룰 수가 없었다. 잠시 후 또 일어나 나가 보았다. 달이 남해 바닷물결 위로 떠오르고 있었다. 반은 잠기고 반은 떠오른 달의 광경은 참으로 신기하였다. 닭이 이미 울었다. 이 날은 약 90여 리를 걸었다.[27]

김창업이 북경으로부터 오는 길에 처음으로 일행으로부터 떨어져 나와 각산사(角山寺)에서 숙박하게 되는 장면이다. 위에서 서술된 감정은 고정된 자신의 관계성 울타리 안에서는 느끼기 힘든 심회(心懷)이다. 일상적 공간에서의 '자기'는 모든 경물과 사람들과의 안정된 관계성 속에서 파악되기 때문이다. 여기서 김창업은 자신을 '남도 북도 정해지지 않는 뜬구름'으로 표현하고 있는데, 이것은 곧, 일상적 관계성 밖의 '자기'의 발견이다. 그리고 '생각이 여기에 미쳐 한편 기쁘기도 하고 서글픈 것 같기도 하여 잠을 이루지 못하는' 느낌은 확실히 '여행자'만이 가질 수 있는 독특한 감성이다. 이 잠이 오지 않던 때, 집에서 매일 보던 '달'은 평소와 다른 의미로 다가온다. 여기서 여행자는 '인간세계'에 있지 않고 우주라는 자연의 중심에 있다. 물론 김창업이 조선으로 돌아와서는 다시 '그' 일상으로 돌아왔을 것이며, 그의 삶이 그렇게 극적으로 변하지도 않았을 것이다. 하지만 위와 같은 경험을 감안할 때, 여행 가기 전의 김창업과 여행 후의 김창업을 과연 같은 사람으로 볼 수 있을까?

---

27 癸巳, 2월 23일 辛未: 夜深歸所寓炕 和衣而臥 但以鞍上所覆氈片覆腰 亦不覺寒冷 夜中風起 松檜皆鳴 呼元建視夜 云月猶未出 余遂自起 出戶視之 海色蒼然而已 乃復還臥 自念人生 雖曰如浮雲不定南北 而此身來宿此寺 豈夢寐所曾及哉 於是 意思似喜似悲 遂不能睡 少頃 又起視之 月上東南 海波半明半暗 光景殊奇 時鷄已鳴矣 是日 約行九十餘里.

4. 나오며

물론, 고정관념과 편견을 갖고 온 여행자가 실지 체험을 통해 자신의 지식과 기대가 오류였음을 깨닫고 갈등하여 여행국에 대한 새로운 이해에 도달하는 것도 '여행'이 보여주는 동력[28]이다. 하지만 위에서 논의하였듯이, 여행자가 가질 수 있는 범세계주의적 인식구조와 그에 기반한 직접체험은, '구체적인 지식들과 기대들이 오류였음을 깨닫고 갈등하게 하는' 근본적인 작동원리이다.

「연행일기」가 보여주는 여행에서의 직접체험이 여행자에게 가져다주는 심리적 효과는 다음과 같다. 첫째는 다른 '자기'의 경험이다. 조선에서 의관에 대해 가지고 있던 막연한 생각들은 아주 제한된 수의, 그것도 시대에 의해 취사선택된 변수들에 의해서 추론된 결론이었다. 하지만 조선의 사대부들은 그것을 절대적인 가치로 인식하고 있었는데, 그것은 주변 사람들도 대부분 공유하고 있던 생각이었기 때문이었다. 예를 들어 김창업은 여행 전에 청나라 의복에 대해 '오랑캐'에 의해 강요된 무도한 제도라는 정도의 제한된 정보를 가지고 있었던 것으로 보이는데, 그런 생각은 당시 조선인에게 공유되던 생각이었다. 그런 김창업에게, 그 옷을 직접 입고 생활하는 청나라 사람들의 실제 모습들과 그들과의 인간적인 교류는 김창업에게 보편적인 혹은 상대적인 차원의 입론(立論)을 경험하게 했던 것으로 보인다. 둘째는 언어의 상대성의 체험이다. 모두가 평생 같은 말을 쓰는 단일한 문화로부터 벗어나, 자신의 말이 정확하게 포착하지 못하는 다른 기호체계의 문화에 대한 직접체험은, 자신이 쓰는 언어가 사실은 다른 하나의 방언(dialect)임을 느끼게 해줄 것이다. 흔히 주자학적 가치체계라고 불리는 '보편적인' 인식/언어 체계에

28　이혜순, 위의 논문, 232~233쪽.

젖어 있던 소중화인 김창업에게 이 경험은 스스로의 관점을 상대화 시켜볼 수 있는 기회를 제공할 뿐만 아니라, 실물(實物)을 위주로 하는 새로운 가치체계의 가능성을 열어준다. 셋째는 일상적 관계성으로부터의 탈주이다. 자신이 익숙해져 있는 환경으로부터 벗어나 새로운 환경에 적응하는 경험을 통해, 여행자는 더 넓은 스케일의 '세계'와 '나'와의 직접적 관계를 경험한다. 부모님의 아들로서, 임금의 신하로서, 형·동생·친구로서, 부인의 남편으로서, 자식의 아버지로서 관계가 규정되고, 그에 '맞는' 행동만이 허용되는 조선에서와 달리, 여행자 김창업은 훨씬 다양한 인간관계를 경험하며, 또한 우주와 '홀로' 대면하는 자연인으로서의 자기를 발견한다.

김창업의 경우에 있어서, 그리고 이는 그가 가지고 있던 막연한 생각들을 재고할 수 있는 기회를 주었다고 생각된다. 그리고 이를 통해 얻어진 사고의 방법, 혹은 노하우들은 조선 후기에 벌어진 여러 지적인 반성과 성취들과 밀접한 관련이 있으리라 생각된다. 조선 후기에 있어 연행록과 북학파로 대변되는 '북학'이라는 조류가, '실학(實學)'으로 대변되는 조선후기 지성사에 있어서의 중차대한 변화에 큰 역할을 했다는 것은 필자도 동의하는 바이다. 하지만 변화를 추동한 요인이 단지 청나라에서 보고 배운 제도와 문물 자체, 가령 의복이나 수레제도, 벽돌 혹은 고증학 등의 실제 사물이나 학문적 조류냐에 대해서는 동의하기 어렵다. 그리고 그 영향관계가 입증이 되더라도, 그 문물상의 구체적 변화가 실학이라는 정신적 조류에 그리 큰 지대한 영향력을 가지고 있었다고는 생각되지 않는다. 오히려 더 중요한 것은 여행이라는 경험을 통해서 사물들을 바라보는 관점을 상대화 시켰다는 것이며, 자기도 모르게 정치권력에 의해 주입되고 있었던 선험적 사고방식들에 의문을 제기해갔다는 사실이다.

조선통신사와 류큐사절단의 필담(대담)

아라이 하쿠세키(新井白石)를 중심으로

조영심
연세대학교

1. 들어가며

본고는 18세기 초반에 이루어졌던 1711년 신묘통신사행을 보다 객관적으로 규명하기 위해 작성되었다. 이를 위해 조선후기 통신사의 흐름 속에서 신묘통신사를 규명하는 것이 아니라, 동시대 일본에서 이뤄졌던 외국인 행렬인 류큐사절단과의 비교를 통해 살펴보고자 한다.

16세기 말부터 17세기 초 동아시아 세계에는 거대한 변화가 있었다. 조선은 임진왜란과 정유재란에 이어서 병자호란까지 전란을 거치며 조선후기로 들어섰고, 일본은 도쿠가와 이에야스(德川家康)가 권력을 잡고 에도시대에 들어섰으며, 중국은 만주족의 청나라가 되었다. 해상무역국으로 세력을 떨치던 류큐(琉球)는 중국의 영향권 아래에 있으면서도 일본 사츠마번(薩摩藩)에 복속되는 양속체제의 국가 상태로 놓이게 되었다.

이후 1607년 조선은 일본의 요청으로 '회답겸쇄환사(回答兼刷還使)'를 일본에 보내게 되는데, 이것을 시작으로 조선후기에 총 12차례의 통신사가 일본에 파견된다. 한편, 류큐 역시 청조(淸朝)와 에도막부의 양속(兩屬) 상태가 되어, 이전과는 달리 류큐사절단을 총 18차례 에도에 보내게 된다. 포로쇄환을 골자로 했던 1-3차를 제외하고 조선통신사의 본래 파견 목적은 막부 장군의 습직에 대한 축하와 외교적 현안의 해결에 있었다. 류큐사절단의 경우도 마찬가지로 막부 장군의 습직에 대한 축하를 위한 하경사(賀慶使)가 있었고 그 밖에 류큐왕 교체 시 은사사(恩謝使)가 있었다.

막부 장군의 습직 축하라는 공통의 목적으로 인해 양국 사절단은 비슷한 시기 일본을 방문했다. 이로 인해 양국 사절단을 모두 경험하는 일본인도 있었다. 특히 18세기 초에는 제6대 쇼군 도쿠가와 이에노부(德川家宣, 집권 1709~1712)와 그의 아들 제7대 쇼군 도쿠가와 이에츠구(德川家繼, 집권 1713~1716)의 집권이 단기로 끝나면서, 사절단의 방문이 잦았다. 조선통신사는 도쿠가와 이에노부의 습직 축하를 위해 1711년 일본을 방문했으며, 류큐사절단은 각각의 쇼군을 축하하기 위해 1710년과 1714년 일본을 방문했다. 그리고 양국 사절단 모두 이 시기 막부의 집정관을 역임하고 있던 아라이 하쿠세키(新井白石)을 만나게 된다.

아라이 하쿠세키에게 조선과 류큐는 에도를 찾아 온 타국의 사신단이었지만, 각 국에 대한 입장에는 차이가 있었다. 조선의 경우, 아라이 하쿠세키는 사신 접대에 있어서 간소화를 주장하였지만 그 속내에는 조선과 일본을 대등하게 위치 지으려는 인식이 있었다.[1] 한편, 류큐의 경우 청조와 에도막부의 양속 관계에 놓인 국가라는 사실을 미리 인지하고 있었으며, 류큐사절단을 왜(倭) 문화를 공유하고 있는 나라의 사신이라고 인식했다.[2]

아라이 하쿠세키는 양국 사절단과 만나 필담(筆談) 또는 대담(對談)을 나누었는데 이때의 기록이 각각 『강관필담(江關筆談)』과 『백석선생류인

---

1 宮崎道生, 『新井白石序論』, 吉川弘文館, 1976, 39쪽.
2 橫山學, 『琉球国使節渡来の研究』, 吉川弘文館, 2007, 134쪽.

문대(白石先生琉人間對)』라는 텍스트로 남아있다. 아라이 하쿠세키에게 조선과 류큐 양국에 대한 인식 차이는 위 두 텍스트에서도 고스란히 드러난다. 이에 본고는 이 두 텍스트의 비교분석을 통해 조선통신사와 아라이 하쿠세키의 관계, 나아가 신묘사행을 조명하고자 한다.

이를 위해 2장에서는 먼저 조선 사신과 아라이 하쿠세키의 만남을 정리하고, 『강관필담』을 내용 별로 나누어 정리하도록 한다. 3장에서는 현재까지 국내에 소개되지 않은『백석선생류인문대』라는 텍스트를 간략히 살피도록 한다. 4장에서는 두 텍스트에서 공통적으로 보이는 '중국'이라는 화두에 대한 아라이 하쿠세키의 태도 차이를 살피고 그 원인을 고찰하도록 한다.

2. 『강관필담(江關筆談)』 속 통신사와 아라이 하쿠세키(新井白石)의 관계

1) 신묘통신사와 아라이 하쿠세키의 만남

1711년 신묘통신사는 1709년에 사망한 도쿠가와 츠나요시(德川綱吉, 1680~1709)의 뒤를 이어 제6대 장군이 된 도쿠가와(德川家宣, 1662~1712)의 장군 습직을 축하하기 위한 사절이었다. 정사 조태억(趙泰億)과 부사 임수간(任守幹), 종사관 이방언(李邦彦)을 비롯해 500여명 가까이 되는 사행단이 일본을 방문했다.

임수간의 사행록『동사일기(東槎日記)』의 기록을 좇아『강관필담』의 주요 등장인물인 삼사와 아라이 하쿠세키의 만남을 정리하면 다음과 같다.

〈표1〉 신묘통신사와 아라이 하쿠세키의 접촉[3]

날짜	장소	내용
미상	미상	아메노모리 호슈가 아라이 하쿠세키의 시집을 보이며 서문을 요청하다.
1711년 10월 17일	가와사키(河崎)	전일 시집서(詩集序)를 보낸 데 대해 에도(江戶)로부터 마중 나온 아라이 하쿠세키에게 감사의 뜻을 표하다.
1711년 10월 20일		아라이 하쿠세키가 와보다.
1711년 10월 26일		아라이 하쿠세키가 야풍향(野風香) 1소합(小榼)을 종사관 이방언에게 주고, '천작당장수유식거(天爵堂藏修遊息居)' 8자로 현판(懸板)을 하려 한다면서 팔분체(八分體)로 써 달라 요청했다. 아라이 하쿠세키가 외청(外廳)에 나와 군관(軍官)이 차고 있는 칼과 활과 화살을 보자고 하기에 천자궁(天字弓)과 육량전(六兩箭)을 내보이니, 아라이 하쿠세키는 활시위도 펴지 못하다가 군관들이 당기는 것을 보고는 대단히 경탄(驚歎)하였다.
1711년 10월 28일	에도(江戶)	아라이 하쿠세키가 와서 기다리다.
1711년 11월 1일		망궐례 당시에도 아라이 하쿠세키와 잠깐 마주하다.
1711년 11월 3일		통신사를 위한 연악에서 필담을 나누다. (이때의 기록은 『좌간필어(坐間筆語)』 또는 『관악필담(觀樂筆談)』에 남아있다.)
1711년 11월 5일		삼사의 객관에 아라이 하쿠세키가 술을 가지고 찾아와 함께 필담을 나누다. 이때의 기록은 『강관필담(江關筆談)』에 남아있다.
1711년 11월 6일		아라이 하쿠세키가 만국전도를 가지고 삼사의 관소를 찾다.
1711년 11월 13일		국서의 피휘 문제가 붉어지자, 편지를 보내 아라이 하쿠세키를 만나고자 했으나 병을 핑계로 오지 않다.
1711년 11월 17일		아라이 하쿠세키의 막부에서의 위치와 실상에 대해 깨닫다.

아라이 하쿠세키는 신묘사행 당시 통신사의 접대를 책임진 인물로 표와 같이 여러 번 삼사와 접촉했음을 알 수 있다. 이 과정에서 삼사와 주고받은 창화시도 조태억의 『겸재집(謙齋集)』[4]이나 임수간의 『돈와유고(遯窩遺稿)』[5]에 기록되어 있다. 그리고 11월 3일과 11월 5일의 필담은 각각

---

3 졸고, 「趙泰億 사행문학 연구; 對日觀을 중심으로」, 연세대학교 석사학위논문, 2014, 54~55쪽 참고.

4 『謙齋集』 권8에 「次謝白石源君美贈別之韵」 등이 실려 있다.

『좌간필어』(또는『관악필담』)와『강관필담』에 기록되어 있다.[6]

11월 13일 국서 피휘 문제가 붉어진 후 삼사는 아라이 하쿠세키를 찾았다. 그러나 그는 병을 핑계로 나오지 않았다. 이전까지 통신사와의 만남을 적극적으로 이어나갔던 그였지만 외교적 문제에 이르자 냉담했다. 이후 삼사는 사건의 발단에 아라이 하쿠세키가 놓여있음을 인식하고 그의 속내를 다시 생각하게 된다.[7]

『강관필담』이 쓰인 시기는 아직 국서 문제가 불거지지 않았고 아라이 하쿠세키의 속내가 노골적으로 드러나지 않았을 때였다. 삼사는 아라이 하쿠세키를 시문에 능한 박식한 인물로 인식하고 있었다. 한편,『강관필담』내에 조태억이 아라이 하쿠세키에게 '피휘'를 질문하거나 국서를 미리 살펴볼 수 있는지를 물어 외교적으로 중요한 부분에 대해 동태를 살피기도 한다. 삼사는 아라이 하쿠세키의 문학성과 동시에 외교적 입장을 견지해야 하는 위치에 있었던 것이다.

2)『강관필담』의 구성과 내용

『강관필담』은 1711년 신묘통신사 삼사가 일본의 에도에서 아라이 하

---

5 『遯窩遺稿』 권2에 「贈白石源公璵」라는 제목으로 실려 있다.

6 『좌간필어』는 연회의 자리에서 연악에 대해 이야기한 필담으로 그 내용과 목적이 분명하므로 본고에서는『강관필담』을 위주로 살펴보고자 한다.

7 듣건대, '원여는 관백 잠저(潛邸 임금이 되기 전에 살던 집이나 또는 그 동안)의 친구로서 와내(臥內)에 출입하는데 그의 말은 모두 들어 준다. 이리하여 집정과는 아주 좋지 못한 사이다. 집정 상모수(相模守)는 우리들의 말을 자못 옳게 여기어 피휘(避諱)를 청하며 관백이 허락을 했다가 원여의 말을 듣고 갑자기 변동하여 일이 이 지경까지 이르게 되었다.' 하는데, 대개 원여란 자가 능히 문자를 알기 때문에 이번에 절목을 새로 정할 때 모두 원여가 강정(講定)한 바로서 상모수는 몹시 그를 미워하여 칼로 찔러 죽이려 하였다. 일전에 편지를 보내 맞으려 할 때 병을 핑계하고 오지 않는 것을 보아도 그의 정상을 알 수 있다. (임수간, 『동사일기』, 「國書請改始末」11월 17일조)

쿠세키와 나눈 필담을 정리한 것이다. 이 필담은 부사 임수간의『동사일기』곤(坤)[8]과 일본 교토의 서점 하치몬지야 쇼베에(八文字屋正兵衛)에서 간행된 본, 그리고『신정백석전집(新井白石全集)』[9]에 실려 있다.[10]

그런데 동사일기본과 일본에서 간행 된 두본 사이에는 공통점과 차이점이 많다. 동사일기본의 경우 자서(自序)를 통해『동사일기』의 저자인 임수간이『강관필담』을 편집했다는 내용이 밝혀져 있고, 전집본의 경우 '通政大夫吏曹參議知製敎趙泰億 輯'이라는 기록이 있어 조태억이 편집한 것으로 이야기되고 있다. 실제로 조태억이 편집한 것이 일본에 전해졌을 가능성과 동사일기본『강관필담』이 일본에 건너간 후 일본인의 손을 거쳐 재편집되었을 가능성 등을 생각해볼 수 있다. 본고의 목적은 임수간과 조태억 또는 일본 간행『강관필담』편찬자의 편집 의도가 아닌, 아라이 하쿠세키와 삼사 등의 필담 전체를 살펴보는데 있으므로 동사일기본과 일본 간행본의 내용을 합쳐 살펴보도록 하겠다.[11] 실제『강관필담』에는 조를 나누고 있지 않지만 편의에 따라 새로운 내용의 담화가 시작하는 부분을 기점으로 분류해 내용을 표로 만들어보았다.

---

8 이후 '동사일기본'이라 칭한다.

9 이후 '전집본'이라 칭한다.

10 『강관필담』의 일본 간행에 관련해서는 허경진·장진엽, 「18세기 후반 일본에서의『坐間筆語』간행의 의미」, 『조선통신사연구』9집, 조선통신사학회, 2009에 자세하게 연구되어 있다.

11 이일재는「『江關筆談』에 대한 一考察」, 『아시아문화』19호, 한림대학교 아시아문화연구소, 2003에서 동사일기본과 일본 간행본의 내용을 모두 고려한 새로운『강관필담』의 구성을 시도하였다. 본고도 이러한 '동사일기본'와 '전집본'의 합본『강관필담』을 이용하되, 인용 시 출처를 밝히기로 한다.

〈표 2〉『강관필담』 구성과 내용 정리

조	대상		내용
	제의자	참여자	
1	平泉	白石	필담에 대한 제안과 수긍
2	白石	三使	담배를 피우는지 여부와 권유
3	三使	白石	선진 시대의 서적이 일본에 현존하는 지의 여부
4	南崗	白石	과거의 서적(죽간)을 직접 살펴볼 수 있는지의 여부와 불가하다는 답변
5	白石	三使	대서양·이탈리아·네덜란드·류큐·당산·조선 사람과의 만남에 대하여
6	白石	三使	만국전도의 유무
7	靑坪	白石	일본에서 류큐·복건·나카사키까지의 거리
8	靑坪	白石	해적의 유무
9	南崗	白石	매년 왕래하는 상선의 수
10	平泉	白石	근래에 당산 지방의 선박이 일본을 찾지 않는 이유
11	南崗	白石	해적에 대하여
12	靑坪	白石	서양 고리국(古里國) 이마두(利瑪竇)가 남긴 문자
13	南崗	白石	일본을 빙문한 류큐국 사신의 의복 제도
14	南崗	白石	일본을 빙문한 류큐국 사신의 문자
15	白石	三使	조선이 청나라의 예를 따르지 않고 여전히 명나라 예를 따르는 이유
16	靑坪	白石	검술 관람 가부와 완곡한 거절
17	白石	三使	신숙주(申叔舟)·대마도(對州) 등을 거론하며 양국의 친선 강조
18	平泉	白石	국휘(國諱)에 대한 규정
19	平泉	白石	회답 국서를 미리 볼 수 있는지
20	白石	三使	관의 제도
21	南崗	白石	조선의 관복 제도에 대한 일본왕의 평가
22	南崗	白石	관혼상제에 주문공가례(朱文公家禮) 사용 여부
23	白石	三使	담배 권유
24	平泉	白石	술에 대한 권유와 호(號)를 이용한 언어 유희
25	白石	三使	일본 담배와 조선 담배의 품질 비교

			저녁상이 들어옴
26	白石	平泉 青坪	천수당(天壽堂)과 물암(勿庵)의 기문 요청
27	白石	三使	저녁상을 먹으며 전고를 인용하며 유희
28	青坪	白石	귀로 출발 일을 앞당겨달라는 부탁
			제술관과 삼서기가 들어옴
29	白石	四文士	통성명
30	白石	三使	제술관에게 술을 권유하며 유희
31	南崗	白石	서기 홍순연(洪舜衍) 소개와 홍세태(洪世泰)·홍순연과의 관계
32	白石	三使	성완(成玩)의 생존 여부
33	白石	三使	성완의 자제 유무
34	東郭	白石	동곽은 시 읊기를 요청하고 아라이 하쿠세키가 객장귀곡(客將歸曲)을 노래함
			국수와 술이 나옴
35	東郭	白石	국수와 술을 이용한 농담
			연한 두부와 포도가 나옴
36	白石	南崗	자국 음식 맛에 대한 칭찬과 이에 대한 견제
37	青坪	白石	사귐의 정한
38	白石	三使	정몽주(鄭夢周)의 후손을 만난데 대한 반가움(선전관 정찬술(鄭纘述))
			대마도 사람 우삼동(雨森東)이 들어옴
39	平泉	白石	우삼동(雨森東)에 대한 칭찬
40	平泉	白石	삼택집명(三宅緝明)에 대한 질문
41	青坪	白石	오늘 만남에 대한 기쁨
42	白石	三使	오늘의 필담을 뒷날 보내주기를 요청

『강관필담』은 1711년 11월 5일 삼사의 에도 관소에 아라이 하쿠세키가 찾아오는 것으로 시작한다. 정사 조태억의 요청으로 통사를 통하지 않고 필담으로 의사소통을 진행하게 된다. 삼사는 이미 이틀 전 11월 3일에 일본 측에서 준비한 연악을 즐기며 아라이 하쿠세키와 필담은 나눈 기록

이 있기 때문에 관소에서의 만남 후에 필담이 이어지는 것은 자연스러운 일이었을 것이다.

전체를 총 42개조로 나누어보았을 때 조선 측에서 새로운 내용을 제의한 경우는 25번이고 아라이 하쿠세키의 경우는 17번이다. 조선 측에서는 삼사와 제술관 이현(李礥) 등까지 여럿이 모인 자리였기에 이야기를 시작하는 일이 보다 많았다. 또 본인이 제의한 질문이 아니더라도 함께 필담에 합세하기도 했다. 특히 '일본에 선진시대의 서적이 현존한다'는 화제에 대해서는 삼사가 입을 모아 질문을 했다. 삼사가 아라이 하쿠세키에게 제의한 필담에는 유독 질문이 많은데 대체로 일본의 무역이나 제도, 타국과의 관계 등을 확인하는 내용이다. 그 중에는 류큐에 관련된 질문도 있다. 이 부분은 4장에서 다루도록 한다.

이와 같이 조선에서는 알기 어려운 일본 정세에 관한 것들이 질문의 주를 이뤘다. 한편, 아라이 하쿠세키의 경우에는 질문보다 우호를 닦거나 유희적인 이야기를 이어나갔다. 간혹 질문이 있었지만 조선 담배의 품질이라거나 자신이 1682년 사행에서 만났던 문사 성완(成琬)과 홍세태(洪世泰)에 대한 안부의 질문으로 개인적인 질문이라 볼 수 있다.

필담의 내용은 술과 담배에 대한 권유·타국에 대한 질문·정보의 제공·지식 과시·상대국 문물에 대한 요청(서적, 검술, 기문, 시 등)·견제·우호·언어유희와 농담 등으로 나눌 수 있다. 삼사의 질문이 있었을 때 아라이 하쿠세키가 대답하는 것은 정보의 제공이라 할 수 있겠으나, 아라이 하쿠세키가 자발적으로 나서 자신이 가지고 있는 지식을 과시하기도 한다. 예를 들어, 본인이 만났던 이국인들에 대해 이야기하며 삼사의 흥미를 유발하고 만국전도를 이야기하며 자국의 문화적 우월성을 피력한다. 한편, 서로의 만남에 대해 사귐의 정과 양국 우호의 진전을 이야기하면서도 자국 음식이 맛있다거나 양국의 담배 맛을 비교하는 등 비교와

견제가 보인다. 특히, 조태억은 사행과 관련해 국서에 대해 사전 열람을
요청하거나 피휘 문제를 질문하는 등 외교적인 부분에 있어서도 아라이
하쿠세키의 동태를 살피며 견제했다. 그러나 아라이 하쿠세키는 대답하
기 어려운 질문과 요청에 대해 본인의 능력 밖의 일임을 피력해 상황을
넘기며, 언어유희와 농담을 통해 필담을 이어간다. 전체적으로 필담이
시작한 직후에는 삼사의 질문이 거듭되다가 후반부로 갈수록 호를 가지
고 언어유희를 보인다거나 우호적인 이야기로 필담이 진행된다. 어느 정
도 분위기가 무르익고 서로에게 가까워진 듯한 모습으로 보인다. 정리하
자면, 『강관필담』은 질문과 대답, 과시와 견제, 우호와 농담이 섞인 다
양한 성격을 망라한 텍스트이다.

3. 『백석선생류인문대(白石先生琉人問對)』 속 류큐사절단과 아라이 하쿠세키의 관계

아라이 하쿠세키는 1710년과 1714년 류큐사절단과도 접촉해 기록을
남겼다. 『백석선생류인문대』는 이 때 에도를 방문한 류큐사절과 아라이
하쿠세키와 나눈 질의응답을 정리한 것으로 보인다.[12] 제목으로 보아 아
라이 하쿠세키와 류큐인의 문대(問對)를 다시 아라이 하쿠세키의 문도가
편집해 정리한 것으로 보이나 누가 편집한 것인지, 어떤 의도를 가지고
편집했는지, 초본이 어떠했는지에 대해서는 밝혀지지 않고 있다. 다행

---

12   이 글은 『新井白石と洋学と海外知識』의 저자 미야자키 미치오(宮崎道生)의 개인소
    장본으로 알려져 있어 원본의 확인에 어려움이 있으므로 그가 『백석선생류인문대』의
    전문을 실어놓은 『新井白石と洋学と海外知識』로 대신했다. 그는 이것이 1714년의 류
    큐사절과의 문대라고 하였는데, 아라이 하쿠세키가 1710년도의 류큐 사절과도 만난
    기록이 있는 것으로 보아 1710년의 기록도 섞여있을 가능성을 배제할 수 없다.

히 문대가 이루어지는 중간에 아라이 하쿠세키 남긴 것으로 보이는 글이
있어 그의 의도를 알 수 있게 해준다.

> 류큐국에서 왕을 봉할 때 온 사자로서 이조(異朝)로부터 건너온 사람들
> 은 각각 그 나라의 일을 기록한 서적을 함께 가지고 왔다. 그러나 그 서적
> 들 중 전후시기가 똑같지 않은 것이 있기 때문에, 기록된 것이 같지 않는
> 것이 있어 알기 어려운 것에 대하여 이조(異朝)의 책들을 보던 중, 몇 가지
> 질문을 찾았다.[13]

기본적으로 아라이 하쿠세키는 자신이 류큐에 대해 공부하던 중 발생
한 질문에 대해 실제 류큐인을 만났을 때 검토하려 했던 것으로 보인다.
그래서인지 이 글의 모든 문대에 있어서 제의자는 아라이 하쿠세키이고
참여자는 류큐인이다. 일방적으로 류큐에 대한 아라이 하쿠세키의 질문
과 그에 대한 답변으로 이루어졌다고 볼 수 있다. 아라이 하쿠세키는 이
문답이 이루어지기 이전에 서적을 통해 이미 류큐에 대한 많은 정보를
가지고 있었다. 자신이 어떤 서적을 읽었는지 정확하게 밝히지는 않고
있지만 '이조의 책(異朝の書)'에 기록된 내용을 류큐인에게 확인 받는 대
목이 자주 등장한다. 기본적으로 아라이 하쿠세키가 류큐에 대한 '정
보'[14]를 얻기 위해 의도적으로 만들어낸 문답이라는 것을 알 수 있다.

---

13 宮崎道生, 『新井白石と洋学と海外知識』, 吉川弘文館, 1973, 345쪽, "琉球国封王の時
   の使として異朝より渡り候人、をのをの其国の事共しるし候書物共有之事に候。但し、
   其書物共の中、前後時を同しく仕らす候故歟、しるし候所不同有之、心得かたき事共
   候につき、異朝の書共にみえ候事の中、相尋候問目。"
14 피크 버크는 『지식』이라는 책에서 "'정보'라는 말은 상대적으로 '날 것'인, 특수하고
   실용적인 것들을, '지식'이라는 말은 '익힌 것', 사고과정을 거쳐 분석 또는 체계화된
   것을 가리키는 것"으로 사용하였다. 본고도 이 개념을 이용해 '정보'와 '지식'이라는
   단어를 사용하여, 아라이 하쿠세키가 류큐 사절과의 대담을 통해 얻고자 한 것은 '정보
   획득'이며, 조선통신사와의 필담을 통해서는 '지식 표출'을 하고자 했음을 구분하였

이런 의도를 가지고 아라이 하쿠세키는 총 4차례에 걸쳐 문답을 갖는다. 필담의 날짜는 물론 상대에 대해 기록하지 않고 있어서 대화가 바뀔 때마다 답하는 인물이 바뀌는 것인지 확실치는 않지만, 한문·소로분·백화체로 대답이 나뉘는 것으로 보아 4차례의 문답은 각각 다른 대상을 두고 이루어진 것으로 보인다. 그 내용을 기록 순으로 정리해보면 다음과 같다.

〈표 3〉 1차 문대

사용언어	조	질문내용	답변여부
新井白石-候文 琉球人-漢文	1	(이조의 책) 류큐국의 국성(國姓)과 왕휘(王諱) * 직접 尙이라는 글자나 尙思紹王이라는 말을 기록	○
	2	책봉시 선왕의 묘에 제사지내는 예식과 증시(贈諡)	○
	3	상익왕(尙益王)의 재위기간과 수명	○
	4	현재 왕의 향년	○
	5	청나라 성립 이후 입공이 시작된 일과 진공하러 가는 노정	○
	6	중세의 산남(山南)과 산북(山北)의 땅	○
	7	(이조의 책) 류큐 지명의 유래	○
	8	계롱(鷄籠) 지역과 엽벽(葉壁) 지역의 거리	○
	9	명나라 홍무(洪武) 연간에 온 민(閩) 땅 36성 자손의 존재	○
	10	(100여년 전 일본승의 기록) 류큐의 다양한 신과 신의 출현	○ (내용에 따라 들은 적이 없는 부분도 있다.)
	11	신의 탁녀(託女)	○ (지금은 없는 일이다.)
	12	옛날과 지금의 관(冠)	○
	13	축등지(筑登之)라는 직임	×
	14	타츠카(タッカ)라는 나무와 츠키유(ツキュ)라는 풀, 아단(阿檀)이라는 나무	×
	15	류큐에서 복주(福州)까지 해로의 험난함	×
	16	복주(福州)의 관사와 북경의 회동관(會同館)의 크기	○ (15번에 대한 답변으로 16번에 대한 답이 없음)

다.(피크 버크 지음·박광식 옮김, 『지식』, 현실문화연구, 2006, 28쪽)

〈표 4〉 2차 문대

사용언어	조	질문내용	답변여부
新井白石 -候文 琉球人 -候文	17	류큐국 향담(鄕談)과 풍속이 일본과 중국에 근접한 정도	○
	18	(이조의 책) 한문 이외의 사용 문자와 하천민들의 문자	○
	19	공해(公廨)의 수결(袖結)이라는 예식	○
	20	여성의 침충(針衝)	○ (이러한 일이 지금까지도 있는 것 같다.)
	21	남성의 변신(變身)	○ (최근에는 없었다.)
	22	신탁한 여성인 문보군(聞補君)의 수와 전사(田舍)에 있 는 탁녀(託女)	○ (전사에 있는 탁녀에 대해서는 대답하지 않음)
	23	국중 인가(人家)의 재료. 판부(板敷)인가 부와(敷瓦)인가	○
	24	국중의 상업 도구. 전(錢)인가 곡물인가	○

〈표 5〉 3차 문대

사용언어	조	질문내용	답변여부
新井白石 -候文 琉球人 -漢文	25	왕자라는 호칭의 사용 관문(寬文) 연간의 사신 금무왕자(金武王子)와 이번 행 차의 사신 금무왕자(金武王子)의 관계.	○ (2개조로 나누어서 답변)
	26	(이조의 책) 지명을 가지고 성을 삼는 일과 가호(家號)의 유무	○
	27	성명(實名)의 존재 여부	○
	28	안사(按司)의 직임과 해당하는 가문 수	○
	29	삼사관(三司官)의 직임	○
	30	류큐어 친방(親方)의 의미	○
	31	친운상(親雲上)의 발음과 의미	○
	32	리지자(里之子)의 의미	○
	33	축등지(筑登之)의 의미	○
	34	청조에 진공할 때 직명과 직임	○ (직명에 따라 10개조로 나누어 답변)
	35	류큐어 간절(間切)을 일본에 비교	○

	36	류큐 지명 영량부(永良部)의 위치와 지명 형성 배경	○
	37	성(城)을 구스쿠(グスク)라고 발음하는 것은 국언(國諺)인지	○
	38	(이조의 책) 포성주(泡盛酒)의 제조 지역과 그 밖의 술의 존재 여부. 제조 방법 등.	○
	39	파초포(芭蕉布)의 재료가 되는 파초의 성질과 생장 지역	○
	40	(이조의 책) 류큐 자당(蔗糖)의 생장 지역과 일본에서 자당의 생장 가능성	○
	41	아단(阿檀)과 비슷한 일본의 나무	○ (아단과 비교할 일본의 나무를 알지 못한다)
	42	타츠카(タツカ)・츠키유(ツキュ)라는 초목의 유무와 어떠한 초목인지	○ (알지 못하겠다)
	43	사쿠라모미지(櫻もみち)가 류큐에도 있는지, 있다면 어떠한지	○ (사쿠라모미지는 없지만 다른 나무의 단풍은 있다)
	44	어류에 대한 전반적 질문. 고래・도미・가물치(鯨鯛鰹) 등의 유무.	○
	45	음식에 대하여 밥과 된장(味噌)의 사용 여부와 일본 요리에 대한 기호.	○
	46	국중에서 하층민이 사용하거나 여성 등에게 통용되는 문자에 대하여	○
	47	12악(樂)과 무(舞)에 대하여	○
	48	시가(詩歌)에 대하여 당시(唐詩)와 와카(和歌)와의 유사성과 류큐 풍속의 시가	○

〈표 6〉 4차 문대

사용언어	조	질문내용	답변여부
新井白石 -候文 琉球人 -漢文	49	무직(武職)과 문직(文職)의 관명. 진공과 사은 시의 직명. 왕자(王子)의 거주 장소.	○ (6개로 답변)
	50	(이조의 서) 왕전(王殿)의 제도에 대해 이조의 서를 인용한 후 확인	○
	51	(이조의 서) 사원의 종파. 관가(官家)의 모양새	○
	52	(이조의 서) 류큐의 산명(山名)과 중국음과의 관계	○

新井白石 -候文 琉球人 -漢文	53	(이조의 서) 여군(女君)의 수와 복장에 대한 질문과 그림 요청	○ (그림 요청에 대해서는 불가하다는 답변. 이유인 즉 화공을 데려오지 않음)
	54	해파(海巴)의 통용	○
	55	(이조의 서) 무기에 대하여 궁(弓)의 길이	○
	56	(이조의 서) 죄를 지은 자는 할복한다는 형벌에 대하여	○
	57	(이조의 서) 땔감(薪)으로 나각(螺殼)을 사용하는 일	○
	58	(이조의 서) 독사에 관한 설화	○
	59	(이조의 서) 강희(康熙) 37년(1698) 복건을 순무하던 장중거(張仲擧)가 류큐를 위해 일해 그에게 제사지낸다는 일에 대하여 확인	○ (들은 적이 없다)
	60	(이조의 서) 복건의 류큐관과 북경의 회동관 크기	○ (這一條不差了) (3개로 나누어 답변)
	61	예부아문(禮部衙門)에 대해서 아는 것과 그 크기	○
	62	경사(京師)에서 주는 만주차(滿洲茶)	○
	63	(이조의 서) 봉왕(封王) 시에 조서를 받는 국중의 노대(露臺)	○
	64	북경과 일본의 추위 정도 비교	○
	65	근년의 해상 해적으로 인한 류큐 진공선의 피해 유무	○
	66	청나라 무관직을 주로 맡은 달단(韃靼) 사람과 중국인과 신체 비교	○

아라이 하쿠세키의 질문 내용은 대체로 류큐와 관련해 ①왕가 관련, ②명·청나라와의 관계, ③정치와 제도, ④경제와 사회, ⑤지리와 물산, ⑥언어와 풍속, ⑦생활양식, ⑧종교와 관계된 사항으로 나뉜다.[15] 내용이 다양하므로 본고에서는 몇 가지 중요하다고 판단되는 부분만을 살펴 도록 하겠다.

먼저, 총 4차례의 질문 중에는 중복되는 질문들이 있다. 13조와 33 조·14조와 41조·14조와 42조·18조와 46조·16조와 60조가 그것이다.

---

15 宮崎道生, 앞의 책, 1973, 333~334쪽.

각 조의 대답을 살펴보자면, 13·14·16조에는 류큐인의 대답이 없고, 18조에는 질문의 일부에 대한 대답이 빠져있다. 아라이 하쿠세키는 자신의 질문에 대한 류큐인의 대답이 부족했던 경우 다시 다른 이에게 비슷한 내용의 질문을 했던 것으로 보인다. 이후 아라이 하쿠세키가 쓴 저작 『남도지(南島志)』에는 이 문대에서 주고받은 내용이 다수 수록되어 있는데, 이미 이때부터 아라이 하쿠세키는 류큐에 대해 책을 저술하려는 의도를 가지고 있었던 것 같다. 자신이 묻고자한 질문의 확답을 들을 때까지 중복되는 질문도 마다하지 않았던 데에서 아라이 하쿠세키의 필담 목적이 정보 획득에 있음을 알 수 있다.

또 청나라와 일본을 비교하는 질문이 보인다. 17조와 48조, 64조는 류큐국의 언어와 풍속, 기후가 중국과 일본 중 어디에 더 가까운지를 묻고 있다. 아라이 하쿠세키는 정치뿐만 아니라 풍속 등에 있어서도 류큐와 일본의 유사성을 찾고 있었던 것으로 보인다. 또 5조와 34조에서는 청나라에 진공하러 가는 류큐 사신의 노정과 직임 등에 대해 묻고 있는데, 에도에 온 사신들에게 청나라 사절에 대해 묻는 것은 다분히 비교하려는 의도를 가지고 있는 것이라고 할 수 있다. 이러한 의식 속에서 아라이 하쿠세키는 류큐를 하나의 '나라(國)'로 표현하는 대신 일본의 '남면섬(南島)'으로 표현하는 데 이르렀다. 이와 같이 아라이 하쿠세키의 일방적인 질문과 류큐인의 답변을 통한 정보의 획득, 그 속에 담겨 있는 일본과의 유사성을 찾는 의식은 아라이 하쿠세키와 류큐인의 대담이 동등한 관계가 아닌, 일방적인 관계에서 이루어진 결과물임을 확연하게 나타내 준다.

4. 양국 사절단에 대한 태도의 차이

위 텍스트에는 많은 차이점이 드러난다. 이러한 차이점은 아라이 하쿠세키가 다양한 입장에서 각국 사신을 대하는 데에서 비롯된다. 두 필담이 이뤄진 시기, 아라이 하쿠세키는 막부의 집정관으로서 정치적으로 빼놓을 수 없는 위치에 있었다. 그러면서도 그는 유학자이자 해외에 대한 관심이 많은 학자였으며 시에 있어서도 좋은 평가를 받는 시인이었다. 그는 정치적이고도 학문적으로 사신들을 대했고 그 비중에 따라 텍스트의 성격에는 차이가 발생했다.

두 텍스트 모두에서 아라이 하쿠세키의 태도가 가장 잘 드러나는 것은 '중국'에 관한 담화이다. 당시 일본은 중국과의 교류가 막혀있었기 때문에 아라이 하쿠세키에게 중국은 문헌이나 외국인을 통해 간접 체험할 수밖에 없는 공간이었다. 그리고 중국과 직접적인 교류가 있는 조선과 류큐의 사신을 만났을 때 중국이 언급되었다.

그런데 두 텍스트에서 중국이 거론되는 방식에는 차이가 있다. 먼저, 『백석선생류인문대』의 경우 아라이 하쿠세키가 류큐인에게 질문한 66조의 문항 중에서 5·9·15·16·34·59·60·61·62·64·65·66조에는 중국과 연관된 내용이 나온다. 청나라에 대한 조공의 시작과 그 노정·명나라에서 온 36성의 현재 자손·류큐에서 복건까지 해로의 험이·복건의 류큐관과 북경 회동관의 크기·청나라 진공 시의 직명과 직임 등 대체로 류큐가 중국과 맺고 있는 관계 속에서 습득할 수 있는 내용을 묻고 있다. 또한 마지막 인물에게 한 18개조의 질문 중에서 총 7개조가 중국과 관련된 질문인데, 중국과 류큐의 관계가 아닌 '중국이라는 지역'에 대한 아라이 하쿠세키의 궁금증이 드러난다.

62조

(白石) : 경사(京師)에서 진공사(進貢使)에게 만주차(滿洲茶)를 준다고
하는데, 이것은 달단(韃靼)의 본국차로 보입니다. 어떤 것입니까?

(琉人) : 만주차는 내자차(奶子茶)라고 하고, 우유·서분(黍粉)·차엽으
로 만듭니다. 전차(煎茶)와 비슷한데 진합니다.[16]

64조

(白石) : 북경은 북방에 있어서, 한기가 심하다고 합니다. 풍문에 우리나
라와 비교해 한기가 심하다는 이야기를 들어보았습니까?

(琉人) : 북경은 매년 10월 강이 얼기 시작해서 배가 다닐 수 없습니다.
11월부터 얼음 두께가 2-3척(尺)여가 되서, 12월에 이르면 5-6척이 되니,
그 땅의 기운이 차기 때문이라고 합니다.[17]

66조

(白石) : 지금 청나라 무관직은 주로 달단(韃靼) 사람입니다. 그 사람의
신체는 중국의 사람과 다른 점이 보입니까?

(琉人) : 청나라의 무관직은 만(滿)과 한(漢)의 장관에게 맡기는데 용맹
한 장사가 수풀과 같습니다. 그 중에 만주인의 얼굴은 괴오(魁梧)하고, 위
풍은 늠름한 자가 또한 많습니다.[18]

---

16 宮崎道生, 앞의 책, 1973, 350쪽, "京師にて進貢使え滿洲茶を給るよし、これは韃靼の本
国の茶とにえ候。いか様の物に候歟。(答) 滿洲茶、曰奶子茶、用牛乳·黍粉·茶葉製之。
如煎茶而濃。"

17 宮崎道生, 앞의 책, 1973, 350쪽, "北京は北方にへは、寒気甚しき由に候。風聞の所、
我国此比の寒気よりは甚しく相聞候歟。(答) 北京、每年十月河始凍、舟不能行。迄十一
月、氷厚二三尺許、至十二月、又厚五六尺、其地氣寒故云。"

18 宮崎道生, 위의 책, 1973, 351쪽, "只今淸朝にての武職は、大方韃靼本国の人にて候。
其人の躰、中国の人とはちがひ候様躰に相見え候歟。(答) 淸朝武職、任滿漢將官、猛
士如林。然其內、滿洲人相'貌'魁梧、威風凜々者更多。"(류큐인의 답서는 답변 중 '貌'
는 宮崎道生의 앞의 책에 '貊'로 기록되어 있으나 '貌'로 추정된다.)

위 질문에서 아라이 하쿠세키는 북경의 차와 추위, 중국인과 달단인의 신체적 차이를 질문한다. 정치적인 국가 관계를 따지는 질문이 아닌, 중국이라는 지역에 대한 호기심에게 기인한 것으로 보인다. 아라이 하쿠세키가 이러한 질문을 보낸 류큐인이 북경을 다녀온 경험이 있는 인물일 것이라는 추측 하에 질문의 특수성은 어느 정도 이해된다. 문헌으로는 채워지지 않는 지적 갈망을 실제 중국을 경험한 이에게서 찾으려했던 것이다. 그런데 중국을 경험한 이에게도 낯선 질문을 던지기도 했다.

> 61조
> (白石) : 예부아문(禮部衙門)의 구조와 크기에 대해 들은 것이 있습니까?
> (琉人) : 예부아문의 크기는 회동관의 배가 됩니다. 그러나 상세하게는 모르겠습니다.[19]

예부아문은 천안문광장 동편에 자리한 외국사신을 관장하는 관청이다. 류큐 사신이 북경에 갔을 때뿐만 아니라 조선 사신 또한 북경에 머물며 들렀던 장소이다. 예를 들어, 허균(許筠)을 비롯한 조선 사신들은 예부아문에 나가 외교 현안을 논의하거나 예부상서를 알현하곤 했다.[20] 즉, 이 질문은 에도를 방문한 류큐 사신이 아닌, 조선 사신에게도 질문해볼 만한 내용이었다. 그러나 아라이 하쿠세키는 조선 사신과의 필담 속에서 중국에 대한 호기심을 전혀 드러내지 않았다.

오히려 아라이 하쿠세키는 조선 사신과의 필담에서 중국의 여러 문헌들을 언급하며 습득하고 있던 중국에 대한 '지식'을 표출했다. 아라이 하

---

19 宮崎道生, 위의 책, 1973, 350쪽, "礼部衙門、これらの家造り広狭、いかほどど相聞え候歟。(答) 禮部衙門廣狹、倍會同館。然而未知其詳."

20 박현규, 「북경(北京)에서의 허균(許筠) 족적(足跡) 고찰」, 『東方漢文學』 53집, 동방한문학회, 2012, 101쪽.

쿠세키가 강관필담에서 인용하거나 언급한 문헌으로는『월령광의(月令廣義)』,『천경혹문(天經或問)』,『도서편(圖書編)』,『백천학해(百川學海)』,『설부(說郛)』,『시경(詩經)』,『우서(虞書)』,『주례음의(周禮音義)』,『주자가례(朱子家禮)』,『예경(禮經)』,『오잡조(五雜組)』,『논어(論語)』 등이 있다.[21]

　　靑坪 : 귀국은 검과 총을 잘 쓴다고 들어, 검술을 보고 싶습니다. 일찍이 이미 공께 청하였습니다. 혹시 우리의 활쏘기와 말타기 재주를 보고 싶으시다면 또한 마땅히 받들겠습니다.

　　白石 : 칼 쓰는 기술은 전날 말씀 들었는데, 지금 또 언급하시니 아마도 공들은 우리에게 무(武)를 숭상하는 풍속이 있다고 여기시는 것 같습니다. 우리나라는 평소 무를 숭상합니다. 비록 그렇다고 하더라도 지금 들은 것은 옛날의 기격술(技擊術)로 우리가 숭상하는 것이 아닙니다.『우서(虞書)』에 요임금을 찬양하여 "성스럽고 신령스러우시며 무를 갖추시고 문을 갖추셨도다."라고 하였으니 문무는 한 가지만 숭상하지 않은 지 오래되었습니다. …… 공자께서 '인자는 반드시 용기가 있다'라고 하셨으니 동방의 기풍이 역시 그렇게 한 것입니다. 우리 신조께서 천명을 받으셔서 무력으로 난을 막고 문으로 다스림을 일으키셔서 열성조가 왕업을 이은 지 지금까지 백년입니다. 문무가 충후하여 잔인한 사람을 교화시키고 살생을 경계한 날만 있었을 뿐이 아닙니다. ……[22]

21　'동사일기본'에만 등장하는 문헌이『오잡조』, '전집본'에만 등장하는 문헌이『천경혹문』,『시경』,『우서』,『주례음의』,『주자가례』,『논어』이다.

22　'전집본'에만 이러한 내용이 보인다. "靑坪曰, 貴邦劍銃爲長技云, 故欲見劍術. 曾已仰請高明. 如或欲見我弓馬之才, 亦當仰耳. 白石曰, 刀劍之術, 前日聞命, 且今又此, 盖似公以我爲有尙武之俗者. 本邦素尙武也. 雖然如今所聞, 乃是古之技擊, 非我所尙也. 虞書贊堯曰, "乃聖乃神, 乃武乃文"文武不可專尙也久矣. …… 孔子曰, '仁者必有勇', 蓋東方之風氣, 亦使然也. 及吾神祖受命, 武以遏亂, 文以興治, 列聖纘業, 百年于今. 文武忠厚, 不啻勝殘去殺之日. ……"

위 대목은 임수간이 아라이 하쿠세키에게 일본의 총검술을 시연을 청했으나 아라이 하쿠세키가 이를 거절하는 내용이다. 일본으로 인한 전화(戰火)를 겪었던 조선들에게는 일본이 무(武)를 숭상하는 무국(武國)이라는 의식이 강했다. 아라이 하쿠세키는 조선인들이 일본을 상무(尙武)의 나라로 바라보는 것에 대한 불만을 지녔으며, 문(文)에 있어서 자부심을 지닌 조선 사절에 대해 문학적 반발심[23]을 지니고 있었다. 유학자였던 그는 일본을 무국의 이미지가 아닌, 문으로 다스려지는 나라임을 강조하고자 했다. 이에 아라이 하쿠세키는『우서』와 공자의 말을 인용하여 임수간의 일본 인식에 반론을 제기했고, 과거 일본이 무를 숭상하고 무력을 통해 성립되었으나 무과 더불어 문도 갖추고 있으며 무를 숭상했던 것이 곧 인(仁)한 이의 용기임을 강조했다. 이를 통해 아라이 하쿠세키가 조선에 내보이고자 한 일본의 모습을 추정해 볼 수 있다.

위 두 문헌의 인용은 임수간의 '동사일기본'에는 없고 '전집본'에만 기록되어 있다. '동사일기본'에도 아라이 하쿠세키가 비슷한 논조로 필담한 것으로 기록되어 있지만, 위 인용문은 조태억에게 정리된『강관필담』원고를 받은 이후 아라이 하쿠세키가 재편집하는 과정에서 추가했을 가능성이 있다. 위 인용문이 실제 필담 당시 삼사신에게 읽혔을 지의 여부를 떠나, 아라이 하쿠세키는 일본이 문치주의의 나라임을 강조하고자 했음을 볼 수 있다. 이 밖에도『강관필담』에는 일본이 문명국임을 드러내는 데 치중하고 있는 아라이 하쿠세키의 면모가 잘 드러난다.[24]

아라이 하쿠세키에게 류큐인과의 대담이 중국에 대한 정보를 획득하

---

23 정응수, 「新井白石의 조선관」, 『남서울대학교 논문집』 2집, 남서울대학교, 1996, 639쪽.

24 구지현, 「1711년 신묘통신사와 아라이 하쿠세키[新井白石]의 필담을 통한 상호 소통」, 『열상고전연구』 28집, 洌上古典研究會, 2008, 214쪽.

는 과정이었다면 조선인과의 필담은 그 동안 쌓아놓은 중화에 대한 지식을 표출하는 장이었다. 이것은 그가 생각하던 양국과의 관계와 연관 있다. 아라이 하쿠세키는 류큐가 일본과 청나라에 양속되어 있다는 상태를 인지하고 그들에게서 일본에 예속된 점을 찾았다. 애초에 류큐사절단의 정식 명칭은 '하경사(賀慶使)'와 '은사사(恩謝使)'로 류큐가 청나라에 보낸 류큐 사절의 명칭이 '경하사(慶賀使)'와 '사은사(謝恩使)'였던 것과 대응된다. 일본과 류큐의 관계가 분명한 상태에서 류큐에 대해 견제의 태도를 보일 필요가 없었다. 아라이 하쿠세키가 그들에게 한 질문들은 학문으로서의 정보의 획득과 관계있었다.

반면, 조선과의 관계는 대등을 표방한 견제의 관계였다. 통신사는 '신의를 통하게 한다'는 의미로 두 나라 사이가 사대 관계가 아닌, 교린을 위한 대등한 관계임을 보여준다. 또한 아라이 하쿠세키는 '대등·간소·화평'를 3대 방침으로[25] 조선 사절을 대했으며, 교린국으로서 외국으로서 조선의 위치를 명확하게 했다.[26]

그러나 대등을 표방하고는 있지만 그 속내는 평탄하지 않았다. 조선의 경우 전쟁이 끝난 지 100년여가 지난 후였지만 여전히 일본에 대해 탐색하는 태도와 중화의 문명을 전달받지 못한 일본을 야만시하는 태도를 보였다. 한편, 아라이 하쿠세키는 이러한 조선의 태도를 어느 정도 간파하고 있었다.[27]

> 그 나라 사람들은 늘 이웃 나라와의 교제는 예의와 신의로써 한다고 하며 또 조선은 옛날부터 예의의 나라라고 한다. 하지만 우리나라에 와서는

---

25 宮崎道生, 앞의 책, 310쪽.
26 横山學, 앞의 책, 64쪽.
27 정응수, 앞의 논문, 1996, 645쪽.

인호(隣好)를 이어 빙례를 드린다고 하고 자기 나라에서는 왜국의 정세를 정탐하는 사절이라 하며, 다시 우리나라에 와서는 국왕이라고 높여 부르고 자기 나라에서는 천시하며 왜추(倭酋)라고 부르는데 어디 예(禮)라고 하고 신(信)이라고 할 만한 것이 있느냐? 어디 예의의 나라라고 할 수 있느냐?[28]

아라이 하쿠세키는 예와 신을 표방하면서도 여전히 일본은 정탐하고 천시하는 조선의 태도에 불만을 지녔다. 한편, 조선 역시 일본을 신뢰하지만은 않았다.

> 白石 : 두 나라의 화호(和好)는 예와 믿음일 뿐입니다. 여러분들은 대마도에 대해 역시 동도의 주인[東道主]이십니다. 다만 그들이 귀국과 밀접하게 지내다가 말단의 사소한 일로 그 환심을 잃을까 두렵습니다.
> 平泉 : 정말로 그렇습니다. 다만 귀국이 우리나라처럼 성신을 다하지 않을까 걱정입니다.[29]

이러한 대화들은 결국 우호를 강조하는 것으로 일단락 지어졌지만, 양국 사이의 불신감은 여전히 남아있었다. 따라서 양국 사신단은 서로 만났을 때 서로에 대한 탐색과 견제를 하게 되었다. 그리고 아라이 하쿠세키는 중화의 제도를 떠받치고 있는 일본의 모습을 내세우며,[30] 조선

---

28 新井白石,「朝鮮聘使後議」,『新井白石全集』4, 684쪽, "彼國の人常に隣國の交りは禮と信とを以てする由を申しまた吾が朝鮮は古より禮義の邦也などと申事に候へども我國にむかひては隣好を繼て聘禮を修め候と申て其國にては倭情を偵探するの使とし我國にむかひては國王を以て尊び稱し其國にては賤しめ稱して倭酋と申事何の禮とし信とする所候はんや何の禮義の邦とすべき所候はんや"(정응수, 위의 논문, 1996, 645쪽 재인용)

29 전집본, "白石曰, 兩國和好, 禮信而已, 諸君於對州, 亦是東道之主. 唯其以密邇貴邦, 末界微事, 相失其驩心之懼. 平泉曰, 誠然誠然, 但恐貴邦不如吾邦之盡誠信耳."

30 구지현은 '동사일기본'에는 기록되어 있지 않지만, '전집본'에는 실린 아라이 하쿠세키의 필담 내용 중 시경을 인용하거나 요순삼대의 도를 이야기한 구절을 예로 들어,

사신에게 자신이 보이고자 한 일본을 모습을 내비쳤다. 이를 위해 그는 류큐 사신을 만나기 이전 문헌으로 해결되지 않는 의문들에 대해 문목을 준비했던 것처럼, 조선 사신과 만나기 전에도 자신의 목적을 위해 여러 가지를 준비했던 것으로 보인다.

먼저, 사신들이 에도에 도착하기도 전에 자신의 시집을 보내 서발문을 부탁하여 문학적인 접근을 시도했다. 아라이 하쿠세키는 신묘사행 이전인 1682년 임술사행에서도 조선 사절을 만나 제술관 성완·자제군관 홍세태 등과 교류를 나누었다. 이미 한 차례 검증된 적이 있었기에 자신의 실력에 대한 자부가 가능했을 것이다. 실제로 신묘사행의 삼사신은 아라이 하쿠세키의 시작 능력을 좋게 평가했으며,[31] 『백석시초』를 읽고 아라이 하쿠세키의 청에 따라 서발문을 지어주었다. 정사 조태억의 경우, 이 시집을 조선으로 가지고 돌아와 지인이었던 최창대(崔昌大)에게 보였고 이것은 다시 1719년 기해사행에 제술관으로 참여한 신유한(申維翰)에게 전해지게 되기도 하였다.[32]

이것이 아라이 하쿠세키가 실제 강조하고 싶었던 부분이었으며, "요순삼대의 도를 행하고 조선과 유구와의 교린 체제 안에서 중화의 제도를 떠받치고 있는 일본을 강조하는" 모습이라고 하였다. (구지현, 앞의 논문, 209쪽)

31 임수간은 '동사일기본'『강관필담』서문에 '시가 자못 청고하고 볼 만하여 우리 세 사신은 각각 글을 지어 주었다. (詩頗淸高可觀, 三使各爲文而贈之)'라고 하였다.

32 신유한의 『해유록』에는 일본에 출발하기 이전 "곤륜학사(昆侖學士) 최창대(崔昌大)에게 전송하는 서(序)를 지어주기를 청하였더니, 그가 때마침 병으로 인해 필연을 덮어 둔 지 오래였다. 서가에 있는『백석시초(白石詩草)』한 권을 꺼내어 나에게 보였다. (乞序於昆侖學士, 公時以病閣筆硏, 出架上白石詩草一卷示余)"라는 기술과 1719년 7월 19일 마쓰우라 가쇼(松浦霞沼)와의 필담에서 "내가 묻기를, '백석공(白石公)도 잘 있습니까?' 하니, 그가 말하기를, '공이 어떻게 이 사람을 아십니까?' 하였다. 내가 말하기를, '신묘년에 사신으로 왔던 평천(平泉) 조시랑(趙侍郞)이 그 사람의 시초를 얻어 가지고 돌아와 나에게 보이며, 매번 재주를 칭찬하는 말이 입에서 떠나지 않았습니다.' 하니, 그가 우삼동(雨森東)을 돌아보며 말하기를, '조시랑은 장자(長者)이십니다. 지극한 뜻에 감복하였습니다. (余問白石公無恙乎. 儀曰, 公何以識此人. 余謂辛卯使臣平泉

그리고 조선통신사를 위로하는 에도에서의 연례 때에 기존의 사루가 쿠(猿樂, 현재의 노가쿠(能樂)) 상연을 대신해 1711년 신묘사행 때에는 에도 성 안에서 아악 공연을 준비했다. 아악은 예악(禮樂) 사상에 기초한 이상적인 음악으로, 일본에서는 유학이 정치이념으로 부각된 에도 시대에 들어서 예악 사상이 재조명되고 아악도 새롭게 주목받게 되었다.[33] 이러한 아악을 조선통신사에게 보였다는 것은 일본 유학의 위치를 조선에 보여주고자 하였던 것과 다름없다. 여기에는 당시 아악 공연의 기획역할을 수행한 아라이 하쿠세키의 의지가 담겨있다.[34]

나아가 조선 사신들과의 필담에서 중국에 대한 자신의 지식을 표출하며 학문의 깊이를 드러낸다. 필담 중에 여러 차례 중국의 문헌을 인용하는가 하면, 전고들을 가지고 조선 사신들과 농담을 이어나간다. 아라이 하쿠세키만이 이러한 태도를 취했던 것은 아니다. 그렇지만 아라이 하쿠세키는 다른 일본인들과는 달리 조선 사신들의 질문에 수용하는 방식을 택했다. 중국을 직접 경험할 수 있는 조선 사절에게 류큐 사절에게 했던 것처럼 질문을 던질 수도 있었겠지만 그러지 않는다.

아라이 하쿠세키의 노력의 결과 신묘사행의 통신사들은 일본을 체험하기 이전 무국으로 인식했던 일본에 대하여 인식의 변화를 느낀다.

趙侍郎, 卽得其人詩草, 歸以示我, 每稱才華不離口. 儀回語雨森東曰, 趙侍郎長者, 可感至意.)' 하였다."라는 기술이 보인다. 조태억이 귀국 후 아라이 하쿠세키의『백석시초』를 최창대와 신유한 등 주변인들에게 전파했던 것이다. (졸고, 2014, 60쪽, 각주 144번 재인용)

33 남성호, 「근세일본의 아악부흥과 아라이 하쿠세키(新井白石)」,『동아시아고대학』31집, 동아시아고대학회, 2013, 137쪽.

34 신묘사행 시의 아악 상연은 아라이 하쿠세키가 쇼군이었던 도쿠가와 이에노부에게 노가쿠를 대신해 아악을 보여줄 것을 건의함으로써 시행된 것이다. (남성호, 위의 논문, 144쪽)

平泉 : 천하 모두 좌임(左衽)을 하지만 우리나라 홀로 화제(華制)를 고치지 않았습니다. 청국은 우리를 예의의 나라라고 여기기 때문에 또한 예가 아닌 일로 압력을 가하지 않습니다. 온 천하에 우리만이 동주(東周)가 됩니다. 귀국도 중화의 제도를 쓸 뜻이 있습니까? 지금 보니 문교가 바야흐로 일어났으니 한번 변하시길 깊이 바라고 있습니다.[35]

......

青坪 : 제는 항상 귀국을 하나의 무를 숭상하는 나라로 여겼습니다. 이제 와서 보니 문교가 매우 번성하니 진실로 경하드릴 만합니다.[36]

정사였던 조태억의 경우 명나라 다음으로 중화의 제도를 이었다는 소중화의식 아래 조선을 '동주(東周)'로 표현하여 조선의 위치를 확고히 하기는 하였지만, 일본의 문교가 일어나고 있는 상황을 인정하고 중화로의 변화를 언급하고 있다.[37] 임수간 역시 일본을 경험하기 이전에 일본을 무를 숭상하는 나라로 여겼으나, 실제 일본 체험 후 일본에도 문교가 흐르고 있음을 인정했다. 일본을 문명국으로 보이고 중화 제도에 가까운 나라로 내세우고자 했던 아라이 하쿠세키의 의도대로 조선의 삼사신은 일본을 인정하게 된 것이다.

---

35 '전집본', "平泉曰, 天下皆左衽, 而獨我國不改華制. 清國以我爲禮義之邦, 亦不加之以非禮. 普天之下 我獨爲東周. 貴邦亦有用華之意否. 今看文敎方興, 深有望於一變之義也."

36 '전집본', "青坪曰, 不佞常以爲貴邦一尙武之國. 今來見之, 則文敎甚盛, 誠可奉賀."

37 조태억은 아라이 하쿠세키에게 써 준 『백석시초』 서문에서도 아라이 하쿠세키를 통해 일본이라는 국가에서 문(文)을 숭상하는 교화가 성대해졌음을 알 수 있다고 했다. (졸고, 앞의 논문, 56쪽.)

5. 마치며

1711년 신묘사행은 통신사 접대를 담당한 아라이 하쿠세키가 기존의 조선통신사 접대 의식들을 간소화시키고 재정을 정비하는 행위 및 수행원들의 출발 이후 개정의 급격한 보고 등 의례개정이 여러 차례 일어났던 사행이다. 특히, 에도에서의 '국서피휘사건'과 이에 맞대응한 일본의 국서개서 요청은 조선 조정에서도 여러 목소리가 있었던 주요 사건이었다. 결국 일본의 요청대로 조선 측에서도 국서를 개서하여 대마도에서 맞교환하는 것으로 사건은 일단락된다.

그러나 이로 인해 신묘사행 이후 삼사신은 부산에 도착하자마자 나문을 당하고 서울에서 심리를 받은 후 관직 삭탈 당하기에 이른다.[38] 이 일화는 훗날 후배 통신사행원 성대중(成大中)의 글을 통해 재론되며, 아라이 하쿠세키의 재주에 대한 칭찬과 이와 대비하여 조태억의 사신 임무 수행에 대한 차질로 회자됐다.[39] 조태억과 아라이 하쿠세키의 실제 필담보다 과장되거나 실제와는 다른 내용이 기록되어 있지만, 당대 조선에서 아라이 하쿠세키의 위치가 조선 사신보다 높게 평가되었던 것을 알 수

---

38 정사였던 조태억은 후일 관직삭탈의 억울함을 고하는 상소를 올려 불명예를 씻어냈고, 이때의 일은 '공론에 의한 희생'이었던 것으로 마무리된다.

39 성대중의 기록은 다음과 같다. "조태억(趙泰億)이 사신으로 일본에 갔을 때에 원여가 그를 접대하였다. 그와 필담을 나누었는데, 조태억 역시 그의 재빠른 솜씨에 혀를 내둘렀다. 그런데 필담을 나누는 사이 어쩌다 그의 기휘(忌諱)를 건드리자 그가 노하여 나가 버리는 바람에 결국 사신 간 일에 지장을 초래하였다. 우리 측 국서(國書)가 우연히 원씨의 휘자를 범하자 원여가 고의로 우리의 휘자를 범해서 맞받아쳤다. 조태억이 이를 따지자 우리 측의 국서를 내보이며 버티고선 가라고 압박하였다. 조태억은 귀국한 다음 결국 나라를 욕보였다 하여 처벌을 받았다." (成大中, 『靑城雜記』 권4, 「醒言」, "趙泰億奉使入日本, 璵償焉, 與之筆談, 泰億亦遜其敏. 談間, 適中其忌, 怒而去, 遂爲使事梗. 我國書契, 偶犯源諱, 璵乃故犯我諱以相當. 泰億爭之, 則出我書契以抵之, 仍迫之行. 泰億遂以辱國抵罪.")

있다. 오늘 날의 연구에 있어서도 '현실적인 힘의 차이로 아라이 하쿠세키의 의견대로 의례개정이 되었다'[40]는 식의 이해가 진행되기도 했다.

그렇지만 이러한 평가는 사행의 형식적인 면만을 다룬 것은 아닌가 조심스럽다. 실제 아라이 하쿠세키가 조선 사신과 나눈 필담 속에는 아라이 하쿠세키가 보이고 싶지 않았던 모습이 감춰져있다. 아라이 하쿠세키는 에도 시대 일본으로서는 직접적으로 접할 수 없었던 중국에 대한 호기심을 지닌 유학자였다. 그의 호기심은 중국과 조공관계를 맺어왔던 류큐인을 만났을 때 여과 없이 드러났다. 아라이 하쿠세키는 류큐를 일본의 속국으로 인식했기 때문에 견제할 필요가 없었고, 그는 중국에 대한 질문을 류큐 사신들에게 여러 차례 던진다. 반면, 조선에 대해서는 대등한 외교 관계를 구축하고자 했다. 조선 사신을 대함에 양국인 사이에는 견제가 기저에 깔려있었다. 류큐 이상으로 중국과의 관계가 지속되었던 조선의 사신을 만났음에도 불구하고 아라이 하쿠세키는 중국에 대한 질문을 하지 않았다. 오히려 자신이 그동안 갈고 닦아온 중국에 대한 지식을 표출하기 위해 노력했다.

이 밖에도 아라이 하쿠세키는 일본을 대표하는 위치에서 조선 사절에게 자신의 시집, 연악, 필담 능력 등, 조선에게 '내보이기 위한' 외교를 진행했다. 모두 문화적으로 조선에 뒤떨어지지 않는다는 것을 보여주기 위한 행위였다. 그 결과 조선 사신들은 무(武)를 숭상하는 나라로 인식했던 일본에 대해 문교의 가능성을 확인했다. 아라이 하쿠세키의 목표는 성공한 셈이다. 아라이 하쿠세키가 조선과 대등해지는 과정에는 이처럼 조선의 문화적 수준에 일본을 맞추려는 노력이 있었던 것이다.

---

40 정응수, 「아라이 하쿠세키(新井白石)의 조선통신사 의례 개정에 관하여」, 『日本文化學報』 25집, 한국일본문화학회, 2005, 306쪽.

19세기 말 일본인의 조선여행 관련 기록물

1894년 출판 조선여행기록을 중심으로

문순희
연세대학교

1. 서론

기행문에는 여행을 다니는 동안에 경험한 일들을 일기형태로 기록한 것과 여행에서 돌아온 후 일정기간이 지난 후 여행을 회고하여 그 기간의 경험을 기록한 것들이 있다. 후자인 경우는 특히 여행을 다닌 지역이나 그 지역에서 특색 있는 사물이나 사건들이 기록되는데, 그 내용은 저자가 여행 중에 견문한 사물이나 경험 전부가 순차적으로 기술되는 것이 아니라 경험의 일부가 선택되어 기록된다. 즉 여행의 기록은 여행 체험에서 자신이 남기려고 하는 일화를 선택하여 글로 적은 것이다. 여행 과정 혹은 여행의 추억을 기록으로 남긴다는 것은 여행지에서 그 대상을 의식적으로 객관화시키며 표현한 것이지만, 그러한 기록에는 저자의 세계관과 당시의 정치사회적 영향이 동시에 드러난다. 즉, 기행문에 작자의 주관적 관점이 투영되어 있다 하더라도, 사회의 영향을 벗어날 수 없는 것이다. 사회의 영향력이 크면 클수록 그 내용의 주제는 일정화되고, 표현은 규칙적인 경향을 보인다. 19세기말의 일본인의 기행문에는 이러한 특색이 아주 잘 나타나고 있다.

"인간의 시선은 교육되어 규정된다. 공간을 바라보는 시선 내부에서 작동하고 공간을 풍경으로 변모시키는 것은 즉 풍경을 풍경으로 인식시키는 것은 다양한 지의 언설이다.” 이 말은 프랑스의 역사학자 알랭 코르뱅이 저서에서 한 말이다.[1] 풍경이란 단순한 자연적인 경치가 아니라 시대가 결정하는 시각이라는 말이다. 특히 19세기말 서구 제국주의 열강들의 줄에 서보려고 애쓰는 일본에서 출간된 저서는 시대의 영향을 잘 보여주고 있는데 당시 조선을 여행한 일본인들이 남긴 여행 관련 기록물은 시대의 흐름을 그대로 반영하고 있다. 특히 상품화된 관광여행이 일반적으로 보급되지 않았던 19세기 말에는 사전 준비로부터 시작하여 현지에서의 숙박, 여정의 선택, 나아가 여행지에서의 안전문제 등 여행에 동반하는 모든 일들이 자기 스스로의 몫이었다. 그들이 사전에 참고로 할 정보는 기존에 출판된 조선관련 서적이었는데 19세기 말에 출판된 조선여행 관련 서적은 조선으로 향하는 일본인들에게 지리적 정보를 제공하는데 중요한 역할을 했다.

본고에서는 1894년에 출판된 조선여행 관련 기록물을 텍스트로 하여 19세기 말 일본인들의 조선여행 관련 서적 출판 상황과 당시 여행 사정을 알아본다. 조선여행 관련 기록물에는 여행기를 포함하여 안내서와 보고서의 형태의 기록물도 포함한다. 현재 확인된 개항이후 일본인 조선여행기록물의 출판 사항을 보면, 1894년과 1904년, 1906년, 1910년 등 청일전쟁과 러일전쟁, 그리고 한일합방이라는 큰 사건들을 계기로 조선관련 출판물이 급증하였다는 것을 알 수 있다. 그러나 이 시기 수많은 여행 관련 기록물 중에서 저자의 신상이 확실히 파악되는 기행문이나 문학성을 가지는 작품은 많지 않다. 그런 이유로 특히 일반인의 여행문

---

1 Alain Corbin 저, 小倉孝誠 역, 『風景と人間(L'Homme dans le payssage)』, 藤原書店, 2002.

은 이제까지 많은 주목을 받지 못했다.

일본인의 조선기행문에 대한 연구는 2000년 이후 최근까지 박찬승, 박양신, 서기재, 이규수, 윤소영, 최혜주 등에 의해 일본인의 조선여행기를 텍스트로 한 연구가 활발하게 이루어졌고 근대 일본인의 조선기행문도 다수 소개되었다.[2] 최근 쌓인 연구 성과가 2010년에 출판된 여행의 발견 타자의 표상(박찬승 외, 민속원), 2011년의 조선여행에 떠도는 제국(서기재, 소명출판)이라고 볼 수 있다. 19세기 말 기행문에 관해서는서기재의 논문과 최혜주에 의해 몇까지 자료가 번역되어 소개된 바 있다.[3] 하지만 그 외 대부분 연구는 1905년 이후 식민지시기에 출간된 기행문을 텍스트로 다루고 있다. 또한 일본인 작자의 조선기행문에 대한 전체적 파악과 시대의 흐름에 따른 조선여행 형태의 변화, 조선 표상의 담론화 과정에 대해서는 논의되어온 바가 없다.[4]

---

2 박양신, 「19세기 말 일본인의 조선여행기에 나타 난 조선상」, 『역사학보』 177, 역사학회, 2003, 다카사키 소지 이병진 옮긴, 「일본지식인의 조선기행」, 『한국문학연구』 27집, 동국대학교 한국문학연구소, 2004, 서기재, 「일본근대 「여행안내서」를 통 해 본 조선과 조선관광」, 『일본어문학』 13, 2002, 윤소영, 「러일전쟁 전후 일본인의 조선여행기록물에 보이는 조선인식」, 『한국민족운동사연구』 51, 한국민족운동사학회, 2007, 이규수, 「일본인의 조선여행기록에 비친 조선의 표상-大役小志 를 중심으로」, 『대구사학』 99, 대구사학회, 2010.

3 혼마 규스케 지음, 최혜주 옮김, 『(일본인의 조선정탐록) 조선잡기』, 김영사, 2008, 동, 「조선시베리아기행 에 보이는 야즈 쇼에이의 조선 인식」, 『여행의 발견 타자의 표상』, 민속원, 2010.

4 나카네 타카유키의 『「조선」표상의 문화사(中根隆行, 「朝鮮」表象の文化誌)』, (新曜社, 2004)는 19세기 말부터 조선의 개방 시기까지를 둘러싼 표상의 문화사의 계보를 파악한 유일한 저술이라고 할 수 있다. 나카네는 종군문인이 남긴 기록과 타카하마 쿄시가 조선여행을 통하여 만들어낸 소설『조선』을 텍스트로 조선 표상을 분석하였는데 청일·러일전쟁 시기에 규격화된 이미지, 즉 태만, 지저분함, 정체를 중심으로 한 편견을 띤 문화와 인종적 이미지 표상이 변화 없이 산출되어 왔으며 일본인들의 조선

근대 일본인들의 조선관 연구는 조선에 대한 멸시, 일본의 식민지경영에 대한 정당성, 조선의 후진성을 강조한 제국주의적 시선이 지배한다는 논의가 일반적이라고 할 수 있는데 여행 관련 기록물에 관해서도 이와 같은 결론을 벗어날 수 없다. 그러나 제국주의 시선을 바탕으로 한 기록이 어떻게 생산되며, 생산된 표상이 사회에 확산 재생산되어 나가는 계보는 찾아볼 가치가 있다. 19세기 말 여행기의 자료적 가치는 여기에 있다.

본 연구는 여러 계층의 일본인들이 남긴 19세기 말 조선기행문을 통하여 조선 표상이 어떻게 생산되고 그렇게 생산된 이미지가 고정되어 나갔는지 그 흐름을 구체적으로 파악하려는 의도로 시작하였으며, 근대 일본인들이 남긴 조선 기행관련 기록물의 전체적 계보를 연구하기 위한 단계적인 연구이다.

2. 19세기 말 일본인의 조선 여행 관련 기록물 간행과 사회적 관계

일본인들의 조선기행문은 1870년대 후반, 일본 메이지시대에 보이기 시작한다. 그 전 시기인 에도시대에는 일본도 쇄국정책을 실시했으므로 표류민이 아닌 한 외국에 나가는 사람은 없었다. 일본은 1633년 쇄국정책의 일부로 봉서선(封書船) 이외의 일본선박의 해외도항을 금지하였고, 1635년에는 재외일본인들의 귀국을 전면적으로 금지하였다. 이렇게 일

___

표상이 일본인 스스로의 자기 표상의 문제와 관련이 있다는 것을 밝혔다. 다른 연구들에 비해 비교적 많은 자료를 망라하여 논의를 펼치고 있지만 종군문사와 다카하마 쿄시(高浜虛子)라는 유명 작가의 기행문을 주 자료로 다루고 있는 점에서 당시 일본인의 조선 인식을 대변하고 있다고 보기에 무리가 있다.

반인들이 해외로 나가는 길도 해외의 문물을 경험한 재외일본인이 국내로 들어오는 길도 막히게 된다. 정식적으로 일본에서 해외 도항이 허가된 것은 1866년이라고 하지만, 기존에 밀항자도 상당히 있었다고 본다.[5] 일본의 국내 여행 사정은 조금 달랐다. 일본 에도시대는 신앙여행을 목적으로 한 사사여행(社寺旅行)[6]과 병 치유를 명목으로 온천으로 가는 탕치(湯治)가 있었는데 에도시대 중기에는 연간 수십만 명이 이세신사(伊勢神社) 참배를 실시하였다. 또한 에도시대 명소기(名所記)나 도중기(道中記)라고 하는 기행문이 다수 남아있고 도중안내(道中案內)나 명소도회(名所圖會) 등 가이드북에 해당되는 서적도 출판되어 있었던 것으로 보아 당시 일본사회에 여행을 즐기는 문화가 자리 잡고 있었다는 것을 알 수 있다.[7] 이런 일본의 사회성은 근대 조선여행기의 출판 유행과 무관하지 않다고 볼 수 있다.

국내여행의 발달과 함께 일본인들의 관심이 지정학적으로 가까운 중국이나 주변 국가로의 해외여행으로 점차 확대되었다. 일본인들의 외국여행은 쇄국이 풀린 이후의 그들의 외국에 대한 궁금증과 욕망이 표출되었다고 언급되기도 하지만, 조선에 대한 지식과 정보가 많지 않았던 개항 이후 초기 조선여행은 기본적으로 국가적 차원에서 실시된 시찰여행인 경우와 조선사연구를 목적으로 한 학자들에 의해 이루어졌다고 본다.

현재 남아있는 조선 여행 관련 기록은 아직 그 수를 가늠할 수 없으나 필자가 알아본 바로는 1920년대까지의 여행 관련 자료만으로 100종을 넘는다. 개항 이후 1945년까지 일본인들이 남긴 중국여행기록을 연구한

---

5   上田卓爾, 「明治期を主とした「海外観光旅行」について」, 『名古屋外国語大学現代国際学部 紀要』 第6號, 2010, 참조.

6   社寺는 신사와 절을 말한다.

7   神崎宜武, 『江戸の旅文化』, 岩波新書, 2004, 8쪽.

죠슈어 포겔(Joshua A. Fogel)은 약500종의 자료를 확인하였다고 저서에
서 밝히고 있다.[8] 중국 여행과 비교를 했을 때 조선 여행의 수는 그것보
다 다소 적을 것으로 예상되지만 조선에 대한 여행 기록이 대부분이 한
반도를 지나 중국대륙으로 여행하는 여정의 일부분이었다는 점을 고려
하면 앞으로 더 많은 조선여행 관련 자료를 확인 할 수 있을 것이다.

근대 일본인들의 조선여행 관련 기록은 안내서, 일기, 보고서 등의 형
태로 작성되어 출판되기도 하고 비매품인 형태로 보관되기도 하였다. 또
한 서적의 형태로 작성될 경우도 있었으나 신문, 잡지에 연재되거나 지
식인인 경우 소속 학회지에 실은 경우도 있었다. 작자들을 보면 국가 고
위 관료, 학자, 작가, 실업가, 교사, 학생 등으로 그 계층도 다양하다.
시대별로 작자의 계층도 변이하며 여행의 방법, 방문지 등도 변화한다.
특히 1900년 이후에는 일본인들의 관심은 조선을 넘어 만주에 이동하는
데 이 시기 일본인의 조선기행문은 조선-만주기행문(鮮滿紀行文) 혹은
만주-조선기행문(滿鮮紀行文)의 이름으로 출판되었다. 조선은 중국이나
만주로 가는 도중에 지나가는 여행코스의 한 통과점이 된다.

아래는 19세기 말에 서적으로 출판된 조선 여행 관련 기록물을 표로
정리한 것이다.

---

8 Joshua A. Fogel, *The literature of travel in the japanese redicovery of china,*
   1862~1945(Stanford, California : Stanford University Press, 1996).

〈표1〉 19세기 말 일본에서 출판된 조선여행 관련 기록물[9]

번호	저자	제목	발행처	년도
1	佐田白芽	朝鮮見聞錄(上·下)	忠芬義芳櫻	1875
2	石幡貞	朝鮮歸好余祿(1~3)	日就社	1878
3	小尾直藏	朝鮮京城奇談	報告堂	1885
4	鈴木信仁	朝鮮紀聞	博文館	1885
5	松田行藏(編)	朝鮮國慶尙忠淸江原道旅行記事	釜山浦商法會議所	1888
6	小田切万壽之助	朝鮮	小田切万壽之助	1890
7	井上角五郎	漢城乃殘夢	東京	1891
8	林武一(編)	朝鮮案內	築地活版製造書	1891
9	金田楢太郎	「朝鮮探檢の結果」朝鮮彙報	東邦協會	1893
10	本間久介(如因居士)	朝鮮雜記	春祥堂	1894
11	柵瀨軍之佐(著) 久保田米僊(畵)	朝鮮時事(見聞隨記)	春陽堂	1894
12	波多野承五郎	北支那朝鮮探檢案內	林平次郎	1894
13	原田藤一郎	亞細亞大陸旅行日誌竝淸韓露三國評論	靑木嵩山堂	1894
14	堀內松治郎	鷄林紀遊	須原屋茂兵衛	1894
15	矢津昌永	朝鮮西伯利紀行	丸善	1894
16	藤岡了空	朝鮮土産	京都, 法藏館	1894
17	岡崎唯雄	朝鮮內地調査報告	汲古堂	1895
18	鏑木余三男	朝鮮國元山出張復命書	東京, 外務省通商局	1895
19	松原岩五郎	征塵餘錄	民友社	1896

19세기 말 작가 계층을 살펴보면, 1870년대 후반에서 1880년대까지는 그 수도 많지 않은데다가 대체로 국가의 명을 받고 조선에 들어와 공식임무를 수행한 외교관들이 귀국 후에 남긴 기록들이 대부분이다. 확

9 조선 여행 관련 기록물 표에서 국가나 지방 등에서 상업, 농업 등의 사찰조사를 목적으로 조선으로 간 후 남긴 '사찰보고서(査察報告書)'나 '출장복명서(出張復命書)'와 같은 공무 기록과 청일전쟁에 참가한 종군가자들의 전쟁 기록도 표에서 제외하였다. 이런 기록들은 조선을 다녀온 후 작성한 기록임에는 다름없으나 본 논문에서 다루고자 하는 개인 여행 기록과 성격이 다르다.

인 된 기록 중에서 가장 오래된 기록은 1875년에 사타 하쿠보(佐田白芽, 1832~1907)가 쓴『조선견문록(朝鮮見聞錄)(上·下)』이다. 그는 구루매번(久留米藩)의 무사 출신으로 메이지시대 초기 외교관으로 조선과의 교섭을 시도한 인물이자 대표적인 정한론자이다. 또한『조선응접기사(朝鮮應接紀事)』(1876),『한성조난시기(漢城遭難詩紀)』(1884)를 남긴 이시바다 사다(石幡貞, 1839~1916)는 후쿠오카 출신의 한학자이다.[10] 그도 외교관 출신으로 한일수호조약을 맺는데 크게 가담하였고 1882년에 조선에서 귀국한 후에는 제2고등학교 교수직에 있었다.『조선(朝鮮)』(1890)의 저자 오다기리 마수노스케(小田切万壽之助, 1968~1934)도 외무성 관료였으며, 기본적으로 이 시기에 나타나는 기록문은 여행이 아닌 국가의 업무로 조선에 들어온 고위 관료들이 남긴 공무 수행 기록으로 사행 기록의 성격을 띠고 있다.『조선기문(朝鮮紀聞)』(1885)는 저자 스즈키 노브히토(鈴木信仁)가 자신의 기행 경험을 바탕으로 쓴 기행문은 아니다. 이 저서는 당시 외교관이었던 오오토리 케이스케(大鳥圭介)가 지리학회에서 강연하던 내용을 스즈키가 편집하여 출판한 것이다. 서적 내용이 여행 경험을 바탕으로 얻은 지식을 저술했었다는 점에서 여행 관련 기록물에 포함하였는데, 이 책의 실질적인 저자는 국가 고위관료인 오오토리 케이스케이다. 1891년에 출판된 하야시 타케이치(林武一)의『조선안내(朝鮮案內)』는 기존에 출판된 여러 조선관련 도서와 조선에 체류하는 친구들의 정보를 참고로 작성된 것으로 첫 조선여행안내서라고 할 수 있다. 당시 조선을 다니는데 필요한 정보들이 구체적으로 기술되어있는데 지도를 글로 설명한 것처럼 불필요한 기술을 제외했다.

---

10 이시바다 사다(石幡貞, 1839~1916)의『조선귀호여록』는 허경진의「일본 시인 이시바타 사다(石幡貞)의 눈에 비친 19세기 부산의 모습」(『인문학논총』제15권 1호, 경성대학교 인문과학연구소, 2010)에서 소개된 바 있다.

본격적으로 조선기행문이 출판되는 해는 1894년이다. 표를 보아도 뚜렷하게 나타나듯이 이 해에 여행관련 서적이 발간된다. 출판사는 아오키코잔도(靑木嵩山堂), 하쿠분칸(博文館), 마루젠(丸善) 등으로, 비교적 규모가 큰 출판사들에서 발간된 것이 눈에 띈다. 1894년에 발간된 기행문의 저자들은 기존 기행문의 저자가 국가 관료에 한정되어 있었던 것과는 달리 신문기자(사사키 군노스케), 일반 서민(하라다 후지이치로), 유교지식인 (호리우치 마츠지로), 지리학자 겸 교육자(야즈 쇼에이), 승려(후지오카 료쿠) 등으로 다양하다. 기행문의 내용에 있어서도 실제 여행 경험을 바탕으로 다양한 조선에 대한 정보를 수록하고 있다. 이들 서적들은 대부분 당시 대중들을 독자로 겨냥해 출판되었다. 기존에 출판되었던 조선사 관련 역사 서적에서 소개된 내용들과는 달리 기행문은 조선 재류 중에 있었던 실제 일화를 기술하면서 독자들에게 더욱 흥미롭고 생생하게 조선을 소개하는 기능을 가졌다.

기존에 많지 않았던 조선 관련 서적이 1894년이라는 해에 급속히 유통되어나가는 배경에는 첫째로 여행자를 포함한 조선으로의 도항자 인구의 증가를 들 수 있다. 일본인의 조선 도항자는 1882년의 조일수호조규속약 이후, 부산, 인천, 원산 일본거류지가 형성되어 확대되는 과정에 증가하였고 재조 일본인 인구도 급속히 증가했다.[11] 조선에서의 일본인 사회의 형성이 개인 여행자들의 증가와 직접적으로 연결되었다는 것은

---

11 1885~1893년 한성·인천 부산 원산 거류 일본인 인구 변화

거류지	1885	1886	1887	1888	1889	1890	1891	1892	1893
한성	89	163	245	348	527	522	698	715	779
부산	1896	1957	2006	2131	3033	4344	5254	5110	4750
인천	562	706	855	1359	1362	1616	2331	2540	2504
원산	235	279	374	433	598	680	655	705	795

박찬승, 「서울의 일본인 거류지 형성 과정」, 『사회와 역사』 제62권, 한국사회 사학회, 2002, 81쪽 〈표 2〉 인용.

분명하다. 1893년에 조선을 여행한 야즈 쇼에이의 『조선시베리아기행
(朝鮮西伯利亞紀行)』를 보면 당시 부산에는 일본 가옥이 1천 호, 부산 재류
일본인은 4천 7~8백 명이고 여행으로 온 일본인을 합치면 그 수가 항상
7천 명에 이른다고 기록되어있다.[12] 부산에 거주하는 일본인을 제외한
여행, 상업, 무역으로 조선에 도항한 숫자만 상시 2천 명을 거뜬히 넘었
다는 것이다. 1900년 초에 증가한 조선 도항자를 위해 출판된 안내서적
인 역할을 하는 서적이 기존에 없었던 만큼 이 시기 출판된 기행문에는
여행 중의 일화나 조선 사정과 같은 내용과 함께 여정, 선박요금, 여행을
위한 휴대품 등 여행과 직접적으로 관련되는 정보까지 자세히 기술되었
고 러일전쟁 전후로 전문 여행안내서가 나타나기 전까지 조선 여행의
길잡이 역할을 담당하였을 것이다.

　둘째로 1894년 여름부터 다음해 봄까지 계속된 청일전쟁을 그 사회적
배경으로 들 수 있다. 1894년에 발간된 여행 관련 기록물의 발행일을
알 수 있는 것은 『조선시베리아기행(朝鮮西伯利亞紀行)』(1월), 『아세아대륙여
행일지 및 청한로삼국평론(亞細亞大陸旅行日誌竝淸韓露三國評論)』(3월), 『계
림기유(鷄林紀遊)』(4월), 『조선시사(朝鮮時事 見聞隨記)』(8월), 『조선기문(朝
鮮紀聞)』(11월), 『조선토산(朝鮮土産)』(11월)인데, 그 중 『조선시베리아기행』,
『아세아대륙여행이지병청한로삼국평론』, 『계림기유』는 청일전쟁 이전
에 발간되었고 『조선시사』, 『조선기문』, 『조선토산』은 청일전쟁 발발 후
발간된 것이다. 청일전쟁에 맞춰 파견된 수많은 신문매체에서 조선에 관
한 보도가 급격히 증가하게 되고 이때 만들어진 조선 표상은 빠른 속도로
일본 사회로 전파된다. 청일전쟁 이후에 발간된 『조선시사(見聞隨記)』의
저자는 시문기자이며, 『조선토산』의 저자는 조선에 주둔하는 일본군대를

12　矢津昌永, 『朝鮮西伯利紀行』, 1894, 11~12쪽.

위문하러온 승려이다. 청일전쟁 발발 이후 개인 여행자들에 의한 기행문
의 발간이 끊어지는 것을 알 수 있다. 1894년 11월에 1885년에 아이젠사
(愛善社)에서 발간된 오오토리의 강연 내용을 담은『조선기문』이 청일전
쟁 발발 이후에 하쿠분칸(博文館)에서 재발간 되었다. 오오토리는 1893년
6월에 조선 공사를 겸임하여 1894년 6월에 조선에 부임, 11월에 조선
공사에서 해임된 인물이다. 오오토리가 조선에 부임하던 1894년 6월, 그
는 일본군을 이끌어 경복궁에 침입, 실질적으로 조선을 일본의 식민지로
만드는데 중요한 역할을 지낸 인물이다. 그의 조선견문록이라고 할 수
있는『조선기문』이 이 시기에 다시 재판되었다는 점에서도 일본 서적 출
판의 사회적 영향을 짐작할 수 있다.

 1894년에는 기행문의 발간 외에도 조선 관련 서적의 간행이 급증하는
데 청일전쟁 참전 군인들을 위한 조선안내서와 종군기자들에 의한 전쟁
기록, 그리고 조선어 관련 책들이 주를 이룬다. 또한 이들 서적의 발간
시기도 청일전쟁 발발 이후 집중된다.[13] 19세기 말 기행문의 발간도 이
런 사회의 영향을 직접적으로 받은 것으로 조선 여행 관련 기록물은 러
일전쟁 이후 1906년에 다시금 급증하게 된다.

---

13 1894년 여름 이후 청일전쟁 참가 군인들을 위한 조선안내서와 종군기자들에 의한 전
  쟁기록이 대량으로 출판되는데 다음과 같은 것들이 있다. 栗林次彦,『從軍 必携朝鮮独案
  内』, 1894.08, 下村幸貞, 市岡正一,『朝鮮関係支那征伐軍記』, 博行館, 1894.09, 竹内新
  三郎,『實錄日淸戰記』, 1894.08, 小河原司良, 揚武將軍,『日淸韓戰 況實記』, 金松堂,
  1894.08, 村山銀次郎,『日淸朝鮮戰爭記』, 1894.08, 村山銀次郎, 深井斧三郎,『日淸韓
  交戰の實錄』, 1894.09, 深井斧三郎, 佐藤敬吉,『支那朝鮮兵要地 理案内』, 杉山書店,
  1894.10, 吉江治平,『日淸韓戰鬪美談』, 集畵堂, 1894.12.

3. 1894년 발간 조선여행기록물의 저자와 내용

1894년 출판된 조선여행기록물은 앞서 본 것처럼 7종을 확인할 수 있었는데 이번 장에서는 1885년에 간행되어 1894년에 재발간된『조선기문』을 제외한 6종의 조선기행문의 작자와 내용을 소개하고자 한다.

①『조선시베리아기행』의 저자 야즈 쇼에이(矢津昌永)는 1863년 쿠마모토(熊本)에서 태어난 일본의 지리학자이자 교육자이다. 그는 쿠마모토에 있는 제5고등중학교(第五高等中学校) 재직 중인 1893년에 조선과 시베리아의 일부 지역을 여행한다. 그의 여행은 국가적 공무도 아니며 단체여행도 아닌 지극히 개인적인 관심과 연구를 목적으로 한 여행이었다. 목차에는 총 151개에 이르는 소제목이 있는데 그 중에는 조선인의 옷, 식습관, 한옥의 구조 등 생활풍속에 관한 제목이 33개, 조선국 쇠퇴의 원인 등 정세 관한 것이 6개, 자신의 전공과 연관된 기후나 지리학에 관한 내용이 20개, 기타 경관, 일본인거류지 등의 모습, 여행 중의 사건과 관련된 내용이 포함되어 있다. 맨 뒷부분에 실린 여행자가 꼭 알아야할 항목에서는 우편요금, 선박안내, 운임요금, 준비품 등을 자세하게 기술하고 있는데 본 저서가 조선여행자들을 위한 안내서를 목적으로 기술되었다는 것을 알 수 있다. 야즈는 저서 곳곳에서 '조선의 나태함'과 '불결'을 강조하며 조선을 야만적 국가로 표현하였다. 제국주의 시선에 입각한 글쓰기로 조선은 그려지지만 지리학이나 풍속에 관한 조사 차원의 기술에서는 학자다운 모습을 보이기도 한다.

②『아세아대륙여행일지 및 청한로삼국평론』의 작자 하라다 후지이치로(原田藤一郎)라는 인물에 관해서는 알 수 없다. 여러 직업을 전전한 후 대륙에 나아가 성공할 것을 꿈꾸고 집과 처자를 버려 친구들에게 돈을 빌려 여행을 떠났다고 기록되어 있는 것을 보면 유명인물이 아닌 것

으로 추측된다. 책의 내용은 하라다가 1년 8개월에 이르는 기간 동안 중국, 조선, 시베리아를 다니며 견문한 것을 정리했으며 목차는 40항목으로 구성되어 있다. 조선에 관한 항목은 「조선국경선인천 체재」, 「.인천항 약평(略評)」, 「제3 설중(雪中) 여행(단 조선국 강원 함경 2도)」, 「조선국 총론」, 「조선의 통화」, 「조선국민의 상업」, 「조선국의 공업」, 「조선의 광물」, 「조선의 농업」, 「조선의 행정 및 관리」, 「조선에 대한 청국인의 상업」, 「조선화패정의 내외 상업에 미치는 이익과 손해」, 「조선국에 대한 우리 상민」, 「우리와 한국(我對韓) 공략」까지의 14항목이다. 출판 목적을 표면의 관찰이 아닌 이면의 모습을 알리기 위한 것이며 학자가 아닌 실업가, 상업자를 위한 저서라고 하고 있는 만큼, 조선 내의 상공업에 관한 내용이 주를 이르고 있다. 구체적으로는 조선 내 무역상황과 일본인거류지에서 일본 사업가들을 만나 상업에 대해 논한 내용이 많다. 또한 여행 곳곳에서 견문한 조선인의 풍습과 조선 풍경도 삽화와 함께 게재되어 있다. 향후 대륙과의 무역이 이익이 되는 사업이라 확신한 그의 목표는 오직 대륙의 인정, 풍속을 비롯해 농업, 상업, 공업에 이르기까지 실상을 조사하여 일본인들에게 전달하는 것이었다. 본 기행문의 특징은 제국주의 시선이 두드러지게 나타나지 않는다는 점이다. 조선의 후진성을 인식하고 있지만 의식적으로 "불결함"이나 "태만"과 같은 말을 이용하여 표현하지 않는다. 최근에는 일본 사람들은 조선의 것들이면 전부 나쁘게 이야기하지만 자신은 그런 색안경을 벗어 자신이 직접 보고 느낀 감정으로 기술하겠다는 저자의 세계관이 나타난다. 이런 저자의 의식적인 시각은 여타 지식인의 기행문과 비교했을 때 매우 드문 기행문이라고 할 수 있다.

③『계림기유』의 저자 호리우치 마츠지로(堀內松治郎)는 카이(甲斐; 현재 야마나시현)출신 인물이다. 호리우치라는 인물에 관한 자세한 정보는

알 수 없으나 본문에 한학자 카메타니 세이켄(亀谷省軒)의 제와 같은 고
향출신인 정치가 요다 다카시(依田孝)의 발이 수록되어 있는 것을 보면
유교지식인이나 한시가로 추측된다. 한문체로 기록된 이 저서는 일본 중
심이 아닌 경외 지식인이 본 조선의 여행 풍경 기록이다. 기행문의 내용
은 부산 주변의 명승지와 경성의 시내를 읊은 한시와 여행 경험을 기록
하고 있다. 기행문을 보면 저자는 부산과 서울을 여행하였는데 호객하는
상인, 떡을 파는 과부, 고아 등 서울에서 직접 본 사람들의 삶의 모습과
한옥, 온돌, 한글, 의복, 혼례, 장례, 의술, 조선인의 기질과 같은 풍속을
기록하였다. 본문에는 여행 중 조선 풍경을 읊은 한시가 다수 게재되어
있는데 본문 전체가 한문이라는 점과 다수의 한시를 게재한 점에서 일반
독자층을 겨냥한 상업적 출판물이 아닌 일부 한학자나 한시가들을 위해
간행되었을 것이라 짐작된다.

④『조선시사(견문수기)』의 저자 사쿠라이 군노스케(柵瀬軍之佐)는「도
쿄매일신문(東京每日新聞)」의 기자로 편집장까지 지냈던 인물이다. 이후
1905년에 사쿠라이상회(柵瀬商會)를 설립하여 실업가로, 1908년에는 중
의원의원으로 출마하여 이후 정치가로도 활약하였다. 그는 기자시절 조
선에 두 번 입국하였는데 비교적 오랜 세월을 조선에서 지냈다. 본 저서
는 조선을 두 번째로 방문한 1894년에 6월 이후에 집필되었고 곧바로
8월에 출판되었는데 집필하고 출판까지의 속도가 이례적으로 빠르다.
언론의 힘으로 사회의 필요성에 의해 출판된 서적으로 보인다. 이 해 인
천 일본인거류지에「신문기자총합본부」가 설치되는데 이 설립 모임에
참석한 저자는 각 신문사 소속의 14명의 기자 중에서 위원으로 선발되기
도 한다. 내용은 제목 그대로 조선시사에 관한 것이다. 구체적으로 한일
무역에 관한 한 정보와 일본인거류지 상황, 국가 정세 등으로 구성되어
있다. 풍습이나 풍경에 관한 언급도 전체적 분량으로 보아서 미미하나

기록되어있다. 또한 함께 수행한 전문 화가가 그린 조선 풍경이 삽입되어 있다. 이 저서의 특징은 다른 저서들에 비해 조선에 대한 정보와 지식이 주관적으로 기술되어 있다는 점이다. "조선에서 첩을 두는 것은 오랜 관습인데, 많게는 76명 적게는 23명의 첩을 둔 사람이 있다"[14]라는 기술은 그 대표적인 예이다. 구체적이면서 불확실한 정보가 망라되어 있다. '불결함', '나태함', '국가의 어리석음'을 강조하며 아시아의 일본 우월주의 사고를 전면적으로 드러낸 조선안내서이다.

⑤『조선잡기』의 저자는 여수거사(如囚居士)라는 필명을 써서『조선잡기』를 썼는데 저자에 대해서는 구체적으로 알 수 없다.[15] 본문에 여행 목적이나 여행 일정을 기록하지 않아 구체적인 여행 시기와 일정을 알수 없다. 그가 한반도를 두루 돌아다녀 조사한 내용과 조선 풍경이 삽화로 게재되어있다. 내용 구성은 제목 그대로 조선의 잡다한 일에 대해 소제목으로 나누어 기술하고 있는데 무려 그 제목 수가 157개에 이른다. 예를 들어 「'먹다'는 말」이라는 항목에서는 "조선에서는 '먹다'라는 언어의 사용범위가 넓다. 물도 먹고 담배도 먹고 약도 먹는다고 한다."[16] 그외에도 「호시화(好詩話)」, 「관인은 모두 도둑」, 「십리표(=장승)」, 「여의」, 「기생」, 「남색」, 「언문」, 「이두」, 「작시」, 「노예제도」, 「풍년춤」, 「개와 고양이」, 「변소」, 「경성의 금리」, 「여행의 휴대품」, 「국왕전하」 등 다양

---

14 柵瀨軍之佐(著)久保田米僊(画),『朝鮮時事(見聞隨記)』, 1894, 12쪽.

15 최혜주(2008)에 의하면 여수거사(如囚居士)는 혼마 규스케(本間久助)이며, 따로 아다치 규로(足立九郎)라는 이름으로 활동한 신문기자라고 밝히고 있다. 1893년에 조선 침략을 위한 사전답사를 목적으로 조선을 여행한 그는 1894년부터『니로쿠신포(二六新報)』에「조선잡기」를 연재하였다고 한다. 그러나 일본 국립국회도서관 근대디지털라이브러리에 제공되는 서지 정보에는 아다치 케이지로(足立鉷二郎)로 기재되어 있다. 작가에 대해서는 조금 더 확실한 조사를 거쳐 밝힐 수 있도록 하겠다.

16 如囚居士,『朝鮮雜記』, 1894, 5쪽.

한 주제의 내용이 기술되어있는데 심지어 "경상, 전라, 충청, 경기 4도
의 객사에서는 콩밥(豆飯)을 주고 다른 4도에서는 조밥(粟飯)을 준다"[17]는
내용까지 있을 정도로 조선 팔도를 다니며 수집한 정보를 무분별하게
망라하고 있다. 많은 기행문 중에서도 게재된 내용의 양과 정보력이 눈
에 띄게 풍부하여 본 기행문은 당시 풍속자료로 큰 가치가 있다고 보인
다. 그러나 조선을 식민자의 시각으로 바라보고 있으며 저자는 이미 조
선을 일본의 속국으로 이해하고 있다. "조선 인부의 임금은 매우 저렴하
다. 그러므로 그들을 사역하고 공사를 시키면, 결과적으로 그들의 이익
이고 또 우리의 이익이다. 즉 일거양득이다"[18]라는 표현에 보이는 듯이
조선 산물이나 공업 물산을 어떻게 수출하여야 자신들에게 이익이 되는
가에 대하여 계산하는 모습은 당시 조선 진출에 분주하는 식민지경영자
의 모습이다.

⑥『조선토산』의 저자는 승려이다. 정토신종(淨土眞宗)의 승려 후지오
카 료쿠는(藤岡了空)는 청일전쟁이 시작하자 8월에 서울 왕궁을 수위하
고 있는 군인들을 위로하라는 임무를 맡아 조선에 입국하였다. 그는 자
신의 임무를 끝내자 곧바로 귀국하지 않고 서울 시내를 구경하였다. 그
의 목적은 정토삼부경(무량수경, 관무량수경, 아미타불)이었는데 이것을 구
하려 여러 서점을 찾아다녔다고 기록하고 있다. 우연히 삼각산내원암(三
角山內院庵) 간행『관무량수경(觀無量壽經)』을 찾았는데 이때의 기쁨을 숨
김없이 표현하고 있다. 이후 조선 선물이라는 제목 그대로 조선에 와서
얻은 경서를 전문 실었다. 엄밀히 말하면 이 책은 조선에서 견문한 내용
을 수록한 본격적인 기행문은 아니다. 그러나 내용에서 당시 일본인들

---

17 如囚居士, 앞의 책, 179쪽.
18 如囚居士, 앞의 책, 23쪽.

이 어떤 목적으로 하고 조선에 와서 실질적으로 무엇을 했는지에 대한 정보는 제공해준다.

1894년 발간 기행문의 내용 구성의 특징은 대부분 조선에 관한 소개로 이루어지고 있다는 점이다. 여행 중에 있었던 경험이나 일화보다는 조선을 다녀오면서 수집한 정보를 대중들에게 알릴 목적을 가지고 조선에 대한 다양한 정보를 제공하고 있다. 또한 대부분의 기행문이 가이드북의 기능을 함께 갖추고 있어 이 시기 기행문의 역할이 조선에 대한 소개와 도한안내서의 역할을 겸하고 있었다는 것을 알 수 있다. 기존의 딱딱한 보고서나 전문서 형식의 기록과 달리 자신의 경험을 바탕으로 기술하면서 지리적 상상력을 더욱 발휘하게 만든다.『조선토산』을 제외하고는 대략적으로 비슷한 조선 소개 내용으로 구성되고 있지만, 야즈는 지리학, 하라다는 상업, 호리우치는 풍경 묘사, 사쿠라이는 국가 정세와 시사 등 각자의 관심분야에 따라 기술 분량이 다르고 기술 내용에도 차이가 있다. 조선 풍습은 공통된 관심분야로 거의 모든 기행문 속에서 다루어지고 있는데 그 중에서도 '가옥', '식습관', '혼례', '의복', '국민성' 등은 빠지지 않고 등장하는 주제이다.

작자들의 조선을 바라보는 시선은 식민자의 시선을 전면으로 내세운 사쿠라이와 여수거사, 일본과 조선을 '문명'과 '야만'으로 구분하는 이원적 사고방식을 가진 야즈에 비해 호리우치는 비교적 자신의 주관적인 글쓰기로 기술하고 있으며 하라다의 경우는 의식적으로 사회 영향에서 벗어난 글쓰기를 지향하고 있다. 이처럼 1894년의 기행문에는 러일전쟁 전후의 기행문처럼 확고한 조선관이라는 것이 아직 자리 잡지 않고 있으며, 시대의 영향 안에 있었던 작자와 밖에 있었던 작자에 따라 제국주의 시선의 정도가 달랐다는 것을 알 수 있다. 기술 내용을 세밀하게 비교하면 당시 일본인들의 조선 표상의 종류와 규칙적으로 표상되는 과정을 파악할 수 있으나 내용 분석은 차후 다른 논고에서 밝히려고 한다.

4. 19세기 말 일본인의 조선 여행 사정

과연 19세기 말 실제로 일본인들은 어떤 목적을 가지고 조선에 오고 어떤 여정과 방법으로 한반도를 돌아다녔을까. 이런 의문은 그들의 기행문을 통해 구체적으로 알 수 있다. 1890년대 이전까지의 기행문의 저자는 앞에서 살펴본바 국가 고위관료나 외교관 등 국가의 명이나 임무를 맡아서 입국한 사람들이 대부분이었다. 밀항을 제외한 공식적으로 여권을 소지하고 입국한 일본인들은 이에 해당할 것이다. 그러나 1880년대 이후 1890년에는 다양한 계층의 일본인들이 상업, 무역, 조사, 관광 등을 목적으로 공식적 혹은 밀항으로 조선에 입국하였다.

일본에서는 명치 20년(1887)대 이후 근대 사학이 발전하였는데 당시 조선 문제는 가장 뜨거운 이슈였다. 역사학자, 언어학자, 법제사학자, 지리학자 등 다방면의 학자들이 조선연구에 돌입하였는데 조선에 관한 연구가 가장 활발하게 벌어진 것이 명치20년(1887)대에서 30년(1897) 사이다.[19] 이 시기 지식인에 의해 담론화된 조선관이 일본인의 조선관에 큰 영향을 주었다고 해도 과언이 아니다. 지리학자인 야즈의 경우도 이에 해당하는데 그는 기행문에서 아래와 같이 여행 목적을 기술하고 있다.

원래 외국 여행에 대한 뜻이 있었는데, 동양 각국을 돌아 그 실상을 보고 나아가서는 서부(시베리아지방)에까지 가려고 한다. 1893년 우연히 하계 휴가를 얻어 먼저 조선에 건너가 그곳의 인물, 풍정을 탐색하고 나아가 시

---

19 旗田巍, 『日本人の朝鮮觀』, 勁草書房, 1969, 37쪽.

베리아에서 놀려고 결정하여 혼자 홀연히 여행의 길에 떠났다[20]

　동양각국의 실상을 보고 싶다는 욕심으로 출발한 단신 여행이었다. 야즈의 여행은 당시 지식인들 간에 일어난 조선연구에 대한 열풍이라는 시대의 흐름에 따른 여행이었을 것이다. 지리학자인 그가 지정학적 욕구를 가지고 조선에 간 것은 자연스러운 일이며 그는 사전에 조선에 대한 지식을 어느 정도 갖추고 있었다. 승려인 후지오카는 서울 주둔 일본 군인들을 위안하기 위해 도항하였다. 하지만 실질적인 목표는 조선에 있는 불교 경서를 얻는 것이고 결론적으로는 연구 조사를 위한 학자적 욕구가 앞선 것이다. 기자인 사쿠라이는 1894년 6월에 다른 기자들과 함께 입국한 것을 보면 청일전쟁의 현장 취재와 보도를 위한 도항이었을 것이다. 그들에게 조선은 '조선'이라면 상상 가능한 공간이었다. 반면에 일개 서민출신으로 추정되는 후지타는 일본에서 조선에 대한 관심이 고조되는 시기 조선을 새로운 무역시장으로 주목하여 가정까지 버려 단신 대륙으로 떠난 인물이다. 지식인과 거리가 먼 그의 대륙 여행은 모험에 가까웠는데 여행 전 그에게 조선은 지리적 상상력조차 별치지 못하는 미지의 세계였을 것이다. 여기서 유교 지식인인 호리우치가 조선에 온 계기가 흥미롭다.

　　명치 22년(1890) 봄, 나는 친구 요코야마 케이엔(横山桂園)과 함께 서쪽 지방 유람을 다녔다. 연도와 경기의 여러 명승들을 찾았는데 코베항에 이

20　矢津昌永, 앞의 책, 11~12쪽.
　　余素と外遊の志あり、然れども、先づ此等、東洋各国に遊び、其実況を目撃し、而して漸次、西部に及ぼさんとは、又是れ宿願なりき、明治二十六年、偶々夏期休暇を得たり、是に於て先づ朝鮮に渡り、其人物風情を探り、次で魯領浦塩斯徳に航して、西伯利に遊ぶ事に決し、旅装勿々単身飄然として、茲に外遊第一着の途に、上るに至れり.

르러 비를 피해 열흘을 머물렀다. 객사가 무료하여 옆방에 찾아가 손님과
담소를 나누었다. 고기반찬이 술을 불렀다. 왼편에 후지사키 요네스케(藤
崎米助)라는 사람이 있었는데 성격이 활달하고 일한통상에 종사하였다. 지
금 가족을 데리고 부산포에 살고 있다. 술을 한창 마시자 조선의 근황에
대해 매우 자세하게 이야기해 주었다. 내게 조선 유람을 권하였는데 나는
솟아오르는 유람하고 싶은 욕구를 억제할 수 없었다.[21]

위의 인용은 그가 조선 여행을 가게 된 계기를 기술한 내용이다. 명치
23년(1890) 봄 친구 요코야마(橫山)와 서쪽 지방의 여러 해안 명승지를
찾아다니던 중 우연히 후지사키(藤崎)라는 한일통상에 종사하는 인물을
만나 조선의 근황에 대한 이야기를 듣다보니 조선여행에 대한 뜻을 가지
게 되었다는 것이다. 이렇게 호리우치는 친구와 함께 후지사키와 약속을
하여 친구와 셋이서 에치고함(越後艦)에 탑승하여 조선으로 출발하였다
고 그 과정을 구체적으로 기술하고 있다. 조선에 관심을 두지 않았던 저
자가 한 사람과의 우연한 만남으로 돌연 조선을 향하게 되었던 것이다.
이제까지 19세기 말에 도항한 일본인이 주로 국가 관료들이나 학자와
같은 일본에서도 엘리트층에 속하는 지식인들이었다고 알려져 온 것과
달리 일반 서민의 모험적인 여행과 재조일본인들과의 인연으로 인해 조
선을 여행했던 일반인이 존재하였던 것을 알 수 있다. 또한 후지오카의
경우는 군인 위안이라는 임무를 받아 조선에 입국하였지만 조선에 일본
인 승려의 존재는 『조선잡기』에서도 찾아볼 수 있어 승려도 당시 여행자
의 한 계층을 이루고 있었다고 볼 수 있다.[22]

---

21 堀内松治郎, 『鷄林紀遊』, 1894, 10쪽.
　　明治二十三年春. 余與友人橫山桂園爲西遊. 探沿道及畿甸諸勝. 到神戶港阻雨旬日.
　　客舍無聊. 因就隣室. 與客談笑. 所肉呼杯. 左有藤崎米助者. 資性闊達. 從事日韓通商.
　　今挈家寓于釜山浦. 酒酣說朝鮮近況甚詳. 勸余一遊. 余遊意蓬勃不能禁.

다음으로 일본에서 조선으로, 그리고 조선 내에서 그들이 어떻게 여행을 다녔는지 그 사정을 알아보도록 한다. 1893년에 부산으로 입국한 야즈가 당시 부산에 여행객 신분으로 있는 사람이 무려 2천명이 넘는다는 기술을 남긴 것처럼, 이 시기에는 일본인들은 시모노세키에서 부산으로 입국하는 것이 가장 일반적이었다. 야즈는 시모노세키(下關)에서 오사카상선회사가 소유하는 시라카와마루(白川丸)를 타고 부산으로 입국하였고, 호리우치도 시모노세키에서 출발한 후 대마도를 거쳐 부산으로 입국하였다. 야즈가 탄 시라카와마루는 코베에서 출발하여 시모노세키를 거쳐 부산까지 5일에 한번 정기 운행했던 선박이다. 당시 일본과 조선 간을 연결하는 선박은 도쿄마루(東京丸) 사츠마마루(薩摩丸) 겐카이마루(玄海丸) 히고마루(肥後丸) 시라카와마루 등이 있었는데 시라카와마루를 제외한 나머지 선편의 운항은 한 달에 한 번으로 5일에 한 번 운항하는 이것이 가장 보편적으로 이용되었을 것으로 추정된다. 중국에서 만주를 횡단하여 조선으로 입국한 하라다를 제외하고는 모든 기행문의 저자가 부산으로 입국하였다.

입국 후의 여정은 각자 다르나 기본적으로 부산과 경성을 중심으로 재조일본인 거류지가 있는 원산, 인천 등을 중심으로 여행을 다녔다. 야즈의 경우는 부산에 입국한 후 부산에서 원산까지는 항로로, 이후 원산-경성-인천을 거쳐 시베리아로 가기로 정했다고 기록되어 있으나 기행문을 보면 경성과 인천에 관한 내용을 찾을 수 없다. 아마도 예정과는 달리 부산-원산-시베리아-원산의 여정이었을 것이라 추측된다. 부산에서 원산까지는 항로의 이동하였다. 호리우치의 경우는 부산과 부산주변의 도시를 구경한 후 경성으로, 다시 부산으로 돌아와 귀국하였으나 부산에

---

22 如因居士, 앞의 책, 124쪽.

서 경성으로 가는 이동에 관해서는 기록하지 않고 있다. 하라다는 만주에서 평안도, 황해도, 경기도를 거쳐 경성까지 남하한 후 원산에서 함경도를 지나 블라디보스톡으로 출발하였는데 그는 경성과 인천에 2달 동안 체류하였다. 그가 경성에서 오류동을 지나 인천까지 간의 거리를 걸어 다니는 모습은 기행문에 생생하게 그려지고 있다.

이 시기 조선 국내의 이동 방법은 신분과 계층에 따라 차이가 있었으며 시간에 구애 받는 여행이나 국내 사정에 밝지 않는 경우에는 부산에서 경성까지는 항로와 육로를 이용하고 이동하였다. 하야시 타케이치의 『조선안내』(1891)를 보면 인천에서 경성까지의 이동 방법에 대해 구체적으로 기술되어 있다.

> 인천에서 일본선(부선으로 지붕이 있는 것이다.) 전세 마포까지 왕복 금 6원. 편도 금 4원 50전. 오오쿠사 우메키치(大草梅吉)가 취급한다고 한다. 이 선박은 일본인 뱃사람이 2명 탑승하여 안전하다. 손님은 7명 이내로 탑승시킨다고 한다. 두 조수로 도착한다.
>
> 인천 경성 간 증기선 용산호의 탑승료는 상등 편도 금 2원 하등 동금 70전. 6시간으로 도착한다.
>
> 승마(乘馬)는 인천 경성 간 왕복 금 4원 50전. 편도 2원 50전.
>
> 태마(駄馬)는 편도 한전 1관 500문(우리 돈으로 90전)
>
> 교여(轎輿) 인부는 한명 하루 한전으로 1관 250문(우리 돈으로 75전)[23]

---

23 林武一, 『朝鮮案內』, 1891, 106쪽.
　　仁川ニテ日本船艀船ニテ屋根アルモノナリ雇切麻布迄デ往復金六圓片道金四圓五拾錢大草梅吉取扱フト云フ此ノ船ハ船子日本人二名乘込み至テ安然ナリ客ヲ乘ス七人以內ト云フ二タ潮ニシテ倒着ス
　　仁川京城間小蒸氣龍山號ノ船客料ハ上等片道金貳圓下等同金七拾錢六時間ニシテ到着ス
　　乘馬ハ仁川京城間往復金四圓五拾錢片道貳圓五拾錢
　　駄馬ハ片道韓錢壹貫五百文我ガ金九拾錢

이 시기 조선 국내의 이동 방법은 신분과 계층에 따라 차이가 있었으며 시간에 구애 받는 관광 여행 혹은 국내 사정에 밝지 않는 경우에는 부산에서 경성까지는 항로와 육로를 이용하고 이동하였다. 여러 기행문에 조선말에 대한 기록이 보이는데 이런 기록은 실제로 육로를 이용할 때 말을 데리고 다녔기 때문일 것이다. 교통과 객사가 잘 정비되어 있지 않는 조선 내에서의 이동은 일본인 여행자들에게는 매우 끔찍한 일이었다.

그렇다면 일본인들은 언어적 문제를 어떻게 해결하였을까. 야즈와 호리우치의 기행문에 한국인 통역이 등장하는 것을 보면 이 시기 일본인들은 대체로 한국인 통역을 데리고 다녔던 것으로 보인다. 또한 일반인의 개인 여행은 기본적으로 재조일본인들의 도움으로 이루어졌다. 호리우치는 입국 전에 재조일본인을 만나 조선행이 결정되었으며 부산에 재류할 때에도 그의 집에 머물렀다. 호리우치의 경우 재조일본인과 함께 비교적 안전한 여행을 다녔으며, 하라다의 경우는 통역자의 모습이 기행문에 보이지 않은 점에서 혼자 다녔거나 필요할 때만 이용했을 것으로 추정된다. 그러나 그의 여행 자체가 재조일본인들의 후원금으로 이루어진 만큼 재조일본인들의 도움이 전격으로 필요로 하였다. 야즈의 경우에는 개인적으로 재조일본인들에게 도움을 받지 않았으나 부산에 있는 영사관에서 여행정보를 구하고 그곳에서 식사 대접을 받고 있다. 엘리트 지식인인 경우 재조일본인과 개인적 교류보다 영사관과 같은 국가의 도움으로 여행을 이어나갔을 것이라 생각된다.

19세기 말의 개인 여행은 1900년 이후 교통망이 정비되어 지정된 코스를 정해진 기한 안에 다니는 관광여행과, 목적, 여행 방식, 코스 등 모든 면에서 확연히 달랐다. 최소한 청일전쟁 발발 이전 일본인들의 조선여행은

輯輿人足一名一日韓錢壹貫貳百五拾文我ガ金七拾五錢.

그 이후에 비해 훨씬 자유로웠다고 할 수 있다. 그러나 자유로운 여행은
말을 바꾸면 보호되지 않는 여행으로 안전에 대한 문제도 함께 따라다녔다.
여행자의 휴대품을 보면 그들이 어떤 여행을 하였는지 알 수 있다.

「내지여행의 준비품」

내지는 길이 불편하며 주막은 도저히 일본인이 일을 볼 수 없다. 그러므
로 휴대품에 한계가 없지만 어떠한 여행에도 옆에 기재한 물품은 꼭 휴대
하여야 된다.

○호신기(단총 혹은 검과 같은 종류)○모포 한 장○간장○가츠오브시○
약품

신사적 여행을 하려면 이상의 것들에 추가해야 될 것이,

○통조림식품○우구○모기장 혹은 종이장(단 하기)○손에 드는 등잔○
비누○주류○방한구(단 동기)○식기[24]

「여행자의 휴대품」

내지를 여행하고자하는 사람을 위해, 휴대해야 될 물품을 지시한다.

모포, 어깨에 걸 수 있는 가방, 수첩, 연필, 키니네(물이 안 좋아 泥瘴熱
에 걸리기 쉬움), 은화 약한(이것은 준비를 위한 것이다. 1원에 한전 800문
정도로 교환할 수 있음), 호신용 기구(권총 혹은 검), 손수건, 칫솔, 비누,
소금. 단 귀족적 여행자를 위한 것이 아니다. [25]

---

24 矢津昌永, 앞의 책, 122쪽.
「内地旅行の用意品」
内地は行路不便にして酒幕はとても日本人の用を足すを能はず, 故に其携帯品には限
りなしと, 雖も如何なる旅行にても左の品は必ず携へざるべからず,
○護身器(短銃又は刀剣の類)○毛布一枚○醤油○鰹節○薬品(毒消・解熱・ビツトル・
コロイタン等)
紳士的旅行をなさば以上の諸品に加ふるに
○鑵詰の食品○雨具○蚊帳或は紙帳(但し夏期)○提燈蠟燭○石鹸○酒類○防寒具(但
し冬期)○食器.

위의 인용은 기행문에 소개되는 여행자의 필수품이다. 두 사람이 쓴
휴대품은 기본적으로 일치한다. 모포, 약품, 비누, 수건, 호신기구 등이
필수품이었다. 특히 여행의 안전을 위해 권총이나 단칼을 들고 다녔다는
것을 알 수 있다. 기행문에 조선 여행에서 있었던 사건 사고에 대한 내용
은 보이지 않지만 당시 일본인들에게 조선여행은 안전한 여행이 아니었
음은 짐작할 수 있다.

야즈는 그 외에 모기장이나 음식물을 필수품으로 뽑고 있는데 조선의
불결한 위생 상태에 대해 많은 불평을 늘어놓았던 그의 관점이 잘 드러
나는 항목들이라고 할 수 있다. 여수거사가 필수품의 맨 마지막에 "귀족
적 여행자를 위한 것이 아니다"라고 적고 있는 것을 보면 상기한 준비물
은 중간 수준 여행자들의 일반적인 휴대품이었다고 볼 수 있다. 2달이나
조선에 체류했던 하라다의 경우는 조선 사람들이 다니는 음식점에서 식
사를 하고 있으며 당시 일본인들의 조선여행은 경제력과 여행목적에 따
라 다양했던 것으로 보인다.

5. 결론

19세기 말 조선여행 관련 기록물은 20세기 초의 것과 비교하여 자료
의 접근성과 해석의 문제 등으로 인해 그동안 많이 다루어지지 않았다.

---

25 如囚居士, 앞의 책, 88쪽.
    「旅行者の携帯品」
    内地を旅行せんとする人の為めに、其携帯すべき品物を指示すべし、毛布、肩懸革
    鞄、手帳、鉛筆、規尼
    (水悪しきを以て泥 熱に罹り易し)、銀化少許(これは用意の為なり一圓に付韓銭八百文
    位に交換し得)護身用器 具(ピストル或は刀剣)、手拭、歯磨、石鹸、食塩 但貴族的旅
    行者の為にあらず.

그러나 제국주의 시선을 바탕으로 한 기록이 어떻게 생산되며, 표상된 조선 이미지가 사회에 확산되어 나가는 계보는 찾는데 이 시기의 조선여행 관련 기록물은 매우 가치가 있다.

본 연구는 기존 연구에서 다루어진 19세기 말 일본인들의 조선기행문에 새로운 자료를 더하여 19세기 말 조선여행 관련 서적 출판 상황을 1894년에 간행된 조선여행기록을 중심으로 정리하고 당시 여행 사정을 살펴보았다. 1894년에 조선 여행기록물이 증가하는 사회적 배경으로 두 가지를 주목했다. 첫째로 1880년 이후 조선으로의 도항 인구가 증가하여 1890년대 조선에서의 재조일본인 거류지가 자리 잡은 것이며, 둘째로는 청일전쟁의 발발이다. 특히 같은 1894년 출판 조선여행 관련 기록물이라도 청일전쟁 발발 전후로 기행문의 출판 내용과 작자에 확연한 차이가 있다는 것도 확인되었다.

이 시기 출판된 여행기록물의 저자는 교육자, 일반 서민, 기자, 승려 등이 있으며, 내용은 작자의 전공과 관심분야에 따라 다소 주제에 차이가 있으나 주로 조선에 관한 소개와 여행에 필요한 정보들로 이루어져있다. 그러나 이 시기 여행기록물에는 일정한 조선 표상이 확실히 자리 잡고 있지 않았으며 시대의 영향 아래 있었던 작자와 밖에 있었던 작자에 따라 제국주의 시선의 정도가 달랐다는 것을 알 수 있었다. 또한 19세기 말에 도항한 일본인이 주로 국가 관료들이나 학자와 같은, 자국에서 엘리트층에 속하는 지식인들이었다고 알려져 온 것과 달리 일반 서민의 모험적인 여행과 재조일본인들과의 인연으로 인해 조선을 여행했던 일반인이 존재하였던 것을 알 수 있었다. 여행의 목적과 여정, 여행 방법에 있어서도 다양하였다. 그러나 이와 같은 여행도 20세기에 들어서서는 상품화 된 관광 여행으로 이행하며 규정화된 코스와 여행 방법으로 변화해간다.

이번 글에서는 19세기 말 기행문의 발간 상황과 여행 모습에서 이 시기 기행문의 저자와 내용이 후대 기행문에 비해 다양했다는 점을 발견할 수 있었다. 앞으로 이런 다양성에 주목하여 각 기행문을 더욱 심도 있게 분석하면, 1890년대 초반의 일본인 여행자들에게 이미 고정화된 조선 풍경이 존재했는지, 그런 조선 풍경이라는 지정학적 상상력이 어느 시점에서 어떻게 강하게 나타나는지 밝힐 수 있을 것이다. 이 문제에 관해서는 앞으로의 과제로 삼겠다.

1920년대 내지시찰단 기행문에 나타난 향촌 지식인의 내면의식

박애경
연세대학교

1. 들어가는 말 – 향촌 지식인의 내지시찰 경험과 내지시찰 기행문

기행문이란 '다른 공간'을 경험한 기록을 담은 글쓰기의 한 형태이다. 여기에는 여행의 주체인 동시에 관찰과 기록의 주체인 여행자의 시선에 포착된 대상의 재구성과 의미화 과정이 수반되게 마련이다. 왜냐하면 여행의 본질이 이동, 즉 '시간에서 공간으로 그리고 사회적 위계에서의 이동'[1]이라 할 수 있기 때문이다. 여행자는 낯선 공간을 체험하고, 타자가 되는 경험을 통해 자신을 타자들의 관점에서 평가하며, 타자와의 차이로서 스스로를 구성[2]하게 된다. 그런데 여행이라는 것은 기본적으로 외부 세계와의 대면인 동시에 자신이 처한 곳으로의 귀환을 전제로 하는 경험이기도 하다. 그렇기 때문에 기행문은 여행의 주체가 경험한 낯선 공간에 대한 기록인 동시에, 귀환의 서사이기도 하다. 외부를 바라보는 '나'

---

1 이재선, 「여행의 문학 주제학을 위하여」, 『여행서사의 계보 – 모험과 일상의 재편』, 대중서사학회 · 시학과 언어학회 공동학술대회 자료집, 2010년 3월.
2 황호덕, 『근대 네이션과 그 표상들』, 소명출판, 2005. 64쪽.

의 시선을 문제 삼으면서도 자신이 처한 곳으로의 귀환을 전제로 하기 때문에, 여행의 경험은 궁극적으로 자신과 자신을 둘러싼 제반 조건들에 대해 성찰하는 계기를 제공하기도 한다. 그렇기 때문에 여행과 그 경험을 담은 기행문은 종종 자기 정체성 구성의 장이 되기도 한다.

이 글에서는 여행의 특수 형태라 할 수 있는 '내지시찰'을 경험한 이들이 무엇을 보고, 느끼고, 기록했는가를 그들이 남긴 기행문을 통해 살펴보기로 한다. 내지시찰단이란 한일합방[3] 이후 일본의 산업시설과 교육시설, 고적을 탐방하는 여행을 위한 파견된 단체를 말한다. 시찰단의 여행은 식민지 동화정책의 일환으로 실시되었다는 점에서 애초에 '목적 있는 여행'이었다. 내지시찰단 기행문은 '목적 있는' 여행의 산물인 동시에 '보고'와 '선전'을 목적으로 한다는 점에서, 식민정책을 증명하는 사료로만 언급되었을 뿐 문학적 연구의 대상에서는 제외되어 왔다.[4] 그렇지만

---

3 물론 한일합방 이전인 통감부 시절부터 민간인 차원의 일본 관광단이나 일본 시찰단이 조직, 파견되었다. 예컨대 1909년에 이미 경성일보사 주최로 시찰단을 파견했던 사실을 확인할 수 있다. (子爵 조중응, 「內地 視察團에 대ᄒ야」, 『매일신보』, 1914년 3월 8일) 그런데 이 때의 시찰단은 주로 민간 차원에서 서로의 필요에 의해 상호 파견되었다는 점에서 합방 이후의 시찰단 파견과는 근본적으로 달랐다고 할 수 있다. 따라서 동화정책에 의해 시찰단을 조직적으로 파견하기 시작한 것은 한일합방 이후라 할 수 있다. 일제 초기 시찰단 파견에서 중요한 역할을 담당했던 동양척식주식회사는 일본인의 조선시찰에도 관여했다. 관련 기록은 다음 문서를 참조할 것. 東洋拓植株式會社 主催 日本 篤農家 朝鮮 視察ニ關シ 同社理事 林市藏 ヨリ報ノ件, 1909 (일본 공문서관 소장)

4 역사학계의 시찰단 연구는 주로 식민지 지배정책사와 관련하여 이루어졌다. 이를 세분하여 보면 시찰단 일반을 식민정책의 심화와 관련하여 살핀 연구와 종교계의 시찰단 구성과 관련하여 살핀 연구로 나누어 볼 수 있다. 시찰단 일반에 관한 연구로는 다음 연구를 들 수 있다. 박양신, 「일본의 한국병합을 즈음한 '일본관광단'과 그 성격」, 『동양학』 37, 단국대학교 동양학연구소, 2005. 조성운, 「『매일신보』를 통해 본 1910년대 일본시찰단」, 수요역사연구회, 『일제의 식민지 정책과 매일신보 – 1910년대』, 두리미디어, 2005. 박찬승, 「식민지 시기 조선인의 일본 시찰 – 내지시찰단을 중심으로」, 『지방사와 지방문화』 9권 2호, 역사문화학회, 2006. 조성운, 「1920년대 초 일본 시찰

내지시찰단 기행문 역시 여행서사인 만큼 타자 체험, 귀환의 서사라는 기행문의 일반의 특성을 공유하고 있다.

이 글에서는 특히 1920년대 향촌 지식인들의 내지시찰 경험과 기행문을 다루려 한다. 여기에서 향촌 지식인을 주목한 이유는, 그들이 1920년대 내지시찰단 구성에서 중추가 되었다는 점을 주목했기 때문이다. 한일합방을 전후한 1910년대까지는 동양척식회사나 총독부 기관지였던『경성일보』에서 시찰단을 모집하고, 이들이 시찰 일정을 주도하였다. 또한 참여자 역시 한일합방의 대가로 작위를 받은 유력 협력자, 도

단의 파견과 성격」,『한일관계사연구』25집, 한일관계사학회, 2006. 조성운, 「1920년대 일제의 동화정책과 일본시찰단」,『한국독립운동사연구』, 독립기념관, 2007. 종교계의 시찰단 구성과 관련한 연구로는 다음을 참조할 수 있다. 이경순, 「1917년 불교계의 일본 시찰 연구」,『한국민족운동사연구』, 25집, 한국민족운동사학회, 2000. 성주현, 「일제의 동화정책과 종교계 동향」,『식민지 조선과 매일신보 - 1910년대』, 신서원, 2003. 성주현, 「1920~30년대 유림계 단체의 조직에 관한 연구」, 수요역사연구회, 『식민지 동화정책과 협력 그리고 인식』, 두리미디어, 2007. 시찰단의 기행문을 문학적 연구 대상으로 삼기 시작한 것은 최근의 일이다. 이를 문학적으로 살핀 연구로는 다음을 들 수 있다. 박애경, 「장편가사『東遊感興錄』에 나타난 식민지 근대 체험과 일본」,『한국시가연구』16집, 한국시가학회, 2004. 박애경, 「내지시찰단이 바라 본 일본- 시찰단 보고문『동유감흥록』을 중심으로」,『한국고전시가의 근대적 변전과정 연구』, 소명출판, 2008. 박찬모, 「전시(展示)'의 문화정치와 내지 체험」,『한국문학이론과 비평』43집, 한국문학이론과 비평학회, 2009. 이재봉, 「내지(內地)'의 논리와 근대 초기 조선의 글쓰기」,『한국민족문화』37집, 부산대학교 한국민족문화연구소, 2010. 시찰단 기행문과 연관이 있는 개화기와 근대 일본 기행문학 관련 연구로는 다음을 들 수 있다. 황호덕, 「타자로의 항해들, 「사이」에서 창안된 네이션 - 개항기의 견문록과 간문화적 자기 재현」,『한국사상과 문화』34집, 한국사상문화학회, 2006. 우미영, 「東度의 욕망과 東京이라는 장소(Topos) - 1905년~1920년대 초반 동경 유학생의 기록을 중심으로」,『정신문화연구』, 통권 109호, 한국학중앙연구원, 2007. 해외 여행 체험과 제국적 논리에 대해서는 차혜영, 「지역 간 문명의 위계와 시각적 대상의 창안 - 1920년대 해외 기행문을 중심으로」,『현대문학의 연구』24집, 한국문학연구학회, 2004. 또한 기행문과 문학적 글쓰기와의 관계에 대한 논의도 참조할 수 있다. 김현주, 「근대 초기 기행문의 전개 양상과 문학적 기행문의 '기원' - 국토기행을 중심으로」, 한국문학연구학회 편,『현대문학의 연구』16집, 2001.

지사급의 고위 관료, 유림을 위시한 종교지도자 등 여론을 주도하는 명망가 집단이었다. 그러나 1919년 3·1운동 이후에는 총독부가 시찰단 구성 및 파견을 주요 사업으로 직접 관장하고, 파견 대상자도 군수나 면장 등의 지방 관료, 업종 별, 직능 별 대표나 구성원 등으로 확대하였다.[5] 시찰에 참여한 면면을 살펴보면, 생업의 현장과 가까운 실무형 단원들 혹은 지역 여론의 동향을 좌우하는데 주요한 역할을 수행하던 이들이라는 것을 알 수 있다. 명망가가 아닌 직능 단체 구성원과 향촌 지도층을 중심으로 시찰단을 구성한 데에서 알 수 있듯, 1920년대 이후의 시찰단 파견에는 '동화정책의 실현'이라는 구호를 넘어 실무적 차원의 고려가 있었음을 알 수 있다. 이러한 변화는 일차적으로 사이토 마코토(齋藤實) 총독의 취임 이후 실시된 소위 '문화정책'과 분리하여 생각하기 어려울 것이다.

향촌 지식인의 '내지시찰' 경험은 신구(新舊)의 문화가 충돌하고 접변하는 장이기도 하였다. 내지시찰에 주로 참여한 향촌 지식인들은 구학문, 즉 한학과 유학적 교양, 이를 기반으로 구성된 가치관에 익숙한 인물이었다. 따라서 이들은 1920년대 해외 체험 기행문을 주로 남겼던 조선 유학생들과는 다른 문화적 배경을 지녔다고 할 수 있다.[6] 이들은 근대교육의 혜택을 받지 못했다는 점에서, 유학생 류의 엘리트들과는 구분되

---

5   1919년 3.1운동 이후 취임한 사이토 총독 체제에서 시찰단의 파견 주체 및 구성에서 변화가 있었다는 사실은 선행 연구에서도 지적한 바 있다. 1920년대 시찰단 성격의 변화에 대해서는 박찬승, 앞의 글. 205~206쪽. 조성운, 앞의 글 (2007), 210~211쪽 참조.

6   1920년대 내지시찰단에 참여한 이들이 대부분 근대적 교육 혜택을 받지 못했다는 사실은 선행 연구에서도 지적된 바 있다. 박찬모, 앞의 글. 선행 연구에서는 이들을 '중류계층'으로 광범위하게 지칭하고 있으나, 참여자의 신분이 군수나 지역 유림 영수, 면장, 하급 관리 등 시찰단원 내부에서도 차이가 노정되는 바, 이들을 '중류 계층'이라 포괄하기는 어려워 보인다.

지만, 국한문 혼용체의 익숙한 사용이나 한문 구사 능력, 유학적 교양의 정도로 볼 때, 비 엘리트층 일반으로 범주화하기도 어렵다고 볼 수 있다. 오히려 향촌의 관료나 유생은 '구 지식인'의 범주 안에서 논의하는 것이 실상에 가깝다고 할 수 있다. 구 지식인들은 근대적 담론의 장에서는 소외되어 있었지만, 향촌 내에서는 여전히 지도력을 유지하고 있었다고 할 수 있다.[7]

또한 이들이 거주하던 '향촌'이란 공간을 주목할 필요가 있다. 향촌은 도시 중심으로 기획된 근대화 세례에서 상대적으로 소외된 공간이었다. 말하자면 근대를 체득하는 데 있어, 도시와는 엄연히 시차가 존재하고 있던 공간, 다시 말하면, '비 균질적 근대'를 증명하는 공간이라는 것이다. 이렇게 본다면 향촌 지식인들이 경험한 내지는 '낯선 공간'과의 대면인 동시에, 근대를 선취한 공간으로의 이동이라는 점에서 '다른 시간'과의 대면이라고도 할 수 있다. 뿐만 아니라 그들이 여행한 곳은 '식민지'와 '내지'[8]라는 우승열패의 논리가 직접적으로 드러나고, 여기에 속수무책으로 노출될 수밖에 공간인 동시에, 자신이 기반하고 있던 구 지식적 사유체계가 부정되는 공간이기도 하다.

낯선 시·공간과의 대면은 일차적으로 감각적 경험의 차이, 이로 인한 '충격'이라는 반응으로 나타나게 된다. 거듭된 충격은 고스란히 자기 정체성 구성(혹은 재구성) 과정에 개입하게 마련이다. 기행문은 바로 이

---

7 유생이나 한학자의 지도력은 일제가 유생들을 조직하고, 유교진흥회 등의 단체를 통해 유생들을 장악하려 시도했던 데에서 역설적으로 확인된다. 일제 초기 유림들의 동향과 식민화에 대해서는 다음 논의를 참조할 것. 성주현, 앞의 글(2007), 정욱재, 「일제 협력 儒林의 儒教認識」, 『한국사학사학보』, 16집, 한국사학사학회, 2007.

8 내지는 본래 '국경의 안쪽'을 가리키는 보통명사였으나, 식민화가 진행되면서 점차 일본을 지칭하는 고유명사가 되었다. '내지'의 의미 변화와 이에 내재된 제국의 욕망에 대해서는 이재봉, 앞의 글을 참조할 것.

지점, 즉 향촌 지식인의 집합적 정체성이 표출되거나, 길항 과정을 거쳐 재구성되는 지점을 포착하고 있다. 물론 이것을 파악하는 데에는 어려움이 따른다. 시찰단의 기행문은 보고서라는 글의 성격상, 여정에서부터 집필에 이르기까지 타인의 의도와 목적이 개입되어 있기 때문에, 여행을 경험하고 기록하는 주체와 시찰단을 구성하고 기획한 일제 정책 담당자의 시선이 착종될 수밖에 없기 때문이다. 실제로 기행문의 대부분은 보고에 적합한 글쓰기로 되어 있어, 얼핏 보면 예정된 일정, 예정된 장소에 걸맞는 예정된 감탄으로 채워져 있는 듯 보인다. 그러나 다분히 예측 가능한 반응이 어느 지점 균열되면서, 기록 주체에 따른 차이가 미묘하게나마 노출된다는 점을 부정하기는 어렵다. 내지시찰단 기행문은 이처럼 '식민정책에 포섭된 개인'이라는 모순과 균열의 지점에서부터 출발하고 있다. 말할 것도 없이 이러한 혼돈상은 이질적인 가치와 지향들이 충돌하고, 혼류하고 재배치되는 시대의 징후를 보여주고 있는 것이다.

2. 1920년대 내지시찰단 기행문의 존재양상

1920년대는 식민 치하 저항과 협력의 분리가 본격적으로 가시화되는 시기라 할 수 있다. 3.1운동 직후 부임한 사이토 총리는 일본의 우월함, 식민통치의 정당함을 조선인들이 자발적으로 수용하도록 독려하기 위한 소위 '문화정책'을 전국적으로 실시하였다. 문화정책의 핵심은 자발적 협력자 양성과 민족분리정책이었다. 이에 따라 지방 유력자를 통한 선전과 강습, 시찰단의 일본 파견, 각종 출판물의 간행과 결사의 허용 등을 통한[9] 계몽과 선전이 광범위하게 시행되었다. 1920년대 들어 부쩍 활발

해진 시찰단 파견은, 3.1운동 이후 달라진 식민정책에 조응하고 있다는 것을 증명하고 있다.[10]

물론 시찰단 파견은 한일합방 전후부터 시작되어, 일제 말까지 꾸준히 진행되었다. 그런데 1920년대에는 이전과는 다른 양상들이 보이기 시작한다. 먼저 파견 주체가 바뀌었다. 이전에는 동양척식주식회사나 경성일보사가 파견을 주도하였다면, 사이토 총독 취임 이후에는 조선총독부나 각 도, 각 군에서 직접 시찰단 파견과 관리를 관장하기 시작하였다.[11] 뿐만 아니라 앞서 언급했듯, 시찰단원이 중앙의 명망가 중심에서 지역 여론 주도층, 직능 단체 구성원 등으로 확산되었다. 1920년 총독부가 주최가 되어 최초로 파견한 시찰단이 교원 시찰단과 군수시찰단이라는 사실[12]은 시찰단 파견의 목적이 '선전'과 '계몽'에 있다는 것을 확연하게 드러내고 있다. 충남도청이 주최했던 시찰단에 단원으로 참여한 후 남긴 보고서의 증언도 이와 일치하고 있다.

> 조선총독부(朝鮮總督府)에서 동화정칙상(同化政策上) 필요로 인뎡(認定)ᄒ고 민년츈ᄒ지교에 단원덜을 모집ᄒ되 기(其), 자격(資格)의, 히당(該當)ᄒ자(者)ᄂ 즉(卽) 군수(郡守) 면쟝(面長), 유림령수(儒林領袖) 인민 딕표(人民代表) 공직자(公職者) 디방덕망가(地方德望家) 급(及) 지산가(財産家)로써 조직(組織)ᄒ고 차(此)의 샹당(相當)ᄒ 려비(旅費)를 디방비즁(地方費中)으로 보조(輔助)ᄒ며 단쟝급수원(團長及隨員)이 령솔감독(嶺率監督)ᄒ고 려비(旅費) 등 차션임등(車船賃等)은 일졀령솔자(一切領率者)이

---

9 성주연, 앞의 글(2007) 65쪽

10 1920년대에는 총 244회에 걸쳐 시찰단 파견이 이루어졌다. 조성운, 앞의 글 (2007) 부록1.

11 박찬승, 앞의 글. 207쪽.

12 박찬승, 위의 글. 207쪽. 조성운, 앞의 글 (2007) 부록.1

공동(共同)으로 담임용하(擔任用下)ᄒ면서 삼쥬일(三週日) 혹(或) 일월간
(一月間) 일본각도시명승디로(日本各都市名勝地)로 주힝(周行)ᄒ야 힝정
(行政) 산업(産業) 교휵(敎育) 풍속(風俗) 사정(事情)을 시찰(視察)ᄒ며 농
촌공장(農村工場)의 작업상황(作業狀況)을 실디관광(實地觀光)ᄒ야 유신
(維新)이릭 오십년간(五十年間) 쟝족진보(長足進步)된 실적(實跡)을 목격
(目擊)케ᄒ고차(且) 소문소견(所聞所見)을 슈첩(手帖)에 긔록(記錄)ᄒ야
회환후(回還後) 즉시(卽時) 감상록(感想錄)을 도(道) 군텅(郡廳)에 졔츌(提
出)케ᄒ고 각기소거부근면리(各其所居附近面里)로 슌회(巡廻)ᄒ야 인민
(人民)을 회집(會集)ᄒ고 관광사항(觀光事項)을 상셰강연(詳細講演)ᄒ야
사지히득(使之解得)케흠이 기(其) 취지목뎍(趣旨目的)이니라[13]

이 글에는 시찰단 파견의 주체, 목적, 파견 시기, 시찰단의 구성, 시찰
단 운용, 시찰 기간 및 내용, 귀국 후 사후 관리에 이르기까지 시찰단의
전모가 상세하게 나타나 있다. 군수, 면장, 유림의 영수, 인민대표, 공직
자, 지방의 덕망가와 재산가는 말할 것도 없이 지역에서 여론을 주도하
는 집단이다. 이들은 목격한 것을 기록하여 감상문을 제출하고, 자신의
거주 지역에서 인민들을 모아놓은 뒤 대중강연을 열어 일본의 실상을
알릴 의무까지 부여받았다. 이는 군수의 자격으로 시찰단에 참여했던 공
탁의 증언에서도 보이고 있다.[14]

이 글에서는 이들이 제출한 보고서 중 활자 매체로 간행된 글을 대상
으로 삼았다. 대상으로 삼은 기행문을 매체 별로 분류하면 다음과 같다.

13　심복진, 『東遊感興錄』, 東昌書屋, 1926. (연활자본, 중앙국립도서관 소장)

14　"時勢에 遲後되지 안토록 新知識을 흡수하랴면 雜誌, 新聞의 利用 혹은 見聞을 넓히
　　어서 民衆의 指導 誘擁에 힘쓰지 안으면 不可하다. 今回의 內地視察도 此 主旨로 出한
　　바이니" 孔濯, 「內地視察感想談」, 『조선』 113호, 1927년 3월. 44쪽.

『매일신보』 소재 내지시찰단 감상문 목록

李東漢, 內地視察感想, 1920년 9월 7일

劉秉珏, 內地視察感想 1~9, 1921년 5월 23일~6월 1일

鄭源榮, 內地視察感想, 1922년 6월 5일

韓準錫, 내지시찰감상, 1922년 6월 25일

崔晶奎, 내지시찰의 감상, 1924년 8월 25일

李鉉台, 內地視察感想 1, 1926년 7월 10일

잡지 소재 내지시찰단 감상문 목록

趙義聞, 內地視察と其の感想(一), 『朝鮮』(일문판), 1921년 1월

鄭源榮, 內地視察感想, 조선 51호, 1921년 11월

유진순, 初見한 內地 : 內地視察感想談, 조선 51호, 1921년 11월

박광희, 文化警察의 發達 : 內地視察感想談, 조선 51호, 1921년 11월

황응률, 內地를 視察하고 所得한 知識 : 內地視察感想談, 조선 51호, 1921
    년 11월

鄭源榮 (咸鏡北道會寧郡雲頭面長), 유도 4호, 1921년 12월호, 유도진흥회

韓準錫, 內地視察感想, 시사평론, 1922년 7월, 시사평론사

李鍾振, 內地視察感想, 유도 8호, 1922년 7월, 유도진흥회

李鍾韶 內地視察로부터 歸하야, 조선 76호, 1924년 1월

金謹鎬, 內地視察感想談, 조선 95호, 1925년 8월

金在教, 內地視察感想談, 조선96호, 1925년 10월

崔升鎬, 內地視察感想談, 조선 101호, 1926년 3월

李鉉台, 內地視察感想談, 조선 105호, 1926년 7월

孔 濯, 內地視察感想談 1.2, 조선 113호, 114호, 1927년 3월, 4월

權寧達, 內地視察感想談, 조선 117호 1927년 7월

활판본

沈福鎭, 『東遊感興錄』, 東昌書屋, 1926 (연활자본, 중앙국립도서관 소장)

내지시찰단의 기행문은 주로 총독부 기관지였던『매일신보』, 총독부에서 발행하는 잡지 조선문『조선』,『시사평론』, 유도진흥회의 기관지인『유도』에 실렸다. 신문과 잡지에 실린 작품은 귀환 후 제출한 보고서 중, 소위 우수 보고서로 추천된 글들이었다. 이 중, 한준석과 정원영, 이현태의 글은 동일한 글이 신문과 잡지에 동시에 게재되었고, 특히 정원영의 글은 세 군데나 중복 수록되어 있다. 요컨대, 신문과 잡지 간에는 동일한 글이 간 매체적으로 수용되고 있다고 할 수 있었다.

시찰단 기행문의 일차 독자는 보고서 작성의 의무를 부과했던 총독부산하 기구이지만, 잠재적으로 상정한 독자는 조선의 대중이었다. 이 점은 시찰단 기행문이 일본어로 발행되는 일본어 판『조선』이나『경성일보』가 아닌, 조선어 매체에 주로 실린 것에서도 확인해 볼 수 있다.

시찰단 기행문 중에는「동유감흥록(東遊感興錄)」과 같이 장편의 가사체로 작성되어, 활자본 단권으로 출간된 사례도 보이고 있다.[15] 이 작품은 기행문의 특수 형태인 시찰단 기행문 안에서도 특수한 위상을 지니고 있다. 가사체로 쓰인 기행문은 시찰 장소와 여정에 대한 '정보'와 단편적 묘사 위주로 쓴 여타 기행문과 달리 기록과 감흥, 독백, 찬탄이 교차하고 있어 시찰경험이 어떻게 내면화되는 지를 생생하게 드러내고 있다. 이 작품의 특징적 면모는 일차적으로 가사체라는 글쓰기 방식에 기인한다. 조선 후기 이후 가사체는 견문과 세태를 제시하는 대표적 글쓰기 방식으

---

15 심복진, 위의 글. 판본은 22.5cm×15cm 규격의 연활자본 책자로 되어 있으며, 총 129장 258면 규모의 장편가사이다. 책자에는 사이토 총독, 이완용, 내각 사회국장 민병석, 학무국장 리진호, 충남도지사 석진형의 휘호를 차례로 싣고, 시찰단에 참여한 동료들이 쓴 발문과 경학원 사성이었던 김완진이 쓴 서문이 실려 있다. 서지사항만으로도 이 책자가 내지시찰단의 전모에 접근하는 데 매우 주요한 텍스트인 것을 알 수 있다.『동유감흥록』의 서지사항과 구성에 대해서는 박애경, 앞의 글 (2008) 274~276을 참조할 것.

로 선호되었다. 이는 공적 여행의 기록을 담은 사행가사의 존재로도 확
인되고 있다. 한문으로 기록된 사행록과는 달리 사행가사에서는 여행자
가 목격한 풍속과 풍물, 이국의 문물을 현장의 언어로 기록함으로써 구
체성과 생동감을 획득할 수 있었다. 『동유감흥록』은 바로 이러한 가사의
전통과 글쓰기 방식을 계승하고 있다.[16] 전통적 글쓰기의 계승과 근대
문명 공간으로의 탐사라는 경험은 매우 이질적인 조합을 이루고 있다.
즉, 이 안에는 이질적인 '다른' 시간이 공존하고 있는 것이다. 이러한 착
종과 혼종성은 비단 이 글 뿐 아니라, 향촌 지식인의 내지 체험을 관통하
는 주요한 기제라 할 수있다.

　기행문을 남긴 시찰단의 면면을 살펴 보면 전국적 명망가로는 중추원
찬의인 조희문을 들 수 있다. 그는 일본어 판 『조선』에 일어로 된 시찰
소감을 2회에 걸쳐 남겼지만, '일본어'를 택한 데에서도 알 수 있듯, 지
역민과의 직접적인 소통이라는 목적과는 거리가 있었다. 군수로는 전북
진안군수 이동한, 평북 선천군수 유진순, 전북 장수군수 이종소, 평남
덕천군수 공탁의 이름이 보인다. 시찰단 기행문에서 가장 존재감을 드러
내는 인물군은 면장 급 관료이다. 기행문을 남긴 이들 중, 면장 급으로는
충남 공주군 주위면장 유병각, 함북 회령군 운두면장 정원영, 함북 홍원
군 주익면장 한준석, 경남 동래군 군속을 역임한 후 함남 정평군 춘류면
장을 지낸 이현태, 함북 부령군 청암면장인 황응률, 권영달 강원도 평강

---

16 『동유감흥록』은 가사, 특히 해외 체험의 견문을 그린 사행가사의 전통을 계승하였을
　뿐 아니라, 집필 관습이나 특징적 표현 방식도 계승하고 있다. 사행가사는 대부분, 한
　문으로 기록된 사행록이나 일록의 기록을 바탕으로 하여 쓰되, 국내 복귀 후에 상당
　시간이 경과한 후 집필·출간된다. 이러한 글쓰기의 관행 상, 사행가사는 과거의 기억
　을 현재화한 표현으로 재구한다고 할 수 있다. 시찰 체험과 몇 년 간의 시차를 두고
　발간된 이 작품 역시 집필 관습이나 표현 면에서 사행가사의 전통을 계승했다고 할
　수 있다.

군 목전면장을 꼽을 수 있다. 이들의 시찰단 기행문은 시리즈로 연재되거나, 매체를 달리 하여 재수록 되는 등 활발하게 수용되었음을 알 수 있다. 면장은 향촌 관료 중에서도 군수에 비해 지역민과 가까이 있고, 생활의 현장에 가까운 만큼 이들의 활발한 참여 역시 '대민접촉 강화'의 일환이라는 것을 짐작할 수 있다. 그 외, 경북 유림조직의 유생인 이종진, 5급 경찰공무원인 박광희, 총독부의 지도로 설립된 만주 보민회 고문인 최정규 등 지역의 유지 급 인물들도 참여하였다.

시찰단 기행문 제출 당시 직책이 확인되지 않는 이들은 김근태, 최승호, 김재교, 심복진이다. 이 중 김재교와 심복진은 시찰단 경험 이후의 행적이 보이고 있다. 김재교는 1920년대 후반 동아일보 전남 완도 지국의 부지국장을 역임하였고[17], 심복진은 경성우편소 충남 웅천우편소장을 지냈고, 직급은 12급에서 시작하여 6급까지 승진한 것으로 보고되고 있다.[18] 그 외에도 심복진은 충남 보령에 소재한 웅천주조의 감사를 역임하기도 하였다.[19]

이들이 어떤 존재였는지, 향촌 내의 지위는 어떠하였는지는 산발적인 인물평, 몇몇 사건이나 행적으로 짐작할 수밖에 없다. 9회에 걸쳐 내지시찰 감상의 글을 연재했던 유병각은 화가 장승업을 후원한 인물로 알려져 있어, 예술에 조예가 있는 인물인 것을 짐작할 수 있다. 고향에 돌아와 면장을 지냈던 이현태는 한 기사[20]에서 군 내 청년 인물로 소개되기도

---

17 『동아일보』 1929년 7월 24일.

18 『조선 총독부 및 직속 기관 직원록』, 국사편찬위원회 한국사 데이터베이스 (www. history.go.kr)

19 웅천주조는 '조선의 약주, 탁주, 소주의 제조. 판매 및 누룩의 제조. 판매 및 양돈 사업'을 목적으로 1928년 6월 23일 설립되었다. 동아경제시보사, 『조선은행회사조합요록』, 동아경제시보사, 1929. (여강출판사 영인, 1986)

20 「咸南列邑大觀, 間於兩興定平郡」, 『개벽』 통권 54호, 개벽사, 1924년 12월.

하여, 이미 지역민들 사이에 꽤 알려진 인물이라는 것을 알 수 있다. 가사체의 기행문을 남겨, '전통과 근대'라는 이질적인 시간 간의 조우를 보여준 심복진의 경우, 경학원 사성이었던 김완진이 남긴 인물평을 참조할 수 있다. 김완진은 그에 대해 '자태가 자못 위엄이 있고, 재주가 명달하다'고 평하였다.[21] 김완진의 평이나 「동유감흥록」 말미에 여행의 감흥을 압축적으로 제시한 7언의 율시를 덧붙이고, 자작 해설과 번역까지 부기한 것[22]을 감안해 볼 때, 그는 한학에 어느 정도 조예가 있었던 것으로 보인다. 이 들 중에는 친일 행위로 인해 지역민들의 공격을 받은 사례도 보고되고 있다.[23]

내지시찰단을 다녀오고, 관련 기행문을 남긴 이들은 근대 교육과 근대적 지식체계라는 지적 배경을 가지고 있는 유학생들과는 다른 배경을 가진 인물들이었지만, 그가 속한 지역 내에서는 어느 정도 지위와 명성을 지니고 있는 이들이라는 것을 확인할 수 있다. 따라서 이들을 '근대적 지식체계의 세례를 받지 못한' 비 엘리트 층 일반으로 균질화하거나, '중류계층'이라고 일괄적으로 명명하기는 어려워 보인다. 그들이 남긴 글, 그들의 글이 실린 매체, 그들이 택한 글쓰기 방식은 향촌 지식인들의 위상, 존재 기반 그들이 어느 정도 공유하고 있던 구 지식과 문화에 대한 태도까지 염두에 두고 바라볼 때, 전체적인 조망이 가능하리라 생각한다.

---

21 青城, 沈君福鎭甫, 姿瑰偉而才明達. 金完鎭, 『東遊感興錄』序.

22 이에 대해서는 5장을 참조할 것.

23 총독부의 지도에 의해 조직된 만주 보민회 회장 최정규 (시찰 당시는 고문)의 경우 만주 의용군 제오중대에 의해 가택이 공격 당해, 처모가 살해당하기도 하였다. 1924년 7월 26일 조선총독부 경무국 「高等警察關係年表」.

3. 풍속/제도의 분리와 전도(顚倒)된 문명

下關에 上陸하야 劈頭에 보인 것은, 人人이다 奔走한 形狀이다, 大抵 文明이란 如此하게 奔走한 것인가, 奔走한 中에서 文明이란 것이 造成되는 것인가, 換言하면 吾人은 어찌하야 文明을 求할 必要가 有한가, 野蠻의 種族도 食하며 文明의 種族도 食하거늘, 굿태여 無上의 勞力으로 生을 求하려 할가, 自然에 附하야 寄生하면 足지 아니할가, (중략) 故로 榮光 잇는 生을 구하던지 理想 잇는 生을 慾할진대, 勞力치 아니하고는 不成할 것이다, 아ㅣ 文明이란 것은 眞實로 勞力의 中에 造成되는도다.[24]

일본 땅에 내리자마자 여행자의 눈에 비친 것은 바삐 움직이는 사람들의 모습이었다. '奔走', '바쁘다는 것'은 속도에 대한 감각의 차이라 할 수 있다.[25] 이것은 '게으름', '나태함', '느림'과는 대비되는 근대적으로 조직된 시간 감각이라 할 수 있다. 말하자면 '바쁨'은 문명인의 태도이고, 그렇기 때문에 상찬의 대상이 된다.[26] '奔走', '바쁨'에 대한 동화는 속도감의 차이를 체득하는 것이고, 이는 근대적 시간관으로의 조직이라는 의의를 새로이 부여 받는다. 이들은 이미 일본으로의 항해를 하면서 속도감, 이를 표상하는 듯 화려하게 단장한 화륜선의 위모에 경이를 표하고 있었다.[27]

---

24 金在敎, 「內地視察感想談」, 『조선』 96호, 조선총독부, 1925년 10월. 60쪽. 이하 인용문은 당시 표기대로 하고, 띄어쓰기는 필자가 현대 띄어쓰기의 법칙에 맞게 시도하였다.

25 속도와 근대적 신체 감각에 대해서는 황호덕, 앞의 글(2006), 114~125쪽을 참조할 것.

26 우미영, 앞의 글. 105쪽.

27 옛날옛젹 우리나라 슈신사가 왕림홀졔/ 사긱명 수원덜과 긔구범졀 쟝ㅎ지만/ 목션타고 몃놀몃달 그고샹이 얼마런가/ 갑판우를 볼죽시면 좌우변에 난간치고/ 난간밋혜 큰 쇠사실 릭왕을 편리ㅎ며/ 붕샹우에 종션다러 만일지우 예비ㅎ고/ 량편의 일이등실 분

놀라움은 기차를 타고, 내륙으로 이동하는 과정에서도 계속된다. 김근호는 '風驅疾走'하는 차 안에서, '人物의 繁華'와 '交通의 煩雜'을 목격한 후, '엇지 그리 밧부며, 엇지 그리 複雜한지'라고 감탄을 발한다.[28] 여기에서 이들은 지금까지 익숙하게 익혀오던 걸음걸이와 행보로는 도저히 따라갈 수 없는 '차이'를 느낀다. 시간 감각의 차이는 당연히 공간적인 거리의 축소라는 결과를 낳게 된다. 이들이 주로 이동 수단으로 사용했던 기차는 도시 간의 횡단이라는 경험의 반복을 통해, '분주'와 '공간 감각의 재편'을 거듭 확인한다. 한마디로 '바쁨', '분주함'은 시·공간에 대한 감각을 전면적으로 재편하는 계기로 이어지게 된다는 것이다. 이것이 차창 밖에 파노라마처럼 펼쳐지는 풍광의 시각적 인상과 결합하면서, '문명의 상'을 만들어 가고 있던 것이다. 이들은 이렇게 속도의 감각, 이를 확인하는 시각적 인상과 결합하면서 문명과 대면하기 시작하였다.

문명은 근대 이후 모든 미덕을 수렴하는 범주라 할 수 있다. 말할 것도 없이 그 이면에는 '야만'이라는 타자가 자리하고 있다. 문명화의 논리를 주도하고 유포하는 이들은 스스로 문명의 우월함을 입증하기 위해 무수한 타자를 상정한다. 문명이란 대개 근대적 정치와 경제제체, 법률과 제도, 매너나 행동거지의 세련됨, 사회적 질서, 체계적 지식 및 과학적 태도, 합리주의 등과 등가물로 취급되었다.[29] 서양을 문명의 표준으로 하는 문명과 야만의 구도는 서양 외부의 세계를 야만이라는 타자로 고착화하고, 결과적으로 진화한 나라가 미개한 나라를 개화토록 지도해야 한다

벽사창 주밀ᄒ다/ 횡빈디판 부상되고 강호경도 신사덜과/ 심목고쥰 선교사며 은힝회스 출당원이/ 졔졔히 느러안져 신문잡지 보ᄂ고나/ 놉고나진 충충객실 휘황찬란 황홀ᄒ고/ 굉하천간 널은쳐소 만인용슬 되것더라. 심복진, 앞의 글.

28 金謹鎬, 「內地視察感想談」, 『조선』 95호, 1925년 8월, 64쪽.

29 박지향, 『일그러진 근대』, 푸른역사, 2003, 62~64쪽.

는 제국의 욕망으로 포섭되기에 이른다. 서양과 동양으로 구획된 문명의 분기점은 식민지라는 조건에서 일본과 조선으로 대치된다. 사이토 총독이 표방했던 '내지의 연장으로서의 식민지'라는 동화정책은 이 강고한 이분법 앞에 허망하게 소멸되어 버린다.

> 지리가미 가젓다가 코풀쩌예 긴이쓰고/ 슈쳡을낭 진엿다가 보는듸로 긔록ᄒ며/ 오줌눌쩌 쥬의ᄒ야 마루쳥에 누지말고/ 쏭눌쩌에 죠심ᄒ여 담비지를 털지말며/ 인ᄒ줍의 일키쉬니 자유힝동 가지 말고/ 수레박휘 서루치니 한눈을낭 팔지말며불뎐신사 드러가서 가릐침을 빗지말고

시찰단이 출범하는 순간부터 이들은 문명의 범주에서 배제된 타자의 위치를 부여받는다. 시찰단에게 내려진 훈시는 크게 매너와 위생에 대한 지침으로 요약해 볼 수 있다. 말할 것도 없이 이는 근대의 규율을 몸에 각인하고, 확인하는 과정이라 할 수 있다.[30] 이를 통해 이들은 문명화된 몸, 문명화된 태도의 우월함을 암암리에 주입 받는다. 이들은 어이없는 훈시에 즉각적인 불쾌감을 표시하지만, 이러한 불쾌감은 승선하는 순간, 화륜선의 화려함에 압도되어 버린다. 오히려 청결을 유지하는 일본의 공중위생에 찬탄과 신뢰의 시선을 보내기도 한다.

일본 문명, 조선 야만이라는 인식은 전통적으로 일본에 대해 가지고 있던 태도가 개항, 식민지라는 상황과 만나며 전도된 결과라 할 수 있다. 17세기 이후 조선은 임란의 충격을 딛고, 총 12번의 통신사를 파견하고[31] 조선 건국 초기부터 진행해왔던 대일 외교를 지속하였다. 1876년 '조. 일

---

30 박애경, 앞의 글(2008), 280쪽.
31 12번의 통신사 파견 내역은 다음 글에 정리되어 있다. 심재완, 「日東壯遊歌攷-通信使節과 日東壯遊歌」, 심재완 校註, 『日東壯遊歌. 燕行歌』, 한국고전문학대계 10, 교문사, 1984.

수호조약' 이후에는 신사유람단이라 불리는 조사시찰단(朝士視察團)을 파
견하였다.[32] 이들이 남긴 일록이나 사행가사에는 일본을 야만시하는 태
도를 적잖이 발견할 수 있다. 1764년 대규모로 파견된 계미통신사의 일
원으로 일본을 방문한 김인겸은 장편가사 「일동장유가」에서 일본을 왜
(倭), 왜놈, 금수라 지칭하며, 이들의 미개함을 강조하고 있다.[33] 김인겸
일행은 일본의 산수와 오사카의 번화한 풍경에 놀라움을 표시했지만, 압
도적인 '시각'이 유자들의 뇌리에 박힌 일본에 대한 인상을 바꾸지는 못
했다. 통신사들의 대일관 이면에는 明의 멸망 이후, 조선이야말로 중화
주의를 정통으로 계승하고 있다는 자부심과, 文의 우위에 대한 확고한
믿음이 존재하고 있었다. 말하자면 이들의 문명관은 다분히 '중화' 이외
의 세계를 '이적'으로 규정하는 화이관에 기초하고 있었다고 할 수 있다.

그러나 개항 이후 일본의 방문한 유자들은 스스로가 속한 (혹은 속했다
고 믿었던) '문명' 그 자체에 대해 심각한 동요를 경험하기 시작하였다.[34]
주 일본 참사관의 자격으로 일본에 거주했던 경험을 담은 「유일록(遊日
錄)」에는 전대 통신사들과 마찬가지로 유자로서의 확고한 정체성이 강하
게 나타나 있다. 「유일록」을 지은 이태직은 그러나 직접 대면한 일본의
문물과 제도에 대해서는 우호적 시각을 보여주고 있다. 즉, 근친혼, 혼
욕 등 일본의 특유의 풍속과 문화에 대해서는 '금수'나 '돈견'이라는 말로
강한 반감을 드러내지만, 메이지 이후 일본이 성취해낸 근대화, 합리적
인 제도에 대해서는 긍정의 시각을 보여주어, 풍속과 제도를 분리하여

---

32 조사시찰단에 대해 다음의 논저를 참조할 것. 허동현, 『近代韓日關係史硏究-朝士視
    察團의 日本觀과 國家思想-』, 국학자료원, 2000.
33 이하 일본을 기행한 사행가사에 나타난 일본관에 대한 자세한 논의는 박애경, 「화이
    관의 동향과 일본 기행가사의 계보」, 『한국고전시가의 근대적 변전과정 연구』, 소명출
    판, 2008.을 참조할 것.
34 황호덕, 앞의 글(2006), 111쪽.

사고하는 태도변화를 보여준다.[35]

일본의 풍속과 제도를 분리하여 바라보는 시선은 시찰단의 글에서도 계승되고 있다. 오사카의 무도장 광경을 목격한 공탁은, 동·서양의 남녀가 어울리는 모습, 나체에 가까운 여성의 복색에 대해 실로 '可笑'하다고 냉랭한 시선을 보낸다. 그러나 이어, '그러나 此가 彼의 風俗이다 何必 貶論할 것이 업다'고 일단 유보적 태도를 보인다. 그러면서도 '만일 이를 조선의 촌부나 유자가 보면, 일본은 폐륜, 망국의 나라라 할 것이리라'고 짐작하며, 자신의 가치를 은연 중 타인에게 미루어, 드러내고 있다.[36] 그러나 일본의 풍속에 대한 멸시가 그들의 목도한 제도의 우월함을 압도하지는 못하였다.

그렇다면 문명/야만의 전도는 어디서부터 시작된 것인가? 시찰단원들은 문명화의 전도를 근대 교육의 부재에서 찾고 있다. 그리고 근대 교육의 부재는 '한문'과 '지나'로 표상되는 '옛것'의 폐단과도 무관하지 않다.

> 此則內鮮優劣의 分岐點이라 敎育이 無하면 常識이 乏하고 急激한 文明風潮에 淘汰의 患을 不免함 은 自然의 大勢라 噫라 朝鮮 中流 以上은 漢文만 崇信하야 文明敎育을 擯斥하는 者가 尙多하니 漢文을 崇信하는 諸君子는 祥思하야보시오 漢文의 本宗되는 支那의 近時 狀況이 如許한 狀態에 在하오 혹은 漢文을 讀하야 理解力을 得한 후에 學校에 就學함이 適當하다 認하야 中學에 入學할 年齡까지 咿唔를 不知하야 暮日遠途에 一刻如三秋한 今日에 靑年의 前途를 誤하야 後日 無退한 苦痛을 與하니 此卽常識이 乏한 所以라[37]

---

35 김윤희, 「조선 후기 사행가사의 세계 인식과 문학적 특질」, 고려대학교 박사학위 논문, 고려대학교 2010, 218~232쪽.

36 孔濯, 「內地視察感想談」 承前, 『조선』 114호, 1927년 4월, 54~55쪽.

37 鄭源營, 「內地視察感想」, 『儒道』 4호, 유도진흥회, 1921년 12월, 93쪽.

정원용은 일본의 교육제도를 살피면서, 문명화의 정도는 교육과 상식에 좌우된다는 신념을 펼친다. 아울러 조선이 문명화가 지체된 원인을 한문의 숭상에서 찾고, 이를 한문의 종주국(?)인 중국의 위상과 결부 짓고 있다. '眞書'로서 조선 땅에서 권위를 누리던 한문은 중국과 중국을 정점으로 하는 중화주의의 후퇴, 새로이 지배 권력으로 등장한 일본이라는 배치의 변화로 인해 문명화에 장애가 되는 흘러간 문화로 치부되기 시작하는 것이다.

근대 교육에 대한 선망은 불학무식이 주인의 자리를 남에게 뺏긴 원인이라는 자학적 논리와 자연스럽게 합치된다.

> 果然 朝鮮이 現狀은 그 엇더한가, 엇지 그리되얏는지 半萬年 歷史를 가진 東方禮義國으로서, 民族의 腐敗와 風紀의 紊亂이 極度에 達하야, 諸般 事務가 다시 餘地 업게되얏도다 (중략) 그 原因이 何에 在하며 그 理由가 那에 存한가, 余는 分秒도 躊躇치안코, 이것은 모도 우리의 不學無識한 소치라 단언코자 한다.[38]

문명을 제도와 근대교육에서 찾는 시찰단의 시선은 일본이 중국, 서양을 대신하는 문명의 표준으로 등극했음을 의미한다. 그 정점에는 '文明은 人皆曰 明治維新 以後의 文明이라 ㅎ지만은 吾人은 其以前에 文明의 基礎를 完全히 築成ㅎ줄로 信하노라'는 고백이 있다.[39] 이것은 일본문명의 우위가 개항 이후 나타난 일시적 형세가 아니라, 항구적인 것이라는 믿음과 결합되어 있다. 물론 이들이 보인 문명과 야만의 시선은 문명에 대한 깊은 이해와 통찰에서 비롯되었다기보다는 피상적인 관찰과 인

---

38 金謹鎬, 앞의 글, 65쪽.
39 韓準錫, 「內地視察感想」, 『시사평론』, 시사평론사, 1922년 7월, 80쪽.

식에서 출발하고 있다[40]고 얘기할 수 있다. 이것이 우리 안의 야만에 대한 비판으로 이어지고, 또 다시 우승열패의 논리와 결합되는 순간, 그리고 일본의 우위가 일시적인 형세가 아니라 항구적이라는 인식이 전면화되는 순간, '주변인'에 불과했던 여행객들은 서서히 일본으로 표상되는 문명의 표준을 온전히 받아들이게 된다. '우리 안의 폐단'을 문명국 일본의 지도로 개선할 수 있다는 믿음은 다름 아닌 '제국의 논리'라 할 수 있다. 제국의 논리에 동화되는 과정은 이렇듯, 새로운 문명과 대면하는 감각적 체험과 내면화하는 과정의 부단한 왕복을 통해 이루어지고 있던 것이다.

4. '변법론(變法論)'의 식민화와 유자적 정체성의 균열

일본을 표준으로 하는 문명화론의 수용은 종전부터 지녀왔던 화이론적 세계관, 그것을 배태한 유교적 가치관과의 결별을 의미한다. 따라서 화이론적 세계관에 입각하여 일본을 '야만'이나 '이적(夷狄)'으로 보던 구지식과 이에 기반해왔던 제반 가치는 자연스럽게 비판과 변화의 대상이 된다. 그리하여 전통적 가치의 근간을 이루었던 유교 이념과 문명의 표준으로 새롭게 부상한 근대적 가치 사이의 거리는 새롭게 조정될 수밖에 없다.

---

40 박찬모, 앞의 글, 586쪽. 문명/야만의 논리 뿐 아니라, 일본의 근대에 대한 경이와 신뢰 역시 다분히 시각적 인상에 의해 이루어지고 있다. 이는 공장 시찰에서 적나라하게 드러난다.

朝鮮의 國敎인 儒敎는 如何하얏는가, 忌憚 업시 言하자면, 破壞的이다,
上下五百年間에 興旺한 時도 有하얏스나, 大院君의 書院撤廢를 行하며, 基
督敎가 輸入되야 思想界가 混沌되야, 猜忌, 嫉妬, 權勢의 競爭으로 是事하
얏스며, 甲午의 東亂後로 地方의 鄕校도 有耶無耶의 中에 廢止되얏다가,
近時 法令上으로 鄕校를 是認하야 儒敎를 復興코저 하되, 오직 老朽한 學
者로서 現世를 斟酌하야 宗旨를 宣傳하며, 敎務를 進行할 줄을 不知하고,
다맛 十中八九는 權勢의 暗鬪에 汨沒한 뿐이오[41]

교토와 나라의 불교 관련 사적을 시찰하며, 국가 형성기 일본 불교의
역할에 한없는 신뢰와 동의를 보내던 여행자는, 시선을 돌려 권세 유지
와 파당 짓기에만 골몰하는 조선의 유교에 대해 매우 신랄한 비판을 가
하고 있다. 비판의 핵심은 국가사회가 처한 문제적 상황에 전연 해법을
제시하지 못하는 유자들의 무능함과 분열상에 맞추어져 있다. 즉, 유교
그 자체는 아니라는 것이다. 유교 비판의 기저에는 종교가 한 국가의 흥
망성쇠를 결정짓는다는 믿음[42]이 깔려 있다. 그런데 청일전쟁, 노일전쟁
양 전쟁에서의 거둔 일본의 승리를 일본 불교의 공으로 돌리는 데에서,
불상생의 계율보다 국가를 우선시하는 국가 우위의 태도를 보여주고 있
다. 존중해야할 가치의 궁극은 불교가 아닌 국가이고, 국가주의였던 것
이다.

그렇다면 '구악(舊惡)'의 일부로 비판받고 있는 데 대한, 유교계의 대응
은 무엇일까? 결론부터 말하자면, 유자들은 유교의 지도자적 위치를 여
전히 긍정하고 있었다. '東方의 固有한 倫理道德은 儒家의 本體로 振興
方針을 勉勵하며 可決한 産業經濟는 當局의 贊成機關을 利用하야써'라

---

41 金在敎, 앞의 글. 65쪽.
42 "謂日本은 佛敎가 振興치 아니할 時는 滅亡한다함이 過言이 아니더라" 金在敎, 위의
    글, 64쪽.

는 말[43]에서 드러나듯, 유교가 새로운 시대의 윤리로써 유효할 수 있다는
것이다. 이 점은 유교를 폐기되어야 할 구악(舊惡)의 일부로 바라보던 일
부 다른 여행자와 분리되는 지점이기도 하다. 이들은 유교가 지도력을
발휘할 수 있는 근거를 '신(新)'과 '구(舊)'의 논리에서 찾고 있다. 이 점은
유림 조직에 속한 한 유자의 기행문에서 확인해 볼 수 있다.

> 然則守舊而不變者는 迷而亂하고 維新而受變者난 開以治하나니 亂者衰하
> 고 治者興은 古今天下에 鑑之不無矣라 天之乾施也와 地之轉連也와 人之呼
> 吸也에 皆取其新而棄其舊故로 易에 曰 日新之謂 盛德이오 書에 曰 作新民이
> 라하고 語에 曰 溫故而知新이라 하니 盖新舊者는 國民運會之大原也ㅣ라[44]

경북 지역 유림이 조직한 일본 시찰단에 참여했던 한 유자는 『주역』,
『서경』, 『논어』 등 유교의 경전을 전범으로 하여, '갱신(更新)'의 정담함
을 역설하고 있다. '取其新而棄其舊', 즉 '새것을 취하고 옛것을 버린다'
에서 단적으로 나타나듯, '신(新)'은 능동적 가치로 숭상되고, '구(舊)'는
폐기되어야 할 악덕으로 치부된다. '신(新)'을 취해야 하는 이유는 이것
이야말로 '천문을 보건대 시의에 맞고, 인사를 관찰하건대, 세상의 인정
에 통하기' 때문이다.[45] 시의에 부합하고, 인정세태에 대응할 수 있는 '신
(新)'에 대한 강고한 믿음은 신왕(新王)에 대한 옹호로 이어지고 있다.

> 大矣哉라 吾孔夫子之作春秋也에 立新王之道라 하시니 凡受命爲新王하
> 야 布政施敎에 必先有與民變革이니 定法律考文章改正朔易服色이 此其大

---

43 李鍾振, 「內地視察感想」, 『儒道』 8호, 유도진흥회, 1922년 7월, 87쪽.
44 李鍾振, 앞의 글. 86쪽.
45 "觀天文以合時宜하고 察人事以通世情" 李鍾振, 위의 글, 86쪽.

經也ㅣ라 聖人豈好爲更張哉아 以爲不知是면 不足以新民之耳目而進化國制
故로 其立言이 如此하시니 此豈非聖人之時者也歟아[46] (밑줄 강조, 필자)

'신왕'은 '천명(天命)'과 '성인의 말씀'이라는 말로 부정할 수 없는 절대
가치로 옹호되고 있다. 이 지점에서 '관제개정', '문화선전' 등 일제의 새
로운 식민통치는 우리 민족의 공영을 담보할 수 있는 신왕의 정치와 자
연스럽게 동일시되고 있다. 이것은 '不事二君'이라는 유교적 명분론이나
실천적 의리와는 배치된다고 할 수 있다. 유교적 명분이나 군신의 의리
가 사라진 자리에는 이처럼 시세에 따른 변화와 변통의 논리가 차지하고
있다.[47]

새로움을 숭상하고, 시의성을 강조하는 논리의 기저는 유가의 '변법론
(變法論)'이라 할 수 있다. '변법론'이란 법가의 논리를 수요한 바탕 위에
구축된 유교의 정치 논리로, 시세에 따른 변통의 가능성을 중시하는 논리
라 할 수 있다. 변법론의 핵심은 '시의(時宜)'와 '시중(時中)'으로 요약해 볼
수 있다.[48] '시의'가 시세에 따른 변화의 가능성을 의미한다면, '시중'은
때에 따라 '중(中)'에 처하며, 그 시대의 당면 요구에 부응해야 한다는 것
을 의미한다. 변법의 전범적 근거는 역(易)의 변화를 논한 『주역(周易)』[49]
과 도(道)의 줏대인 '용(庸)'과 도의 쓰임인 '체(體)'의 원리를 들어 군자는
모름지기 '중(中)'을 취해야 한다는 『중용(中庸』에 두고 있다.

---

46 李鍾振, 위의 글, 86쪽.
47 물론 이러한 경향을 일제시대 유교계 전반의 경향이라고는 얘기할 수 없다. 일제에
    협력한 유림들의 논리적 배경이 '변법론'이었다는 점을 드러내고자 한 것이다. 일제
    협력 유림의 현실인식과 유교관에 대해서는 정욱재, 앞의 글을 참조할 것.
48 '시의'와 '시중'은 '의리론'을 대치하는 일제 협력 유림의 논리적 근거가 되기도 하였
    다. 정욱재, 앞의 글, 73~75쪽.
49 易 變易也 隋時變易而從道也 程頤『易傳』序.

변법론은 국가의 운명이 급전직하 하던 한말, 경세(經世)와 자강(自强)
의 논리로 수용되었다.[50] 시세에 따른 변화의 가능성을 긍정한 변법론은
신과 구, 과거와 현재를 절충하는 논리라고도 할 수 있다. 이것은 앞서
김재교가 통렬히 비판했던 유교계의 무능, 무대책을 돌파하는 한 방식이
었을 뿐 아니라, 유교를 중심에 두고, 유교의 혁신을 통한 근대화를 꿈꾸
었던 개신유학자들이 공유하는 신념이기도 하였다.

민족의 자강을 위한 경세적 사고에서 출발한 변법론은 그러나 식민지
치하로 접어들면서, 일본의 지위와 지배체제를 인정하는 논리로 변질되
기 시작하였다. 이들은 시세에 따라 바꿀 수 있는 것, 즉 예악형정이나
전장법도와 바꿀 수 없는 것, 즉 오륜 간의 경계를 해체하기 시작하였다.
『맹자』에 나오는 '何事非君 何使非民'[51]의 비유를 들어 한일합방의 정당
성을 역설한 논의[52]에서는 변법론이 어느 지점까지 나갔는지를 보여주고
있다. 이들은 '이용후생(利用厚生)'의 덕목을 들어, 신정의 정담함을 옹호
했지만, '변법'의 논리가 궁극적으로 '道'를 최상의 가치로 두고, 의리와
윤리의 불변성을 강조했던 것은 애써 외면하고 있었던 것이다.

유림의 내지시찰 여행기는 새삼스레 갱신과 변법의 필요성을 자각한
여행의 기록이라기보다는 이미 스스로 논리화하고 있던 '변법'의 정담함

---

50 개신유학자들의 변법론에 대해서는 다음 논의를 참조할 것. 노관범, 「대한제국기 박
    은식과 장지연의 자강사상 연구」, 서울대학교 박사학위 논문, 2007.

51 '何事非君 何使非民'은 『孟子』에 나오는 말로, '누구를 섬긴들 임금이 아니며, 누구를
    부린들 백성이 아니겠느냐?'라는 뜻으로, 왕도의 의미에 대한 맹자의 생각을 담고 있
    다. 曰伯夷伊尹何如? 曰不同道 非其君不事 非其民不使 治則進 亂則退 伯夷也 <u>何事非</u>
    <u>君 何使非民</u> 治亦進 亂亦進 伊尹也 可以仕則仕 可以止則止 可以久則久 可以速則速
    孔子也 皆古聖人也 吾未能有行焉 乃所願則學孔子也. 『孟子』, 「公孫丑」上. (밑줄 강
    조, 필자)

52 奚族生, 「儒道上으로 見한 日韓併合」(承前), 『儒道』 3호, 유도진흥회, 1921, 8월. 13
    쪽. 정욱재, 앞의 글. 77쪽에서 재인용.

을 확인하는 자리였다고 할 수 있다. 이는 유림단 시찰 전 도지사에게
들은 취지, 즉 '百聞이 不如一規인즉 國民性自覺을 望한다난 題旨下'에
서도 확인된다. 뿐만 아니라 여정에 따라 보고, 듣고, 확인한 내용을 파
노라마식으로 엮었던 다른 여행기와 달리, 여행 중에도 제도 자체에 관
심을 가지고, '溫故而知新'의 필요성을 다시금 역설하는 데에서도 확인
되고 있다.[53] 말하자면, 유림의 여행은 '제도적 습득'[54]을 통해 획득된 기
지의 신념을 확인하는 자리였다고 할 수 있다.

일본에게 백성의 복락을 담보할 지도자적 위치를 부여하는 변법론은
식민통치의 긍정으로 이어지고, 이는 현실적인 풍요를 가져다 줄 수 있
는 자본가와 자본주의에 대한 동의로 이어진다.

朝鮮의 現況을 見하건대, 우리 日常生活의 必需品 其他 總般을 內地人
에게 仰치 안을수 업는 狀態에 在함은 實로 寒心에 不堪할 바이다. 然이나
工業의 進步를 期함에는 一로 資本家의 奮起에 依치 안을수 업슨즉, 現在
朝鮮人 資本家인 諸君은 此大國에 着眼하야, 從來의 惰眠을 貪하며 小作人
만 虐待함을 廢하고, 분연히 蹶起하야 大히 他에 對抗하야 朝鮮의 富力을
曾함에 免치 안이 하면 不可하다.[55]

자본가의 지도적 역할에 대한 긍정은 전근대적 잔재의 철폐를 전제로
하고 있다. 자본가는 지도자의 권리와 함께 관행화된 불합리, 부조리를
철폐하고 공업의 진보를 책임질 의무 또한 부여받았던 것이다. 자본가가

---

53 李鍾振, 위의 글, 87쪽.
54 1920년대 해외 여행기를 분석한 선행 연구에서는 이미 숙지하고 있던 사실을 눈으로
확인하고, 제도적 시스템을 확인하는 문화 체험을 '제도적 습득'이라 명명하고 있다.
차혜영, 앞의 글, 13~17쪽.
55 孔濯, 「內地視察感想談」, 『조선』 113호, 1927년 3월, 39쪽.

구 시대의 惡政을 대치할 지도자의 권좌에 오른 데에서 알 수 있듯, 식민화, 근대화는 이렇게 자본주의적, 제국적 질서와 순조롭게 통합하고 있었던 것이다.

5. 나오는 말 – 내지시찰, 근대의 매혹 혹은 일그러진 근대의 초상

시찰단은 대개 부산에서 배를 타고 시모노세키[下關] – 오사카[大板] – 교토[京都] – 나라[奈良] – 도쿄[東京] – 니코[日光]의 여정을 따라 시찰하였다. 경우에 따라 큐슈[九州]나 고베[神戶], 나고야[名古屋], 요코하마[橫濱], 나가노[長野]가 들어가기도 하였다. 이들은 대도시인 오사카와 도쿄에서 일본의 현재를 확인하고, 교토와 나라에서 일본의 과거와 대면한다. 그리고 휴양지이자 역사도시인 니코에서 일본에서의 경험을 내면화하면서, 시찰의 인상을 정리하였다. 이러한 여정은 '눈으로 확인하고, 가슴으로 느껴, 기억으로 저장케 하는' 내면화 방식의 전형을 보여준다.[56]

이들이 기억하고 있는 시찰의 인상은 무엇일까? 시찰 후 감흥을 묘사한 한시 일편을 통해 그 편린을 엿볼 수 있다.

天涯勝狀擅東京	하늘 끝 빼어난 형상은 동경을 차지하고
壯觀平生有此行	평생 장관에 이 여행이 있도다.
萬國舟車來會地	만국의 배와 수레가 모이는 땅
九街風物大都盛	거리의 풍물은 대도회지 답구나.
各工機械神難測	공장의 기계 귀신도 측량키 어렵고

---

56 박애경, 앞의 글(2008), 293쪽.

異樣樓臺見輒驚	기이한 형상의 누대 문득 다시 놀라워라.
歸後混如經一夢	돌아온 후 생각하니 한바탕 꿈을 꾼 듯
悠悠客館遠人情	유유히 객관 멀리 사람의 정회 뿐. [57]

시찰단은 내지경험을 시각적 인상으로 갈무리하고 있다. 시찰단들이 경험한 대도시의 건물, 도로, 굴뚝, 기계 등 인위적 부산물은 인간의 시선을 단번에 장악하고, 이어 강렬한 기억으로 자리 잡는다.[58] 이처럼 시각이 인식을 압도하는 재현 방식은 시찰체험을 그린 다른 기행문에서도 쉽사리 발견되고 있다.[59] 이는 근대적 시선의 배치와 무관하지 않다. 시찰단 방문지에는 백화점과 박람회나 공진회가 반드시 포함되어 있는데, 이는 근대의 '쇼 케이스'라 할 수 있는 이들 장소 방문을 통해 '근대의 매혹'을 확인케 하고, 궁극적으로 일본의 근대적 발전상을 눈으로 확인하고, 그들의 지도에 동의하도록 만드는 효과를 거두고 있다고 할 수 있다. 말하자면 내지시찰이란 '전시된 근대', 그 매혹을 눈으로 확인하고, 눈앞에 펼쳐진 광경을 진실이라고 믿는 경험이라고도 할 수 있다. 내지시찰 여정의 정점에 동양 최대의 대도시이자 수도인 도쿄를 배치한 것은 그 이유라 할 수 있다.

---

57   작자 심복진은 말미에 남긴 한시에 자작 해석을 덧붙여 놓았다. "히왈(解曰) 이글뜻은 흐늘가에 승(勝)흔 형상(形狀)은 동경(東京)을 츤단흐니 장관(壯觀)흔 평싱(平生)의 이 힝흠이 잇도다. 만국(萬國)의 빅와 슈리가 모히는 싸이요 구가(九街)의 풍경(風景)과 물색(物色)은 큰 도읍성(都邑成)일너라. 각공장(各工場)에 긔계(機械)는 귀신(鬼神)도 측량(測量)키 어려웁고 긔이(奇異)흔 모양(模樣)의 루(樓)와대(臺)는 볼적마다 놀납도다. 도라간 후(後)에 혼연(渾然)이 한꿈을 지닌 듯 할 것시니 유유히 긱관(客館)의 먼듸 스람 졍회(情懷)로다."

58   박애경, 앞의 글(2008), 286쪽.

59   이에 주목하여, 선행 연구에서는 내지는 '유사 박람회장'으로, 내지시찰은 '전시(展示)'의 문화정치라 명명하고 있다. 박찬모, 앞의 글.

이 점 때문에 내지시찰이라는 경험은 '근대성의 과잉'[60]이라 볼 여지도 있다. 그런데 내지시찰 감상문에는 근대의 이면을 살피는 시선도 드물지만 포착된다.

　文明의 背景에 機械가 發達되고, 機械의 發達에 殺戮이 다하나니, 物質 上으로는 極文明한 時期라 할지언정, 道德上으로는 極未開의 天地라 傳치 아니치 못하겟도다. 武器의 發達한 原因이 人類가 稀少하야, 到處마다 禽 獸가 橫行할시, 人類는 腕力으로 抵抗키 不能하야, 干을 作하야, 彼의 생 명을 奪하얏스니, 武器의 對象物이 禽이나 獸오, 絶對로 人類가 아니어날, 禽獸를 狩獵하던 武具로 人類를 殺戮하니, 大慈悲의 心으로 觀察할진대, 現今 幾個强國이란 것을 咀呪치 아니치 못하겟도다.[61]

해군 기지를 시찰한 여행자는 근대에 내재한 폭력성을 읽어낸다. 이 것은 약육강식, 우승열패가 지배하는 잔혹한 곳이며, 살육이 자행되는 곳이다. 그러나 그는 근대의 폭력이 식민통치와 내적으로 긴밀하게 얽혀 있다는 것까지는 읽어내지 못한다. 이는 청일전쟁과 노일전쟁에 대한 태 도에서 확연하게 드러난다.[62] 즉, 그는 살육을 자행하는 전쟁에 대해 명 백히 거부의 뜻을 밝혔지만, 일본의 아시아 침략 의도가 나타나기 시작 한 두 전쟁은 불교라는 종교적 상징의 외피를 둘러, 그 공을 논하는 의식 의 착종을 보여주고 있다.

근대의 이면은 오사카에서 한인 노동자와 조우한 시찰자의 독백에서 도 확인된다. 시찰단원이 만난 한인 노동자는 식민 전후 숨가쁘게 전개 되어 왔던 근대화 대열에서 이탈된 자들이라 할 수 있다. 이들은 낯선

60　박찬승, 앞의 글. 조성운, 앞의 글(2007)이 이런 관점에서 접근하고 있다.
61　金在教, 앞의 글. 60쪽.
62　주 42)참조.

이국 땅에서 날품팔이로 살아가는 자신의 신세를 한탄하고 있다.

> 긔명인지 쇠명인지 쥬ㅅ인지 급ㅅ인지/ 구상유취 어린것들 늬직업을 쎗
> 서가니/ 속슈무칙 ᄒ일 읍시 등루거뎨 되얏구나/ 이날가고 져날가니 허구
> 흔늘 곤란ᄒ야/ 너와갓치 이곳와서 너와갓치 품을 ᄑ니이고이고 슯어와라
> 이신셰를 어이ᄒ리

소외된 이들의 동병상련은 가장 통속적이고, 조선적인 「육자백이」와
「산타령」의 인상으로 재현되고 있다.[63] 근대 담론이 잉여 혹은 야만으로
규정한[64] 한갓 노래자락에서 위안을 얻는 이들과의 조우는 여행자에게
객회를 안겨주지만, 이것이 근대와 근대의 전파자인 식민권력에 대한 폭
력성의 성찰로는 이어지지는 않고 있다. 그만큼 근대의 매혹은 강고했던
것이다.

지금까지 내지시찰단의 기행문은 주로 일제 식민정책의 변화와 심화,
식민주의의 자발적 수용, 식민지 근대성의 육화라는 측면에서 이해되어
왔다. 이 글 역시 그러한 경향성에서 근본적으로 벗어난다고는 할 수 없
다. 그러나 내지시찰단 기행문이 식민통치의 산물이라는 환원론적 결론
을 벗어나기 위해서도, 차이와 균열의 틈새를 지속적으로 응시할 필요가
있다. '이는 목적성이 과도하게 드러나는 글', '노골적인 친일 성향을 드
러내는 글'이라는 선험적 평가에 의해, 문학연구 대상에서 제외되어 온
시찰단 기행문을 다시 읽고, 그 심층 기저를 해명하기 위해 필요한 접근

---

63 취흥이 도도ᄒ니 타향긱회 절노나서/ 쳐ㅈ싱각 ᄒ야가며 낙루ᄒᄂ 자도잇고/ 륙자박
    이 산타령을 계법ᄒᄂ 자도잇서/ 슯은사름 술먹으니 취즁진졍 읍슬소냐
64 「산타령」과 「육자백이」는 사당패들이 불렀던 선소리의 하나로 가장 통속적인 레퍼토
    리라 할 수있다. 근대에 대한 열망이 분출되었던 근대 초기부터 이러한 노래들은 황탄
    한 소리 혹은 망국지음이라 하여 배척의 대상이 되었다.

방식이라 할 수 있다. 이 글에서 '향촌 지식인'에 주목한 이유는 그 때문이다. 이를 통해 식민주의가 지역, 계층, 교육 정도, 문화적 배경에 따라 내면화하는 방식의 차이, 나아가 근대 체험의 다양성과 편폭을 확인할 수 있을 것이다.

조선인의 만주기행문 속
'국제도시' 하얼빈

강혜종
연세대학교

1. 조선인의 만주기행문과 '국제도시' 하얼빈

20세기 초 조선인들은 현재 랴오닝(遼寧)성, 지린(吉林)성, 헤이룽장(黑龍江)성을 아우르는 만주(滿洲)지역에 대한 기행문을 다수 남겼다. 이곳은 19세기부터 본격적으로 시작된 이주 조선인들의 삶의 터전이며, 항일독립운동의 무대이자 일제의 대동아공영권의 거점이 된 공간이었다.[1] 당시 만주기행문은 상당수가 신문이나 잡지의 기획물로서, 일종의 취재기이자 보고서였다. 이들은 만주지역에 대한 정보가 담긴 글을 문학적 필치로 서술하여 독자의 흥미와 공감을 불러일으키며 만주 '체험'을 유도하기도 하였다. 이는 당시 일제가 만주기행문을 통해 그들의 정책에 호응하는 만주담론을 조성하려고 했던 것과 관련이 있었다. 특히, 1932년

---

[1] 1932년 만주국 성립을 전후로 쓰인 1920~30년대 조선인의 만주기행문의 사회문화적 배경과 특성에 대해서는 김도형 외, 『식민지시기 재만조선인의 삶과 기억』(선인, 2009)과 한석정·노기식 편, 『만주, 동아시아 융합의 공간』(소명출판, 2008, 199쪽) 등을 참조한 허경진·강혜종, 「근대 조선인의 만주 기행문 생성 공간: 1920~1930년대를 중심으로」(『한국문학논총』 제57집, 한국문학회, 2011)의 내용을 바탕으로 서술하였다.

만주국(滿洲國) 성립 후 증가했던 만주기행문[2]의 하얼빈 표상들은, 필자의 감상적 서술 안에서 마치 '유행'처럼 조금씩 변주된 패턴으로 재생산되는 특징을 보였다.

작은 어촌 마을이었던 북만의 하얼빈은 1898년 제정 러시아의 동청철도(東淸鐵道)[3] 건설을 시작으로 급속하게 근대화되었고,[4] '동양의 파리'[5] 등으로 불리며, 국제도시로 인식되었다. 그렇다면 일제의 각종 검열과 규제 속에서 만들어진 조선인의 만주기행문은 이 도시를 어떻게 기억하고 있을까?

본고는 조선인 여행자들이 하얼빈이라는 공간에 대한 '기억'을 만들어 내는 경향성[6]에 주목하고, 20세기 초 만주라는 특수한 공간에서 조선인

2 1932년 일제의 만주국 성립 이후 일제의 만주 이주 정책의 후원에 영향을 받아 만주기행문이 증가하였다. 허경진·강혜종, 앞의 논문, 240쪽.

3 중국 동북 지구의 동서남북을 잇는 주요 간선철도로, 현재는 창춘철도라 부른다. 19세기 말 러시아가 부설권을 획득하여 경영했지만, 1935년에는 만주국이 소련에서 전체를 매수하여 운영하였다. 2차 세계대전 이후 중국과 소련이 공동 경영하다가 1952년 완전히 중국에 반환하였다. 야마무로 신이치 저, 윤대석 역, 『키메라 만주국의 초상』, 소명출판, 2009, 63~34쪽 인용.

4 김경일 외 지음, 『동아시아의 민족이산과 도시: 20세기 전반 만주의 조선인』, 역사비평사, 2004, 85쪽. ; 부동항이 필요했던 러시아가 旅順과 大連을 조차한 후 만주에서 세력을 키워가면서, 일본의 견제가 가속화되는 가운데, 1932년 하얼빈은 만주국에 마지막으로 포함된 도시였다. James H. Carter, *Creating A Chinese Harbin -Nationalism in an International City, 1916~1932*, New York: Cornell University Press, 2002, 187쪽.

5 하얼빈은 러시아 문화의 특징으로, 서구의 도시들에 비견되었으며, "Manchurian Paris"라고 불렸다. (Bakich, Olga Mikhailovna, "A Russian City in China: Harbin before 1917", *Canadian Slavonic Papers* 28, no.2, March 1985, 130~131쪽. : James H. Carter, 앞의 책, 11쪽.)

6 이것은 기행문이라는 주요한 '기억 매체'를 통해 만들어진 일종의 집단 기억, 즉 개인 기억의 집합일 뿐만 아니라 집단화된 기억의 경향성이다. 보다 자세한 논의는 제프리 K. 올릭 지음, 강경이 옮김, 『기억의 지도』, 옥당, 2011, 58쪽, 146쪽 등을 참조.

의 '국제도시 하얼빈'이 기억되는 방식과 그 과정에서 '망각'되는 현실을 작품별로 살펴보면서, 조선인 여행자들이 확대 · 재생산하고 있거나 소외시키고 있는 하얼빈의 모습을 살펴보고자 한다.

1930년대 조선의 신문과 잡지는 '국제도시'의 소식을 바쁘게 전했다. 투먼(圖們), 상하이(上海), 하얼빈, 다롄(大連), 신징(新京) 등은 '국제철교', '국제정세' 등의 수식어와 어우러진 '국제'도시였다. 전통시기 '천하(天下)'라는 개념을 대체하고 서양과의 조우 이후 근대 매체에 등장한 '국제도시'에는 '제국'의 힘이 내포되어 있었다.

그런데 하얼빈은, 마치 상하이가 서구로 진출할 기회를 얻거나, 선진문화를 체험할 수 있는 '국제도시'로 여겨졌던 것처럼[7] 사상, 인종, 문화가 뒤섞인 "북만(北滿)의 정치(政治), 경제(經濟), 문화(文化)의 중심문화도시(中心文化都市)"이자 "동양(東洋)의 파리(巴里)"[8]로 인식되면서도, 조선인들에게는 서구에 대한 양가적 감정을 느끼게 하는 독특한 국제성을 드러내는 "동양의 모스코-"[9]였다.

즉, 하얼빈은 소비에트 러시아에서 쫓겨나, 수중에 지닌 현금은 무용지물이 되어 버린 채, 어느 나라에서든 보호받지 못하는 백계 러시아인들의 "유일의 안주지"이자 "낙원"으로, 상해와 같은 국제적인 도시문화가 발달하였지만, "백계로서아인의 계집들"로 표상되는 "에로와 구로"의 도시라는 경멸 섞인 시선을 받기도 한 것이다.[10]

---

7 이에 대한 보다 자세한 논의는 4장을 참조.

8 咸大勳(1907~1949), 「南北滿洲遍踏記」, 『조광』 제5권 7호, 1939년 7월, 82쪽.

9 方建斗(?~?), 「北滿周遊記」, 『조선일보』, 1935년 5월 28일(『朝鮮日報(學藝面)抄』 10, 영인본, 영신아카데미 한국학연구소, 1980, 431쪽.)

10 "할빈의 에로의세계 구로의 천지에 충만되어잇는 것은 모다 백계로서아인의 계집들

이러한 하얼빈에 대한 경험과 인식이 담긴 조선인의 글 중 본고에서
검토 대상으로 삼은 자료[11]를 시기별로 표로 정리하면 다음과 같다.

<표 1>[12]

	필자	제목	출처 및 게재 연월
1	김성룡(金成龍, ?~?)	「요면자(凹面子)의 부부여행(夫婦旅行)」	『개벽(開闢)』 제29호, 1922년 11월
2	방인근[13] (方仁根, 1899~1975)근	「만주여행기(滿洲旅行記)」	『조선문단(朝鮮文壇)』 제11호, 1925년 9월
3	나혜석 (羅蕙錫, 1896~1948)	「쏘비엣 노서아행(露西亞行), 구미유기(歐美遊記)의 기일(其一)」	『삼천리(三千里)』 제4권 제12호, 1932년 12월
4	박(朴)게렌스키 (?~?)	「합이빈(哈爾賓)의 정조(情調)」[14]	『삼천리』 제5권 제9호, 1933년 9월
5	방건두(方建斗, ?~?)	「북만주유기(北滿周遊記)」	『조선일보(朝鮮日報)』 1935년 5월[15]

쁜이다." 朴게렌스키, 「哈爾賓의 情調」, 『삼천리』 제5권 제9호, 1933년 9월 1일, 19쪽.
(김영식 편, 『三千里』 5, 영인본, 도서출판 한빛, 1995, 479쪽.)

11 본고에서는 하얼빈을 단기간 여행한 필자뿐 아니라, 하얼빈에 장기 체류한 필자의
글들도 함께 검토하였다.

12 자료의 선정은 『만주기행문』(최삼룡, 허경진 편, 보고사, 2010), 중국조선문학민족대
계 15권 『종합산문2』, (김동훈·허경진·허휘훈 주편, 연변대학교 조선문학연구소, 보
고사, 2010)과 국사편찬위원회의 한국사 데이터베이스(http://db.history.go.kr/)를
참고하였으며, 조선의 신문과 잡지에서 하얼빈을 다룬 총 22편의 작품을 주요 검토
대상으로 삼았다. 원문은 해당 신문·잡지의 영인본 및 국사편찬위원회의 한국사 데이
터베이스(http://db.history.go.kr/), 국립중앙도서관 홈페이지(http://www.nl.go
.kr/)에서 인용하였으며, 영인본의 인쇄 상태에 따라 원문의 내용이 불명확한 경우,
『만주기행문』과 『종합산문2』을 참고하였다. <표 1>에 정리한 내용과 본고의 본문 중
작품의 인용을 논지 서술 중에 한 경우는 필자가 편의상 한글 병기 및 띄어쓰기 등을
하였으며, 본문 중 작품의 단락 인용을 한 경우는 대부분 원문 그대로 두었다.

13 원문에는 春海라는 호로 적혀있으나, 표에는 본명으로 밝혀 썼다.

14 국사편찬위원회, 한국사데이터베이스에는 「哈爾賓의 情調 朴게렌스키」라는 제목으
로 기사가 수록되어 있는데, 朴게렌스키(목차에는 朴케렌스키)는 작자명이다. 김영식

6	신기석 (申基碩, 1908~?)	「유만잡기(游滿雜記)」	『동아일보(東亞日報)』 1935년 8월[16]
7	회성(晦城, ?~?)	「북만(北國)의 서울 합이빈(哈爾濱)」	『북향(北鄕)』 제2호, 1936년 1월
8	전무길 (全武吉, 1904~?)	「만주주간기(滿洲走看記)」	『동아일보』 1936년 1월[17]
9	최영환(崔永煥, ?~?)	「합이빈(哈爾濱)의 밤」	『신동아(新東亞)』 제6권 제8호, 1936년 8월
10	북국유자 (北國遊子, ?~?)	「합이빈야화(哈爾濱夜話)」	『백광(白光)』 제1집, 1937년 1월
11	홍종인 (洪鐘仁, 1903~1998)	「애수(哀愁)의 하르빈」[18]	『조광(朝光)』 제3권 8호, 1937년 8월
12	함대훈 (咸大勳, 1907~1949)	「남북만주편답기(南北滿洲遍踏記)」	『조광』 제5권 7호, 1939년 7월
13	이운곡(李雲谷, ?~?)	「합이빈(哈爾濱)의 노인(露人) 에미그란트」	『조광』 제5권 8호, 1939년 8월
14	송화강인 (松花江人, ?~?)	「부활제(復活祭)의 밤, -합이빈(哈爾賓)왔 다가 노서아명절(露西亞名節)을 보고-」[19]	『삼천리』 제12권 제6호, 1940년 6월
15	엄시우(嚴時雨, ?~?)	「합이빈(哈爾濱)의 외국정서(外國情緒)」	『만선일보(滿鮮日報)』 1940년 5월[20]
16	엄시우	합시[21]암흑가탐방기(哈市暗黑街探訪記)	『만선일보』 1940년 6월[22]
17	홍양명 (洪陽明, 1896~?)	「합시동만간도별견기 (哈市東滿間島瞥見記)」	『만선일보』 1940년 7월[23]
18	손귀봉(孫貴峯, ?~?)	「여수(旅愁)」	『만선일보』 1940년 8월[24]
19	엄시우	「추석묘제참관기(秋夕墓祭參觀記)」	『만선일보』 1940년 9월[25]
20	김찬구(金讚求, ?~?)	「신흥만주인문풍토기 (新興滿洲人文風土記)」	『만선일보』 1940년 11월[26]
21	백하자(白下子, ?~?)	「합이빈단상(哈爾濱斷想)」	『만선일보』 1940년 12월[27]

편, 『三千里』 5 영인본, 도서출판 한빛, 1995, 467쪽.

15　1935년 5월 15, 17, 19, 24, 25, 26, 28일 연재.

16　1935년 8월 1, 2, 3, 6, 8, 9, 11, 13, 14일 연재.

17　1936년 1월 24, 25, 26, 28, 29, 30, 31일 연재.

18　목차의 제목은 「哀愁의 하르빈 風光」이다. 『朝光: 제3권 7·8호, 1937년』, 영인본,

표에 정리한 바와 같이, 본고가 참고한 자료는 1940년대 이전의 작품
으로, 다수가 만주국 수립 이후에 작성되었으며, 작품의 필자는 정보가
정확하지 않은 경우를 제외하더라도, 남성 언론인 혹은 문인이 대부분이
다.[28] 이 자료들은 많은 수가 신문과 잡지에 수회에 걸쳐 발표된 연재물
로서, 매회 흥미로운 내용으로 독자의 관심을 끌었다. 작품에 따라 여행
자 혹은 재만조선인의 입장에서 서술되고 있으며, 하얼빈만을 대상으로
한 것과 만주의 일부로 하얼빈을 다룬 것이 섞여 있다.

2. 하얼빈의 조선, 조선인, 조선어

국제도시 하얼빈에는 '조선'이 있었다. 하얼빈을 경험한 필자들은, 하
얼빈만의 특색을 포착해내고자 하면서도 하얼빈을 통해 바라본 '조선'을
비중있게 다루었다. 그들은 하얼빈에서 어떠한 '조선'을 보았을까.

> 長春서哈爾賓가는동안은 露國人의 村落이만타 그들의 勢力이 相當하다
> 나는 中國人을 볼 쌔마다 불상한 생각이 치밀어 못견듸겟다. 제해는다남의

學研社, 1981 참고.

19 목차의 제목은 「復活祭의밤(露西亞의名節을보고)」이다.

20 1940년 5월 23, 24, 25, 28일 연재.

21 『종합산문 2』와 『만주기행문』의 "哈爾濱市"를 "哈市"로 수정.

22 1940년 6월 22, 23, 25일 연재.

23 1940년 7월 14, 15, 16, 18, 19, 20일 연재.

24 1940년 8월 30, 31일 연재.

25 1940년 9월 27, 28일 연재.

26 1940년 11월 10, 12, 13, 14, 15, 16, 17일 연재.

27 1940년 12월 10일.

28 알려진 필자 정보와 글의 내용을 참고하면, 〈표 1〉의 3과 18이 여성 필자의 글이다.

게 뺏기고 우둑허니 구경만하고 서々 보는 것이 가엽기 한량업다 鐵道其他
모든寶庫를 제맘대로 못하고 두손길마조잡고잇는꼴은 볼수록 同情이간다
그러고 미웁다. (중략) 哈爾賓에도 돈의勢力은 亦是 猶太人이가젓다 猶太
人의 經營인 츄림商會는 東洋에 第一일것이다 露國 日本, 中國, 英, 米,
佛, 各國의 크나큰 商店과會社가 웃독서서 잇다. 섭섭하나 朝鮮人의것은
업다 왜이리 우리는 가난하고 불상하고 그들의 큰勢力밋헤서 기를못펴고
숏곱장란 하듯이 무엇을 오물―할쑨이다[29]

춘해, 「만주여행기」, 『조선문단』 제12호, 1925년 9월.

「만주여행기」는 『조선문단』을 창간한 방인근이 창간 1주년을 기념하
여 축하 광고 모집 겸 선전 목적 등으로 기획된 여행기이다. 그는 문예잡
지의 특성상 시사문제 등의 현안을 다루지 못하고, 기행문의 요건을 갖
추지 못한 점 등에 대해 미리 독자에게 양해를 구하고 있는데,[30] 필자의
말대로 「만주여행기」는 만주에 대한 특정 정보를 전하는 취재기라기 보
다는, 필자의 견문과 감상이 중심을 이루되 글의 전반에 조선에 대한 필
자의 고민이 드러난다는 점이 특징적이다.

필자가 마주한 하얼빈은 정치와 자본의 역학으로 빚어진 국제성이 드
러나는 공간이었다. 그는 공간의 권리를 빼앗긴 중국과 자본의 힘이 없
는 조선의 처지를 확인하고, "돈의 세력"을 가진 유태인이 경영하는 "동
양에 제일" "츄림상회"와 호텔 식당에서 늦은 밤 "꽁장한 음식"을 차려놓
고 "아름다운 옷"을 입고 춤을 추는 "노국인(露國人) 남녀"들의 모습에 비

---

29   春海, 「滿洲旅行記」, 『朝鮮文壇』 제12호, 1925년 9월, 114~115쪽.(『朝鮮文壇(二)』,
     영인본, 成進文化社, 1971, 804~805쪽.)
30   글의 본문 앞에 "文藝雜誌가되여서時事關連되는것 其他問題에接觸지못합니다 紀行
     文도안이요 뒤범벅이되엿스며 쏘 紙面의 關係로 자세히쓰지못함을 미리諒解하시고보
     와주소셔"라는 밝혀놓았다. 춘해, 위의 글, 110쪽. (영인본, 800쪽.)

하여, "우리생활은 거지중 상거지"[31]였다는 자조 섞인 한탄을 내뱉는다. "불상"한 서울을 떠나며 "섭섭"한 감정을 느꼈던 필자의 하얼빈 여행은, "조선인의 것"이 없는 "섭섭"한 국제도시를 확인하는 여정이었다.

아름다운 奏樂은 한참이나 계속한다 나는 소름이 쪽쪽끼치는 感動을 그 奏樂에서 만히밧엇다. 나는 나혼자 듯기에는 거북하고 未安하도록 조왓다 우리사람의 生活의 너머도 無味乾燥함을 깨닷는 同時에 머리가 숙어지며 맘이좃치 못하엿다[32]

필자는 하얼빈에 사는 지인과 함께 찾은 음악당에서 "소름이 쪽쪽끼치는 감동"의 순간에도 조선의 생활을 떠올리며, "거북하고 미안"한 감정을 느낀다. 이처럼 그는 글의 곳곳에서 조선의 처지에 골몰하느라 불편한 마음으로 하얼빈 여행에 몰입하지 못하는 모습이다. 그는 하얼빈에 거주하는 조선인의 사정을 듣고, 하얼빈의 조선인 단체에게 감사의 마음을 전한다.[33] 그의 하얼빈 여행에는, 줄곧 '조선'이 함께했으며, 그의 하얼빈 여행기는 조선을 비추는 거울이었다.

그로부터 십여 년 후, 열차를 타고 하얼빈으로 향하는 전무길은 그곳에서 '정치의 힘', '일본의 힘'을 실감한다.

車가 哈爾賓에 다엇을때는 밤이퍽 깁엇다. 마치洋行이나 온사람처럼 無數한 코큰親舊들의떼를 보는것이 興味잇고 好奇心을 刺戟 해주엇다. 自動

---

31 춘해, 위의 글, 115쪽. (영인본, 805쪽.)

32 춘해, 위의 글, 116쪽. (영인본, 806쪽.)

33 "哈爾賓의 우리 團體는 民會가잇고 教會가잇고 英實學校가잇고 ○○○○○○○가잇고 그外에도 적은團體가 만타그들의 努力을 깁히 感謝한다" 춘해, 앞의 글, 116쪽.(영인본, 806쪽.)

車運轉手 馬車夫 勞動者……白色人種이면 하이카라하고 살수잇는 高級人
種같은 先入見이잇엇든지 어째 가방을들리고 自動車를 運轉시키기가 安心
치안코 未安스럽케 느껴것다.

「도찌라마데데스까?(어데까지가시우?)」

이곳露西亞人도 亦是 日語를 제법잘한다. 갈사록 政治의힘이란 偉大한
것을 알수가잇다. 나의 머리속에는 바로이驛頭에서 생겻든 伊騰博文을 ×
害한 安重根事件이 떠올라 感慨無量하엿다.[34]

전무길, 「만주주간기」,『동아일보』, 1936년 1월 29일.

필자는 "마치 양행(洋行)이나 온사람처럼 무수한 코 큰 친구들의 떼를
보는 것"에 "흥미"와 "호기심"을 느꼈지만, "이내 가방을 들리고 자동차
를 운전시키기"가 "미안"한 "고급인종", "노서아인"의 유창한 일본어 솜
씨에 감탄한다. 그가 깨달은 것은 "위대"한 "정치의 힘"이었으며, 문득
이토 히로부미를 저격한 안중근을 떠올리며[35] "감개무량"한 감정에 젖어
든다.

만주국 성립 이후 발간된 연세대학교 소장본『대합이빈안내(지남)(大哈
爾濱案內(指南))』(합이빈(哈爾濱): 대합이빈안내사(大哈爾濱案內社), 소화(昭和)8
[1933], 러시아어 제목은 Velikii Kharbin)에서는 하얼빈을 31개국과 기타로
분류된 국가로부터 온 사람들로 구성된 도시로 소개한다.[36] 그런데 이

---

34 전무길, 「滿洲走看記」,『동아일보』1936년 1월 29일, 3쪽.(『東亞日報(學藝面)抄:
1936. 1-12』, 영인본, 월촌문헌연구소, 1986, 102쪽.)

35 『만국부인』제1호 1932년 10월 1일자 기사에, 당시 안중근을 소재로 한 극이 공연되
었다는 기록 등으로 보아, 안중근이 하얼빈에서 이토 히로부미를 저격한 사건이 사회
에 적지 않은 반향을 일으켰음을 짐작할 수 있지만, 기행문에서는 그 내용을 잘 찾기가
힘들다. 이는 일제의 검열 때문인 것으로 보인다.

36 이 안내서에 따르면, 1932년 하얼빈의 인구의 수는 蘇聯人과 蘇聯無籍人이 48000여
명으로 가장 많고, 日本內地人 2700여명, 조선인이 3200여명, 中華民國人이 1130여
명이다. 만주국 성립 직후 간행한 이 안내서는 새로운 만주국 체제 하에 정비된 하얼빈

안내서는 각각 동일한 내용으로 구성된 일본어, 중국어, 러시아어 순으로
합쳐진 한권으로 편집되어 있으며, 일본어로 된 내용이 가장 상세하고
러시아어와 중국어로 된 내용은 부분적으로 생략되어, 만주국 1등 국민의
언어, 일본어의 위상을 보여준다.

반면, 하얼빈의 조선어는 마주하기 불편한 조선의 처지를 드러내는
표지였다.

>"하필 조선말을하는사람이 아편쟁이가될게무어람"

1940년 12월 17일자『만선일보』 3면에 실린 엄시우의 「외근기자의 하
로」에는, 하얼빈의 길거리에서 군중들에 둘러싸여 싸움을 벌이는 조선
인들을 목격한 광경이 묘사되어있다. 하얼빈에서 언어의 불통에 답답했
던 그에게[37] 마침 "싸리는 사람도", "맞는 사람도" 쓰고 있는 "조선말"은
마냥 반가울 수 없는 것이었다. 그것은 "압록강(鴨綠江) 건너설 쌔에는
청운(靑雲)의 장지(壯志)를 품엇슬 것임에 틀림업"었지만, 물건을 훔치고
두드려 맞는 조선인 "아편쟁이" 때문에 벌어진 싸움이었다. 그 조선인은
바로 필자가 현해탄에서 사귀었던 벗으로, "학생층(學生層)에서는 상당
(相當)한 존경(尊敬)과 아울너 연애(戀愛)도 무던이 해 본 사람"이었다. 필
자는 그의 처지를 동정하고, 하얼빈의 "아편쟁이"들이 사라지기를 바라
며 글을 맺는다.

엄시우의 또 다른 글 「추석묘제참관기」에는 "노인묘지(露人墓地)"에서

을 알리기 위한 것으로 보인다.

37 "이곳은 國際都市라 每日出入하는記者중에도 맛나면눈으로만 人事만할뿐 말은서로
通치못하는일이 각금잇다內地人을비롯하야 鮮, 滿, 露-이러케되고보니 滿語外露語로
는방금죽인대도 모르는나라- 그들과 每日갓치맛나면서도 한번도이야기할수업는것은
가슴만답답한일이엿다."『만선일보』, 1940년 12월 10일, 3쪽.

볼 수 있는 재만조선인의 특별한 성묘 풍경을 스케치한다. 젯상에 오른 "조코레트"와 무덤 앞 십자가는 왠지 낯설게 느껴지고, 경건하지 못한 성묘 분위기가 마음에 들지 않았던 그날 밤, 그는 "공연(空然)히 지적(指摘)할 수 업는 슬픔"에 지인과 술을 마시고 "수천(數千)의 선계혼령(鮮系魂靈)"이 묘지에서 나와 통곡을 하는 꿈을 꾼다.

> 附記=偶然히金君의發言으로나는 秋夕날露人墓地를차저갓다가 우리族屬의秋夕省墓를보앗다 그런데그날밤 鮮系魂靈이痛哭하는 꿈을쭈엇다 더욱히슬픈魂靈들에게 이것을天下에 呼訴해달라는 付託을밧앗다 그러키째문에 于先이글을 數百萬의讀者압페내놋는다[38]

글에 "부기"까지 덧붙인 것을 보면, 필자는 이국땅에서 편치 못한 조선 혼령의 한을 독자에게 꼭 알려야 하는 사명감을 느꼈던 모양이다.

즉 조선인의 하얼빈은 서구문화를 접하고, 정치와 자본의 힘을 실감하는 화려한 '국제도시'였지만, 식민지 조선의 처지를 목도하거나, '국제'적이지 못했던 조선의 타자성을 체감하는 공간이었다.

1922년 9월 29일 "동청차중(東淸車中)" 2등 칸에는 "장춘(長春), 합이빈(哈爾濱) 등을 부유"하는 수년간의 "지리한 여행" 중에, "노어(露語), 한어(漢語), 일어(日語) 어느 것 하나 충분히 되는 것이 업"는 어느 조선인 여행자가 하얼빈 역에 가까워지고 있었다.[39]

---

38 엄시우, 「秋夕墓祭參觀記」, 『만선일보』, 9월 28일, 3쪽.

39 김성룡, 「凹面子의 夫婦旅行」, 『개벽』 제29호, 1922년 11월 1일, 118쪽.

3. 하얼빈의 이국정조, 하얼빈 '애수(哀愁)'

1935년 3월, 소련이 동청철도를 만주국에 넘기고 철수한 이후의 하얼빈 기행문에는, 특히 무국적 백계 러시아인들의 불안, 고향에 대한 그리움, 무기력과 무력감이 하얼빈 애수로 피어났다.

손귀봉은 백계 러시아인들의 표정에서 "조국(祖國)을두고 조국(祖國)을 찾지못하"여, 고향을 그리는 "기픈애수(哀愁)"[40]를 보았으며, 송화강인은 톨스토이의 소설에서 읽었던 부활제가 성소피아성당에서 열리는 것을 직접 보고 느낀 "이국정조(異國情調)"[41]에, "안주(安住)의 지(地)를 가지지 못하는 방랑(放浪)의 민족(民族) 고유(固有)의 성미(性味)"[42]를 떠올린다.[43] 즉, 조선인에게 '하얼빈의 애수'는 백계 러시아인들의 국가와 고향의 부재에 대한 슬픔이었다.

홍종인의 「애수의 하르빈」 속 하얼빈의 풍경은 무국적자, 걸인, 댄스홀의 여성들로 채워진다.

그런데 그처럼 華麗했었다는 기타이스카야를 혼자 돌아단니면서 나는 例의 殺人大學生 「라스코르니꼬프」 같은 靑年 壯年이 얼마던지 거리에널려 있음을 보앗다. 이것이 말하자면 勢力이 박귀는하르빈의 어느 過渡期라는 것인지 그說明을 해줄사람은 따로 있겠지만 何如턴 하르빈의 거리에 쓸쓸

---

40 손귀봉, 「旅愁」, 『만선일보』 1940년 8월 30일, 3쪽.(영인본 5권, 219쪽.)

41 송화강인, 「復活祭의 밤, -哈爾賓왔다가 露西亞名節을 보고-」, 『삼천리』 제12권 제6호 1940년 6월, 201쪽. (영인본 22권, 529쪽.)

42 위의 글, 같은 쪽.

43 "이 復活祭 때마는 그들 自由의 에미그랜드(無國籍)의 天下로, 굉장하지만 그 반면엔 역시 알지 못할 放浪民族 特有의 哀愁에 가까운 것을 잊지 못하는 양이다. 쪼겨온 그 옛날의 祖國을 생각하고 끊을래야 끊을 수 없는 妻子血綠을 생각함에, 눈물이 엉킬 뿐이다." 위의 글, 같은 쪽.

한 빛이 어느곳에나 흘으로 있다는것은 선듯 發見할수 있었다.

필자는 「라스꼬리니꼬프적(的) 풍경(風景)」라는 소제목 하에, 다음과 같이 거리의 장정을 『죄와 벌』의 주인공으로 명명한다.

> 그래「라스꼬리니꼬프」의 風景말이지. 보매 表情도 本來가 無智와 貧困
> 을타고난 거지가터 보이지도안는 壯丁이 學生帽같은것을 비스듬이 쓰고
> 얼굴을 찡글며 손을내밀었다가 빈손만 그대로 들고 둘곳을 몰라하는듯한
> 恥辱感에서 울분의 찡글인 눈총을 돌아서가는 사람의 등골에 퍼붓는 表情
> 이야말로 무서운것이었다. 그 憤怒의 表情에는 自己가 스서로 求하지안는
> 거지의運命에 反逆하는 深刻한 무엇이 숨어있을것을 發見할 수 있었다. 이
> 런風景 이런거지를 많이 볼 때마다 「라스꼬리니꼬프」를 聯想하고 나서서
> 로 憂鬱한 表情을 짓게되였던 것이다.[44]

필자는 여유로운 일요일 거리에서 즐겁게 꽃다발을 사는 "맵씨있는 부녀자(婦女子)"들 옆의 걸인들로부터 "정치(政治)의 변혁(變革)"을 읽어낸다. 구걸하는 장정의 "치욕감(恥辱感)"에서 비롯된 "울분의 찡글인 눈총", "분노(憤怒)의 표정(表情)"은, "본래(本來)가 무지(無智)와 빈곤(貧困)을 타고난 거지가터 보이지도안는"이들의 것이었기에 더욱 선명히 포착되었다. 그들의 처지는 오로지 '정치의 변혁'의 결과물이었다. 그들은 살기를 띤 채 "거지의 운명(運命)에 반역(反逆)"하지만, 필자의 눈엔 이내 "아무런 표정(表情)도 없이" 손풍금을 반복해서 연주하고, 연주자의 양철통에 모인 돈을 들여다보는 장정들의 "그저 설어운 풍경(風景)"이 들어온다.

이것은 함대훈이 ""모데른" 카페"에 앉아 "노인여급(露人女給)"에게 "노

---

44 홍종인, 위의 글, 214~215쪽.

어(露語)"로 차를 주문했을 때를 상기하며 드러냈던 "어쩐지 가슴이 울렁거"[45]리는 식의 낭만적 시각과는 다른 "하얼빈의 애수"이다. 홍종인의 "憂鬱한 表情"은 "라스꼬리니꼬프"의 얼굴에 겹쳐진다. 그가 무기력하게 일상을 반복하고 있는 백계 러시아인들에게 느끼는 서러운 감정은, 식민지 국가의 여행자가 느끼는 '하얼빈의 애수'인 것이다.

이후 1940년 김찬구가 『만선일보』에 6회에 걸쳐 연재한 글에도, 이 소설 속 주인공이 잠시 등장하지만, 그가 호명되는 문맥은 달랐다. 「사십 년 전 합시(四十年前哈市) 북만(北滿)의 일한촌(一寒村)」이라는 소제목의 두 번째 연재 글에서는, "쌔−다의 식욕(食慾)"을 가진 "츠아−"[Tsars]의 제국 확장의 역사를 설명하는 과정에서, 왕년의 시베리아를 "라스코리니코프"와 "소−니아"의 면회 공간으로 잠시 언급할 뿐이다.

> 어느한곳에 볏날 帝政時代에遺跡이남어잇는가 凍土文化가 남아있는가
> 寺院은博物館이 되엿고 冬宮은 『鋼鐵』氏의居處가된곳에 로마노프가 남기
> 고간 자취가 어디한곳 올케남엇는가 할빈 이곳만이 오로지[46]

김찬구는 하얼빈이 보편적인 '국제도시'의 요소들을 갖추었으면서도, 다른 국제도시들과는 구별되는 특징으로 제정러시아의 문화를 강조하며, 백계 러시아인의 처지와 대비시킨다. 그는 "기다이스카야" 거리의 노인의 어깨에 걸린 빛바랜 훈장에서 "역사(歷史)의 회상(回想)에 잇는 그의 애수(哀愁)가 절절(切切)한 모양"을 본다.[47] 즉, 러시아 혁명의 격동기를 거치며 피어났던 하얼빈 애수를 "범죄(犯罪) 밀수(密輸) 음란(淫亂)"이

45 함대훈, 앞의 글, 같은 쪽.

46 김찬구, 「新興滿洲人文風土記」, 『만선일보』, 1940년 11월 10일, 3쪽.

47 김찬구, 위의 글, 11월 13일, 3쪽.

라는 "국제적속성(國際的屬性)"과 한 데 묶어, 새로운 만주국을 위하여 과거의 기억 속으로 전송하고자 하는 것이다.

이는 "왕도낙토(王道樂土)" 하얼빈을 위한 "갱생(更生)의 가장 큰 요소(要素)"로, "회상(回想)과 애상(哀傷)의 민족(民族)"인 "백계노인(白系露人)"을 꼽고 있는 필자의 생각에서 더욱 분명해진다. 그는 대단원의 마지막 연재의 소제목, 「갱생(更生) 할빈의 요체(要諦)는 백노인(白露人)의 재발출(再發出)」에서 하얼빈을 새로운 역사적 도시로 기억하자고 촉구한다.

이토 히로부미의 흉상을 "만주(滿洲)의 과거정치사(過去政治史)의 초점적지역(焦點的地域)"의 상징으로 호명하며, 하얼빈을 "단순(單純)히 백노(白露)의 역사(歷史)만을 말하는 도시(都市)"가 아니라, "삼국간섭(三國干涉)에서 한말(韓末)의 풍운(風雲)을 중심(中心)한 동양사(東洋史)의 한페-지"를 장식하는 도시라고 강조하는 것이다.

4. '하얼빈'이라는 상품과 현실의 간극

만주국 설립 후 일본은 "철도 노선으로 구현된 제국의 공간적 기획"[48]의 일부인 국제도시 하얼빈을 관광 도시로 홍보한다. 앞에서 소개한 『합이빈안내』의 내용을 보면, "합이빈 사정(哈爾濱事情)"을 다룬 총 10장 중 아홉 번째 장인 「시중안내(市中案內)」에, 1. 시내 명소(市內名所), 2. 시내 관람 장소와 순서[市內觀覽箇所及順序], 3. 주요 여관과 숙박 요금[主要旅館及宿泊料金], 4. 주요 '구락부', 극장, 요리점[主要俱樂部劇場料理店], 5. 토

---

48 이경훈, 「식민지와 관광지-만주라는 근대극장」, 『사이間SAI』 제9집, 국제한국문학문화학회, 2009, 78쪽.

산품과 판매점[土産品及販賣店]의 총 5개 항목으로 하얼빈 관광을 위한 정보를 정리해 놓았다. 시내명소에는 "지나유곽(支那遊廓)"도 포함되어 있는 등, 하얼빈의 환락가가 관광지로 소개되고 있다. 하얼빈의 유흥문화와 애써 거리를 두는 태도를 보이는 함대훈의 글에도 조선의 유곽과 같았던 만주인이 경영하는 "서관(書館)"을 구경한 이야기가 있다.[49]

이와 같이 선전된 하얼빈의 사정은 신문과 잡지의 기획물에 흥미로운 요소들과 더불어 다루어졌는데, 다년간 만주 유람의 경험이 있었던 북국유자는 「합이빈야화(哈爾濱夜話)」가, 『백광』의 주간 안일성(安日成)에게 정해진 제목으로 청탁받은 원고였음을 밝히고 있으며[50], 『만선일보』의 기자 엄시우의 「합시암흑가탐방기(哈市暗黑街探訪記)」는 "지국장(支社長)의 명(命)"에 따라 "국제도시(國際都市) 합이빈(哈爾濱)의 암흑가탐방(暗黑街探訪)"[51]을 하고 작성한 글이다. "의례(依例)히 탐정소설(探偵小說)에서만 차자볼 수 잇는 범죄(犯罪) 엽기(獵奇) 음모(陰謀) 음란(淫亂) 이 모든 악덕(惡德)"[52]이 적절히 어우러진 하얼빈의 유흥문화나, 사건·사고들은, 이미 하얼빈에 대해 알려진 이야기들의 변주였으며, 하얼빈의 실상의 확인한다는 명목 하에, 반복적으로 재현되어 독자들의 호기심을 충족시켰다.

1930년대 조선에서는 음란하거나 외설스러운 내용의 음반이 검열의 대상이 되는가하면[53] 댄스홀을 허가하라는 탄원이 생기기도 하였지만,[54]

---

49 함대훈은 "어쩐일인지 그곳에드러서면서부터 구역이 나서견딜수가없어 곳장 나와 그 옆[阿片窟]을 찾엇다."라거나, 「哈爾濱의 밤거리」라는 소제목으로 댄스홀에 들렀을 때에는, "不幸히 땐쓰를배우지 못"하여 어울리지 않고 곧 자리를 뜨는 등, 하얼빈의 유흥 관광과 거리를 두는 태도를 드러낸다. 함대훈, 앞의 글, 84~86쪽.

50 "筆者 多年間 滿洲方面으로 좀 遊覽한일이 있었드니 畏友 安日成氏가 이런 제목을 주면서 원고를 부탁한다."『白光: 제1호-6호』, 영인본, 현대사, 1982, 91쪽.

51 엄시우, 「哈市暗黑街探訪記」, 『만선일보』, 6월 20일, 3쪽.

52 김찬구, 앞의 글, 1940년 4월 10일, 3쪽.

53 박애경, 「환락과 환멸: 1930년대 만요와 재즈송에 나타난 도시의 '낯선' 형상」, 한국

하얼빈의 '규범 일탈적인 풍경'들은 기행문 안에서 국제도시 '하얼빈의 현실'로서 허용되어 "보기 드물고 보기 어려우며 조선(朝鮮)안에선 상상(想像)도 못할 괴풍경(怪風景)"[55]으로 소개되고 있었다.

다음의 사진들은 『합이빈안내』 30쪽에 수록된 것이다. 첫 번째 사진과 두 번째 사진은 하얼빈 시내를 안내하는 러시아 여성들과 동양인 남성이 함께 관광하는 상황이 설정된 것이다. 첫 번째 사진엽서 옆에는 "금발미인안내합시견물(金髮美人案內哈市見物)"이라는 설명이 있다. 엽서에 적힌 글씨의 일부를 확인하기 어렵지만, "9. 거리에서 거리로 [9. 街から街へ]"라는 제목으로, 사진 속 기타이스카야 거리에 대해 짧게 묘사되어있다. 두 번째 사진엽서인 "15. 신시가(新市街)"에는 추림양

구비문학회, 『구비문학연구』 29호, 2009, 4쪽.

54 "亞細亞의 文明都市에는 어느 곳이든 다 있는 딴스홀이 惟獨 우리 朝鮮에만, 우리 서울에만 許諾되지 않는다 함" 「서울에 딴스홀을 許하라」, 『삼천리』 제9권 제1호, 1937년 1월 1일.

55 "두時가 넘어 조용한거리에 色瓦斯가 번뜩이는 뒷골목……캬바레-의 地下室에서는 裸體舞姬의 亂舞가 무르녹은 수박같이 흐느적거리는 肉體를 뒤흔든다. 보기드물고 보기어려우며 朝鮮안에선 像想도못할 怪風景의 하나다." 최영환, 「합이빈의 밤」, 『신동아』 제6권 제8호, 1936년 8월, 142쪽.

행 앞을 오가는 자동차를 피하며 허둥대는 남성과 이를 보고 웃는 여성들의 모습이 남성 화자의 시선으로 서술되었다.

한편, 마지막 사진 옆에는 "신시가와 노미인의 무용[新市街及露美人之舞踊]"이라고 써 있는데, "노미인(露美人)"이란 백계 러시아인 여성 무희로, 이 사진은 하얼빈 거리의 여성들 모습에 백계 러시아 무희[56]를 확대하여 강조하고 있다.

하얼빈의 관광 '명물'로 선전된 이 여성들은, 조선인의 기행문에서도 '하얼빈의 밤'을 대표하는 '관광 상품'이었다.

> 저녁을畢하고 案內人과가티 哈爾濱의 밤거리를 求景하려하엿스나 벌서 商店은모다閉門이되고 靑燈, 紅燈으로誘惑하는 뒷거리의째즈! 地下의歡樂場 에로, 딴스홀─만이 繁華하다 露人딴스홀─두곳에서 그女人들의 脚線美, 에로味로 異國情趣를滿喫하고 人力車를달리여宿所에 돌아오다[57]
>
> 방건두, 「북만주유기」, 『조선일보』, 1935년 5월 28일.

위와 같이, "지하(地下)의 환락장(歡樂場)", 하얼빈의 댄스홀에서 "만끽(滿喫)"하는 "이국정취(異國情趣)"를 "여인(女人)들의 각선미(脚線美), 에로미(味)"로 감상한 소감을 전하는 방건두의 시선은, 다점(茶店)과 캬바레의 쓸쓸한 풍경을 묘사하면서 백계 러시아인의 애수를 형상화하면서도, 춤추는 여자들이 "모다 그러케 노불"하며, "상류(上流)의 까바레"이므로 "그곳에 모은 여자(女子)도 깨끗한 것들"이며 "까바레에 춤추는 여자(女子)로 무더두기는 아까울만치들 생겼섯다"[58]거나, "혼혈녀(混血女)와 상종할수

---

56 여급이나 무희 등은 대개 백계 러시아인으로 묘사된다.
57 『朝鮮日報(學藝面)抄』 10, 영신아카데미 한국학연구소. 1985, 영인본 431쪽.
58 홍종인, 앞의 글, 216쪽.

있었다는 것도 자미스러운 일"이었다는 홍종인의 감상평과 상통한다. 이 들 여성들을 무대에 올리고 독자를 관람객으로 초대하는 하얼빈 기행문 은, 필자의 견문을 넘어선 환상의 공간을 보여준다.[59]

> ① 一물결치는 술……흐느적거리는 肉體……그리고 老退役士官의 곰방 대에서 피어나는 노란 煙氣사이로 「아코듸온」의 音律이 黃色空間을 浮游 하는 이밤一.
> 여기는 極東의 歡樂境……北國의 華都…… 「하르빈」
> 지터가는 밤. 여름의 大陸을 頌歌하는 「하르빈」의 이밤……狂想의 一曲 이 여기에 있다. 幻想의 一念이 여기에 흐르는것이다.
> 최영환, 「합이빈의 밤」, 『신동아』 제6권 제8호 1936년 8월.[60]

> ② 哈爾濱-哈爾濱하면 어쩐지 國際 냄새가 나며 더구나 露西亞 냄새가 난다.
> 어쩐지 무시무시한 殺人的 風景이 드는것같고 反面으로 燦爛한 歡樂의 밤을 聯想시킨다. 淫蕩한 게집들의 肉이 돈을달라고 아양을떨며 香氣높은 洋酒와 騷亂한 짜즈와 에로틱한 舞踊으로 哈爾濱의 밤은 새여간다. 哈爾濱 의 價値는 낮보다도 밤에있으며 사랑(戀)보다도 肉에있다.
> 북국유자, 「합이빈야화」, 『백광』 제1집, 1937년 1월.[61]

필자들은 하얼빈 애수를 한 꺼풀 벗기고 나면, 드러나는 "합이빈(哈爾濱) 의 가치(價値)", "밤"과 "육(肉)"(②)의 "극동(極東)의 환락경(歡樂境)"(①)을 다투어 그려낸다. "음탕(淫蕩)한 게집들의 육(肉)", "에로틱한 무용(舞踊)"

---

59 홍종인, 위의 글, 217쪽.
60 최영환, 「哈爾濱의 밤」, 『신동아』 제6권 제8호 1936년 8월, 140쪽.
61 『白光: 제1호-6호』, 영인본, 현대사, 1982, 91쪽.

(②)은 "말의 자체(自體)부터" "아지 못할 매력(魅力)", "독특(獨特)한 매력(魅力)", "야릇한 매력(魅力)"을 지닌 하얼빈 "환상(幻想)의 일념(一念)" (①)을 구성한다.

> 東鐵接收後에는 그흔하든 春畵가 街頭에서 一掃된것은 浪人群에게 섭섭한 感을 주는듯하다. 元來哈爾濱은 文化를 보려고 오는者가 없고(文化는 볼것이 없지만) 擧皆 裸體땐스니 男女의 實演이니 그活動寫眞이니 캬바레 -니 하는따위의 워드카-酒를 마시면서 陶然히 求景할곳으로 一般認識이 確定되어잇는 판이다. 그러므로 그들 浪人群은 富局의 取締로 그런것들이 湮滅되어가는것을 섭섭히 생각한다.[62]
>
> 전무길, 「만주주간기」, 『동아일보』 1936년 1월 31일.

하얼빈을 "문화(文化)를 보려고 오는 자(者)가 없"으며, "나체 땐스니 남녀의 실연(實演)이니 그 활동사진이니 캬바레-니 하는 따위"를 "워드카-주(酒)를 마시면서 도연(陶然)히 구경"할 수 있는 곳이라고 말하는 필자는 "「톨스토이」를 나은 민족(民族)답지 안케 그들의 음란(淫亂)은 목불식견(目不忍見)"이라며 오히려 독자의 호기심을 한껏 자극한다. 그리고 "「판타이쟈」나 「카스페크」나 기외(其外)에 무수(無數)한 「캬바레」나 「땐싱홀」"의 이름을 열거하거나,[63] "지옥중(地獄中)에도 이런 지옥(地獄)은 업슬 것"이라면서 거리에서 남녀가 어울리는 모습을 상세히 묘사한다.[64] 필자는 하얼빈 거리의 춘화가 사라지고 있는 것에 대하여 섭섭해 할 "낭인군(浪人群)"의 마음을 헤아리듯, 조선 독자의 기대를 저버리지 않기 위하여 펜 끝으로 화려한 하얼빈의 밤을 수놓는다.

---

62 『東亞日報(學藝面)抄』 1936.1-12, 영인본, 월촌문헌연구소 1986, 107쪽.
63 전무길, 위의 글, 1월 30일, 105쪽.
64 엄시우, 앞의 글, 1940년 5월 24일.

이러한 '국제도시'의 면모는 하얼빈을 다룬 글에서만 발견할 수 있는 것은 아니다. 같은 시기 상하이 기행문을 쓴 홍양명은, 상하이를 "동양의 메드로포리스, 술과 캬바레와 해항정조(海港情調)에 잇서 동양의 「말세이유」"에 비유하였으며, "그 음울한 암흑면과 범죄에 잇서 동양의 「치카고」 등등의 일홈으로 사람들의 입에 회자(膾炙)"된다고 말한다. 하지만 하얼빈 기행문의 경우처럼 이를 상하이에 머물렀던 백계 러시아인들의 문화적 '퇴폐성'으로 연결시켜 설명하려는 태도는 보이지 않는다.[65]

1920~30년대 상하이를 다룬 "실기류(實記類)"[66] 56편을 정리하고 분석한 손지봉의 연구에서도[67], 세계적 무역항으로 대도시의 양면성을 지닌 상하이가 열강국민과 약소국민의 삶이 대비되는 "식민 축도"이며, "혁명에 밀려난 백계 러시아인의 희망 없는 삶"[68]이 존재하는 공간이었다고 지적하지만, 이것은 "국제적 상업도시" 상하이의 도시 문화적 특성을 구성하는 일부이다. 오히려 상하이는 "풍속(習俗)유행이 혼연잡답(混然雜踏)하야 일종의 칵데-르문화"와 "세계유행의 한 첨단을 이루"고[69] "서양 사람들과 교제하기도 쉽고 또 그 관게로 서양으로 유학하게 될 긔회"[70]를 얻을 수 있는 장소로 인식되었다. 이는 상하이가 만주국의 기획도시 하얼빈과는 달리 중국 최대의 항구도시로서 서구 열강들의 조계지(租界地)를 중심으로 성장한 국제도시이자, 당시 중국 무역의 50%를 차지하는 최대의 상업도시였다는 측면과 관련이 있다.[71]

---

65 홍양명, 「楊子江畔에 서서」, 『삼천리』 15호, 1931년 5월.

66 각각 수필 18편, 기행 6편, 보도 자료 32편으로 분류하였다.

67 손지봉, 「1920~30년대 한국문학에 나타난 상해(上海)의 의미」, 한국정신문화연구원 석사학위논문, 1988 참조.

68 손지봉, 위의 논문, 23쪽.

69 홍양명, 「動亂의 都市 上海의 푸로필」, 『별건곤』 제4권 제3호, 1932년 3월 1일.

70 장연홍, 「이야기꺼리, 女人群像」, 『별건곤』 제66호, 1933년 9월 1일.

한편, 최정옥은 조선인의 기행문에 강조된 하얼빈의 환락가의 모습에 반해, 하얼빈의 30년대를 배경으로 한 중국 작가 주에칭(爵靑)의 소설 「어느 날 밤[某夜]」을 분석하면서, 사람들을 끌어 모으는 이국정조는 실제로 하얼빈에 거주하는 주민의 입장에서는 전혀 들어맞지 않고, 그곳을 잠시 지나치는 자들과 타향으로 여기는 자들에게 주어진 환상일 뿐이라고 말한다. "이국정조 따위란 없다"는 것이다.[72]

이러한 지적처럼, 타자화된 하얼빈을 소비하는 태도에서 벗어난 글들도 있다. 여성작가 나혜석의 「쏘비엣 노서아행(露西亞行), 구미유기(歐米遊記)의 기일(其一)」에 6일 동안 하얼빈을 방문한 기록에는, 하얼빈의 무더운 대륙성 날씨를 설명하면서, 거리에 "형형색색(形形色色) 모자와 살비치난 옷을 입은 미인"들이 늘어섰다고 할 뿐, 여성의 외모를 성적인 대상으로 묘사하면서 평가하거나 경멸하는 식의 이국정조의 대상으로 집중하지 않는다. 즉, 하얼빈 여성이 얼마나 선정적인 옷을 입었는가를 그려내는 대신, "부녀(婦女)의 의복(衣服)"을 "사서" 입는다는 사실에 주목하고, "여름이면 다림질, 겨울이면 다듬이질로 일생(一生)을 허비(虛費)하는", "불상한" 조선인 여성의 삶을 꼬집는다. 나아가, 「부녀생활(婦女生活)과 오락기관(娛樂機關)」이라는 부분을 할애하여 주부들이 여유 있게 식사를 준비하고 낮잠을 자고, 한담을 나누고, 화장을 하고 "활동사진관(活動寫眞館), 극장(劇場), 무도장[舞踏場]"에서 문화를 즐기는 일상을 조선의 독자에게 상세히 전하며, 오락기관의 "번창(繁昌)"과 "번영(繁榮)"을 위하여, "조선부녀활동(朝鮮婦女生活)을 급선무(急先務)로 개량(改良)"

71 이형근, 「中國 上海의 都市構造: 1895~1937」, 『문화 역사 지리』 제11호, 1999, 142쪽.

72 최정옥은 외부 시선이 포착하는 '동양의 파리'와 같은 이미지와 실제 거주하는 중국인의 관점이 다른 점을 강조한다. 최정옥, 「爵靑 소설에 나타난 하얼빈의 도시 이미지」, 『만주연구』 제9집, 만주학회, 2009, 19쪽.

할 것을 역설한다.

娛樂機關이繁昌해지는거슨 오직 其婦女生活이 그만치 餘裕가잇고 時間
이잇는거시다 내가前에 京城서어느 劇場압홀지나면서 同行하든親舊에게
말한쌔가잇다 劇場經營을 하랴면 根本問題 卽朝鮮婦女生活을 急先務로 改
良할 必要가 잇다고 實로 女子生活에 餘裕가업는 社會에 娛樂機關이 繁榮
할수업는거시다.[73]

이는 그가 '여성'으로서 하얼빈의 거리를 걸으며 "사람머리만콤식(式)
한 돌이 깔니여 굽놉흔 구두로 거를냐면 매오 힘이든다."는 중요한 사실
을 발견했듯이, 하얼빈 여성의 일상 생활에 관한 중요한 사실을 알고자
했기 때문이다.

다리압흔 生覺을 하여서는 길 엽헤서라도 눕고 십엇다. 바로 中國거리
엿다. ××金店이니 百貨店이니 紅燈과 靑燈이 번듯이엿다. 조분 골목을 거
러서 不夜城을 쌓은듯한 네온가 인기거리를 向方도 몰으고 끌니워갓다. 豊
順棧이라고 層層이 드리운 看板! 弓形의 大門을 드러섯다. 傳達宅의 거미
줄같은 電線줄과 灰壁에 色色으로 물드린 丹靑이 눈에 선듯하엿다. 올나가
는 다락마다 크다란 거울과 茶 심부럼하는 머슴이 서잇다. 나는 K君과 늘
하는 냥으로 한 구석에서 기웃기웃 하다가 살이 피둥피둥 살찐 主人을 따
러 三層 어느 구석방을 차지하엿다. 「이런 곳에 가두어 두면 千年인들 알나
구?」 나는 갑자기 무시무시한 生覺이낫다. 별다른 料理로 배를 채우고 도
라왓슬 때이다. 두 개의 寢臺! 한 개의 테-불 그 구석에는 「뻬이지카!」가
잇섯다. 모루히 내의 注射병이 드믄드믄 보엿다. 女給인지 손님인지 알지
못할 앗씨들이 호들거리며 짓거리엿다. 이불도 업는 旅館! 무시무시하고

---

73 나혜석, 「쏘비엣 露西亞行, 歐米遊記의 其一」, 『三千里』 제4권 제12호, 1932년 12월,
62쪽.

음침한 十五號室에 새우같이 꼬부린 나그네는 돌같이 딴딴한 寢臺의 신세를 지게 되엿다. (중략) 흐리텁텁한 都市의 아츰이다. 우리가 탄 自動車는 一列로 느러섯다. 언덕을 넘고 알지도 못할 어떤 되로 向하여 달니고 있다. 나는 푸린트한 地圖를 내여 公子廟를 차저내엿다. 백양나무 닢이 한닢 두닢 떨어지는 언덕에서 멈첫다. 새로 移舍 온듯한 오막사리 집 뜰에는 힌옷 빨내와 이영에는 빨간 고초가 널니웟다. 누른 기와 붉은 丹靑. 雄壯한 집의 안이나 밧갓이 모-두 음침하엿다. 낫에도 鬼神이 날만한 그 방에서 단 한 시간을 자라고 하면 겁에 질니여 죽을 것 갓다. 나는 오던 길에 오막사리 집 마당에서 젊은 앗씨를 하나 만나기는 하엿쓰나 그들의 生活을 물을 時間이 업섯다.[74]

회성, 「북국의 서울 합이빈」, 『북향』 제2호, 1936년.

위의 글은 1933년 용정에서 만들어진 문학 동인단체인 북향회(北鄕會)가 발간한 문학잡지 『북향』에 수록된 글이다.[75] 단체관광에 나선 회성[76]의 글에서는 하얼빈을 방문한 조선인 여행자들이 화려하게 묘사한 "중국(中國)거리", "키타아스카야"가 짧게 서술되고 있으며, 하얼빈의 이국정서에 호기심을 느끼는 태도도 거의 찾을 수 없다. 그의 글에서는, 상점과 백화점이 있고 간판이 번득이는 화려한 하얼빈 공간이 관광객들은 잘 접근하지 않을 좁은 골목으로 이어지며, 그 골목에 위치한 공간의 숙소를 "새우같이 꼬부린 나그네"의 "돌같이 딴딴한 침대(寢臺)"가 있는 "삼층(三層) 어느 구석방", "음침한 십오호실(十五號室)"로 묘사한다. 또한, 환락가 하얼빈의 밤이 아니라 "흐리 텁텁한 도시(都市)의 아츰"의 풍경을

---

74 김동훈·허경진·허휘훈 주편, 김동훈·허경진·허휘훈 주편, 앞의 책, 345쪽. 띄어쓰기는 필자.

75 김동훈·허경진·허휘훈 주편, 위의 책, 115쪽 각주.

76 위의 책 343쪽 작자의 이름의 한글 병기인 '매성'을 '회성'으로 수정하였다.

담아내고, "흰옷 빨래"와 "빨간 고초"가 널린 조선인에 익숙한 풍경이나, "오막사리 집 마당"의 "젊은 앗씨"에게 시선을 준다.

작자의 신원은 자세히 알 수 없지만, 만주지역에 거주하면서 북만의 서울이었던 하얼빈에 단체 여행을 떠났던 학생이 아닌가 싶다.[77] 따라서, 이들의 여행코스는 앞 장에서 살펴본 필자들의 하얼빈 여행과 성격이 다를 수 있다. 글이 짧고 작자에 대해 알려진 바가 없어, 하얼빈 여행의 목적과 일정에 대해 더 자세히 알 수는 없지만, 이 글에서는 앞에서 살핀 만주국의 기획된 도시 문화를 탐닉하던 '관광객'의 관점이 아니라, 기행 문을 통해 망각되었던 하얼빈의 또 다른 현실이 포착된다.

하얼빈은 조선인에게 주로 서구문화와 정치, 자본의 역학을 체험하는 장소였다. 조선인 필자들은 정치적 혹한기의 하얼빈 풍경을 하얼빈의 '애수'로 채색하고, 이를 향락적 도시 문화로 재현하는 경향을 보였다. 그 중심에는 무국적 백계 러시아인과 그들의 문화가 있었으며, 특히 백계 러시아 여성들의 섹슈얼러티가 집중적으로 소비되는 경향을 보였다.

조선인의 만주기행문은 관광 상품이자 매체 상품이었던 하얼빈의 특정 '현실'에 대한 '집단적 기억'을 반복해서 만들어내고 있었으며, 하얼 빈은 어느새 감각적 환상을 촉발하는 기호가 되고 있었다. 그러나 기행 문 안에서 하얼빈이 환상적 공간으로 그려질수록 하얼빈의 또 다른 현실 은 망각되었다.

이러한 경향성 이면의 하얼빈 기행문의 특징과 의미에 대해서는 이후 의 작업을 통해 좀 더 구체적으로 고찰해 볼 필요가 있다. 또한, 기행문

---

77 본문의 내용을 보면, 150여명이 버스를 타고 이동하고 있으며, 여행자들끼리 쓰는 반말 호칭 등으로 판단하면, 학생들의 단체 여행인 것으로 보인다.

이 실린 매체의 성격, 필자의 관점, 역사적 배경을 바탕으로 변별되는
하얼빈 기행문의 특질에 대한 보다 세밀한 분석도 남은 과제이다.

설화로 보는 간도지역 조선인의 이주와 정착

조선족 설화의 역사적 의미

김창화 · 朴今海

연세대학교 · 연변대학교

1. 머리말

오늘날 중국경내의 조선족[1]은 19세기말부터 만주지역으로 이주한 조선인의 후예들이다. 19세기말 봉건통치의 혹정, 끊임없는 자연재해 등 원인으로 살길을 찾아 두만강, 압록강을 건너 만주경내로 이주한 조선인들은 변강을 개발하고 당지의 봉건통치 및 일제의 억압과 맞서 싸우면서 삶의 뿌리를 내리는 과정에 한반도고유의 전통문화를 답습, 계승하였을 뿐만 아니라 새로운 삶의 환경과 역정에서 그들 나름대로의 새로운 문화를 창출하였다. 대중문화의 중요한 장르인 설화가 바로 그 대표적인 예이다.

조선족설화에 대한 연구는 중국은 물론, 한국에서도 활발하게 진행되고 있다. 지금까지의 기존연구를 정리해보면, 조선족설화에 대한 종합적인 고찰(조성일, 1980; 우상렬, 2002); 조선족설화의 유형, 특성 및 특정

---

[1] 조선족이라는 용어는 중화인민공화국 후 중국경내의 조선인에 대한 호칭으로, 광복 전에는 사용되지 않았던 용어지만 본문에서는 서술의 편의상 조선인과 조선족을 혼용하기로 한다.

설화군에 대한 연구(박창묵, 1992; 소재영, 1993), 그리고 한국 내 설화와의
비교와 변이과정연구(강봉근, 1996; 이헌홍, 1997) 등이 주류를 이루고 있
다. 상기의 중국조선족설화의 종합적 연구나 특정 주제의 설화에 관한
연구는 모두가 주로 문학사적 차원에서 그 성격 및 의미의 규명에 초점
을 두고 있으며 조선족설화가 가지고 있는 史的 의의 및 설화에 투영된
이주조선인의 삶의 궤적에 대한 조명과 연구는 별로 이루어지지 않고
있거나, 설사 있다하더라도 개략적인 배경소개에 머무르고 있음을 보아
낼 수 있다.[2] 설화는 역사적인 진실을 알려주는 경우가 많다. 이에 본고
는 조선족 자생설화를 중심으로 간도일대의 조선인의 이주와 정착과정
을 조명함과 아울러 이들 설화가 가지고 있는 사료적 가치의 규명에 초
점을 맞추고자 한다.

　본고의 연구대상 자료로는 기존에 출판, 발행된 자료들을 집대성하여
가장 최근에 편집, 출판된 '연세국학총서73' 중에 조선족자생설화를 중
심으로 엮은 『향토전설집』, 『지명전설집』[3] 중의 간도지역관련 자생설화
들을 텍스트로 선정하였음을 미리 밝혀두는 바이다.

2　이주조선인역사와 연관된 연구성과로는, 임철호의 「조선족설화의 조선족형상」(『세
　계문학비교연구』, 제23집, 2008)과 허경진·김창화의 「조선족항일투쟁과정에서 생성
　된 설화에 대하여」(『영주어문』 제23집, 2012)를 들 수 있다.
3　연변대학교조선문학연구소, 허경진·허휘훈·채미화 주편, 『향토전설집』(연세국학총
　서73-중국조선민족문학대계19), 보고사, 2006; 연변대학교조선문학연구소, 김동훈·
　허경진·허휘훈 주편, 『지명전설집』(연세국학총서73-중국조선민족문학대계20), 보고
　사, 2007.
　　상기의 설화집 외에도 '연세국학총서73-중국조선민족문학대계27'의 시리즈로『민간
　설화자료집①~③』, 『정길운·김례삼 채록 민담집』, 『황구연 민담집』, 『김덕순 민담집』
　등 설화집들이 있으나 이들 설화집에 수록된 작품 대부분이 재래설화이고 또한 조선족
　자생설화가 일부 있다 할지라도『향토전설집』, 『지명전설집』에 수록된 설화들과 중첩
　되기에 본고에서는 주로 『향토전설집』과 『지명전설집』을 텍스트로 선정하였다.

2. 조선족설화의 생성

1) 조선인의 간도에로의 이주

중국의 조선족은 이주민족이다. 중국경내에로의 조선인 이주의 始原에 대하여 학계에는 明末淸初설, 19세기 말 설 등 여러 가지 주장이 있으나, 오늘날 중국경내의 조선족민족공동체의 연관성에서 그 맥락을 살펴볼 때, 조선인의 본격적인 이주는 19세기말로 보는 것이 타당할 것이다.

19세기 중엽에 이르러 청나라는 대내외적으로 위기에 직면하게 되었다. 중원지역의 인구급증으로 인한 농경지 및 식량부족으로 농민반란이 빈발하였으며 게다가 19세기중반을 계기로 연이은 서구열강들의 침입과 일련의 불평등조약의 체결로 국가재정이 고갈되고 나라의 주권이 위협을 받게 되었다. 특히 동북일대는 러시아가 북쪽에서 호시탐탐 침략의 기회를 노리고 있는데다가 17세기 중엽부터 시작된 장기간의 봉금정책으로 변방과 수비가 허술하게 되었다. 러시아의 남하를 막고 軍餉을 해결하며 변강수비를 강화하려는 목적에서 19세기 70년대부터 청정부는 移民實邊정책을 실시하여 대내외적으로 직면한 곤경을 타개하려고 하였다. 1875년 봉천성(지금의 요녕성과 길림성의 동남부)에 대한 봉금령을 폐지하고 선후로 안동·관전·봉성과·장백·임강·집안 등 현을 설치하였으며 무민국을 설립하여 관내의 한족유민들을 留置하여 황무지를 개간하게 하고 토지문서를 발급하였으며 조세를 받아들였다. 비록 청조정부의 이민실변정책의 대상은 주로 관내의 한족유민이었으나 연이은 자연재해 및 조선후기의 '三政문란'으로 극심한 생활고에 시달리던 조선북부의 이민들도 대거 압록강북안지역으로 몰려들었다.

19세기 80년대에 이르러 두만강북안의 간도일대에 대한 봉금도 해제되기 시작하였다. 1881년 청정부에서는 훈춘에 초간총국을 세우고 토지

무상 배분, 생산도구 및 소와 식량을 제공하는 등 일련의 우대정책으로
관내의 한족유민을 유치하려고 하였으나 지리적 원인으로 관내의 한족
유민들의 발길은 간도일대를 비롯한 변경지역까지 크게 닿지 않았으며
따라서 청정부의 이민실변정책은 바라던 목적을 달성하지 못하였다. 이
에 반해 지리적으로 강 하나를 사이 두고 또한 농경생활에 익숙했던 조
선인들은 당시에 이미 간도지역을 비롯한 동북 변경일대에 대량의 황무
지를 개간하였을 뿐만 아니라 사실상 크고 작은 조선인 부락을 만들어
정착생활을 하고 있는 상황이었다. 이러한 현실에 비추어 청 지방당국은
以漢實邊정책을 以韓實邊정책으로 조율하여 조선이주민을 이용하여 간
도지역을 개간하기로 하였다. 지방당국은 1885년에 도문강북안의 길이
700여리, 너비 40~50여리에 달하는 지역을 조선이주민을 수용하는 전
문지역으로 확정하고 화룡욕·서보강·광제욕의 통상국으로 하여금 월
간사무를 관장하도록 하였다.[4]

청 지방정부는 1890년부터 1891년 사이에 歸化入籍 조건으로 조선인
들이 개간한 농지를 등록하고 토지문서를 발급하고 토지세를 징수하기
시작하였을 뿐만 아니라 두만강 이북지역에 4개 堡, 39개 社를 설치하여
조선인들에 대한 통일적인 행정관리를 실시하였다. 이민실변정책의 실
시, 조선인 전문개간구역의 확정 및 4개보 39개사의 설립 등은 사실상
간도지역에서의 조선인의 이주를 합법화시킨 것으로, 이는 객관 상에서
조선인공동체의 형성에 정책적 및 공간적 조건을 마련해 주었다. 이때로
부터 간도지역의 인구수는 급격한 증가세를 보여 만주일대에서의 가장
큰 조선인집거지역으로 자리 잡게 되었다.

---

4 吳祿貞, 「延吉邊務報告」, 1907: 李樹田 주편, 『長白叢書』初集, 길림문사출판사,
   1986, 65쪽.

1905년 「을사보호조약」의 체결 및 1910년의 「한일병합조약」의 체결로 조선의 국운이 급격히 기울어지자 또 다른 성격의 정치적 이민이 추가되면서 간도지역의 이민의 규모는 점점 확대되었다. 국운을 회복하고 민족독립을 성취하기 위한 기지건설 및 인재양성의 목적에서 의병·유림인사·민족지사·종교인사 등 다양한 계층의 애국지사들과 단체들이 속속 그 활동무대를 간도를 비롯한 만주일대로 옮겼으며 또한 일제의 '토지조사사업', '식량증산계획' 등 식민정책의 실시로 땅을 잃게 된 상당수의 파산농민들이 새로운 삶의 터전을 찾아 만주일대로 이민함에 따라 간도일대의 조선인사회는 그 규모가 급속하게 팽창되었을 뿐만 아니라 간도지역의 주요한 주민으로 자리 잡게 되었다. 〈표 1〉에서 보다시피 간도지역의 조선인 수는 19세기말의 약 3.4만 명으로부터 1930년에는 38.8만 명으로 증가되었으며 이는 만주일대 전체 조선이주민 수 60.7만 명[5]의 64%를 차지할 뿐만 아니라 간도지역 전체주민의 76.7%를 차지하였다. (〈표 2〉 참조)

〈표 1〉 19세기 말–1930년 간도조선인 인구증장 변화

연도	1894	1908	1909	1910	1911	1912	1914	1916	1918	1920
간도지역	34,000	89,000	98,500	109,500	126,000	163,000	178,000	203,426	253,961	289,000

연도	1921	1922	1923	1924	1925	1926	1927	1928	1929	1930
간도지역	307,860	323,806	323,228	329,391	346,194	356,210	368,827	381,561	382,405	388,366

자료: 牛丸潤亮 등, 『最近間島事情』, 沈茹秋『延邊調査實錄』, 현규환, 『韓國流移民史』; 民政部總務司調查科, 『在滿朝鮮人事情』 등에 의해 작성.

---

5 金哲, 『韓國の人口と經濟』, 岩波書店, 1965, 28쪽.

〈표 2〉 간도지역 조선인과 중국인 인구 증가 비교(1910~1931)

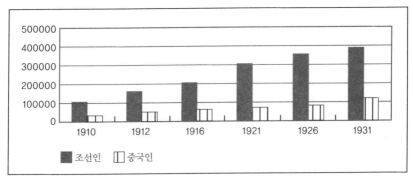

자료: 金正明, 『朝鮮獨立運動』(5), 東京原書房, 1967年, 504쪽에 근거하여 작성.

2) 조선족설화의 생성

조선족설화의 생성은 조선족 선민들의 이주가 가장 본격적으로 이루어지기 시작한 19세기 후반으로 거슬러 올라갈 수 있다. 19세기 말엽, 조선국내의 끊임없는 자연재해와 봉건학정 등을 피해 만주지역으로 이주한 조선인들에게 있어서 만주일대는 비록 이국이라 하지만 지리적으로 강 하나만 사이 두고 또한 동일민족의 부락을 형성하여 살아갔기에 이주초기의 민중들의 생활환경과 문화생활은 여전히 한반도의 모체문화를 중심으로 하였다. 특히 이주민의 절대 다수가 최하층의 농민으로서, 서민문화의 대표적인 장르들인 설화·민요·판소리·민속극, 속담, 수수께끼 등의 구비문학이 새로 형성된 거주지역에서도 그대로 전승되었다. 그들은 「단군」, 「고주몽」, 「박혁거세」 등의 신화이야기, 강감찬·이성계 등 역사인물이야기와 「해와 달의 이야기」, 「토끼와 거북」, 등의 전설, 민담을 나누면서 이역에서의 고단한 삶에서 묻어나는 애환을 달래고 민족의 동질성과 뿌리의식을 확보하였으며 상부상조의 연대관계를 이루어 나갔다. 그러나 이주민들의 삶의 반경이 점차 청지방관부에서 지정한

'해란강이남 두만강이북의 길이 700리, 너비 4-50리'의 범위를 넘어 부르하트강·가야하·훈춘하 등 '잡거'지역으로 넓혀지면서 시초의 '간도에 가서 돈을 벌고 돌아오겠다.'던 소박한 동기의 이주도 영구적인 정착으로 이어지게 되었으며 조선인들의 생존은 허다한 새로운 도전과 시련에 직면하게 되었다.

이주와 정착은 새로운 삶의 공간의 개척을 의미한다. 그러나 '쪽바가지' 하나만 달랑 차고남의 나라, 남의 땅에 들어간 이주민들에게 있어서 새로운 삶의 공간의 개척이란 결코 쉬운 일이 아니었다. 20세기 초엽, 만주일대를 전전하던 예수교전문학교 쿠크(W. T. Cook)목사의 "……만주에 오는 조선이민의 고통과 불행은 실제로 목격한 사람조차 완전히 묘사할 수가 없다.……그들은 꾸준한 노력으로서 불모지를 괭이와 호미질을 하여 손으로 심고 손으로 거두며 흔히 생을 유지하기에는 도저히 불가능한 풀뿌리와 나무껍질을 먹으며 살아가는 것이다. 다수의 사람이 식량부족으로 말미암아 죽었다"[6]라는 기술에서 우리는 당시 조선인들의 이주와 개척과정의 참혹상을 보아낼 수 있다.

이주민들은 비단 열악한 자연과 싸워야 하였을 뿐만 아니라 도처에 도사리고 있는 중국지방관부, 지주, 마적 및 일제와의 생존권획득을 위한 항쟁을 진행하여야 하였다. 이러한 파란 많은 조선족민중들의 삶의 역정은 중국의 조선족이 한반도고유의 설화를 향유하면서도 자기 나름대로의 또 다른 새로운 설화를 만들어 낼 수 있는 토양으로 작용하였다. 타민족문화권에서의 민족의 정체성을 지키기 위한 노력에서 「천지」, 「송풍라월」 등 민족의 구심점이면서도 조선족의 삶의 터전인 백두산을 부각한 수많은 백두산관련 설화군이 생성되었고 황지와 진펄을 갈아 새로운

---

6 이훈구, 『만주와 조선인』, 평양 숭실전문학교 경제학연구실간행, 1932, 103쪽.

터전을 일구는 과정에서 농경민족으로서의 끈질긴 삶의 의욕과 지혜 및 농경생활의 젖줄기와 다름없는 물을 핵심 모티프로 한 「룡정의 전설」, 「해란강」, 「룡천골」「거북산」 등의 수문전설들이 생성하였으며 손수 피땀으로 일군 땅과 지역에 신비의 요소를 가미하면서 새로운 지명설화들이 나타나게 되었다. 중국지방관부·지주·마적 및 일제와의 생존권투쟁에서 지배계급과 피지배계급의 대결을 모티프로 한 「령상암과 곡창」, 「황송포」, 「복수의 길」 등 지주-머슴형의 설화가 대량 형성되었으며 이주와 망향이라는 이율배반의 갈등과 선택에서 「아버지의 평생소원」, 「금강봉」 등 실향의 한과 고향에 대한 향수를 모티프로 한 망향설화들이 나타나기 시작하였다. 기존의 한반도의 고유설화 및 중국내의 한족, 만족설화에서 흔히 보이는 권선징악, ‘백조처녀’, 동물보은, 동식물전설 등 모티프에 간도지역의 사실과 지명을 씌워 변이를 보이는 설화들도 나타나기 시작하였다.

중국 조선족의 역사는 한마디로 비운의 역사이며 굴곡의 역사라 할 수 있다. 유토피아의 꿈을 안고 19세기말부터 본격적으로 삶의 터전을 중국만주일대로 옮겨갔지만 그들이 직면한 현실은 자연과 지배계급과의 싸움만은 아니었다. 일제가 조선을 강제적으로 합병한 후, 만주일대는 민족독립운동의 장으로 부상되었으며 따라서 조선족은 숙명적으로 반일 민족운동과 밀착될 수밖에 없었다. 의병운동, 민족계몽운동, 봉오동과 청산리전투, ‘3府’의 활동 등 민족주의계열의 반일운동에 이어 1931년 ‘만주사변’ 후의 중공영도하의 동북의 항일투쟁도 모두 조선족민중과 조선족지역을 중심으로 전개되었으며 조선족의 항일은 중국 동북지역의 항일투쟁의 전초역할과 핵심역할을 하였다. 피어린 역사의 항쟁 속에서 조선족의 항일을 모티프로 한 실화나 다름없는 전설들이 대량 생성되어 한반도의 설화와 대별되는 하나의 맥을 이루게 되었으며 조선족의 설화

가 활발하게 발전할 수 있게 된 계기로 되었다.[7]

한마디로 전근대로부터 면면히 이어진 犯越잠입으로부터 19세기 후반의 본격적인 이주, 및 광복에 이르기까지의 근 한 세기에 이르는 사이, 조선족의 선민들은 청나라로부터 중화민국, 그리고 위만주국이라는 중국의 굴곡의 근대사를 겪었을 뿐만 아니라 '일본신민의 생명안전과 자산보호'를 빌미로 나선 일제의 통제를 받아야 하였다. 파란 많은 이주와 정착의 역정에서 농민층을 주체로 한 조선족은 한반도에서의 재래의 설화들을 그대로 가지고 들어와 삶의 애환을 달래고 민족문화의 뿌리를 지켜나갔을 뿐만 아니라 그들 자신이 겪은 고통과 비애, 좌절과 시련, 갈등과 선택, 즐거움과 성취를 그대로 설화에 담아 나름대로의 독창적인 설화들을 만들어 냄으로 민족문화의 유산을 더 풍부하게 발전시켰다.

3. 설화로 보는 조선족의 이주와 정착양상

1) 생존공간의 개척과 정착

이주란 새로운 공간의 탐색과 생존기반의 확보를 의미한다. 산 설고 물선 간도 땅에 이주한 조선인들에게 있어서 무엇보다도 시급하게 제기되는 과제는 바로 새로운 생존공간의 개척이다. 따라서 조선족의 자생설화에서 새로운 삶의 공간의 개척과 이주초기의 삶의 모습을 그린 설화들이 상당수 존재하고 있는바, 그 주요한 작품들로는 「달라자의 지명유래」(지명전설집, 67-70), 「거북산(1)」(향토전설집, 91-92), 「금강봉」(향토전설집, 139-

---

7 본고는 주로 조선인의 이주와 정착과정에 대한 조명에 초점을 맞추기로 하고 항일설화에 대한 연구는 허경진·김창화의 「조선족항일투쟁과정에서 생성된 설화에 대하여」(『영주어문』 제23집, 2012)를 참조.

143), 「매미」(향토전설집 69-71), 「남평과 로덕」(지명전설집, 191-193), 「삑발골」(지명전설집, 206-208), 「우심산」(지명전설집, 194-196), 「아버지의 평생소원」(민간설화자료집③ 509-517), 「최총각보고졸새」(향토전설집, 227-228) 등을 들 수 있다.

우선 이들 설화에서 나타난 이주의 동기거나 원인을 살펴보면 아래의 표와 같다.

〈표 3〉 설화에서 보이는 이주동기

설화	이주동기
달라자의 지명유래	아버지 빚 때문에 지주 집에 들어간 쌍가매는 대감마누라의 지독한 모해와 보복이 두려워 두만강을 건넘
매미	몸 푼 아내에게 비지를 훔쳐 주었다가 봉변을 당한 지주집의 머슴부부가 '지주가 없는 곳'으로 떠나다가 지주에게 발각되어 두만강에 몸을 던지다.
남평과 로덕	이조봉건학정에 반항하여 봉기하다가 요행 살아남은 민란의 한 두령이 포교들의 추격을 피해 두만강을 건너 도주하다가 결국 아내와 이산가족이 되다.
삑빠골	이씨조선 당파싸움에서 간신의 무함으로 함경도에 피신하여 은거하던 한 선비가 그 행적이 탄로되자 부득불 간도 왕철일대로 이주
령상암과 곡창	먼 옛날 조선에 기근이 들어 두만강을 건넌 사람들이 룡연일대에 모여 들어 강안에 새롭게 마을을 형성
우심산	두만강기슭의 여러 마을에 전염병으로 마을이 폐허가 되자 홀로 남은 남골농민이 가솔을 거느리고 산 좋고 물 맑은 곳을 찾아 떠나다가 기슭에 정착
금강봉	백두산에 노루가 많다는 소문을 듣고 한 포수가 아내와 아들을 거느리고 백두산에 정착
아버지의 평생소원	만주에 가면 돈벌이가 잘 되고 살기도 좋다는 말을 듣고 만주의 한 한족집에 의탁하여 남의 집 머슴살이를 함
최총각보고졸새	부자집딸과 사랑하게 된 최총각이 가난하다는 이유로 부자의 반대를 받게 되자 돈을 벌려고 간도로 떠남, 아버지의 작간으로 이미 저세상사람이 된줄 모르고 있는 부자집 딸이 최총각을 찾아 두만강을 건넘

위의 표에서 볼 수 있는바, 이주동기에는 학정, 기근, 전염병, 당쟁, 사랑 등 여러 가지로 다양하게 나타나고 있으나 그중 가장 보편적인 이유는 바로 봉건학정에 시달리던 농민들이 빚 재촉을 피해, 가난을 피해 "만주에 가서 돈을 벌면 이밥이나 한번 실컷 먹어봤으면"[8] 하는 생계유지 차원임을 알 수 있다.

정든 고향을 등진 이주민들에게 있어서, 더구나 국경을 넘어 타국에로의 이주를 결심한 이주민들에게 있어서 무엇보다도 먼저 새로운 생존공간의 확보가 절박한 과제로 제기되었다. 온갖 어려움을 극복하면서 새로운 땅에 도착하였으나 이주민들의 앞에 놓인 상황은 열악한 자연조건이었다. 황지와 진펄을 개간하고 물줄기를 끌어들여 무상기가 짧은 황막한 간도 땅에 벼농사를 보급하기까지 그들이 감내해야 할 고통은 이루다 말할 수 없었다. 그럼에도 불구하고 조선족선민들은 끈질긴 의지와 뛰어난 삶의 지혜로 황막한 만주땅에 수전을 풀고 벼농사를 보급시킴으로서 중국의 농업발전에 일대 공헌을 하였다. 농경민족의 생명이나 다름없는 '물'은 조선족설화에서의 주요한 모티프로 등장하여 조선족특유의 수문설화를 낳게 된다. 설화 「해란강」(향토전설집, 42-43)은 직접적으로 간도 일대의 수전 농사를 다른 이야기로, 그 모티프전개는 아래와 같다.

① 그리 멀지 않는 옛날 평강 벌 아래쪽 세전이벌 어구의 노소3대가 사는 집에 해와 란이라는 오누이가 있었다.

② 어느 해 란이는 조선에 있는 외가에 놀러갔다가 난생 처음으로 이밥을 먹어보는데 천하 별미여서 그 벼 종자를 가지고 외할아버지와 함께 돌아왔다.

---

8 「아버지의 평생소원」, 연변대학교 조선문학연구소, 허경진·허휘훈·채미화 주편, 『민간설화자료집③』, 509쪽.

③ 이듬해 란이는 오빠 해와 같이 외할아버지께 물어가며 논을 풀어 풍작을 거두었는데 마을 집집마다에서 그 종자를 가져간다.

④ 그 이듬해 온 마을이 벼농사를 시작하여 진펄이 온통 논으로 바뀐다.

⑤ 그러나 가뭄이 들어 논밭이 거북등처럼 갈라지자 사람들은 논밭을 번지고 메밀을 심자고 한다.

⑥ 해와 란이는 샘 줄기를 찾아 나서고 이어 남녀로소 모두가 샘물 찾기에 떨쳐나서서 골짜기마다의 샘 줄기를 터뜨린다.

⑦ 세전이벌부터 평강벌, 그리고 그 위쪽에 까지 샘줄기가 터져 내려 실개천이 큰 강을 이룬다.

⑧ 년년히 벼농사를 지어 이밥을 먹게 된 사람들은 해와 란이의 공을 기리여 이름 없던 강을 해란강이라고 불렀다.

해란강은 간도일대 조선인들의 생명의 젖 줄기였으며 평강벌과 세전이벌은 간도조선인들의 주요한 삶의 공간이었다. 이 공간에서 '란'이는 외가로부터 난생 처음 먹어보는 벼 종자를 가져와 試種에 성공하였다. 논농사는 바로 마을 전체에 퍼지게 되었으나 가뭄이라는 자연조건의 한계에 부딪치게 되었으며 벼농사는 또다시 한전농사로 돌아가게 될 상황에 빠지게 되었다. 강인한 의지의 소유자인 '해'와 '란'이는 굴하지 않고 골짜기마다의 샘물줄기를 터뜨려놓음으로써 좌절에 빠진 마을사람들에게 희망을 주고 또다시 논농사를 계속 할 수 있게 되었다. 이렇게 이루어진 해란강역의 세전벌과 평강벌이 오늘날 연변일대의 주요한 곡창으로 변모하였고 이 터전을 토대로 조선족문화의 가장 원초적인 기반인 龍井과 和龍, 즉 조선족의 가장 큰 집거지가 형성되었다.

이주조선인들의 생존공간은 조선족의 지명설화에서도 잘 보아낼 수 있다. 조선족설화에는 지명설화가 상당한 비중을 차지하며 그중에는 특히 두만강, 해란강 및 백두산관련설화가 많다.『지명전설집』에 수록된

간도지역의 지명설화 74편, 『향토전설집』에 수록된 지명전설 60편, 총
134편의 설화 중에 두만강관련 지명설화가 52편(26%), 해란강관련 지명
설화가 13편(10%), 백두산관련 지명설화가 28(46%)편으로, 세 지역의 지
명설화가 82%를 차지한다. 특히 주목하여야 할 점은 두만강관련 설화와
해란강관련 설화가 거의 전부 조선족 자생설화라는 점이다. 설화에서 보
이는 지역분포는 두만강지역과 해란강지역이 조선이주민의 주요한 생존
공간이었음을 반증하는 좋은 예이다.

위에서 언급한바와 같이 간도지역은 남만지역에 비해 봉금해제가 상
대적으로 늦게 실시되었지만 관내 한족 유이민들의 기피 및 그에 반한
중국지방정부의 이민실변정책의 조율과 조선인전문개간지역의 설정 등
원인으로 조선인이주민들의 숫자가 급증하였으며 급기야 중국지방정부
에서도 조선인이주를 간접적으로 권장하고 환영하는 '합법'적인 移民招
墾단계로 진입하였다. 따라서 19세기 80연대부터 간도지역의 조선인이
주는 그 숫자거나 규모에 있어서 남만지역을 초월하여 간도지역내의 새
로운 이민사회를 이루게 되었으며 주민구성에서도 조선인이 압도적인
우세를 차지할 정도로 간도지역의 개발에서 막강한 작용을 발휘하게 되
었다. 이와 같은 새로운 이주민사회의 형성은 이주민들의 생존은 물론,
문화적으로 이주민들의 역사적 체험과 애환을 담은 설화가 가장 많이
생성할 수 있는 토양과 기반으로 작용하게 되었다.

2) 생존기반의 취약과 생존권 획득을 위한 항쟁

간도에로 이주한 조선인들은 비단 열악한 자연조건과 싸워야 하였을
뿐만 아니라 중국의 지방관청, 지주, 마적 그리고 처처에서 '일본신민의
생명안전과 재산보호'를 빌미로 나서는 일본제국주의의 수탈과 압박에

대항하여 그들과의 힘겨운 대결을 벌여야만 하였다. 이주민들의 이와 같은 힘겨운 발자취는 그들의 자생설화에 그대로 고스란히 투영되어 있다. 특히 이주민들에게 있어서 삶의 근본이나 다름없는 토지와 연관된 설화들이 상당수 존재하고 있는바, 그중 토지소유관계를 주제로 한 대표적인 설화「옹성라자」(지명전설집, 343-345)와「량수」(지명전설집, 311-318) 두 편을 보기로 하자.

　「옹성라자」
　① 젊은 부부가 살 곳을 찾아 어느 한 산중턱 잔디밭에 자리를 잡고 논을 풀고 길쌈을 하면서 3남 2녀를 두고 깨알 같은 살림을 편다.
　② 어느 해 봄 파종을 서두르고 있을 때 지주 놈이 들이닥치면서 "어디라고 남의 땅에 기여 들어 도적농사를 하는 거냐"고 행패를 부린다.
　③ "나리님, 도적농사라니요? 당치 않은 말씀이옵니다. 우리는 손톱이 모자라지게 개울가 돌밭과 산기슭풀숲을 헤치고 밭을 일구어 낟알깨나 얻어먹으면서 이렇게 살아갈 뿐입니다"
　④ "이 미욱한 놈아, 땅이 없이 어떻게 낟알을 거둔단 말인고? 그 땅인즉 바로 내 땅이니 석삼년 부쳐 먹은 도지를 당장 내지 못할고"
　⑤ 부부가 기막히고 한심하지만 별 수 없어 가을타작 후 바치겠다고 하니 지주는 항아리에 있는 종자곡을 빼앗아 메고 달아난다.
　⑥ 지주가 버드나무아래서 다리쉼을 하고 있는데 항아리속의 낟알이 오간데 없고 항아리에서는 윙-윙 소리가 나면서 뱅글뱅글 돌게 되자 질겁한 지주 놈이 도망하려 하지만 걸음이 떼어지질 않고 결국 지주는 항아리와 함께 뱅뱅 돌다가 바위에 머리를 찧고 죽는다.
　⑦ 마음착한 부부는 항아리의 은공을 기리여 자그마한 절을 짓고 씨앗항아리를 모시자 그로부터 이 고장에 나쁜 사람이 얼씬거리면 바위가 윙-윙 소리를 내면서 착취세력을 제거하고 이 고장은 점차 사람들이 모여들어 인가 백호가 넘는 옹성라자라는 마을이 형성되었다.

「량수」

① 온성 건너편 량수라는 곳에 실농군부부가 지나가는 길손들을 도우며 아기자기 살아가고 있었는데 반백 넘도록 슬하에 혈육을 두지 못하였다.

② 어느 날 저녁 바깥주인 꿈에 백학 한 마리가 집 뒤 언덕에 내려앉아 부리로 쫓고 발톱으로 파헤치더니 맑디맑은 샘물이 퐁퐁 솟았다.

③ 바깥주인이 하도 괴이한지라 괭이와 삽으로 백학이 파헤치던 자리를 파헤치자 과연 샘물이 솟구쳤으며 뜻밖에도 마누라가 잉태하여 泉子를 얻게 된다.

④ 샘물이 병을 고치고 영험하다는 소문이 이웃마을 석수부자의 귀에 들어가게 되자 석수부자는 이 샘물을 빼앗으려고 주인을 구슬렸지만 주인은 "아무리 좋은걸 준다 해도 난 조상의 뼈가 묻힌 이 고장을 절대 떠날 수 없수다"라고 단호하게 거절한다.

⑤ 그러자 석수부자는 "이 고장치고 높은 산이며 흐르는 강이며 지어 들판의 풀까지 모두 내 것이니리 샘물이야 두말할게 없이 내 것이야, 영감은 당장 여기를 떠나라"라고 불호령을 내리면서 늙은 양주에게 물매를 안겨 숨지게 한다.

⑥ 집을 떠나 도와 무예를 닦던 천자가 비보를 접하고 집에 달려가 석수부자를 징벌한다.

처음에 평화롭게 살다가 갑자기 나타난 적대세력에 의해 땅과 삶의 터전을 빼앗기는 설화속의 상황은 이주초기 조선족이 처했던 역사적 사실에서 비롯한 것이었다. 19세기후기, 생활고에 시달리던 조선북부의 백성들이 봉금을 무릅쓰고 만주경내에 들어가 피와 땀으로 불모지를 옥답으로 개간하였지만, 그들은 어디까지나 남의 나라, 남의 땅을 불법으로 개간한 이민족에 불과하였다. 특히 19세기 후반기 청의 봉금해제 및 훈춘초간국의 설립과 더불어 청인이 관청의 보호를 받게 되면서 청의 '占山戶'들은 '四至执照'[9]의 명목으로 이주민들이 개간한 땅을 무상으로 점유하고 조선인을 소작인화 시키는 사례가 상당수였다.[10] 상기의 이야기에서 피땀으로 일궈낸 땅을 '내 땅'이라고 우기는 경우거나 "이 고장치고 높은 산이며 흐르는 강이며 지어 들판의 풀까지 모두 내 것"이라고 억지를 부리는 사실에서 우리는 당시 토지를 둘러싼 이주민과 지방관부 및 점산호의 관계와 점산호의 횡포 및 땅을 빼앗겨도 어디가 하소연할 곳 없는 이주민의 처지를 엿볼 수 있다.

물론 조선족의 설화들은 단지 지방관청과 지주의 수탈 및 이주민들의 불행한 삶의 처지를 폭로하는 데만 그치지 않았다. 대체적으로 조선족이주민들은 주어진 현실을 수용하면서도 이 같은 불합리한 현실을 타파하기 위한 갖은 형식의 항쟁을 멈추지 않았다. 때문에 이들 설화에서는 지배와 피지배의 이원적 대립구도가 많이 등장하며 대개의 경우 지주, 부자 관청, 마적 등을 지배계층으로 설정하고 머슴, 소작농 등을 피지배계층으로 설정하여 양자사이의 부조리와 모순 및 투쟁을 그리고 있다. 이에 속하는 설화들로는 「령상암과 곡창」(지명전설집, 188-190) 「관문」(지명전설집, 284- 289), 「물방아골」(지명전설집, 265-271), 「황송포」(지명전설집, 337- 339), 「복수의 길」(민간설화자료집① 38-42) 등이다.

설화에서 보이는 투쟁형식은 주로 지략형, 투쟁형, 초현실적인 신비의 힘 등 세 가지 유형이다. 지략형으로는 「황송포」를 들 수 있는바, 황송포라고 부르는 젊은 머슴군은 '가을에 강냉이 한단'을 조건으로 지주집의 머슴을 자청하여 알뜰하게 농사를 지은 다음 가을에 가서 넓은 들

---

9 이른바 '사지집조'는 소유지에 대한 확실한 측량이 없이 다만 동서남북 어디까지라는 대체적인 방위로 사방둘레를 결정하는 집조를 말한다. 지주, 지방유권자, 토호들은 이와 같은 '사지집조'에 의하여 실제구입한 면적보다 엄청나게 많은 땅을 소유하였으며 조선족 개간민들이 개간한 땅도 흔히 이런 사지범위에 포함되어 점산호들에게 빼앗기군 하였다.

10 朝鮮統監府臨時間島派出所殘務整理所, 『間島産業調査書』, 1910, 18쪽.

판의 강냉이를 한단으로 묶어 삯으로 가져감으로써 지주를 골탕 먹이는
내용이다. 투쟁형으로는 「복수의 길」과 같이, 빚 때문에 지주에게 죽음
을 당한 남편의 복수를 결심한 혈혈단신의 한 여인이 복수과정에 두 번
이나 감옥살이까지 겪지만 뜻을 굽히지 않고 끝내는 권총을 사가지고
복수의 뜻을 달성하는 항쟁의 과정을 그린 설화이다. 지략적인 항쟁과
물리적인 항쟁 외에 적지 않은 설화의 경우 착취세력과의 투쟁에서 초현
실적인 천둥, 홍수 등 초현실적인 신비의 힘이 등장하는 경우가 많다.
이것은 당시 땅도 없고 권세도 없는 조선인들이 처한 사회적 위상과 계
급적 한계와 무관하지 않다고 보아야 할 것이다.

3) 상부상조의 연대의식

우리 민족은 예로부터 의리와 화합을 중시하면서 아울러 집단의 행복
을 추구하는 겨레 중심의 공동체 의식을 발달시켜왔다. 특히 이주과정에
끝없이 갈마드는 고통과 가난의 극복은 상부상조하는 연대의식으로만
가능하였다. 이주과정에 이주민들은 흔히 혈연, 동향, 친지를 중심으로
품앗이 두레, 황두, 농무계 등 상부상조의 노동결사체를 구성하면서 단
일민족 혹은 단일민족중심의 마을공동체를 형성하였다. 황지개간, 수전
개발, 지방관청과 지주와의 항쟁 및 자제교육, 더 나아가 반일독립운동
등 그 무엇도 공동체의 부축을 떠나서 운운할 수 없었다. 따라서 조선족
의 설화에는 개인의 안락보다 타인이거나 집단의 행복을 상위가치로 설
정하면서 상부상조의 공동체의식과 집단의 행복을 강조하는 내용이 적
지 않다. 이 범주에 속하는 설화들로는 「재미내골」(지명전설집, 76-79),
「고마운 사람」(민간설화자료집③ 101-106), 「뼉발골」(지명전설집, 206-208),
「복심」(지명전설집, 102-105) 등을 들 수 있다.

그 중「고마운 사람」들의 모티프를 보면 아래와 같다.

① 며느리와 시아버지가 간도에로 먼저 들어간 아들을 찾으려고 가산을 팔고 간도로 떠난다.
② 물이 깊은 탓으로 두만강을 건네지 못하고 있는데 한 고마운 사람이 강을 건네주었다.
③ 여관에 들어서 돈을 잃어버리게 된 사실을 알게 된 시아버지와 며느리는 방성통곡한다.
④ 한 젊은이가 잃어버린 돈주머니를 임자에게 돌려준다.
⑤ 시아버지와 며느리는 술상을 차려 젊은이에게 고마움을 표시하려 하나 젊은이는 응당한 일이라며 사양한다.
⑥ 이튿날 젊은이가 조선으로 돌아가게 되자 시아버지와 며느리는 두만강가에 가서 배웅한다. 그런데 고마운 사람이 강복판에 이르자 물결에 휩쓸려 생명이 경각에 달린다.
⑦ 시아버지는 도루 찾은 돈 전부를 내걸고 젊은이를 구해 여관으로 데려다 보살핀다.
⑧ 의식을 찾은 젊은이는 목숨을 구해준 시아버지와 며느리에게 고마워하며 자기 집으로 가자고 권유하나 노인이 아들 찾는 일을 포기할 수 없다고 하니 돈 백원을 꾸어 여비로 준다.
⑨ 시아버지와 며느리가 아들을 찾은 후 구원을 받은 젊은이가 찾아와 고마운 은인이라 하며 집과 땅을 싸주어 두 집은 친형제보다 더 가깝게 살았다.

이 설화는 이주민들 사이의 다각적인 협력구도를 보여주고 있다. 원천적으로 시아버지와 며느리의 협력관계-두만강을 건네준 고마운 사람과 시아버지, 며느리의 협력관계-돈을 주어 돌려준 젊은이와 시아버지, 며느리의 협력관계-시아버지, 며느리와 그들이 구출해 준 젊은이사이의 협력관계-구출된 젊은이와 시아버지, 며느리사이의 협력관계 등은 이주초기 이민들의 상부상조의 연대의식을 잘 보여주고 있다.

이주민의 연대의식에서 특히 돋보이는 것은 주변 다른 민족과의 연대 의식이다. 새로운 생존공간에 삶의 뿌리를 내리면서 이주민들은 비단 동 일민족 자체의 협력구도를 구축해 나갈 뿐만 아니라 점차 한족을 비롯한 만주경내 다른 민족과의 협력, 공존관계를 이루어 나간다. 「아버지의 평 생소원」에서 유씨라는 한족부인은 자기 집에 의탁하여 살던 강원도에서 온 조선인 농부가 병들어 세상을 뜨게 되자 '술 한독'과 '명태 한 두름'을 얻어 그 아들에게 주어 장례를 치르게 하였으며 삼일 째 되는 날에도 술과 음식을 장만하여 3일제를 지내도록 배려하였다. 뿐만 아니라 유씨 부인은 유숙을 청하는 조선의 처녀를 받아주었으며 적극적으로 처녀와 농부아들의 혼사를 주선하여 행복하게 살도록 하였다.

조선인과 타민족과의 연대의식은 각 민족의 공동한 사명인 반일투쟁 중에서 고봉을 이룬다. 조선족항일설화에는 조선족과 한족 두 민족사이 의 화합적 모습과 관계를 다룬 설화들도 적지 않은바 대표적인 설화로는 「내 아들이오」(민간설화자료집① 65-67), 「마음은 하나」(향토전설집, 693- 695), 「슬기로운 소녀」(704-706), 「구원받은 소녀」(향토전설집, 701- 703) 등이 있다.

「내 아들이요」에서는 한족어머니가 조선족유격대원을 보호해준 이야 기이다. 한 조선족청년이 일본경찰의 추격을 피해 한족 집에 뛰어들어 구원을 청하자 한족어머니는 그 청년에게 한족 옷을 입혀 눕혀놓고 뒤쫓 아 온 일본경찰에게 '자기 아들인데 열병으로 죽었다'고 한다. 헌데 공교 롭게 마침 이때 어머니의 진짜아들이 들어오자, 어머니는 대뜸 모르는 사람이라고 대답해 결국 아들은 일본경찰에 의하여 총살된다. 아들을 잃 은 비통을 참아가면서 어머니는 약간의 식량을 챙겨가지고 조선족유격

대원을 전송하였고, 광복 후 어머니의 구원을 받은 조선족청년은 한족어
머니를 찾아와 진짜 아들 역할을 하였다.

4) 민족정체성

민족은 혈연적 언어적 문화적 공동체이다. 각 민족은 타민족과 구별
되는 나름대로의 독특한 집단적 의식. 즉 민족의식을 공유하게 된다. 동
물의 귀소본능과 마찬가지로 민족의식은 그 민족에게 있어 가장 생명력
있는 요소의 하나로 작용하게 된다. 한반도에서 줄곧 단일민족으로서의
삶을 영위해 오던 조선이주민들은 중국경내로 이주하면서 중국내의 한
족, 만족 및 일본인과의 민족적 갈등을 겪게 되며 그런 갈등과 대립관계
속에서 점차 타민족과 구별되는 자아와 자기민족만의 주체성을 인식하
고 민족공동체와 민족정체성을 지키려는 노력과 움직임을 보이기 시작
한다. 조선족의 민족정체성은 주로 민족의 뿌리의식과 민족우월의식 및
망향의식에서 표출된다.

비록 간도로 삶의 터전을 옮겼지만 이주민들에게는 한반도를 고토로
보는 뿌리의식이 깊숙이 남아 있었다. 조선족설화에는 백두산관련설화
가 유독 많은바, 지명설화에서만 하여도 백두산관련설화가 차지하는 비
중이 거의 절반이 이른다. 백두산설화가 이토록 많은 비중을 차지하고
있는 데는 주요하게 백두산이 우리민족을 상징하는 정신적인 구심점이
며 조선족의 정신적 모체라는 신앙이 기초되어 있기 때문이다. 물론 백
두산 일대가 조선족의 주요한 삶의 터전이라는 점도 배제할 수 없다. 백
두산설화 외에 태고시기의 조선국내의 주몽설화, 고구려와 발해에 관한
설화, 이성계 등 중국의 만주지역과 연관되는 전설 속에서도 우리는 이
주민들의 뿌리의식을 살펴볼 수 있다.

민족정체성은 타민족과의 관계 속에서 민족에 대한 자긍, 민족문화를 지키려는 노력에서도 나타난다. 「장고봉」(지명전설집, 230-236)은 광대마을의 장고를 훔치려는 무명섬의 도적무리들과 장고를 지키려는 광대마을 사람들의 대립구도를 둘러싸고 진행된다. 비록 설화에 대결쌍방의 민족성분이 명시되지는 않았지만 '광대놀이'와 '장고'를 통해 조선인임을, '도적무리'를 통하여 중국의 비적임을 드러내고 있다. 장고는 광대마을의 대물림보배로 광대마을의 자존심이며 행복의 상징이다. 도적무리들은 바로 이 장고를 빼앗으려고 광분하나 마을 사람들의 단합된 힘, 특히 장고수총각과 그 미혼녀의 희생적이고 용감한 싸움에 의해 괴멸된다.

조선족설화에서 민족정체성의 구현은 아마도 조선족의 망향의식에서 가장 뚜렷하게 나타난다고 하여야 할 것이다. 이주초기 청 및 중화민국의 봉건통치와 민족차별정책으로 피땀으로 가꾼 토지를 빼앗기고 지주의 소작살이를 하여야 하였고 나라 잃은 망국노의 신세로 어디 가든 일제의 통제에서 벗어나지 못하는 이주민들에게 있어서 그들의 힘겨운 생을 지탱해주는 힘은 고향에 대한 그리움 및 언젠가는 돈을 벌어 고향에 돌아갈 것이라는 실낱같은 희망이었다. 이러한 망향의식은 「금강봉」과 「아버지의 평생소원」 등에서 잘 나타나고 있다.

「금강봉」의 모티프는 이러하다. 조선의 금강산의 이름난 한 포수가 백두산에 사슴이 많다는 말을 듣고 아들과 아내와 함께 두만강을 건너 백두산에 거처를 정하고 사냥을 떠났다가 3년이 지나도록 종무소식이자 그 아들이 아버지를 찾아 나선다. 산에서 전전하는 도중 우연하게 한 마적이 총으로 포수를 쏴 죽이고 그의 사냥물을 빼앗는 광경을 목격한 아들은 자기아버지도 마적의 손에서 죽음을 당했겠다고 짐작하고 마적의 움막으로 찾아가 유숙을 청하면서 그의 심부름꾼으로 눌러 앉는다. 창고에서 아버지의 표식이 찍혀 있는 사냥총을 발견한 아들은 밤이 깊어지기를 기다렸다가 칼로 마적의 가슴팍을 겨냥하여 아버지의 원수를 갚는다. 아버지의 제사를 지낸 후 아들은 주변 석림의 산봉우리가 고향의 금강산과 비슷할 뿐만 아니라 금강산포수인 아버지의 원혼이 변하여 생긴 것이라 하여 석림을 금강봉이라 이름 지었다.

「아버지의 평생소원」 역시 고향을 그리는 이야기이다. 강원도의 한 父子가 만주에 돈벌이가 잘되고 살기도 좋다는 말을 듣고 만주에 와 유씨라는 한족 집에 의탁하고 남의 머슴살이를 하면서 아버지는 밤마다 자기의 평생소원이 돈 벌어 고향에 가서 아내를 호강시키고 금강산에서 실컷 노는 것이라고 하였다. 그러다가 아버지가 갑자기 돌아가시게 되자, 아들은 "아버지 소원대로 강원도 땅도 보고 강원도금강산도 보게" 강원도 땅이 보이는 산마루에 올라가 굴심을 파고 아버지를 세워 모셨다. 그러다가 아들은 가족을 잃고 허름한 차림새로 만주의 유씨집에 유숙한 조선의 큰 은행주인의 딸을 만나 결혼한 후 땅을 많이 사들이고 어머니를 모셔와 행복하게 잘 살았다고 한다.

위의 두 설화에서 볼 수 있는바, 비록 생계를 위해 고향을 등졌지만 그들의 뇌리에는 고향에 대한 향수와 뿌리의식이 깊숙이 각인되어 있었으며 언젠가는 고향에 돌아간다는 희망으로 그 향수를 달래기도 하였다. 이러한 망향의식이 어쩌면 억척스럽게 새로운 삶의 터전을 일궈간 실향인들의 생존의식의 원천일수도 있었다.

그러나 다른 한편, 이역 땅에서의 개척과 정착 및 투쟁과정에 이주민들의 민족정체성은 단순한 보수적이고 배타적인 것에서 벗어나 주변 기타 민족을 인정하고 포용하며 그들과 제휴하는 새로운 변화를 보이기도 하였다. 특히 1930년대 초, 만주사변의 발발로 항일투쟁이 각 민족민중들의 공동의 과제로 떠오르게 되자 조선인들은 그 전 단계의 협애한 민족주의이념 하의 민족주의 계열의 고군분전에서 벗어나 기타 형제민족

과의 제휴와 연대를 모색하는 과정에 새로운 민족관계를 구축하여 나갔
다. "민족은 다르지만 항일하는 마음은 하나"라는 주제 하에 한족과 조
선족 두 민족사이의 혈맹관계를 다룬 「마음은 하나」가 바로 그 예이다.[11]

4. 조선족설화의 사적 의미

조선족의 설화는 그들이 만주 땅으로 이주, 정착과정에 생성된 설화
로 그 속에는 그들만이 겪어야 했던 애환·시련·갈등·선택·좌절·희열
등의 역사적 체험이 담겨져 있으며 그들만의 삶의 궤적이 그려져 있다.
따라서 조선족설화는 조선인의 이주와 정착의 역사를 연구하는데 중요
한 사료로서의 가치를 가지고 있다.

1) 간도 특유의 지역문화특성

조선족설화의 사료적 가치는 조선족설화가 지니고 있는 지역적 특징
에서 찾을 수 있다. 조선족설화는 간도지역의 지역문화를 종합적으로 반
영하는 중요 자료로서 가치를 지닌다. 부족한 역사자료를 보완하면서 새
로운 측면에서 간도의 역사와 문화, 그리고 이주민의 심성, 생각까지 엿
볼 수 있게 해주는 자료가 바로 간도지역에서 생성되고 전승된 설화라고

---

11 「마음은 하나」의 모티프는 다음과 같다. 일본군토벌대의 총에 맞아 다리를 잃은 한
   한족남자의 가족이 유격대에 지원을 아끼지 않다가, 어느 하루 일본군에게 쫓기는 한
   유격대원이 집에 뛰어 들어와 구원을 청하자 한족아버지는 유격대원에게 한족 옷을
   갈아 입혀 아들로 분장시킨 후 뒤쫓아 온 일본군 앞에서 '나무는 하지 않고 놀기만
   한다'며 아들의 뺨을 갈기는 연극을 벌인다. 연극에 속아 넘어간 일본군이 돌아가자
   한족아버지는 "민족은 다르지만 항일하는 마음은 하나"라며 찾아오면 도움을 주겠다고
   한다.

할 수 있다. 간도특유의 조선족설화는 지역내적으로는 이주민의 결속력을 다지게 한다는 점에서, 지역 외적으로는 지역의 특수성과 인간의 보편성을 담아 설화 자료의 외연을 확장시켜 준다는 점에서 그 가치가 돋보인다.

조선족설화 특유의 지역문화특징은 아래와 같은 몇 가지 면에서 살펴볼 수 있다.

첫째, 최하층을 주종으로 하는 간도이주민의 민중적 토대는 설화를 포함한 민중문화가 간도지역에서 유달리 활발하게 창작, 전승, 발전할 수 있게 된 토양으로 작용하였다. 설화의 내용에서 보다시피 간도로 이주한 이주민의 대다수는 학정을 피해, 가난을 피해 좀 더 나은 삶을 얻고자 고향을 등진 사람들이었다. 비록 일본이 조선을 병탄한 후 많은 독립지사들이 간도로, 만주로 활동기반을 옮겼지만 숫자적으로 극히 제한된 데다가 유동성이 강하기에 민중의 생활에 깊숙이 빠져들어 갈 여건과 시간이 구비되지 못하였다. 또한 대다수의 민중 층은 그들이 처한 사회적 위상과 교육적 한계, 경제적 여건, 통치자들의 수탈, 끊임없는 전란 등으로 자신들이 겪은 경험과 역사를 기록으로 남길 수 있는 형편이 아니었다. 때문에 19세기말 20세기 사이에 개인기록문학이 점차 문학사적으로 주류를 이루기 시작하였지만 최하층을 주종으로 한 간도 이주민사회에서는 그 자체의 특유의 역사적 상황으로 말미암아 시공간의 제한과 경제적, 사회적 제반요건의 제한을 크게 받지 않는 설화의 형식으로 그들 자신의 삶과 의식, 그리고 당시의 시대상을 직접, 간접적으로 형상화함으로 설화의 영역을 넓혀 갔을 뿐만 아니라 설화의 대중성을 더 부각시켰다.

둘째, 조선족설화가 활발하게 전개된 바탕에는 조선족특유의 이주문화가 자리 잡고 있다. 단일민족으로서의 한반도로부터 타민족문화권이라는 새로운 생존환경에서 들어선 이주민들에게는 무엇보다도 먼저 새로운 생존공간의 확보가 절실한 과제였다. 황무지개간, 수전개발, 토지관계, 적대세력과의 쟁투 등은 이주민으로서 그 누구나 할 것 없이 부딪치고 풀어나가야 사명이었다. 이와 같은 새로운 삶의 공간을 개척하는 과정에 이주민들의 정서와 당시의 시대상이 담긴 설화들, 이를테면 지명설화, 수문설화 등 간도특유의 이주문화를 반영하는 설화들이 생성하게 되었다. 또한 디아스포라로서의 이주민들은 새로운 생존공간에서 자연스레 혈연, 친지, 동향을 중심으로 공동체를 형성하였으며 이러한 물리적, 의식적 공간에서 그들은 동물의 귀소본능과 같이 자기들끼리의 동질성과 뿌리의식을 확인할 수 있는 계기와 도경을 찾게 되었는바, 대부분이 최하층으로 이루어진 이주민들에게 있어서 향수를 달랠 수 있고 타민족으로부터의 '자아'를 지킬 수 있는 가장 큰 힘은 바로 모국에 뿌리를 둔 민족고유의 문화, 특히는 민요, 설화, 민담 등과 같은 서민문화였다. 때문에 그들은 오랜 세월이 흐르도록 한반도의 설화를 완정하게 보존하고 있었을 뿐만 아니라 그것을 토대로 자기들의 삶을 반영한 새로운 설화들을 계속 만들어 갈수 있었던 것이다.

셋째, 조선족설화의 생성과 보존은 당시 그들의 생존환경과 갈라놓을 수 없다. 간도로 이주한 후 조선인들은 비록 중국지방당국의 봉건통치와 민족동화정책에 시달리고 또한 일제의 통제에서도 완전히 자유로울 수 없었으나 객관적으로 볼 때 만주경내는 일제의 민족말살정책으로 민족의 삶과 의식과 지향점이 그 어떤 형태로도 형상화할 수 없고 민족정체성이 전반적으로 말살의 위기에 처했던 한반도에 비하여 삶의 공간이 어느 정도 자유로웠으며 특히 문화적으로 중국지방당국의 간섭과 제한을 크게 받지 않았고 재만 조선인에 대한 일제의 통제도 한계가 있었다. 때문에 독립운동이 간도에서 가능했듯이 민중의 삶과 투쟁을 형상화한

설화도 간도에서 생성되고 활발하게 전승될 수 있었다.[12]

조선족설화는 한반도로부터의 이주, 개척을 배경으로 하였고 또 생성기반, 창작주체 및 전승주체가 모두 민중생활에 뿌리를 두었기에 그 속에는 간도특유의 문화가 깊숙이 뿌리를 내리고 있었고 이주민들의 감정과 의식, 생활방식 및 당시의 시대상이 그대로 투영되어 있으며 따라서이런 설화들은 특정시대의 역사적 상황을 짐작해 볼 수 있는 역사적인근거를 제공해줄 수 있다. 실제로 조선인의 절대 대부분은 생활고에 시달리던 최하층으로, 그들의 이주와 정착 및 오늘의 중국경내소수민족으로 기반을 구축하기까지의 역사적 사실을 반증할 수 있는 문헌적 자료는극히 희소하다. 특히 중국내 주류문화의 변연에 처해 있은 이주조선인의특정 신분상 중국의 문헌자료에서 조선인들의 삶의 궤적에 대한 기록을찾기란 그리 쉽지 않다. 이 같은 상황에 비추어 볼 때, 간도이주와 간도개척 및 민중생활에서 연원한 조선족설화는 이주조선인 역사연구에서의문헌자료의 부족을 메울 수 있는 좋은 자료가 아닐 수 없다.

2) 조선족설화의 實話성

조선족설화가 가지고 있는 실화성적인 특성은 조선족역사연구에 더없이 귀중한 사료이다. 조선족설화들은 조선인의 이주와 정착 및 투쟁과정에서 생성된 이야기로, 조선국내의 설화에 비해 훨씬 더 현실성을 띠고

---

12 이 같은 의미에서 하미경은 조선족설화의 문학사적 의의로 "민족문학의 지속"이라는 점을 강조하고 있다. 즉 "1940년대에 들어서면서 민족문학은 점차 약화되거나 지하로 숨게 되고 친일문학이 활개를 치게 되는"상황에서 조선족의 설화는 "당시 우리민족의 삶과 의식 그리고 민족이 나아가야 할 바를 분명하게 밝혀놓고 있다는 점에서 참된 의미의 민족문학을 지속하고 있다"고 주장한다. 하미경, 「중국조선족설화연구」부산대학교 대학원 국어국문학과 석사학위논문, 1998, 91쪽 참조.

있다.

첫째, 조선족설화생성의 시대적 배경으로 볼 때, 대부분의 자생설화들은 19세기말 간도에로 이주하는 과정 및 당지의 열악한 자연환경과 봉건통치배, 일제세력과의 투쟁과정에서 생성된 설화로, 실화성이 비교적 짙다. 즉 조선족의 설화 중 조선국내 고유의 신화거나 전설을 제외한 그들만의 독창적인 자생설화는 대부분 구체적인 시간, 장소, 인물 사건에 연유한 사실적인 설화로, 허구로 꾸며냈다기보다 실화에 가깝다. 특히 항일설화와 지명설화는 거의 그 자체가 역사사실이나 다름없다. 물론 실화에서 비롯된 이런 이야기 중, "적지 않은 것들은 인민의 구두창작으로서 입에서 입으로 전해지는 가운데 윤색되고 다듬어져 소박하나마 이미 구두문학의 틀을 갖춘 전설과 설화"[13]로 정착되었고 또한 전승과정에 전승자 자신의 영웅사관과 이데올로기 및 미래지향적 요소 등의 작용으로 역사사실이 과대되거나 초현실적인 허구적인 요소가 가미되기도 하였지만, 그 속에 내재된 역사적 체험과 사실 및 시대상은 역사연구에서의 훌륭한 사료임은 의심의 여지가 없다. 즉 조선족의 설화는 단순히 허황된 이야기가 아니라 조선인의 이주와 정착 그리고 중국경내의 하나의 민족공동체로 고착되어가는 역사적 체험을 담은 내용으로, 당시대의 역사성이란 근거위에 그 시대상이 반영된 귀중한 사료라고 할 수 있다.

둘째, 조선족자생설화의 유형에서 볼 때 대부분이 사물이나 역사적 인물에 대한 이야기를 중심으로 한 전설이 주종을 이루고 있다. 신화, 전설, 민담으로 3분되는 설화의 유형에서 조선족자생설화에는 신화와 민담보다는 전설이 유독 많은 비중을 차지한다. 기존의 설화들은 오랜 세월동안 전승되어 온 설화이기에 현실적인 세계와 초현실적인 세계가

---

13 김태갑·박창묵편, 『항일전설설화집』, 연변인민출판사, 1992, 4쪽.

공존하고 있지만 조선족설화가 형성된 시기는 근대의식이 싹튼 시기로 전근대적인 二元적 세계관이 크게 작용하지 못하였다. 이미 근대적인 의식을 갖고 있은 이주민들의 입장에서 볼 때, 초현실적인 존재보다 민중의 실제적인 삶과 투쟁이 보다 사실적인 것으로 인식되었을 것이며 따라서 재래설화에서 흔히 쓰이는 신적 존재, 금기행위, 종교영험담 등의 모티프들이 점차 희박해질 수밖에 없었다. 이와 반대로 간도이주 및 개척 과정의 삶의 행보가 전설의 형식으로 설화에 투영되었다. 본고에서 텍스트로 삼은 2권의 설화집에 수록된 조선족자생설화를 유형별로 살펴보면 아래와 같다.

〈표 4〉 조선족자생설화의 유형

유형	전 설				민 담				
유형 구분	지명 전설	항일 전설	인물 전설	기타	가정 윤리	권선 징악	비현실 세계	슬기 해학	동물 식물세계
작품수	134	103	11	4	2	3	3	4	3

위의 표에서 볼 때 조선족자생설화는 거의 전설이 위주이며 전설에는 지명유래와 항일전설이 대부분이다. 물론 조선족자생설화 전체를 상대로 철저하게 파악하지 못한 통계일수도 있지만, 지명설화와 항일설화가 절대적으로 많은 비중을 차지함은 의심할 바 없다. 지명설화와 항일설화가 많은 비중을 차지하게 된 것은 이주후의 조선족의 개척과 투쟁의 역사와 무관하지 않다. 따라서 조선족설화는 사라진 조선족이주역사의 공백부분을 재구해볼 수 있게 해준다는 점에서 중요한 가치를 지닌다. 더나아가 승자 혹은 집권자의 입장에서 기록된 역사와는 달리 이주시기의 이주민들의 정서와 애환, 그리고 당시의 사회상을 왜곡 없이 생생하게 담아내고 있다는 점에서 문헌기록과는 다른 가치를 지니기도 한다.

물론 조선족자생설화는 사료적 가치로서의 한계성도 띠고 있음을 지적하지 않을 수 없다. 무엇보다도 먼저 설화의 객관성이 문제시되고 있다. 본고에서 텍스토로 삼은 2권의 저서는 거의 전부가 채록 경위, 채록자, 채록지역, 채록시기, 구술자 등이 규명되지 않은 2차적 자료이며 특히 설화가 채록당시의 구술형태로 남아있는 경우가 거의 없고 대부분 채록자거나 기타의 3자에 의하여 윤색되었음으로 1차적 자료로서의 신빙성과 객관성이 많이 희석되어 있다.

둘째, 채록의도에서 채록자의 주관적 의도 및 당시 사회제도와 이데올로기의 영향이 낙인 되어 있음을 알 수 있다. 일례로 해방 후 조선족구비문학채록의 선구자 및 선두주자의 역할을 해온 정길운씨는 자신의 채록동기에 대하여 "나는 구전문학에 대한 개인흥취보다는 당의 문예일군으로서의 책임감과 의무감에 구사되어 이 사업에 첫 걸음을 들여놓았으며 또 그 가운데서 우리민족의 아름다운 얼굴과 넋을 찾으려고 애써왔다"[14]고 하였는데, 여기서 우리는 그의 채록동기에 "당의 문예일군"으로서의 사명감이 강조되어 있음을 알 수 있다. 특히 개혁개방전의 중국은 사회주의이데올로기가 강력하게 영향력을 과시하던 시기로, 이 같은 시대적 한계성은 조선족자생설화의 주제의 한계성으로 이어진다. 즉 조선족설화의 대부분의 작품들은 거의 대부분이 가난한 자와 부자의 대립, 힘없는 백성과. 관리와의 갈등, 탐욕스런 인간과 착한 인간과의 대립 등 '착취자와 비 착취자'의 대결구도가 선명하며, 이는 실제로 조선족 구비문학연구에 있어서 기본토대로 강조되고 있다.

---

14 연변대학교 조선문학연구소, 김동훈·허경진·허휘훈 주편, 『정길운·김례삼 채록 민담집』(연세국학총서73-중국조선민족문학대계27), 보고사, 2007, 16쪽.

5. 맺음말

이상에서 조선족설화가 생성할 수 있게 된 역사적 배경과 설화에서 보이는 조선인의 이주와 정착양상 및 조선족설화의 사료적 가치를 살펴보았다. 19세기말부터 조선국내의 혹정, 끊임없는 자연재해 및 일제의 침략 등의 자연적 및 사회적 원인으로 중국의 간도지역을 중심으로 한 만주일대에로 삶의 터전을 옮겨야 했던 이주민들은 새로운 생존공간을 개척해 나가야 했을 뿐만 아니라 중국지방정부의 봉건통치와 동화정책 및 처처에서 '일본신민의 생명안전과 자산보호'를 빌미로 이주민들에 대한 통제의 올가미를 조이고 있는 일본침략자와의 항쟁을 진행하여야 하였다. 이 같은 간고한 삶의 행정은 중국경내조선인들이 자체 나름대로의 새로운 문화를 창출해 나가는 토양으로 작용하였다.

조선족설화는 조선족의 삶의 역사의 기록이라 해도 과언이 아닐 정도로 설화에는 조선족의 이주와 정착상이 그대로 담겨져 있다. 조선족의 이주는 무엇보다도 먼저 만주의 열악한 자연조건에서 황지를 개간하고 수전을 개발하면서 삶의 공간을 확보하여야 하였으며 도처에서 도사리고 있는 중국지방관부와 지주, 마적 및 '신민의 생명안전과 재산보호'를 빌미로 나서는 일제의 통치, 수탈에 대항하여 생존권을 위한 싸움을 진행하여야 하였다. 설화를 통하여 우리는 간도일대의 개척, 수전의 개발, 각지의 지명, 산천초목 등에 우리 민족의 고난의 발자취가 그대로 남겨져 있음을 알 수 있으며 오늘의 중국국민으로서의 입지를 굳히기까지의 분투와 희생을 보아낼 수 있다. 그리고 이주여정에서 보이는 이주와 망향이라는 이율배반적 의식에서 중국 조선족의 민족정체성에 대한 고민과 갈등을 보아낼 수 있다.

조선족의 설화는 이주민족이라는 특정한 사회적 배경 하에서 한반도의 재래의 설화를 그대로 완정하게 만주경내에서 전승하였을 뿐만 아니라 빈번한 유동과 한족, 만족 등 타민족과의 교류에서 재래설화에 새로운 변이를 가하였으며 이를 토대로 자체의 독창적인 설화를 창조하기도 하였다. 특유의 시대적, 사회적 배경에서 생성된 조선족의 자생설화들은 그가 갖고 있는 민중성, 실화성 등 특징으로 문학사적 의의는 물론, 해외 조선인이주민역사연구에서도 자못 중요한 사료적 가치를 가지고 있다. 따라서 향후 조선족자생설화에 대한 연구는 문학적 차원에서의 접근과 연구는 물론, 역사적 및 기타 차원에서의 다양한 접근과 연구가 추진되어야 한다고 생각된다.

제3부

자료의 데이터베이스화

일본에 관한 정보의 수집과 정리

『청령국지(蜻蛉國志)』를 중심으로

박혜민

연세대학교

 조선후기 학계와 지식인의 동향에 있어 가장 특징적인 변화는 경(京)·
향(鄕)으로의 학계 분기가 일어나고 서울의 경화세족으로부터 위항인까
지를 포함하는 경화학계가 대두한 것이다.[1] 영·정조대 이래 청과 일본에
대한 정보와 지식이 정기적인 사행을 통해 서울로 집결되었고, 그 과정에
서 주도적인 역할을 했던 인물들이 바로 연암그룹이었다. 그들은 해외경
험을 통해 청·일본의 문인들과 교유하고 귀국 후, 그들과 나눈 우정을
기록하여 다른 사람들과 향유하는 경향성을 보여주었는데, 이에 대해 선
행연구자들은 홍대용(洪大容, 1731~1783)의 수평적 우도론, 또는 '병세(幷
世)'라는 사유방식으로 해석하였다.[2] 그러나 이와 같은 경향성의 발단은

---

1 유봉학, 『조선후기 학계와 지식인』, 신구문화사, 1998, 98쪽에서 인용하였다. 서울
과 지방의 학문적 차이에 대한 논의는 이 책의 98~114쪽을 참고할 수 있다.

2 정민은 18·19세기 조선지식인의 변화된 우정론의 자장을 병세의 저변으로 보았다.
18세기에 들어와 전 시기의 세명리(勢名利)를 얻기 위한 수단으로 이용되었던 우도(友
道)가 반성되고, 옛 사람과의 사귐이 아니라 지금 나와 더불어 사는 지음(知音)과의
사귐을 진정한 우도로 여기는 경향이 나타났다. 이전 시기까지 명(明)을 제외한 문화에
대해 관심조차 없었던 조선 지식인들이 1765년 연행을 간 홍대용의 천애지기의 우도론
을 담은 『회우록(會友錄)』을 접한 후 청의 문화에 관심을 가지기 시작하였고, 이때부터
동아시아 교유론의 계보가 시작되었다는 논의는 여러 연구자들에 의해 지적되었던 부
분이다. (정민, 「18, 19세기 조선 지식인의 병세의식」, 『한국문화』 제54집, 한국환경생

홍대용이 아니라 1763년에 일본 사행을 다녀온 원중거(元重擧, 1719~1790)
와 성대중(成大中, 1732~1809)이 일본 지식인들과의 교유 체험과 최신 일
본 사정을 기록하여 다른 사람과 공유한 방식이, 그 뒤 1765년 연행을
떠난 홍대용과 김재행의 연행체험 기록 방식에 영향을 미친 것이다. 또한
그들의 체험 방식과 공유는 박지원·홍대용·박제가·유득공·이서구 등
에게도 영향을 미쳐 단편적인 일본에 대한 기록을 남기게 하였다. 그 중
이덕무(李德懋, 1741~1793)는 11차 통신사행과 연관된 정보뿐만 아니라 일
본관련 서적을 섭렵, 체계화하여 『청령국지(蜻蛉國志)』라는 하나의 저술
을 완성하였다.

　『청령국지』「예문」에서 이덕무는 총 185종의 일본 서적을 소개하였다.
그가 1779년 박제가·유득공·서이수와 함께 초대 규장각(奎章閣) 외각검
서관(外閣檢書官)이었던 것을 고려한다면 4년간 규장각에 근무하면서 그
곳에 소장된 방대한 일본서적을 통해 얻은 목록일 수 있다.[3] 또한 그는
규장각 외에도 다양한 통로로 일본 서적을 접하고 있었고 그리고 읽은

　물학회, 2011 ; 김태준, 「18세기 교우론의 계보」, 『한국문학의 동아시아적 시각』 1,
　집문당, 1999·박성순, 「우정의 윤리학과 북학파의 문학사상」, 『국어국문학』 129, 국
　어국문학회, 2001 ; 박수밀, 「우정론의 문학·사회적 의미」, 『18세기 지식인의 생각과
　글쓰기 전략』, 2007)
　　그러나 동시대의 국외 지식인에 대해 관심을 가지고 그들의 문화적 역량을 인정하는
　인식은 이미 1764년 일본 사행에서 켄카도 그룹과 교유한 원중거와 성대중에게서 보
　인다. 원중거와 성대중이 켄카도(蒹葭堂) 그룹과 교유한 뒤 그들에게 받은 서간·시
　문·필담 등을 가지고 돌아와 주변 지식인들에게 소개하였다. 그 뒤 1765년 홍대용과
　김재행 역시 항주(杭州)의 명사인 엄성(嚴誠), 육비(陸飛), 반정균(潘庭筠)과 교유한
　후 그 결과물을 가지고 귀국한 뒤 주변 지식인들과 공유하였던 사정은 원중거와 성대
　중의 선례와 같다.(박혜민, 「이덕무의 일본에 관한 지식의 형성과정」, 연세대학교 국
　어국문학과 석사학위논문, 2012)
　3　이덕무는 검서의 직책 덕분에 고관(古觀)에 비장된 책을 모두 열람해 보았다고 하였
　　다.(『雅亭遺稿』第八卷, 「附錄」 ‘先考府君遺事’)

내용 중 필요한 부분은 필사하여 보관하여 필요할 때마다 꺼내어 활용하는 등 평소 자료수집에 관심이 많았다.[4]

　이 글에서 이야기하고자 하는 것은 이와 같이 자료 수집에 열성적이었던 이덕무가 수집한 정보들을 『청령국지』에서 어떻게 조합하고 있고, 또한 그 방식은 어떤 목적을 보여주고 있는가이다.

　이덕무는 「세계도(世系圖)」·「세계(世系)」의 체제의 경우 가이바라 에키켄(貝原益軒, 1630~1714)의 『화한명수(和漢名數)』에서 참고하였으며, 연호 고증의 경우 신숙주(申叔舟, 1417~1475)의 『해동제국기(海東諸國記)』에서 참고하였다고 밝혔다. 그러나 그 외 내용의 출처에 대해서는 기재하지 않았다. 아래 표는 『청령국지』의 목차에 따라 항목 안의 내용들이 주로 어느 책에서 인용되었는지를 정리한 것이다.[5]

4　이에 대해 하우봉은 이덕무가 직접 본 소수의 책을 제외하고는 통신사행원이 일본에 갔을 때 일본의 書肆에서 발간한 서적목록을 구해왔을 것이고, 이덕무는 그것을 참고 사아 서명을 기록해 두었다고 판단하고 있다. (하우봉, 「조선후기 실학자들의 일본 연구와 문헌자료 정리」, 『일본사상』 6, 한국일본사상사학회, 2004, 197쪽) 그러나 유득공의 청령국지 서문을 보면 정조가 중국 외의 나라의 군사관련 정보를 수집하여 『역대병지』 속찬을 명하자, 유득공이 내각의 서적에도 없는 정보들은 어떻게 구하나 걱정하였다. 이에 이덕무는 자신이 수집한 외국의 병지 관련 기록을 보여주고 안심시켰다고 한다.(『冷齋集』, 「蜻蛉國志序」)

5　貝原益軒, 『和漢名數』은 國立中央圖書館本(貝原篤信 編; 元祿5(1692) 木板本)을 참고하였고, 寺島良安, 『和漢三才圖會』은 九州大学記錄資料館本을 참고하였다. 신숙주, 『해동제국기』는 신용호의 번역서를 참고하였고(신숙주 저, 신용호 외 주해, 『해동제국기』, 범우사, 2004) 원중거의 『화국지』는 이혜순 감수의 번역서를 참고하였으며, (원중거 저, 이혜순 감수, 박재금 옮김, 『화국지: 와신상담의 마음으로 일본을 기록하다』, 소명출판, 2006), 『日本紀』는 성은구의 역주를 참고하였다. (성은구 역주, 『日本書紀』, 고려원, 1993)

『蜻蛉國志』 목차	주요참고 문헌
(命名 由來)	『日本紀』
世系圖·世系	『和漢名數』, 『海東諸國記』, 『日本紀略』, 『宋書』, 『日本逸史』, 『續日本記』, 『吾妻鏡』
姓氏	『和漢三才圖會』
職官	『和漢三才圖會』
人物	『吾妻鏡』, 『和國志』, 『和漢三才圖會』, 『和漢名數』, 『童子問』
藝文	『和國志』, 『和漢三才圖會』. 『和漢名數』
神佛	『和國志』, 『和漢三才圖會』. 『和漢名數』
[八道六十八州圖]	『和國志』
輿地	『和漢名數』, 『和漢三才圖會』
風俗	『海東諸國記』, 『和國志』, 『和漢三才圖會』
器服	『和漢三才圖會』
物產	『和漢三才圖會』
兵戰	『和漢三才圖會』
異國	『和漢三才圖會』

『청령국지』는 일본 관련 서적에서 인용된 정보로 구성되어 있고 그리고 그 정보는 편집자의 의도에 따라 요약되거나 재배열될 뿐만 아니라 부정되기도 한다. 『청령국지』는 국지(國志)라는 체제 속에서 정보를 '비교(정보를 상대화함)'하고, 편집자의 편집 방향에 따라 정보를 '요약'하고 '재구성'하며, 이렇게 처리된 정보를 토대로 '추론'을 하는 편집의 양상을 보여준다.[6]

---

6 편집의 방법을 모두 정의하기란 어렵다. 이에 대해 마쓰오카 세이고는 그 만큼 각 분야에서 편집이 자발적으로 발달했기 때문이라 보았고 편찬과 편집 방법을 일람표로 제시한다. 본고에서는 '재구성'을 제외한 모든 항목은 그의 정의를 참고하였다. '재구성'은 마쓰오카 세이고의 일람표에서 '각본(script, 스크립트화, 재구성함)'과 그 특성이 유사하나, 마쓰오카 세이고의 '각본'은 스토리의 구성이라는 맥락에서 정의된 것임으로 본고와 그 단어가 적합하지 않아 따로 '재구성'이라 명명하고 정리하였다.

1. 비교

「세계도(世系圖)·세계(世系)」의 경우 참고서목이 직접 명시되어 있다.
「세계도」 자체는『화한명수』의 세계도 체제를 바탕으로 편집되었다. 그
외에 '위년호(僞年號)'조는『해동제국기』와『화한명수』의 기록을 비교한
것이다. '천신칠대(天神七代)'와 '지신오대(地神五代)'조의 천황가의 계보
의 경우『화한명수』「역세(歷世)」와『화한삼재도회』卷第六十四의 내용과
같다. 각각의 천황에 관한 설명의 경우 신대(神代)부터 지토(持統)천황까
지 기록한『일본기(日本紀)』[7], 지토천황 이후의 기사를 실은 육국사(六國
史), 고이치죠(後一条天皇)천황까지 추가로 기록한『일본기략(日本紀略)』
에서 요약하고 인용하였다.[8]

『청령국지』「세계」에서 아래의 부분은『송서(宋書)』「왜인전(倭人傳)」
과『해동제국기』를 비교한 예이다.

---

7   진무천황(神武天皇)의 재위 기간에 대해『청령국지』에는 78년,『日本紀』에는 76년,
『해동제국기』에는 76년으로 되어 있고, 스이코천황(推古天皇)에 대해『청령국지』에는
'(欽明의 아들) 用明의 아우 推古',『일본기』에는 '用明의 누이동생 推古',『해동제국기』
에도 '欽明의 딸'이라 되어 있고, 겐쇼천황(元正天皇)에 대해『청령국지』에는 '文武의
아우인 元正',『일본기』에는 '文武의 손윗누이 元正'『해동제국기』에는 '文武의 손윗누
이 元正'로 되어 있다.
    민족문화추진회 편,『국역 청장관전서 11』의 역자는『日本紀』와『청령국지』의 내용
을 비교하면서 역주를 달았다. 역자는「世系」의 내용에는『日本紀』와 다른 오기가 보
이지만 대개『日本紀』의 기사를 따른 것으로 보았다. (민족문화추진회 편,『국역 청장
관전서11』, 민족문화추진회, 솔출판사, 61쪽)
8   출처를 밝히지 않았기 때문에 六國史를 직접 인용한 것인지,『日本紀略』을 인용한
것인지는 알 수 없다. 청령국지의 天神七代 부분과『日本紀略』의「神代」첫 부분은 그
내용이 대부분 겹친다. 그리고「盍葉記」虎紋鳥에서『日本紀略』을 인용하고 있기 때
문에『日本紀略』을 참고하였음은 분명하다.

『해동제국기(海東諸國記)』를 상고하면 게이타이왜황(繼體倭皇) 16년에
비로소 연호를 세워 젠카(善化) 원년이라 하였다 하였으니, 이것과 같지
않은 것은 무슨 까닭일까? 젠카 원년은 곧 송 효무제(宋孝武帝) 유준(劉駿)
의 대명(大明) 6년(462년)이며, 코레키(康曆) 원년은 곧 명(明) 홍무(洪武,
명 태조의 연호) 12년(1379)이며, 분로쿠(文祿) 2년은 곧 만력(萬曆, 명 신
종의 연호) 20년(1592)인데 이 해에 조선(朝鮮)에 입구(入寇)하였으며, 쇼
호(正保) 원년은 곧 순치(順治, 청 세조의 연호) 원년(1644)이다.

『해동제국기』에서는 게이타이천황의 원년에 대해 정해년 양 무제(梁武
帝) 천감(天監) 6년, 즉 507년이라 하였는데,[9] 이는 『일본기』의 기록과
일치하는 것이다. 그러나 이덕무가 게이타이천황의 원년을 462년으로
본 것은 『송사(宋書)』의 「왜국전(倭國傳)」에 나오는 세자 흥(興)을 게이타
이천황이라 보았기 때문이다. 아래는 『송사』의 「왜국전」의 기록이다.

제(濟)가 죽고 세자 흥(興)이 사신을 보내 공헌(貢獻)하였다.
세조(世祖) 대명(大明) 6년(462년), 조서에 내려 말하길 "왜왕 세자 흥은
여러 대에 걸쳐 충을 세웠으며, 먼 바다 넘어서 번을 만들고, 왕의 덕화를
받아 국경을 평안케 하고, 공손히 공물을 바쳤다. 새로 가장자리 땅에서
대업을 이었으니 벼슬을 주는 것이 마땅하다. 안동장군(安東將軍) 왜국왕
(倭國王)에 봉하는 것이 가하다."라고 하였다.[10]

---

9 繼體天皇。應神五世孫名彥主人。元年丁亥。梁武帝天監六年○羅智證王八年○麗文咨
王十六年○濟武寧王七年 十六年壬寅。始建年號爲善化。五年丙午。改元正和。六年辛
亥。改元發倒。二月歿。在位二十五年。壽八十二。安閒天皇。繼體第二子。自繼體歿
後二年無主。至是卽位。元年甲寅。用發倒梁武帝中大通六年○羅法興王二十一年○麗
安原王四年○濟聖王十二年 在位二年。壽七十。(『海東諸國記』「日本國紀」天皇代序)

10 濟死、世子興遣使貢獻。世祖大明六年、詔曰倭王世子·興、奕世載忠、作藩外海、稟化
寧境、恭修貢職。新嗣邊業、宜授爵號、可安東將軍、倭國王。(『宋書』「倭國傳」)

이와 같이 이덕무는 「세계」에서 『화한명수』, 『해동제국기』, 『송서』 등의 정보를 비교·교감(校勘)하여 정보를 배열하는 서술방식을 취하고 있다.

2. 요약

「성씨(姓氏)」와 「직관(職官)」 항목은 각각 『화한삼재도회』 卷第九의 「성씨(姓氏)」, 「관위(官位)·증관(贈官) 관위서식(官位書式)」 항목을 요약한 것이다. 그러나 「인물(人物)」 항목의 경우 최소 다섯 종류의 서적, 『화국지』·『화한명수』·『일본서기』·『화한삼재도회』·『동자문(童子問)』이 동원되어 저술되었다.

『화국지(和國志)』와 그 내용이 겹치는 항목의 경우 대부분 『청령국지』가 보다 요약적이다. 아래는 『청령국지』와 『화국지』 두 책 모두 나오는 '평신장' 조이다.

> 『청령국지』
> (전략) 수길이 명(明) 나라를 범하려고 조선에 침구(侵寇)한 죄는 용서할 수 없다고 하겠으나, 수길이 신장을 죽이고 그 자리를 빼앗았다고 조선 사람들이 배척하여 말하는 것은 착오이다.[11]

> 『화국지』
> (전략) 수길이 신장을 시해했다는 것은, 우리나라에서 기사(記事)로서 전하지 않는 데가 없다. 그 당시에 무엇을 근거로 해서 이러한 말이 있게 되었는지 알 수가 없다. 수길의 하늘을 뒤덮는 악행은 천하에서 만세토록 죽여도 용서하지 못할 바이다. 그러나 단지 우리나라에서 그가 시해를 했

---

11 민족문화추진회 편, 『국역 청장관전서11』, 솔, 1997, 87쪽.

다고 배척한 것은 극심하게도 진실을 잃은 것이다. 처음에 통신사를 요구
했을 때, 조정과 재야에서 모두 이러한 근거를 끌어서 힘써 통신의 의론을
힘써 저지하였다. 수길이 악행을 쌓은 것을 보면, 그 해독이 반드시 그 나
라에만 그치고 만 것이 아니라 끝내 한번 하늘을 욕되게 했던 것이다. 만약
그를 도발시켜서 전란을 재촉하게 했다면 여기에는 또한 아마도 까닭이 있
을 것이다.

우리나라 사람들은 매번 간첩에 소홀하면서 사실이 아닌 말을 즐겨 전하
였다. 예부터 이미 그러했으니 몹시도 탄식할 만하다. 또한 우리나라가 왜
에 대해 처해 있는 것은, 노(魯)나라가 제(齊)나라에 처해 있는 것과는 다르
다. 가령 수길이 진실로 신장을 시해했다 하더라도 진항(陣恒)의 토벌에
이르는 것은 온당치 못하다. 묵특(冒頓)이 두만(頭曼)을 시해한 것이, 한나
라 조정이 평화를 이어가는 데 무엇이 방해되겠는가? 하물며 그 일이 진실
로 있지 않았는데도 조야에서 왁자지껄하게 그것을 말하였다. 이때 왜인들
은 간첩을 사서 우리나라 가운데에 퍼뜨려 놓았다. 그러니 어찌 알겠는가?
수길의 분노가 오로지 이것 때문이 아니라는 것을.

나는 이 일에 있어서 특히 상세하게 썼으니 적을 방치할 것이 아니라
앞으로 왜국에 대처할 것을 경계하고자 할 따름이다.[12]

도요토미 히데요시가 주군이었던 오다 노부나가를 죽였다는 설에 대
해 원중거는 자신의 주관적 해석을 첨가하고 있다. 반면 이덕무는 도요
토미에 대한 사실정보만 수록하고 원중거와 같은 주관적 해석을 자제하
였다.[13]

---

12   원중거 저, 이혜순 감수, 박재금 옮김, 『화국지: 와신상담의 마음으로 일본을 기록하
다』, 소명출판, 2006, 98~99쪽.

13   『청령국지』는 『화국지』와 그 내용이 겹치는 부분의 경우, 대부분 이와 같이 객관적
정보만을 수록하고 있다. 예외적으로 '평수길'조에서 "신종황제(神宗皇帝)가 동정(東
征)한 일은, 조선에 있어서는 재조(再造)의 은혜가 되고 명에 있어서는 천하에 군림하
는 체모를 얻었으니, 아아! 훌륭하다."라는 해석이 있는데, 이것은 『화국지』의 해석을

이와 같이 「인물」 항목의 내용은 대부분 『화국지』의 기사와 겹친다. 그러나 이 항목이 전적으로 『화국지』에 의거하여 구성된 것은 아니다. '임도춘'조의 경우 『화국지』의 기사보다 상세한데, 그것은 조목 절반가 량을 『화한삼재도회』卷第六十七의 '임도춘'조에서 요약하고 있기 때문 이다.

> 林道春。姓藤原。名菊松丸。信時之子也。(爲伯父理齋 吉勝之養子 孩提崎嶷 八歲讀書 側有人讀 太平記者聞之 能諳人感 其記憶不凡 十三歲改名 又三節信勝 入建仁寺 大統庵就 古間長老 讀群書) 十四歲。作長恨歌。琵琶行抄解。(僉言神童也 因勸出家 然掉頭歸家) 遍讀四庫書。二十二歲。所經覽。(書)凡四百四十餘部。(從見多暗誦 謁惺窩而偶床上 有論語 大全開之 乃問數條 惺窩辨折之 且曰所問 我亦十餘年前 嘗有此疑以喜 其志焉 或曰道春讀春秋傳)<u>受業於惺窩。而卒業於惺窩之高弟宋昌山。嘗讀春秋傳</u>。惺窩寄書曰。古人讀春秋於羅浮。羅浮(者 是)不在羅浮。而在足下明囪淨几之上。(○昔羅中素讀春秋傳於羅浮山中 故云爾 爾後呼道春 稱羅浮山人)因號道春。爲羅浮山人。(二十三歲 拜謁東照神君于二條城 ○老儒淸原 及相國寺 羕長老元吉長老 官儒老禪等 侍左 神君問光武 於高祖之世孫 對曰 九世孫也 又問曰 漢武返魂香出何書乎 對曰 漢史不記之 白氏文集新樂府 及東坡詩註有之 又對曰 蘭多種品 抑屈原所愛 爲何)<u>謁東照神君。神君問蘭多種品。屈原所愛。爲何</u>。對曰據朱文公注。則澤蘭也。(후략)

위 예문은 『청령국지』 '임도춘'조와 『화한삼재도회』의 해당 부분을 비 교한 것이다. 아무런 표시가 없는 부분은 『청령국지』 '임도춘'조에서 『화 한삼재도회』의 정보를 그대로 인용한 것이고, ( )은 『화한삼재도회』에 만 있는 부분, 밑줄은 『청령국지』 '임도춘'조에서 요약된 부분을 표시한

인용한 부분이다.

것이다.

또 다른 예로는 『청령국지』의 「신불(神佛)」이 있는데, 이 항목은 주로
『화국지』, 『화한삼재도회』를 종합하여 요약하고[14] "일본 66주 크고 작은
신기(神祇)의 총수"[15]라고 기록한 부분만 『화한명수』 「신지(神祇)」의 "日本
六十六州, 大小神祇總數, 三千一百三十二座, 社數二千八百六十一處."
부분을 요약한 것이다.[16]

「인물」 외의 항목들도 대부분 『화국지』, 『화한삼재도회』, 『화한명수』
에서 요약한 내용으로 구성되어 있다. 그래서 후술할 재구성과 추론은
예외적 방식이라 할 수 있다. 요약의 편집 방식은 동양의 백과사전류의
저작에서 '술이부작(述而不作)'의 태도와 연관이 있는 부분인데,[17] 그렇다
고 하여도 『청령국지』가 단순히 정보를 요약하고 나열하였다고만 볼 수
없을 것이다. 비록 새로운 해석을 덧붙이지 않았더라도 요약을 할 때 이
루어진 취사선택 자체도 '의도'에 의해 이루어지는 것이기 때문이다.

---

14 『화국지』 내의 정보는 대부분 『화한삼재도회』의 것과 겹친다.

15 六十六州。大小神祇總數。三千一百三十二座。社數。二千八百六十一處。(『蜻蛉國志』
    「神佛」)

16 『神名帳』는 神社名・神名을 기록한 명부인데 延長5年 (927年) 에 정리된 『延喜式』
    의 卷九・十에 실려 있는 「神名式」上・下을 『延喜式神名帳』이라 부른다. 『和漢名數』
    神祇의 정보는 본래 이 책에서 인용된 것이다.

17 옥영정은 동양의 백과사전류가 각 분야의 대한 글을 모으기만 하지 절대로 그에 대해
    새로운 글을 달지 않는 술이부작(述而不作)의 태도를 취하였는데, 그것은 문(文)을 보존
    하는 주된 방법이 '유(類)'를 통하는 것이었기 때문에 유서가 단순히 글을 모으는 데
    그친 것이 아니라 또 다른 차원의 작(作)이라고 보았다. (옥영정 외, 『조선의 백과지식:
    대동운부군옥으로 보는 조선시대 책의 문화사』, 한국학중앙연구원, 2009, 117~118쪽)

3. 재구성

「인물」의 대부분의 조목들이 인적 사항이나 행적을 중심으로 요약되고 있다면, '이등유정'조는 이토 진사이(伊藤仁齋, 1617~1705)의 인적 사항이나 행적이 생략되어 있고 그의 저서를 평가한 내용으로 구성되었다.

　　이등유정(伊藤維禎)이 일찍이 스스로 말하기를,
　　"스스로 문호(門戶)를 열고 배울 사람을 기다린다. 공자(孔子)를 첫째 성
인으로 여긴다면, 『논어』가 실로 지상지극(最上至極)한 우주에서 첫째가는
책인데, 그 중에서 첫째가는 것이 인(仁)이며, 의(義)로 짝을 삼고 예(禮)로
도움[輔]을 삼고 충신(忠信)으로 바탕을 삼는다."
　　하였고, 또 궁리(窮理)의 설을 비난하여 말하기를,
　　"궁리를 앞세우면, 덕행을 뒤로 미루지 않더라도 덕행이 절로 뒤처지게
되지 않을 수 없으니, 이 때문에 학문에 방해가 있게 된다."
　　하였으니, 대개 양명을 존숭하여 지나치게 높였다. 『동자문』 3권을 지었고,
또 『어맹고의(語孟古義)』·『어맹자의(語孟字義)』라는 두 책이 세상에 유행한
다. 이 사람은 원록(元祿) 연간에 살았으며, 임도춘(林道春)의 후진이다.[18]

　　인용문의 전자는 『동자문』 上 五章의 "最上至極, 宇宙第一書論語"와
下 五十章의 "最上至極, 宇宙第一聖人孔子"를 참고한 것이며, 후자는 같
은 책 上 四十章의 "인(仁)을 얻는 것은 진실로 어렵다하나, 인의 이(理)
를 아는 것에 있어서 무슨 어려움이 있겠는가. 단지 배우는 자들이 그
방향을 잃어 스스로 알기 어렵다 생각하는 것일 뿐이다. 대부분의 고인

18　伊藤維禎號仁齋。嘗自稱自開門戶。以待學者。以孔子。爲第一聖人。則論語一書。實
　　爲最上至。極宇宙第一書。而其第一字。是仁也。義以爲配。禮以爲輔。忠信以爲地。
　　又非窮理之說曰。苟以窮理爲先。則雖不以德行爲後。然德行自不得不在後也。是所以
　　有害於學問也。蓋宗陽明而過高者也。著童子問三卷。又有語孟古義。語孟字義二書。
　　行于世。當元祿之時。林道春之後進也。(『蜻蛉國志』「人物」)

(古人)의 학은 오로지 덕행을 근본으로 삼으나, 후인의 학은 먼저 궁리(窮理)를 주로 하니 이것이 인이 알기 어렵다고 한 까닭이다.(得仁固難, 於識仁之理, 則何難之有, 但以學者失其方, 自難識焉耳, 蓋古人之學, 專以德行爲本, 後人之學, 先以窮理以主, 是仁之所以難識也)"고 한 부분을 참고한 것이다.

아래는 『화국지』의 '이등유정'조이다.

> 이등유정(伊藤維禎)은 호를 인재(仁齋)라 하는데 그가 지은 『동자문(童子問)』에서 장자와 주자를 헐뜯고 배척하여 이르기를, 『중용(中庸)』은 성인의 책이 아니요, 『대학』의 「보망장(補亡章)」은 중복해서 덧붙여 놓은 것이라고 하였다.
>
> 이러한 학설은 대개 명나라 사람의 서적에서 나와서 중국의 당시에는 통하지 않는 일종의 괴팍하고 편벽된 기운일 뿐인데, 일본에서 나왔으니 특히 괴이할 만하다.[19]

이토 진사이의 『동자문』은 1719년 통신사의 요구에 따라 그의 아들 바이우(梅宇)의 증여를 통해 조선으로 전해졌다. 그 다음 사행인 1748년의 사행록에서는 조선문사들이 일본 고학(古學)에 대해 강한 반발심과 비판하는 태도를 읽을 수 있으나 1763년 사행에 이르면 조선문사들이 소라이학에 대해 관심을 갖고 이에 대한 정보를 수집하는 경향을 발견하게 된다.[20] 이와 같이 일본유학에 대한 조선문사의 인식이 점차 이해하고자 하는 경향으로 변화하고 있음을 감지할 수 있으나, 『승사록(乘槎錄)』에서 원중거는 일본에서 출발하기 전 부산에서 남옥과 성대중에게 일본에 가서 정주(程朱)를 인용하여 그들을 대하겠다고 선언할 정도로 일본 고학이

---

19 원중거 저, 이혜순 감수, 박재금 옮김, 『화국지 : 와신상담의 마음으로 일본을 기록하다』, 소명출판, 2006, 274~275쪽.

20 후마 스스무, 『연행사와 통신사』, 신서원, 2008, 258쪽.

나 소라이학에 대해 부정적이었다.[21] 일본 유학이 '비주자적'이라 비판한
다는 그의 관점은 『화국지』에서 이토 진사이와 오규 소라이를 '이단의
학설'이라는 제목 아래 배치한 그의 편집에서 확인 할 수 있다.

반면 이덕무는 이토 진사이의 저서를 직접 검토한 뒤, 이에 대해 논하
는 글을 남겼다. 『앙엽기(盎葉記)』「고이론성(顧伊論性)」에서 이토 진사이
가 맹자의 성선설(性善說)을 논하면서 칠정(七情)이 발동하지 않을 때는
'선함'의 이치가 없다고 한 것에 대해, 이는 기질(氣質)에만 국한하여 판
단한 것으로 오류라고 하였다. 또한 그가 맹자의 사단(四端)을 논하면서
사단을 갖추지 않고 태어난 사람도 있다고 한 것에 대해 이는 고염무(顧
炎武)의 설과 같고 형체(形體)를 가지고 성(性)을 논하는 오류를 보인다고
지적하였다.[22] 그럼에도 불구하고 『청령국지』「인물」에서는 이토 진사이
를 일본 도학의 고사(高士)이며, 책을 읽고 공경하게 된 인물이라고 평가
하고 있다.[23] 이는 곧 이덕무가 이토 진사이의 학설에 비판적이고, 여전

---

21 원중거 저, 이혜순 감수, 김경숙 옮김, 『승사록: 조선후기 지식인, 일본과 만나다』,
    소명출판, 2006, 351쪽.

22 伊藤氏曰。名維楨。字原佐。日本人。著童子問。孟子之意。本非謂天下之性皆善而無
    惡也。就氣質之中。而指其善而言之。非離氣質而論其理也。而其所謂善者。就四端之
    心而言。非謂未發之時有斯理也。未發之時。果是空蕩蕩枯木死灰境界耶。全指氣質而
    言。大是迂闊。故曰。人性之善也。猶水之就下也。夫水之就下。在流行之時而可見
    焉。夫水停蓄之時。自然其流行之理。故流行之時。無所礙滯。亦猶未發之前。已具發
    皆中節之理。又曰。人之有是四端也。猶其有四體也。言四端之心。人人具足。不假他
    求。猶四體之有於其身。而相離不得也。天下之衆。間或有生而無目者。或有耳不聞
    者。或有四體不具者。其無有四端之心者。亦如此。如高陽氏不才子。子越椒羊古之類
    是已。猶有人之形而無耳目四體者。然人而無四體者。億萬人中之一二耳。人而無四端
    者。亦億萬人中之一二耳。天下豈有無四端之人。此是顧伊之相同處。皆由於曲護。越
    椒等生而不善。以形論性。自歸於不知性。(『盎葉記』)「顧伊論性」)

23 顧亭林。明末之博雅鴻儒。伊藤氏。日東之道學高士。余嘗讀其書。敬其人。其不知
    性。不謀而同如此。余惜而駁正。周隋之際。性學薾萃之時。然武帝之詔。姓字文諱
    邑。論性甚正。有曰。民生而靜。純毅之性本均。感物而遷。嗜慾之情斯起。雖復雲鳥

히 성리학적 입장을 고수한 점은 원중거와 같으나, 이는 일본의 것에 대한, 비(非)주자학적인 것에 대한 막연한 반발심에 의한 것이 아니라 나름의 학문적 이해 후에 내린 결론이었다.[24] 『청령국지』의 '이등유정' 조목은 이덕무의 이와 같은 일본 유학에 대한 이해 아래 새롭게 재구성되었기 때문에 『화국지』의 것과는 그 내용이 판이하였던 것이다.

「예문(藝文)」 역시 『화국지』, 『화한삼재도회』, 『화한명수』의 서적을 참고하여 정리되었다.[25] 원중거는 일본에서만 통용되는 한자를 선택하여 기록하였는데,[26] 그 순서가 『화한삼재도회』 卷第十五 '왜자(倭字)' 조의 순서 殿-様-辻-峠-灘-沖-雫-椛-杜-藪-杜若-薄-……와 같다. 그러나 『청령국지』 '왜자' 조는 『화국지』와 『화한삼재도회』와 같은 정보를 소개하고 있으나, 그 배열이 두 책과 다르다.

殊世。文質異時。莫不限以隄防。示之禁令。朕君臨萬寓。覆養黎元。思振頹綱。納之軌式。(『盎葉記』「顧伊論性」)

24 하우봉은 이덕무의 일본 유학에 대한 이해에 대해 그들의 반주자학적인 학설에 대해서는 비판했지만 학문 자체의 성숙성에 대해서는 호의적으로 평가했으며 상당히 개방적인 입장을 보여주고 있다고 지적하였다. (하우봉, 「조선후기 실학자들의 일본 연구와 문헌자료 정리」, 『일본사상』 6, 한국일본사상사학회, 2004, 199~200쪽)

25

항목	참고 문헌
도입부분	『日本紀』
詩文書畵名人	『和國志』, 『和漢三才圖會』 卷第十五
聖德太子	『和漢三才圖會』 卷第七十三
仲麻呂	『和漢三才圖會』 卷第七十三
平實時	
紫式部	『和漢三才圖會』 卷第七十一
史籍	『和漢名數』 経籍
其他書籍	
倭字	『和漢三才圖會』 卷第十五
以呂波	『和漢三才圖會』 卷第十五
片假文	『和漢三才圖會』 卷第十五
漢字音	『和漢三才圖會』 卷第十五

26 원중거 저, 이혜순 감수, 박재금 옮김, 『화국지 : 와신상담의 마음으로 일본을 기록하다』, 소명출판, 2006, 282쪽.

새로 만든 글자인 경우: 辻－峠－梺－槇－柾－樫－榊－梍－椥－椙－栂－杣－籾－糀－鑓－鋲－鏈－纐－扮－笘－鰯－鱈－遖－辻－俤－働－舩－鋲－姅－軈－問

본래 있는 글자이나 뜻이 다른 경우: 殿－殿樣－灘－沖－雫－杜－藪－荻－薄－椿－椎－芝－扮－樋－轡－梶－俵－伽－鰊－鯵－鱧－鰹－鮎－鮪－鍚－鰤－鱧－鰍－鶉－込－勺－觸－掟－拵－認－椪－社－嘸－抔－倩－逎

이덕무 역시 이 조목을 구성할 적에 『화한삼재도회』나 『화국지』를 참고하였으나, 그 순서를 조선의 지식인의 입장에서 새롭게 설정하였다. 이것을 애초에 일본에서 새로 만든 한자와 본래 있는 한자인데 뜻을 다르게 쓰는 경우로 나누어 재구성하였던 것이다.

4. 추론

앞서 이덕무가 '임도춘'조의 전반부의 경우 대부분 『화한삼재도회』를 요약하고, '이등유정'조의 경우 이토 진사이의 저서를 읽은 후 재구성하였음을 밝혔다. 이 두 조목은 전체적으로는 각각 요약과 재구성의 편집 방법으로 이루어졌으나, 글 사이에 이덕무의 '추론'이 삽입되었다. 아래는 앞서 인용한 '임도춘'조의 후반부이다.

其論理氣。悉從頓悟。
(應對如流。因賜米邑。爲儒臣。至嚴有院殿。歷在于四主。皆得恩遇。敍法印位。賜上野中別莊。尾陽義直卿。建聖堂。卿自書。先聖殿三大字。以爲額。○此聖堂□燒。以後無之。新建于神田。)其所應對無礙。皆如此。[1]其論理氣。悉從頓悟。嘗與朝鮮使者金世濂。論辨四端七情。歷事四主。爲儒臣

皆得恩遇。蓋東武爲置太學頭之職。以處焉。」明曆三年(正月二十三日)卒。年
七十五。私諡文敏先生。「[2]從享神田孔子聖堂。」(所)著書百四十餘部。(詩
文)<u>文與詩六十卷</u>。號羅山文集。(其子春齋。其子春常。相續爲幕府儒臣之
長。而元祿年中。有公命以僧官不應。其職春常。任從五位。國主祭酒。○太
學頭之唐名。中興儒門之規模也。)「[3]子恕。號鵝峯。孫信篤。號整宇。世襲
太學頭。信篤子信充。信充子信愛」

여기서도 역시 아무런 표시가 없는 부분은 『청령국지』 '임도춘'조에서
『화한삼재도회』의 정보를 그대로 인용한 것이고, ( )은 『화한삼재도회』
에만 있는 부분, 밑줄은 『청령국지』 '임도춘'조에서 요약된 부분을 표시
한 것이며, 마지막으로 「 」은 이덕무가 다른 서적을 이용해 삽입한 정보
이다. 「 」의 [1]에서 "일찍이 조선 사신 김세렴과 사단칠정을 논변한 적
이 있었다. 대대로 네 쇼군을 섬겼는데, 유신이 되어 모두 은택을 얻었
다. 에도막부가 태학두의 직을 설치하여 그들을 등용하였다."고 한 부분
은 1636년 부사로 일본에 갔었던 김세렴(金世濂, 1593~1646)의 사행일기
『해사록(海槎錄)』에서 취한 것이고, 「 」의 [3]에서 "아들 죠(恕)는 호(號)
를 가호(鵝峯; 林鵝峯, 1618~1680)이라 하고, 손자 아츠노부(信篤)은 호를
세이우(整宇; 林鳳岡, 1645~1732)라 하는데, 태학두를 세습하였으며, 아츠
노부의 아들은 노부미즈(信充; 林榴岡, 1681~1758)이고, 노부미즈의 아들
은 노부히데(信愛)이다"[27]라고 한 부분은 1764년 통신사가 당시 비서감이
었던 하야시 노부히데와 그의 아버지 태학두 하야시 호코쿠(林鳳谷; 林信

---

27 본래 하야시 노부미즈(信充; 林榴岡)의 아들은 하야시 호코쿠(林鳳谷; 林信言)이고
하야시 노부히데(林信愛)는 호코쿠의 아들이다. 즉 죠(恕; 林鵝峯)-아츠노부(信篤; 林
鳳岡)-노부미즈(信充; 林榴岡)-노부코토(信言; 林鳳谷)-노부히데(信愛) 순이다. 그
렇다면 노부히데는 노부미즈의 손자인 셈인데, 여기에서 "노부미즈의 아들은 노부히데
다"라고 한 것은 이덕무가 잘못 기록한 것이다.

言)를 만나고 기록한[28] 사행일기에서 취한 것이다. 그러나 "라잔이 이기 (理氣)를 논한 것은 모두 돈오(頓悟)를 좇은 것이다"[29]고 한 부분은 이덕무가 하야시 라잔에 관한 정보를 수집한 뒤 내린 '추론'이다. 이와 같은 편집 방식은 '이등유정'조에서도 보이는 데, 이토 진사이의 서적을 읽고 그 안의 정보를 재구성한 뒤, "대개 양명을 존숭하여 지나치게 높였다(盖宗陽明而過高者也)"고 한 부분 역시 정보를 자기화하는 과정 중에 추론한 것에 해당한다고 볼 수 있다. 즉, 전술의 『화국지』에서 원중거가 첨가한 해석이 주관적 인상 비평이라면 추론은 수집한 정보를 토대로 내리는 판단이라 볼 수 있다.

이러한 편집 방식은 「인물」 항목 외에도 「풍속」에서도 찾아볼 수 있다. 이덕무는 「풍속」의 첫 부분을 『해동제국기』에서 발췌하고 요약한 다음, 자신의 추론을 아래 덧붙이고 있다.

> 倭人。習性强悍。精於劍槊。慣於舟楫。男子斷髮而束之。佩短劍。婦人。拔其眉。而染其齒。黛其額。背垂其髮。而續之以髢。其長曳地。相遇蹲坐以爲禮。道遇尊長。脫鞋笠而過。人家。多以木板蓋屋。喜啜茶。路傍置茶店。人家處處。千百爲聚。開市置店。富人。取女子之無歸者。容飾之。引過客留宿。饋酒食。收其錢。故行者不齎粮。大抵其俗所尚。一日神。二日佛。三日文章。江戶之爲國。一日武。二日法。三日智詐。[30]

---

28 『日觀記』二月二十二日, 『海槎日記』二月二十二日.

29 김세렴의 『海槎錄』에도 성리학을 논하는 하야시 라잔의 주장에 돈오의 주지가 있다고 평가한다. (『海槎錄』十二月十三日)이것을 '요약'으로 보지 않고 '추론'으로 보는 이유는 객관적 정보의 인용과 생략은 '요약'이라 말할 수 있으나, 주관적 정보가 유사한 부분은 '같은 판단을 내렸다'고 보고 '추론'으로 분류하였다.

30 『蜻蛉國志』「風俗」.

위의 글에서 강조표시한 것이 이덕무의 평이다. 이것은 그가 일본에 관한 정보를 수집하면서 일본의 풍속에 대한 인식이 어떠하였는지 보여주는 예로, "그들의 풍속이 숭상하는 것은 첫째가 신(神)이고, 둘째가 부처이고. 셋째가 문장(文章)이다. 에도 막부가 나라를 다스리는 방법은 첫째가 무(武)이고 둘째가 법(法)이고 셋째가 지사(智詐)"라고 추론하고 있다.

『청령국지』는 대부분 객관적 차원의 정보의 나열로 구성되어 있다. 그 정보는 대부분 『화국지』, 『화한삼재도회』, 『화한명수』, 『일본기』, 『해동제국기』 등을 통해 수신된 것이다. 이덕무는 수집한 정보 중 그 내용이 상충되는 것을 비교, 정리하였으며 그 중 보다 타당하다고 여겨지는 정보를 나열, 요약하는 한편, 조선 지식인의 입장에서 기존의 정보를 재구성하였다. 그리고 이와 같은 정보의 자기화 과정을 거친 후, 대상에 대해 추론하였다.

그렇다면 어떤 목적을 달성하기 위해 이와 같은 지식화의 방식을 동원한 것일까? 그리고 이것은 당대의 지식에 대한 관점과는 어떤 관계를 맺고 있을까?

사실 『청령국지』는 자서(自序)가 존재하지 않기 때문에 이덕무의 직접적인 편집 의도는 알 수 없다. 그러나 『청령국지』의 독자들은 『청령국지』를 '비왜(備倭)'의 차원에서 읽어야 한다고 보았다. 아래는 유득공과 서유구가 쓴 서문이다.

유득공의 청령국지서
문 밖을 나가지 않아도 사방의 오랑캐의 일을 아는 것은 글을 읽는 이[讀書人]가 아니면 할 수 없으며, 진실로 글을 읽는다는 것은 뜻을 가진 선비가 아니면 할 수가 없다. 아! 나의 고우(故友) 이무관이 어찌 한낱 글 읽는 이라고 할 수 있겠는가! 나는 일찍이 무관과 함께 명을 받아 역대병지(歷代

兵志)를 편찬하였다. 초고가 완성되어 입시(入侍)하였는데, 주상께서 말씀하시길, "중국의 경우 주나라부터 명나라에 이르기까지, 우리 동국의 경우, 신라·백제·고구려부터 지금에 이르기까지 지금 모두 알고 있다. 여진·몽고·일본·유구는 단지 우리 남쪽과 북쪽의 이웃일 뿐이 아니지 않은가. 그 군진(軍陣)의 제도를 모르면 안 된다. 너희들은 속찬하여 올리도록 하여라."고 하셨다. 물러나와 내가 무관에게 이를 이르고 "내각에 이와 같은 책이 없을 것이 염려되니 어찌하면 좋겠는가" 하니, 무관이 "내가 가지고 있다오."라고 하고 상자를 찾더니 깨알 같은 글씨가 적힌 책[蠅頭書]을 꺼냈다. 북쪽 오랑캐 및 해외 모든 나라의 일이 매우 자세하였다. 결국 채집하여 책을 완성하여 진상하였다. (중략) 일본은 후한 때부터 대방(帶方)에 속하여 진수(陳壽)가 처음으로 입전하였다. 그러나 먼 바다 밖에 있어 중국의 정벌이 미치지 못하여 그 나라의 요령을 얻지 못하였다. 무관이 이 국지를 편찬하여 그 나라의 역사와 위황의 연대와 관백의 시말부터 산천, 도리, 풍요, 물산, 서남의 모든 번과 오고가는 이르기까지 사실에 근거하여 쓰지 않은 것이 없으니 고증한 것이 정밀하고 자세하다. 풍문과 허망한 말이 없으니 국내에 있는 자는 그것을 참고하여 족히 선린(善隣) 할 수 있고, 국외로 나가는 자는 그것을 참고하여 족이 그 나라를 염탐할 수 있으니 어찌 패관잡기로써 볼 것인가! 괴이쩍게도 지금 사대부는 해역 방비를 맡고서도 표류선이 한번 도착하면 그들의 돛을 보고, 그 옷을 보고, 그 말을 듣고, 그 모습을 살피고도 어떤 나라 사람인지 알지 못한다. 외국의 배가 들어와 조사하고 심문할 적에 어찌 이 기록을 가져다가 읽어서 해외 모든 나라의 정세를 파악하지 않는가![31]

---

31 不出戶而知四夷之事。非讀書人不能。苟讀書矣。而非有志之士。亦不能。嗟吾故友李懋官豈徒讀書人云乎哉。余嘗與懋官承命撰次歷代兵志。艸藁成入侍。上曰中國而自周至于皇明。我東而自新羅百濟高句麗至于勝國。今皆可知矣。女眞蒙古日本琉球。獨非我南北之隣乎。不可不知其軍陳之制。爾等其續撰以奏。既退余謂懋官曰內閣恐無此種書奈何。懋官曰我有之矣。搜其篋得蠅頭書。北虜及海外諸國事甚悉。遂採輯成書以進。又嘗與同坐。有築垣役夫自言漂到日本之長碕島者。懋官擧阿蘭陀人狀貌以詰之。役夫大驚曰公於何年游彼國乎。坐皆大笑。其知四夷之事皆此類也。世以懋官爲讀書人

서유구의 청령국지서

(전략) 또한 역대 정사를 살펴보면, 반드시 외이를 전하는 데 대개 오직 대일통의(大一統) 뜻뿐만이 아니라 그 반란·복종이 반복되어 중국의 이로움과 해로움이 되는 것은 마땅히 상세히 나열해야 하고 기미(羈縻)재어(制馭)의 기술을 알지 못해서는 안 된다. 우리나라는 동방의 모퉁이에 편벽되게 처하여 있어 사대(事大) 외에 오직 일본과 이웃을 하고 있다. 그러나 지금까지 국지(國志)가 없었으니 어찌 마땅히 해야 할 일을 빠뜨린 게 아니겠는가. 그러니 나는 이 책이 반드시 전해져 장차 뒷날의 역사를 서술하는 자가 여기에서 취함이 있으리라는 것을 안다. 이군의 이름은 덕무이다. 전주의 성이다. 가문을 일으켜 규장각 검서관이 되어 박학하였고 시에 뛰어났고 저술은 더욱 잘하였다.

이는 진실로 나라를 경영하는 수단이니 교린의 정탐이 그 대략(大略)이다. 중간에 필묵이 번무(翻舞)하고 언외(言外)의 슬픔이 노출되어 사람을 감동시키기 족함이 있다.[32]

則信矣。謂之資博識廣異聞而已。則不知懋官者也。今焉長逝矣。誰與縱談當世之務乎。所著書有蜻蛉國志二卷。蜻蛉國者。日本別稱。其國地形有似蜻蛉故云。日本自後漢時屬於帶方。陳壽始立傳。然處乎重溟之外。中國征討之所不及。故莫得其要領。懋官撰此志。因其國史。僞皇年代闕自始末。以至山川道里風謠物産。西南諸蕃往返交易。莫不據實而書。考覈精詳。無風聞鑿空之語。爲邦者資之。足以善隣。出彊者資之。足以覘國。惡可以稗官雜記目之哉。竊惟夫今之士大夫出典海防。漂船一到。望其帆見其衣聞其語審其貌。而不知爲何國之人。問情一差。下理勘律。何不取此記而讀之。以知海外諸國之情狀乎。(『楓石集』「蜻蛉國志序」)

32 蜻蛉。古日本國名。當周幽王時。有狹野者立國于和州畝傍山之東南橿原。國號豐秋津洲。日本人謂蜻蛉爲秋津。以其地形似之也。後漢光武時。始通中國。史稱倭奴。亦稱野馬是也。至唐咸平中。自謂居近日出。更國號曰日本。後世因之。地環海居天下之東北。與我國相鄰。故其風俗版輿。往往見於我國記籍。如海東諸國記日本行錄之類甚衆。今積城令李君懋官薈萃博采。撰蜻蛉國志二卷。而以序屬余。余開按圖史。岱淵以東。琉球呂宋蝦夷之屬雜國以十數。日本最大。又能通異國資有無。貨財輻湊。民殷兵強。勝國以來。數爲邊患。至皇明萬曆間。平秀吉爲關伯。聲言入寇中原。先犯朝鮮。七道糜爛。三都蒿萊。我昭敬王西駐義州。乞救于天朝。神宗皇帝赫然震怒。遣提督李如松統兵討之。王師所臨。摧飄席卷。東土數千餘里不日而復。復遣游擊將軍沈惟敬。

유득공과 서유구는『청령국지』를 일본의 정세를 파악하여 병란을 예방하기 위해 필요한 책으로 보았다. 이것은 이덕무가『편서잡고(編書雜稿)』「병지비왜론(兵志備倭論)」에서 보여주는 국가 안보의식차원의 정보수집의 목적과 동일하다.[33] 특히『청령국지』의 일본의 지리를 기록한「여지」, 일본의 군대와 진법을 기록한「병전」, 일본에 대한 정보 외에 외국의 사정에 대해 상세히 기술한「이국(異國)」의 항목은 분명 비왜에 유용한 지식을 담고 있었다.

『청령국지』의 편집의 또 다른 목적으로는 '경사(經史)의 보완'과 '이용

卽其國議和。璽書錫封。威恩幷加。深得古聖王君天下之體。何其盛也。今覽國志。秀吉兵敗恚死。不再傳而國內亂。源家康滅平氏而代之。自是和議益固。與民休息。傳其孫吉宗。待我使甚款。交鄰之禮。勿懈益虔。東南州郡。晏然無干戈之警。二百年于玆。而我國亦自壬辰以後。恪遵天朝約束。置前日之釁。聘問相加。使節往來。凡其山川風土都鄙道里瘴雨蠻烟之異俗。登于紀述。入于裝橐者益富以盛。志之成適際是時。故最纖詳可喜。而抑知神宗皇帝保育涵濡之澤。如是之久且遠哉。又按歷代正史。必傳外夷。蓋不惟大一統之義。亦以其叛服去來。能爲中國利害者。所宜詳列。而羈縻制馭之術。不可不知也。我國僻處東陲。事大之外。惟與日本相鄰。而訖于今志尙亡有。詎非闕歟。然則是書也。吾知其必傳。而後之修史者。亦將有取於斯云爾。李君名德懋。完山國姓。起家爲奎章閣撿書博學。工詩尤長著書。

此眞經國手段。交隣觇隣。蓋大略也。中間筆墨翻舞。露出言外之悲。有足動人。炯庵。（『楓石鼓篋集』卷第一 洌上徐有榘準平「蜻蛉國志序」）

33 전라 좌수영에서 도망간 표류민에 대해 대마도주가 서계(書契)하여, '아란타(阿蘭陀)는 바로 일본(日本)의 속군(屬郡)인데, 지금 귀국에 머물러 있던 여덟 사람이 장기로 도망왔다'고 하였는데, 그제서야 우리나라는 그 표류인이 아란타인이라는 것을 알았을 뿐만 아니라 아란타가 일본의 속군이 아님을 분별하지 못하고 그대로 믿어버렸다고 비판하면서 평소에 외국의 정세에 자세히 알아야 한다고 생각하였다. (十四年。留置全羅左水營者八人。潛乘漁舟。逃至長碕。對馬島主書契。有曰。阿蘭陀。卽日本之屬郡。而今留貴國者八人。逃來長碕。又曰。其餘留在貴國之人。必是學習耶蘇者。執言恐喝。要索權現堂香火之資。我國雖始知漂人爲阿蘭陀。而亦不深辨其非日本之屬郡也。日本狡悍。爲我强隣。而駕馭蝦夷。牢籠紅毛。惟其指使。如虎傅翼。天下之事變無窮。而患生於所忽。平常無事之時。不可不商確。四方蠻夷之情狀。亦不可以窮遠荒絶。忽而易之也。『靑莊館全書』「編書雜稿」兵志備倭論)

후생(利用厚生)'을 추정할 수 있다.[34]

우리들이 20년 전에 백가서를 섭렵하여 풍부하다 하겠으나 궁극적 뜻은
바로 경사를 완전하게 하기 위함이고, 책을 저술하여 모범을 만들려고 한
것은 경제실용에서 벗어나지 않았네. (중략) 삼백편시(三百篇詩)·소부(騷
賦)·고일(古逸)과 한(漢)·위(魏)·육조(六朝)·당·송·금·원·명·청과 신
라·고려·본조로부터 안남(安南)·일본(日本)·유구(琉球)의 시에 이르기까
지 위아래로 하면 3천 년, 가로 세로로 하면 1만 리 끝까지 안력이 다하여
조금도 빠뜨리지 않아 감히 자부하기를 '고인들에게 양보할 것이 없네'하였
고, 간간히 그 좋아하는 바를 따라 종종 따라하거나, 한번 시험 삼아 그것을
방탕유희하게 해 보았네. 혹은 별도로 체재를 만들고자 하였으나 그 쓰임을
받지 못하였고, 점점 스승이 많아졌으나 끝내 비난과 어긋남으로 돌아갔다
네. 고달픔에 맑고 탈속함에 이르지 못하니 스스로 그 점차 물들어 감을
깨닫지 못했다오.[35]

이덕무는 젊은 시절 박제가와 더불어 다독(多讀)을 하고 박학(博學) 자
체에 빠져 들기도 하였으나, 배움의 본래 목적은 경사의 보완과 이용후
생을 위한 것이라 하였다. 경사의 보완은 전통적인 관점이라면 이용후생
은 연암그룹의 새로운 관점이다. 천황의 연대를 상고한 「세계」, 일본의
사서(史書) 목록과 학문의 전래와 유명한 문인들에 대한 기록인 「예문」
등의 항목은 경사의 보완에 필요한 정보, 일본의 경제·사회 사정을 다

---

34 吾儕二十年前 汎覽百家 亦云富有 畢貴歸處 卽全經全史 而著書立言 不出經濟實用間
(刊本『雅亭遺稿』「文」 與朴在先齊家書)

35 吾儕二十年前 汎覽百家 亦云富有 畢貴歸處 卽全經全史 而著書立言 不出經濟實用間
(中略) 盖自三百篇蘇武古逸漢魏六朝唐宋金元明淸羅麗本朝 以至安南日本琉球之詩 上
下三千年 縱橫一萬里 眼力所湊 不遺錙銖 自謂不敢多讓於古人 而間嘗隨其所好. 種種
倣傚 一試爲之 放蕩遊戲 或者意欲別裁而未受其用 轉益多師而終歸疵駁 苦未抵于淸
脫. 自不覺其漸染歟. (刊本『雅亭遺稿』「文」 與朴在先齊家書)

루는 「기복」·「물산」 등의 항목은 이용후생과 관련된 정보를 담고 있다.

그런데 유의해야하는 점은 독자들이 『청령국지』에서 비왜, 경사의 보완, 경제실용이라는 의식을 유추하여 찾을 수 있을 뿐이지 이덕무가 그러한 의식을 직접적으로 드러내지 않는다는 점이다. 처음부터 그의 편집 방식인 비교, 요약, 재구성, 추론 자체가 어떤 목적의식을 분명히 하는 데 효과적인 방식은 아녔다. 그리고 이와 같은 편집방식은 동시대 일본 연구서인 『화국지』가 비왜의 목적의식을 분명히 제시하는 '해석'이라는 편집 방식을 취하고 있는 것과 구별된다.

『화국지』는 『청령국지』와 달리 비왜에 대한 의식 및 성리학적 입장을 제시하는데 효과적인 방식인 '해석'[36]이 다수 존재한다. 두 책에 모두 "일본 사람은 총명하고 숙성하므로, 4~5세에 능히 붓을 잡고 10세 즘에는 모두 시를 지을 줄 알며, 시를 잘 짓고 글씨를 잘 쓰는 여자가 매우 많다(大抵日本之人。聰明夙慧。四五歲能操毫。十餘歲。咸能作詩。女子之能詩工書者。甚衆。)"는 문장이 있는데, 이덕무는 이 문장을 '시문서화명인(詩文書畵名人)'조에 두고 그 뒤에 일본 문인의 인명을 나열하는 것으로 조목을 마무리하였다. 반면 원중거는 이 문장을 '시인문인(詩人文人)'조 끝 부분에 넣고 그 뒤에 "거의 당나라 사람들의 시와 같고, 그 외에는 다른 일이 없는 것 같다"는 해석과 주자의 학문을 모르는 것이 그들의 한계라는 해석을 첨가하였다.[37] 그 외에도 원중거는 『화국지』에서 일본의 문예에 대해 기록을 남기는 이유에 대해 "일본인들이 나가사키에서 서적을 수입하

---

36 본고에서는 해석과 추론을 나누어 쓰고 있다. 해석은 주관적 관점을 가지고 대상에 대해 논의하는 것이라면, 추론은 정보를 수집한 뒤 이를 근거로 삼아 내리는 판단을 의미한다.

37 원중거 저, 이혜순 감수, 박재금 옮김, 『화국지: 와신상담의 마음으로 일본을 기록하다』, 소명출판, 2006, 281~282쪽.

면서 학문의 발전을 이루었는데, 비루한 오랑캐라고 해서 그들의 학문 사정에 대해 알기를 소홀히 하면 안 되기 때문"이라고 하였다.[38] 그러나 이덕무는 『청령국지』 「예문」에서 대부분 『화한삼재도회』를 요약하고, 그 정보를 바탕으로 간간이 추론을 할 뿐이다.[39]

오히려 『청령국지』는 독자들이 일본에 관한 정보를 찾아보기 편리한 편집형태를 가지고 있다. 또한 기존의 중국사서보다 당대 생활지(生活誌)의 성격이 강한 화한삼재도회(1712년)를 신뢰하고 인용했다는 점에서 실용서로서의 성격을 보여준다.[40] 즉, 이덕무는 『청령국지』에서 중국 외 타국에 대해 관심을 갖고 이에 대한 정보를 통신사에 의한 전문(傳聞)과 당대의 연구서를 통해 수집, 나열하고 때때로 독자의 편의에 맞춰 재구성, 추론으로 변형하고 있는 것이다. 또한 이러한 편집방식은 지식을 인간의 본성 또는 존재론에 대한 것으로 한정하고 명상을 통해 세계를 인식하는 기존의 사유방식에서 벗어나,[41] 지식을 용도에 따라 분류하여 유서(類書)

---

38   원중거 저, 이혜순 감수, 박재금 옮김, 『화국지: 와신상담의 마음으로 일본을 기록하다』, 소명출판, 2006, 277쪽.

39   예로 들어 11) 漢字音의 경우, 『화한삼재도회』 第十五卷의 五音縱橫相通圖 · 四聲響과 漢音吳音 · 切字와 四聲의 조목을 요약하고 이 정보를 바탕으로 "유서(儒書)에서는 한음(漢音)을 많이 쓰고, 불경(佛經)에서는 오음(吳音)을 많이 쓴다. 대저 왜인의 말소리는 윗니와 윗입술에 엇걸려서 나오는데, 첫소리는 가볍고 맑으며 끝소리는 흩어지고 올라간다(凡儒書。多用漢音。佛經。多用吳音。大抵倭音。戛出於上齒上脣。初聲輕淸。終聲散揚。)"라고 추론한다.

(『靑莊館全書』「蜻蛉國志一」)

40   류사와 타케시는 『화한삼재도회』은 현실 세계를 중시하는 경향을 드러내고 있으며, 생활지이자 민속지로서의 성격이 강하며 독자들의 편의를 중시하였다는 점에서 특징이 있다고 하였다. (류사와 타케시, 「일본의 "유서(類書)"에서 백과사전에 이르기까지」 -18세기 『와칸산사이즈에(倭漢三才圖會)』를 중심으로」, 『쌀삶문명 연구』 2권, 쌀 · 삶문명연구원, 2009, 125쪽)

41   조선 사대부들이 생각했던 지식이란 인간의 본성 또는 존재론에 대한 지식이었다. 조선 중후기는 성리학적 지식관을 바탕으로 하여 사대부들이 주도하는 위계적인 성리

를 편찬하였던 실학자들의 학문 경향과 연결되는 부분이기도 하다.[42]

당시의 실학자들의 공통 현상으로 지적할 수 있는 것이 박학다식의 경향이고, 이런 경향을 가장 잘 표현한 것이 유서와 같은 백과전서류의 학문방법이었다.[43] 전술과 같이 비록 명분은 경사의 보완과 이용후생을 위한 것이었으나, 젊은 시절 이덕무와 박제가에게 있어 박학은 좋아하는 것이 생기면 따라 해보기도 하고 시험 삼아 여기저기 적용해보던 것으로 지식 자체에 대한 흥미에서 비롯된 것이다. 이것은 그가 '간서치(看書痴)', 즉 독서와 그것을 기록하는 데 있어 벽(癖)의 성향을 보였던 것과도 관련 지을 수 있다.[44] 특히 이덕무가 일본 정보에 대해 벽의 성향을 엿볼 수 있는 예로 유득공의 시 「귀후가(鬼鱟歌)」가 있다.[45] 이덕무의 문도들이 귀

학적 지식질서의 구축이 모색되었던 시대였다. (이승환, 『유교담론의 지형학: 근대 이후 유교 담론에 관한 정치철학적 고찰』, 푸른숲, 2004) 이 시기에 비록 실학적 지식의 생산에 관심을 보였던 서울 근교의 비주류 지식인들도 있었으나, 당시 주류를 이루었던 노론 세력은 실학적 지식 생산에 적극적으로 참여하지 않았다.(유봉학, 『조선후기 학계와 지식인』, 신구문화사, 1998)

42 실학자들은 일반 검색 외에도 시문 창작, 과거시험, 초학자 및 동몽교재, 일상생활 및 상식 등의 용도의 실용서들 편찬하였다.(최환, 『한중유서문화 개관』, 영남대학교출판부, 2008, 104쪽)

43 최환, 『한중유서문화 개관』, 영남대학교출판부, 2008, 100쪽.

44 박지원은 행장(行狀)에서 이덕무가 독서하기를 좋아하고 기록하는 데 벽(癖)이 있었다고 평하였다. (『刊本『雅亭遺稿』第八卷 또한『간서치전(看書痴傳)』의 인물 역시 이덕무 그 자신의 이야기이기도 하였다.(정민, 『18세기 조선 지식인의 발견』, 휴머니스트, 2007, 102쪽))

45 倭漢三才圖會。鬼鱟或稱鬼面蟹。有勇士秦武文戰死攝州之兵庫海。化此蟹。故又名武文蟹。懋官門徒得諸蝦醯中獻之。其殼微紅。眉眼口鼻悉具。盖亦異物也。
　　日本壯士秦武文。鬪死攝州滄海濆。海中多産鬼面蟹。土人云是秦將軍。秦將軍擁劍大怒嗟已矣。悲啼冷哂縱橫紋。當時一斗臨陣酒。至今雙頰微騰醺。靑莊道人得之喜。對客揮麈誇異聞。東隣柳子見之歎。拔劍起舞凌靑雲。君不聞雲峯之役斫殺兒拔都。佟公一箭收奇勳。又不聞南州義士夜刺小西飛。平壤城中沫賊氛。蠹石之樓高百尺。旋風吹碎榴花褰。樓下千季論娘碼。世間男兒徒紛紛。嗚呼男兒有志請纓去。安用屹屹長抱

면해(鬼面蟹)를 가져오자 그는 『화한삼재도회』에서 이 게를 본 것을 기억
하고[46] 기뻐하며 이 게에 대한 유래를 유득공에게 설명하였던 것 같다.
이에 대해 유득공은 역사상 일본 장수를 물리친 위인들의 전고를 든 후,
'남자라면 나라를 위해 왜적을 잡으러 갈 생각을 해야지. 어찌 벌레나
물고기에 대해 주석 달기만을 골몰하는가!'하고 그를 놀리는 시를 쓴 것이
다. 이 시는 이덕무가 일본 정보를 수집하였던 것이 어떤 수단적인 이
유보다는 지식 그 자체를 목적으로 하였음을 시사한다.[47]

　『청령국지』은 비왜, 경사의 보완, 이용후생 등의 복합적 의식의 소산
이면서 편집 방식은 유용한 지식의 추구를 보여준다. 그 바탕에는 이덕
무의 지식 자체를 목적으로 하는 일본 정보에 대한 지적 호기심이 있는
데, 이는 당대 실학자들의 지식자체를 목적으로 하는 유서 편찬의 경향
과도 연결되는 것이다.[48]

　蟲魚疏. (『泠齋集』「古今體詩」鬼鱟歌贈懋官)

46　『和漢三才圖會』卷第四十六.

47　이와 같이 박물지류의 서적의 저술에 대해 유봉학은 '실학적 지식 생산'이라고 보았
　　다. 이러한 종류의 실학적 지식 생산에는 주로 서울 근교의 비주류 지식인들이 관심을
　　보였던 반면, 당시 주류를 이루었던 노론 세력은 적극적으로 참여하지 않았다. 이러한
　　종류의 실학적 지식들은 '지식 그 자체를 목적'으로 삼을 뿐이라고 인식되었으며, 그러
　　한 지식은 성리학적 지식질서에 기여한다고 생각되지 않았기 때문이다.(유봉학, 『조선
　　후기 학계와 지식인』, 신구문화사, 1998 참조.)

48　유봉학은 실학자들이 지방의 풍속에 대한 경험적 지식 정보를 담은 박물지류의 서적
　　을 펴내기도 하였으며, 임신이나 출산, 가사일, 염색일 등에 대한 출판이 이루어지기
　　도 하였는데, 이러한 종류의 실학적 지식들은 지식 그 자체를 목적으로 삼는 경향성을
　　보여준다고 하였다.(유봉학, 『조선후기 학계와 지식인』, 신구문화사, 1998)

조선시대 표류를 통한 해외 정보의 수집과 활용의 추이

최영화
연세대학교

1. 머리말

본고는 조선시대 표류(漂流)를 통한 해외 정보의 수집과 활용의 추이를 검토하는 것을 목적으로 한다. 표류는 항해 도중 돌발 상황에 의해 불가항력적으로 배가 이국(異國)이나 이역(異域)으로 흘러가는 해난 사고를 지칭하는 말이다. 해외여행과 사적인 대외무역이 금지되었던 조선시대에 표류는 외부와 소통할 수 있는 중요한 통로였다. 표류를 통해 다양한 문화 접촉과 문화 교류가 이루어지기도 했고, 표류민이 겪은 이색적인 체험은 동시대 사람들에게 많은 관심거리가 되기도 했다.

표류민의 견문은 현지에서 비교적 장기간에 걸친 체험에 바탕을 두고 있기에 중요한 정보적 가치를 지니고 있다. 폐쇄적인 당시의 상황으로부터 볼 때, 표류민을 통한 주변 나라에 대한 정보 습득은 국가적으로도 매우 유용한 것이었다. 외부세계에 대한 관심과 동경은 열린 사고를 가진 앞서가는 지성들의 공통적인 특징이다. 조선시대의 일부 지식인들은 외부 소통의 경로로서 표류의 장점에 주목하여, 표류와 표류민을 통해 외국에 대한 새로운 정보와 지식을 얻고자 하였다.

조선시대에 표류를 통해 수집한 해외 정보는 가치는 줄곧 당대 정부와 지식인들의 주목을 받았지만, 시대의 변화에 따라 정보 수집의 주체와 해외정보의 활용 방식은 서로 다른 양상을 보인다. 표류를 통한 해외 정보의 활용은 당시의 시대적 배경과 밀접한 연관을 가지면서, 시대별로 다른 양상으로 전개되었던 것이다.

조선시대 표류를 통한 해외 정보의 수집과 활용의 추이를 검토하기 위해 본고는 다음과 같이 연구를 진행하고자 한다. 우선, 표류를 통해 유입된 정보의 특성과 가치에 대해 알아보고자 한다. 다음으로, 조선시대를 조선전기와 후기로 나누어 시대별로 어떠한 주체가 표류를 통해 유입된 해외 정보에 관심을 가지고 구체적으로 어떻게 해외 정보를 수집했는지에 대해 살펴볼 것이다. 마지막으로, 표류를 통해 유입된 해외 정보가 어떠한 양상으로 수용되었으며, 표류를 통한 해외정보의 수집과 수용이 당대 사회에서는 어떠한 의미를 가지고 있었고, 후대에 어떠한 영향을 미쳤는지에 대해 살펴볼 것이다.

이를 위해, 본고에서는 '해외 정보'라는 용어를 어떤 주체가 외부로부터 습득한 이국 정황(異國 情況)에 대한 유의미한 모든 소식이라는 의미로, '지식화'라는 말은 상대적으로 '날 것' 상태의 정보를 선별, 분류, 가공, 분석하는 과정을 거쳐 체계화하는 작업을 가리키는 용어로, '지식'이라는 말은 지식화 과정을 거쳐 만들어진 앎의 총체적 활동과 결과라는 의미로 개념을 설정하여 논의를 전개할 것이다.[1]

이러한 작업은 조선시대 정부와 지식인들이 소통의 경로로써 표류를 어떻게 인식하고 있었는지, 표류라는 경로를 통해 유입된 해외 정보를 어떻게 이해하고 접근하였는지, 이러한 해외 정보들은 조선 사회에 어떠

---

1 피터 버크, 박광식(옮김), 『지식, 그 탄생과 유통에 대한 모든 지식』, 현실문화연구, 2006, 참고하여 필자가 개념과 범주를 확정하였다.

한 영향을 미쳤는지에 대해 추적하는 과정이 될 것이다. 즉, 폐쇄적인 전근대시기에 표류라는 해상 사고가 조선 사회에 미친 영향을 추적해보고, 조선의 지성사적 흐름에 있어서 표류를 통해 유입된 정보와 지식이 구체적으로 어떠한 역할을 하였는지를 조명하는 것이 본고의 목표이다.

2. 표류 체험의 기록 및 기록의 특성

조선시대에는 표류가 빈번하였다.[2] 남아있는 기록이 실제로 발생한 표류의 빈도에는 못 미치지만, 그래도 적지 않은 표류사건들이 다양한 형태로 기록되어 현재까지 전해지고 있다. 우선, 표류 기록은 기록의 성격에 따라 공적 기록과 사적 기록으로 양분해볼 수 있다.

표류민의 송환과 처리는 나라간의 외교에 관계되는 큰 사안이었다. 폐쇄적인 당시의 상황으로부터 볼 때, 표류민을 통한 주변 나라에 대한 정보 습득은 국가 입장에서 매우 유용한 것으로, 국가의 외교 정책에 직접적인 영향 요인이 되기도 하였다. 그래서 외국인이 표류해오면, 해당 관아에 보고되고 관련 부서의 담당관원이 조사를 진행하여 등록의 형태로 기록하여 보존하였다. 이러한 공적인 표류기록은 특정 지침에 의해 작성된 것[3]으로 보이는 실무적이고 비문학적인 텍스트들이 다수이다. 공

2　조선시대에 해안가에 살았던 사람들은 여러 가지 목적으로 한반도 본토를 오가면서 가깝게는 중국, 일본, 유구 등지로 표류한 적이 있으며, 멀게는 呂宋(필리핀), 안남, 대만 등지까지 표류했다가 송환되었다. 해양 활동이 증가된 조선후기에 들어서 표류는 더욱 빈번해졌다. 계절풍과 해류의 영향으로 조선인이 이국으로 표류해 갔던 것과 마찬가지로, 일본인, 중국인, 안남인, 유구인, 여송인 등 동아시아 각국의 외국인들도 자주 조선의 연해에 표류해 왔다.

3　당시 외국 표류민에 대한 처리는 주로 備邊司에서 관장하였다. 비변사가 표류민을 처리하는 지침은 『萬機要覽』의 비변사 所掌目錄 漂到人 조항에 상세하게 규정되어 있

적인 표류 기록은 조선인의 해외 표류 기록과 외국인의 표래(漂來) 기록
을 모두 포괄한다.

조선시대에 발생했던 표류는 관변 기록인 『조선왕조실록(朝鮮王朝實錄)』,
『통문관지(通文館志)』, 『비변사등록(備邊司謄錄)』, 『변례집요(邊例集要)』,
『동문휘고(同文彙考)』, 『표인영래등록(漂人領來謄錄)』, 『표왜인입송등록
(漂倭人送謄錄)』, 『제주계록(濟州啓錄)』 등 문서에 기록되어 있다.

표류는 공적 기록 외에도 개별적인 감정과 체험을 기록한 사적(私的)인
기록의 형태로도 작성되었다. 국가차원의 수요를 제쳐놓고 표류자의 개
인 입장에서 볼 때, 생사를 넘나드는 표류 과정과 타국의 이색적인 풍물
이나 문화로부터 받은 충격은 엄청난 것이었기 때문에 표류자 자신도
이를 기록하고자 하는 욕구가 강하였다.[4] 그래서 문장 구사가 가능한 표
류민은 스스로 표해록을 작성하였다. 이를테면, 『표해록(漂海錄)』(1488)의
저자 최부는 표착지에서부터 『표해록』의 집필을 준비하였고,[5] 작품의 체
제는 충실한 기록을 위한 일록(日錄)의 형식을 채택하였다. 『승사록(乘槎
錄)』(1818)의 저자 최두찬(崔斗燦) 또한 표류하는 배에서 『승사록』을 집필
하기 시작하여, 표착지에 이르러서도 일록의 형태로 꾸준하게 표해록을
작성하였다. 최근에 새로 발굴된 이방익(李邦翼)의 한글 『표해록』 역시
자신의 체험을 기록하고자 하는 표류 주체의 열망을 보여주었다.[6] 『표해

다. 『국역 만기요람』 II, 군정편1, 비변사 소장사목 漂到人條. (고석규, 「조선시기 표
　　류경험의 기록과 활용」, 『島嶼文化』 제31집, 2008, 18쪽.)

4　긍정적으로 생각하면 표류는 계획되지 않은 여행이다. 기록은 여행과 밀접한 연관을
　　가지고 있으며, 새로운 체험은 기록했을 때 비로소 자기화가 가능해진다. 또한 기록을
　　통해 주변에서 벌어지는 모든 일들의 흔적을 다양한 방식으로 남기고자 하는 인간의
　　욕구 또한 무궁무진하다.

5　김미선, 「최부 『漂海錄』의 기행문학적 연구」, 전남대학교 석사학위논문, 2006, 10쪽.

6　李邦翼은 임진왜란 이후 조선인으로는 가장 먼 지역을 돌아본 인물로, 제주도 앞바다
　　에서 표류하여 대만, 하문, 북경을 걸쳐 조선으로 돌아온 사람이다. 당시 임금이었던

록』외에도 이방익은 한글『표해가』를 지었다.

이 밖에도 타인의 표류체험에 귀 기울여 이를 관심 있게 기록한 이들이 있다. 외부 세계에 관심을 가지고 있던 지식인들에게 있어 타인의 표류 체험은 간접적으로 새로운 지식을 습득하고 견문을 넓히는 기회였다. 박사호(朴思浩)는 중국여행 중에 들은 내용을 정리하여『탐라표해록(耽羅漂海錄)』을 저술하였고, 김경선은 중국에서 제주 표류민을 만나「제주표인문답기(濟州漂人問答記)」를 작성하였다. 정운경은 제주도에서 표류민들을 만나 조사를 진행하여『탐라문견록(耽羅聞見錄)』을 저술하였다. 개인이 저술한 사적인 표해록 중에는 단순한 기록 차원을 벗어나 문학적으로 뛰어난 작품이 적지 않다. 이러한 표해록은 개인의 문집, 혹은 여러 잡록에 포함되어 지금까지 전해진다.

공적 기록의 상태로 존재되어 있는 표류 기록을 제외하고,[7] 필자가 파악한 바로 현전하는 조선시기 표해록은 약 20종 가량 있다. 다음 장에서 구체적으로 소개할 것이다.

표류민을 해외 정보의 전달자로 보고 이들을 통해 해외 정보를 얻고자 할 때, 이들의 인식은 크게 정치, 경제, 문화 등 세 가지 방면의 정보를 취득할 수 있는 경로로 인식하는 경향이 있다.[8] 첫째는 주변 국가의 정치

정조는 이 표류사건을 중시하여 연암 박지원에게 이방익의 구술을 토대로 표류 견문을 집필하게 하였다. 이방익의 표류가 박지원이라는 당대 최고의 문장가를 통해 기록되었음에도 불구하고, 이방익 스스로 자신의 표류 체험을 한글로 기술해 놓은 것이 최근에 새롭게 발굴되었다

7　『朝鮮王朝實錄』에 기록되어 있는 표류기들 중에 형식이나 내용면에서 하나의 독립적인 표류기 혹은 표해록으로 보아도 전혀 손색이 없는 것들이 여러 편 있다. 1471년 김배회의 중국 표류기, 1479년 김비의의 유구 표류기 등이 그러하다. 왕조실록에 기록되어 있는 것들은 대부분 기록적인 측면을 살려 '표류기'로 이름하고 있다.

8　정민의 논문에서는 표류관련 기록의 관심 추이는 대체로 '호기심과 과시욕구', '問情과 정보수집', '문화접촉과 문화감수', '선박제도 탐구와 문물 교류' 등 네 가지로 귀납

동향을 파악할 수 있는 경로로 생각하는 경우이다. 이덕무는 표류민에게 정치동향을 묻고자 하였으며, 『지영록(知瀛錄)』과 같은 표류기사 찬집서에서도 이러한 경향이 선명하게 드러난다. 둘째는 선박제도, 화폐제도, 정전제도 등 경제 관련 정보를 취득할 수 있는 경로로 생각하는 경우이다. 『해외문견록(海外聞見錄)』에 보면, 선박제도, 조세제도, 정전(井田)제도에 대한 저자의 관심이 잘 드러나 있다. 셋째는 외국 문화를 접하고 문화교류를 진행할 수 있는 기회로 생각하는 경우이다. 이는 대부분의 표류 기록에서 드러나는 경향이기도 하다. 물론 단일화 경향보다 세 가지 시선이 복합적으로 드러나는 경우가 더 많다.

이러한 기록들은 표류를 외부세계로 통하는 또 하나의 중요한 길목으로, 표류민을 외부 세계의 정보를 알고 있는 매체로 인식하고 있었다. 외부세계에 대한 지식이 확대되면서 자연스럽게 새로운 세계의 발견을 가능케 한 바다에 대한 관심이 증대되었고, 이러한 경향은 점차 확산되는 추세를 보인다. 당시 조선사회에서 표류와 표류민을 통한 문화 접촉과 문화 교류는 외부와 소통할 수 있는 흔치 않은 기였던 것은 분명하다. 폐쇄적인 당시의 상황에서 외국의 풍물과 문화를 접할 수 있는 기회는 극히 드물어서, 외부세계를 통해 새로운 정보와 지식을 습득하고자 하는 지식인들의 욕구는 연행을 통한 중국 기행과 통신사행을 통한 일본 기행을 통해서만 부분적으로 충족되고 있었다. 이를 보완할 수 있는 경로로 표류 사건과 표류 기록이 부각되었다.

표류민의 해외 견문은 연행(燕行)이나 일본 사행(使行)과는 다른 특징과 강점이 있다. 첫째, 표류는 공식 사행에서는 허락되지 않은 지역과

할 수 있다고 하였다. (정민, 「표류선, 청하지 않은 손님-외국 선박의 조선 표류 관련 기록 探討」, 『한국한문학연구』 제43호, 2009, 81~108쪽.)

나라를 체험할 수 있다는 점이다. 당시 조선에서 공식적으로 왕래할 수 있었던 나라는 중국과 일본 두 나라 뿐이었는데, 그마저도 정해진 코스를 어김없이 왕복해야만 했다. 중국 강남이나 대만, 복건, 홍콩, 마카오 등 북경 이남의 지역은 사신단의 발길이 닿을 수 없는 곳이다. 표류 기록은 이와 같은 지역에 대한 견문과 유구, 여송, 안남, 섬라 등 조선과 정식 외교관계를 맺지 않은 나라들에 대한 정보를 담고 있다. 또한 전란 등으로 외교관계가 파괴되어 통신 관계에 의한 정보 수집이 어려울 때, 이를 보완하는 중요한 정보 원천으로서 표류 기록의 중요성이 한층 더 부각되었다.[9]

둘째, 표류 기록에 담긴 견문은 대상국의 편집을 거치지 않은 진실된 모습을 생생하게 보여준다. 중국의 경우, 조선 사신들이 지나가는 연행로 (燕行路) 연변은 정부의 명령으로 포장을 진행한 접대용이라 해도 과언이 아니다. 일본의 경우도 다를 바 없었는데, 통신사행이 장군가의 정통성과 막부의 권위를 과시하기 위한 것이었으므로, 조선에 통신사를 요청함과 동시에 사신 일행을 맞을 준비부터 착수하였다.[10] 청나라는 건립 초기로부터 한족의 불만을 억제하고 전제통치를 강화하기 위한 수단으로, 문자옥(文字獄)을 실시하고 민감한 사안에 대해서는 논의자체를 엄금하는 조치를 취하였다. 중원인사들은 연행 사절단과의 필담 과정에서 문자옥을 두려워해 직언을 못하거나 조금만 말한 다음에도 그 흔적을 지워버리려 하였다.[11] 이에 반해 표류민이 접한 대상국 풍물이나 문화는 편집을 거치

---

9 고석규, 「조선시기 표류경험의 기록과 활용」, 『島嶼文化』 제31집, 2008, 18쪽.

10 백옥경, 「譯官 김지남의 일본 체험과 일본 인식: 『동사일록』을 중심으로」, 『한국문화 연구』 제10집, 2006, 189쪽.

11 사실의 진상을 파악하기 위해 고심하는 박지원의 모습은 『열하일기』 곳곳에서 보인 다. 박지원은 만주족과 한족의 모순의 대립적인 관계, 서양에 대한 청나라의 태도를 보여주는 외교방침, 청나라 사회 발전의 기저 등 중요 사안의 진상에 대한 파악은 박지

지 않은 광경이었고, 표류민과 접촉한 대상국 백성들도 순박하였다.

셋째, 표류가 굉장히 빈번했던 만큼 표류민의 표류 견문 수집은 상대적으로 어렵지 않았다. 조선인이 가장 많이 표착하였던 곳은 동해 쪽을 바라보는 일본해 연안이었는데, 이는 연중 대륙에서 동쪽으로 불어오는 바람 때문이었다. 임진왜란 이후부터 19세기 중엽까지 일본에 표착했다가 송환되어온 사례는 1000건을 넘으며, 사고 당사자인 조선인의 숫자는 1만 명에 가깝다. 조선인의 경우 1년 평균 네 건에 가까운 표류를 당한 셈으로 비록 사고이기는 하지만 일본 땅을 밟은 횟수로만 본다면 외교사절인 통신사가 일본을 방문한 횟수와는 비교도 되지 않을 만큼 많았다.[12]

표류는 조선후기의 연행 혹은 사행처럼 국사(國事)에 해당하는 공적인 목적의 체험이 아니라 사적인 체험이었다. 사행 인원들이 공적인 임무와 그 해결 상황을 공식적으로 보고할 것을 요구받았던 것과 달리 표해록은 자유롭게 개인의 감회나 체험을 기술하였다. 이러한 면에서 연행록이나 사행록과는 분명 다른 지점이 존재하였으며, 표류를 통한 해외체험은 사행을 통한 해외체험에 비견되는 장점을 지니고 있다. 물론 표류민의 학식의 제한으로 인해 이국 문물에 대한 관찰이나 해석 면에서 뒤떨어진다는 한계도 존재하지만,[13] 표류는 사행을 보완하여 외부 세계로 통하는

원의 뛰어난 필담 전략과 세심한 관찰을 통해 얻어진 것이며, 기존의 연구에서 많이 지적된 부분이다. 이학당, 「『열하일기』 중의 筆談에 관한 연구」, 성균관대학교 석사학위논문, 2000, 49~60쪽.

12 이훈, 「조선인의 표류와 기록물」, 『항해와 표류의 역사』, 솔, 2003, 285쪽.

13 중종 29년 11월 24일 기사를 보면, 다음과 같은 내용이 있다. "제주의 표류인 金紀孫 등 12명을 모두 불러다 물어보니 '처음 회안부 萬戶道에 정박했다가 배를 타고 남경을 경유하여 忠州에 이르렀다.'고 하였고, 다시 남경에서 보았던 일을 물으니 이들은 용렬한 사람들로 단지 지나며 보았을 뿐이었고 그곳의 풍속과 산천 등의 일에 대해서는 알지 못했습니다. 그래서 南京에서 본 물건들과 접대하는 절차, 그리고 의복 등의 일을 자세하게 물어서 아룁니다." 또한 『鶴山樵談』에 보면 허균이 표류민을 찾아가 대화

또 하나의 중요한 길목이었으며, 표류 기록은 외부 세계의 정보와 지식
을 전달해주는 매체였다.

3. 해외에 대한 시기별 관심의 추이

표류를 통해 유입된 해외 정보에 대한 태도는 조선 전기와 후기에 확
연하게 다른 양상을 보인다. 조선 전기에는 국가적인 차원에서 표류에
중시를 돌려 공문서에 기록하고, 이를 통해 주변 국가의 동향을 비롯하
여 다양한 해외 정보를 취득하고자 하였다. 그러나 후기에 이르러서는
영조·정조대를 제외하고는 국가적인 관심은 미비하였지만, 지식인들이
해외정보를 취득할 수 있는 경로로서 표류를 주목하여, 표류를 통한 해
외 정보를 수집하여 지식화하였다.

1) 조선전기

조선전기에는 주로 대표적인 공적 기록인『왕조실록』에 표류사실이
기록되어 있어, 표류를 기록함에 있어서 실록에 의존도가 매우 높다.『朝
鮮王朝實錄』을 보면 중국인의 표류가 109건 기록되어 있고,[14] 그 다음으
로 일본인의 표류가 많이 기록되어 있으며, 하멜 표류 등 서양인의 이색
적인 표류도 보인다.[15]『왕조실록』에 수록된 표류 기록 중에는 단편적인

하는데, 표류민들의 대답이 신통치 않아 실망하는 모습을 보이기도 한다.

14 원종민, 「조선에 표류한 중국인의 유형과 그 사회적 영향」,『중국학연구』제44집,
2008, 22쪽.

15 김영원 외, 「표류와 그 기록의 역사」,『항해와 표류의 역사』, 솔, 2003, 62쪽.
자국 표류민이 외국에 표류했다가 송환되어 돌아오면, 조정에서 명을 내려 직접
자신의 해외 見聞을 적어 올리도록 하거나, 예조 혹은 弘文館이나 承政院에서 표류민

언급에 그치지 않고, 형식이나 내용면에서 하나의 독립적인 표류기로 보
아도 전혀 손색이 없는 것들이 여러 편 있다. 체제나 내용면에서 비교적
완결된 구조를 가지고 있는 『왕조실록』 소재의 표류기[16]들을 정리하면
다음과 같다.

〈표 1〉 『왕조실록』 소재의 표류기

번호	표류시기	표류민	출발지	표착지	저자	소재
1	1453	萬年 일행		琉球		端宗實錄
2	1456	梁成 일행	濟州	琉球 仇彌島	左承旨韓繼禧	世祖實錄
3	1462	肖得誠 일행	羅州	琉球		世祖實錄
4	1477	金非衣 일행	濟州	琉球		成宗實錄
5	1483	李暹 일행	濟州	中國 長沙	直提學金宗直	成宗實錄
6	1499	根廻伊 일행	濟州	日本		燕山君日記
7	1534	萬珠 일행	濟州	中國淮安		中宗實錄

왕조실록에 기록된 표류기들을 보면, 그 이국의 정치적인 동향, 문화,
제도적인 측면에 광범위한 관심을 가지고 있음을 알 수 있다. 세종실록
을 보면 세종이 중국 배 한 척이 표류해 온 것을 보고 '하늘이 내려준
것'이라고 하면서, 그 체제를 베껴오게 한 사실이 기록되어 있다.

처음에 중국에 배 한척이 표류하여 靈光郡 古道島에 이르렀는데, 임금
이 말하기를, "내가 중국 배의 체제를 보고자 한 지 오래인데, 지금 우리
지경에 들어왔으니 이것은 하늘이 준 것이다."하고, 이조참의 金俒之를 보

의 구술을 토대로 내용을 정리하여 實錄에 기재하였다.

16 본고에서는 漂流와 漂海라는 두 용어를 사용함에 있어서 그 의미를 크게 달리하지
않는다. 흔히 漂流는 '불가항력의 해상사고'라는 점에 초점을 맞추어 사용하는 용어이
고, 漂海는 표류체험을 기록한 문학텍스트인 '표해록'을 지칭할 때 많이 쓰인다.

내어 그 체제를 보고, 그 양식에 의하여 배를 짓게 하매, 사간원에서 상신
하기를, "전라도는 田品을 분간하는 일과 入居를 재촉 독려하는 일로 인하
여 사명이 번다하오니, 청하옵건대, 흔지의 가는 것을 정지하소서."하였으
나, 윤허하지 아니하였다.

初, 唐船一艘漂到靈光郡古道島, 上曰："子欲觀唐船體制久矣, 今至我境,
是天賜之也."乃遣吏曹參議金俔之, 見其體制, 依樣造船。司諫院申："全羅
道因田品分揀, 入居催督, 使命煩多, 請停俔之之行."不允。

『세조실록』에 수록된 左承旨 한계희(韓繼禧)가 작성한 梁成 일행의 유구
국 표류기[17]를 부면, 유구의 형승·산천·기후 등 자연적인 조건으로부터,
성곽(城郭)·궁실(宮室)이나, 관직제도·형벌제도·혼례·상례 내지는 의
복·음식 등 문화적인 부분, 생업을 이루는 상업적 교역과 농사제도에
대해서도 매우 상세하게 기록되어있다. 표류민에게 있어서 이국의 풍물은
그 자체만으로도 이색적인 관찰의 대상이었으며, 이국 타지에서 자신의
안위를 걱정하면서 항상 긴장감을 가지고 주변 대상들에 세심한 관찰을
진행할 수밖에 없었다. 또한 송환되기 까지 적어도 수개월이 걸렸기 때문
에 충분한 시간적 여유를 가지고 관찰을 진행할 수 있었다. 이러한 표류민
들이 이국 체험은 한계희와 같이 문장력이 뛰어난 문신에 의해 이국의
문물·문화·제도를 아우르고 있는 상세한 표류기로 기록되었던 것이다.
　조선전기의 표류 기록은 주로『조선왕조실록』에 의존하고 있다가, 17
세기 전기부터『通文館志』와『備邊司謄錄』을 통해 표류들이 기록되기
시작하였다.『중종실록』에도 239건의 표류 기사가 검색되어 표류 기록
에 대한 국가적인 중시를 보여준다고 하겠다.『조선왕조실록』의 표류 기

---

17 『세조실록』世祖 27卷, 8年(1462 壬午 / 명 천순(天順) 6年) 2月 16日(辛巳) 2번째
　　기사.

사들 특히 비교적 상세하게 '표류기' 형태로 기록들이 이국의 정치적인 동향, 해외 문화와 제도적인 측면에 광범위한 관심을 가지고 있는 것에 비해,[18] 『비변사등록』과 『통문관지』에서는 표류민 송환과 差倭에 대한 접대 등이 (외교적 사안으로) 비교적 자세하게 기술되어 있다. 이때부터 공적 기록에서는 표류 기록을 외교적인 사안으로만 바라보기 시작한 것 같다.

조선전기의 개인적인 표류 기록은 조선후기에 비해 양적으로는 매우 빈약한 편이다. 그럼에도 『표해록』 작품군 중에서 조선시대에 가장 광범위한 영향력을 행사했던 최부의 『표해록』(1488)이 이시기에 작성되었다. 최부의 표해록은 제주에 파견되었던 최부가 부친의 부음을 듣고서 고향으로 가는 배에 올랐다가 태풍을 만나 중국의 절강성 근해에 표착하였다가 장장 6개월에 걸친 여정 끝에 돌아온 후 성종의 명에 의해 중국에서의 견문을 기록하여 바친 글이다. 이 책은 명나라의 쇄국정책으로 인해 사행 외에는 중국을 경험할 기회가 거의 없었던 당시 중국 강남 지역의 지리풍광과 인정세태, 제도와 물산 등에 대해 상세한 정보들을 담고 있기에 조선시대에 큰 관심을 끌었고 판각되어 유통되었으며, 일본에 『당토행정기』라는 이름으로 일역되어 소개되기도 하였다.

최부의 『표해록』 외에 사적 기록 중에 비교적 완결된 표해록의 형태를 가진 것은 1592년에 유대용(柳大容)에 의해 작성된 「유구풍토기」(琉玖風土記)」 정도가 있다. 「유구풍토기」는 1545년 박손(朴孫) 일행의 유구국 표류 및 중국을 통해 송환되는 과정의 견문을 담고 있다. 박손 일행은 유구국에서는 후한 대접을 받았으며 중국에서 복건성(福建省)의 수차(水

---

18 세종 31년 기사(1449, 정통 14) 5월6일 을유 기사. 중국배 한 척이 표류하여 오자 金侃之를 보내어 체제를 보고 오게 하다. (한국고전번역원DB의 번역을 참조)

車)를 보고 그 제도를 자세히 익혀 귀국한 후 장인으로 하여금 제작하게
하여 보급하였다. 명종대 어숙권(魚叔權)의 수필집인 『패관잡기(稗官雜
記)』 제4권에는 유대용(柳大容)이 표류되었던 박손 일행으로부터 유구국
의 말을 채집하여 『유구풍토기(琉球風土記)』를 지었다는 기록과 함께 저
서의 대략적인 내용을 싣고 있다.

조선전기의 표류 기록은 조선후기에 비해 양적으로는 빈약한 감이 없
지 않으나, 해외 정보를 취급함에 있어서 편파적이지 않고, 문물·제도·
정세 등 전반적인 상황에 주목하였다는 점이 특징적이다. 공적인 표류
기록과 사적인 표류 기록을 통틀어 『왕조실록』에 대한 의존도가 높다는
것도 이 시기의 특징적인 일면이다.

2) 조선후기

조선시대 표류를 통한 해외 정보의 수집과 활용의 추이를 고찰함에
있어서, 조선시대를 크게 전기와 후기로 양분하는 것은 임병양란을 계기
로 표류와 표류민을 대하는 태도가 조선전기와 조선후기가 서로 다른
양상으로 분화되기 때문이다. 주지하듯이 임병양란 이후로 조선은 변화
의 소용돌이에 있었다. 사회 전반적으로 변화와 발전이 모색되었고, 민
생의 안정과 국가 발전이라는 시대적 과제가 부과되었다. 다양한 방법과
경로를 통해 발전이 모색되는 가운데, 특히 선구적인 지식인들은 자연스
럽게 바다 너머에 눈길을 돌려 외부세계의 정보와 지식을 제공받을 수
있는 표류와 표류민에 대해 주목하기 시작하였다.

우선, 공적인 기록을 먼저 살펴보도록 한다. 조선시대에 발생했던 표류
는 관변 기록인 『朝鮮王朝實錄』, 『通文館志』, 『備邊司謄錄』, 『邊例集要』,
『同文彙考』, 『漂人領來謄錄』, 『漂倭入送謄錄』, 『濟州啓錄』 등 문서에 기

록되어 있다. 이 중에서 조선시대 전반을 통틀어 꾸준하게 표류를 기록한 공문서는『조선왕조실록』이 유일하다. 전반적으로 보았을 때, 조선전기 의 왕조실록에는 표류 기록이 비교적 상세하게 기록되어 있는 반면, 후기 로 갈수록 기록이 소략해진다. 이는 조선후기에 이르러 왕조실록을 제외 하고도 기타 공문서인『通文館志』,『邊例集要』,『同文彙考』,『漂人領來 謄錄』,『漂倭入送謄錄』,『濟州啓錄』에서 표류를 분류하여 기록하고 있던 상황과 무관하지 않다. 아래의 표를 통해 여러 공문서들의 개략적인 기록 범주를 살펴본다.

〈표 2〉 조선시기(후기) 표류를 기록한 公文書

번호	제목	대상 시기	비고
1	朝鮮王朝實錄	조선시기	『朝鮮王朝實錄』을 보면 중국인의 표류가 109건 기록되어 있고,[19] 그 다음으로 일본인의 표류가 많이 기록되어 있으며,[20] 하멜 표류 등 서양인의 이색적인 표류도 보인다.[21] 특히 조선전기에는 주로 실록에 표류사실이 기록되었다.
2	備邊司謄錄	중종대부터 조선 후기	표류민 송환과 差倭에 대한 접대 등이 외교 문제로 되었을 경우 비교적 자세하게 기술되어 있다.[22]
3	通文館志	1636~1888년	자국 표류민과 이국 표착민의 송환에 대한 내용이 기록되어 있다. 주로 조선인이 이국에 표류해 갔다가 자국으로 송환된 사실과, 조선에 표착한 이국인(주로 중국인)에 대한 송환 기록들이 연도별로 정리되어있다.
4	邊例集要	1627년~1823년	표류에 관한 기사는 권3「漂差倭」에 있다. 그 안에서「漂差倭」,「漂人」,「漂人順付」,「刷還」의 네 항목으로 나뉘어 있는데 주된 것은 앞의 두 항목이다.「漂差倭」는 표차왜의 구성과 조선의 접대 등에 초점이 맞춰져 있으며,「漂人」은 같은 사건을 표류민에 초점을 맞춰 기술한 것이다. 그러나 표류민의 供辭와 같은 일차적인 기사는 없다.
5	同文彙考	1786년~1876년	표류에 관한 기사는「漂民」8권과「漂風」7권이 있다.「漂民」은 청나라와 조선 간에 표한 사건을 기록한 것이고,「漂風」은 일본과 조선간에 표류한 사건에 관한 것이다.『邊例集要』에 빠진 내용이 많이 포함되어 있다.

6	漂人領來謄錄	1641년~1751년	일본 표류에 관한 일차적인 자료집이다. 여기도 표류민의 일본인식(그들의 사정이나 송환과정의 주관적인 느낌)을 알려주는 내용은 드물다. 조사받는 과정에서 표류한 연월일, 출항이유, 표착지와 함께 '그들의 사정을 모두 사실에 따라 바로 고하라'는 심문을 받는데, 그 가운데 구체적으로 답변한 것은 282건 중 2건에 불과하였다.
7	濟州啓錄	1846년~1884년	제주목에서 조정에 보고했던 계문을 모은 등록이다. 외국에 표류한 건수는 일본 35건, 유구 5건, 중국 19건이다. 啓文에는 제주목사가 조사할 때 표류민에 대한 진술이 기록되어 있으므로 표류과정의 여러 가지 정황을 아는데 도움이 된다. 다만 여기서도 대부분의 표류민은 일본 내의 상황이나 자신들의 감회에 대해서는 거의 드러내지 않고 있다.
8	漂倭入送謄錄[23]	조선 후기	「漂倭入送謄錄」, 「漂倭入送回謝謄錄」, 「譯官上言謄錄」, 「致賀謄錄」, 「公作米謄錄」, 「島主告還差倭謄錄」, 「告還謄錄」, 「告訃差謄錄」으로 구성되었다.

표류 기록들이 이처럼 다양한 공문서에 기록되어 있으나, 조선정부는 삼포왜란(三浦倭亂) 직후를 제외하고는 기본적으로 표류민을 통한 대외

19 원종민, 「조선에 표류한 중국인의 유형과 그 사회적 영향」, 『중국학연구』 제44집, 2008, 22쪽.

20 일본인 표착에 관한 기록은 별로 많지 않다. 따라서 일본인에 대한 문정기록은 상대적으로 많이 없다. (고석규, 「조선시기 표류경험의 기록과 활용」, 『島嶼文化』 제31집, 2008, 18쪽.)

21 김영원 외, 「표류와 그 기록의 역사」, 『항해와 표류의 역사』, 솔, 2003, 62쪽.
    자국 표류민이 외국에 표류해갔다가 송환되어 돌아오면, 조정에서 명을 내려 직접 자신의 해외 見聞을 적어 올리도록 하거나, 예조 혹은 弘文館이나 承政院에서 표류민의 구술을 토대로 내용을 정리하여 實錄에 기재하였다.

22 『備邊司謄錄』, 『邊例集要』, 『同文彙考』, 『漂人領來謄錄』, 『濟州啓錄』의 비고 부분은 주로 하우봉의 논문을 참고하여 정리하였다. (하우봉, 「일본에 표착한 조선인의 일본인식」, 『조선시대 한일표류민연구』, 국학자료원, 2001.)

23 서울대학교 규장각에 마이크로 자료로 소장되어 있다. 내용을 직접 확인하지는 못하였지만, 관련 논문은 아직 없는 것으로 알고 있다.

정보취득에 소극적이었다.[24] 그 이유는 일본에 파견한 사절의 보고나 일본 측의 정보, 조선후기에는 통신사나 대마도를 통한 정보에 의존하고 있었기 때문이다. 또 다른 이유는 표류민을 우민(愚民)으로 차별하는 시각에서 비롯되었고,[25] 기본적으로는 일본이나 유구 등 동남아시아 나라들을 문화적으로 야만시하며 무시했던 당시 조선의 일반적인 관념에 기인한 결과이다. 한편으로는 해외정보와 해외지식의 유입에 있어서 주로 서책을 통한 유입에 큰 비중을 두고 있기 때문이기도 하다. 특히 조선후기에는 『朝鮮王朝實錄』에서도 표류를 외교적인 문제로만 접근할 뿐 표류민들의 견문 보고를 수록한 사례가 한 건도 없다. 『備邊司謄錄』이나 『邊例集要』에서도 마찬가지이다. 표류민의 송환 자체는 중시하였으나 그들이 줄 수 있는 정보나 새로운 문화체험 인식에 대해서는 별반 관심을 기울이지 않았던 것으로 보인다.[26]

조선후기 이르러 사적인 표류 기록은 전기에 비해 양적으로 풍부해졌을 뿐만 아니라, 내용과 형식에서 개성적인 저술특징을 보이는 다양한 표해록이 작성되었다. 필자가 파악한 바로 현전하는 조선시기 표해록은 약 20종 가량 있다. 그 중에서 90%이상이 조선후기에 작성된 것들이다.[27] 지금까지 발굴된 표해록이 양적으로 많지 않고, 다양한 형태의 표해록이 발굴되고 있기에, 필자는 표해록의 범주를 좁게 한정짓지 말고, 표류 사건을 기록했거나 표류 사건의 파생 결과를 기록한 저술이 어느 정도 체계적이면 표해록의 범주에 포괄시키는 것이 바람직하다고 생각

---

24 단 조선후기에서 영조와 정조대에는 표류민을 통한 해외 정보 수집에 관심을 기울였다.
25 한일관계사학회 편, 『조선시대 한일표류민연구』, 국학자료원, 2001, 110쪽.
26 하우봉, 「일본에 표착한 조선인의 일본인식」, 『조선시대 한일표류민연구』, 국학자료원, 2001, 115쪽.
27 〈표 3〉에서 1번과 2번에 해당하는 최부의 『표해록』과 유대용의 『유구풍토기』를 제외한 다른 표해록은 모두 시기적으로 조선 후기에 작성되었다.

한다. 표해록의 범주에 대한 연구자들의 의견이 다양하여 이론(異論)의 소지가 있지만, 이해를 돕기 위해 다음의 표를 제시한다.

〈표 3〉 조선시대 개인 저술의 표해록

번호	저술시기	제목	저자[28]	구성기법[29]	비고
1	1488	漂海錄	崔溥*	일록+부록	조선시대 간행
2	1592	琉玖風土記	柳大容	풍토기	稗官雜記
3	1682	濟州漂漢人處間情手本	金指南	문답체	東槎日錄
4	1696	知瀛錄	李益泰	일록*+잡지+표류기사	
5	1706	海外聞見錄	宋廷奎	표해록 모음+기타	
6	1732	耽羅聞見錄	鄭運經	표해록 모음+기타	
7	1757	漂舟錄	李志恒*	일록	海行摠載
8	1770	漂海錄	張漢喆*	소설체 일록	
9	1775	丁未傳信錄[30]	成海應		硏經齋全集
10	1797	표해록	李邦翼*	일록	한글
11	1797	표해가	李邦翼*	한글가사	한글
12	1797	書李邦翼事	朴趾源	노정기	燕巖集
13	1801	漂海始末[31]	丁若銓	·	柳菴叢書
14	미상	漂海錄	梁知會	필사본	崔時淳序[32]
15	1805	제목 없음	鄭東愈	풍토기+移文	晝永編
16	1818	柳菴叢書[33]	李綱會		
17	1818	日本漂海錄	楓溪 賢正*	풍토기	
18	1818	乘槎錄	崔斗燦*	일록+부록	
19	1828	耽羅漂海錄	朴思浩	노정기	心田稿
20	1833	濟州漂人問答記	金景善	문답체+풍토기	燕轅直指

28　저자명 뒤의 별표는 표류자가 직접 기술한 것임을 표시하고, 별표를 하지 않은 것은 표류자가 직접 기술한 것이 아니라 제3자에 의해 표류 견문을 기록한 것임을 의미한다.

29　구성기법은 윤치부(1993) 『한국해양문학연구』의 표류류 작품 구성기법 부분에서 제시한 분류기준에 의거하여 분류하였음.

30　김문식, 「성해응이 증보한 『丁未傳信錄』」, 『진단학보』 제115집, 2012, 93쪽.

했다. 『三韓叢書』는 현재 서목만 178권이 전해진다. 『三韓叢書』에 수록된 다른 책은 해당 부분만 발췌하여 초록하는 형태인 것에 반해, 『耽羅聞見錄』 전편을 다 수록했다. 이에 그치지 않고, 박지원은 정조의 어명을 대만에 표류했던 이방익의 표류기를 정리한 『書李邦翼事』를 작성하면서 이 책을 참고했음을 밝혔다.[42]

이로부터 보았을 때, 조선후기에 작성된 다양한 형태의 표해록류 저술은 많은 관심과 주목을 받았음을 확인할 수 있다. 18세기 후기에 북학사상의 고조와 함께 선진적인 문물제도에 대한 수용 욕구가 증대되면서, 표해록의 저술을 통해 지향했던 해외 지식들은 다양한 경로를 통해 진일보한 모습으로 재구성되었고, 지식인층에서 빠른 속도로 확산되었다. 표류를 통해 확보한 해외 지식들은 『三韓叢書』, 『小華叢書』, 『林園經濟志』, 『五洲衍文長箋散稿』 등 지식을 집대성한 여러 부류의 총서에 들어가 있다. 이는 표해록을 통해 체계화된 해외 지식은 당대 최고 지식인들의 검증을 거쳐 더욱 광범위한 지식체계에 재편된 것이라 하겠다.

그렇다면 표해록류 저술은 어떻게 이토록 큰 사랑과 관심을 받을 수 있었을까. 이는 넓은 범위에서 '지적 경쟁력을 결정짓는 요인은 무엇일까.'라는 문제와 관계되는 중요한 문제이다. 지식시장의 수급관계로 이 문제를 생각해 보았을 때, 표해록류 저술의 지적 경쟁력의 비결은 희소가치에 있다. 본고의 2장 부분에서 사행록에 비해 표해록이 가지고 있는 특징과 장점에 대해 기술하였는데, 공식 사행에서는 허락되지 않은 지역과 나라를 체험할 수 있다는 점이 표류의 가장 큰 장점이다. 특히 유구와 같이 사행으로도 발길이 닿을 수 없는 나라의 해외 지식이 가장 각광받았다는 점이 이를 잘 입증해준다.

---

42 정민, 위 번역본, 서설.

한필교(韓弼敎)의『수사록(隨槎錄)』(1831) 卷一「日月紀略」11월 21일자 기사에 보면 "귀국행 책문 인근에서 한반도로 표류해온 유구인 6명이 중국으로 호송되고 있는 것을 보았다. 이들은 조선에서 제공했던 의복을 입고 있었다. 그는 유구의 의관 제도에 대해 알고 싶었으나 일정상 이것을 알아보지 못했다."고 아쉬움을 토로하고 있다.[43] 한필교의 관심사를 볼 때 표해록류 저술의 잠재 독자에 속해있다. 이른바 표류 기록에서 제시하고 있는 해외 지식은 19세기 초반에도 여전히 유효한 지식이었고, 다른 경로를 통해서 얻기 힘든 지식이었다.

결론적으로 표해록류 저술은 조선후기 지식인들의 세계를 알아가고자 하는 열망의 표출이다. 동시에 표류를 통한 해외 정보의 유입과 지식화 및 수용은 해양에 대한 관심을 촉구한 조선후기의 지성사적 흐름에 있어서 선구적 역할을 하였다. 표류를 통한 해외정보의 지식화는 조선후기 지식인들의 역동성의 산물이면서도, 당시 이미 경계가 확장하기 시작한 지식체계에 새롭게 편입된 항목에 대한 주목을 글쓰기로 구현하였다는 데 의미가 있다.

5. 맺음말

최근 20년 동안 표류 사건이나 표류 기록이 새롭게 학계의 주목을 받아 왔다. 근대 이전의 각국의 사회상이나 동아시아 각국 간의 교류, 당시의 국제관계와 국제질서 등을 조명할 수 있는 자료로서 표류기록의 가치가 부각되고 있는데, 이는 표류 기록은 이국(異國)의 풍토, 민속, 문물, 문화, 제도, 역사 등 다양한 요소를 내포하고 있는 복합적인 텍스트이기

---

43 연세대학교 국학연구원 편, 『연세대학교 중앙도서관 소장 고서해제』 IV, 2008, 59쪽.

때문이다. 그럼에도 조선시대 표류 기록의 수집과 활용에 대해 거시적으로 고찰한 논문은 부족했다는 반성에서 본고를 통하여 조선시대의 표류 기록의 전반적인 흐름을 조망하고자 하였다.

본고의 주요 논지를 요약하면 다음과 같다. 표류를 통해 유입된 해외 정보에 대한 태도는 조선 전기와 후기에 서로 다른 양상을 보이고 있다. 조선 전기에는 국가적인 차원에서 표류에 중시를 돌려 공문서에 기록하고, 이를 통해 주변 국가의 동향이나 여러 정보를 취득하고자 하였다. 그러나 후기에 이르러서는 영정조대를 제외하고 국가적인 관심은 미비했던 것에 비해, 지식인들이 해외정보를 취득할 수 있는 경로로서 표류를 주목하여, 표류를 통한 해외 정보를 수집하여 지식화하였다.

조선전기의 표류 기록은 조선후기에 비해 양적으로는 빈약한 감이 없지 않으나, 해외 정보를 취급함에 있어서 편파적이지 않고, 문물·제도·정세 등 전반적인 상황에 주목하였다는 점이 특징적이다. 『왕조실록』에 대한 의존도가 높다는 것도 이 시기의 특징이다. 조선전기 공문서인 『왕조실록』에 수록된 표류기들은 이국의 풍속·문물·제도·문화를 알아감에 있어서 중요한 참고가 되었을 뿐만 아니라, 대외 정책 제정에 유효한 근거가 되었으며, 신숙주가 『해동제국기』「유구국기」부분을 기술함에 있어서 중요한 참고가 되었다.

조선후기에 개인에 의해 작성된 표해록류 저술의 특징은 보다 밀착된 지식경영 및 다양성으로 요약된다. 조선시대 특히는 조선후기의 지식인들이 저술한 표해록은 많은 사람들에게 읽혀지면서 실학자들을 중심으로 지속적으로 수용되었다. 18세기 후기에 북학사상의 고조와 함께 '선진적인 문물제도'에 대한 수용 욕구가 증대되면서, 표해록의 저술을 통해 지향했던 해외 지식들은 다양한 경로를 통해 진일보한 모습으로 재구성되었고, 지식인층에서 빠른 속도로 확산되었다. 표류를 통해 확보한 해외 지식들은 『三韓叢書』, 『小華叢書』, 『林園經濟志』, 『五洲衍文長箋散稿』 등 지식을 집대성한 여러 부류의 총서에 들어가 있다. 표류 기록에서 제시하고 있는 해외 지식은 19세기 초반에도 여전히 유효한 지식이었고, 다른 경로를 통해서 얻기 힘든 지식이었던 것이다.

그러나 분명 한계도 있었다. 18세기 중후반에 이르러 조선사회의 지식구도는 지식경영의 경험을 바탕으로 서서히 편집된 내용의 층위를 다채롭게 확보해 나가면서 일종의 백과전서적인 총서 전략으로 발전하였다. 18세기 후반에 지식인들이 가동할 수 있는 모든 방식을 동원하여 지식체계를 이루어갈 때, 표류라는 단일 경로를 통해 확보한 정보를 지식화하는 작업은 규모면에서 빈약할 수밖에 없었다.

해외 지식이라는 항목이 당시의 지식 체계에 편입된 것은 당시 지식인들의 지향하는 지식의 범주가 자국의 경계를 넘어서 확장되었다는 것을 보여준다. 쇄국정책을 기조로 했던 당시 동아시아 국제질서 하에서, 표류와 표류민을 통한 해외 정보의 수집 및 지식화는 외국에 대한 체험을 공유하고 이를 통해서 새로운 시대의식을 형성하는데 중요한 역할을 하였다. 표류를 통해 새롭게 만들어진 지식이 새로운 지식체계에 편입되었다는 사실도 중요하겠지만, 표류를 통한 견문이 해외에 대한 관심을 자극하여 문화의 다양성을 수용할 수 있는 기반을 다져놓았다는 점에서 의의가 크다.

한국 시화자료 활용 방법의 제시

『한국시화인물비평집』 소재 여성한시 비평자료를 중심으로

장진엽
연세대학교

1. 서론

2012년 6월, 한(韓)·중(中) 학자들의 공동연구의 결과물인『한국시화인물비평집(韓國詩話人物批評集)』[1] 이 출간되었다. 이 책은 이인로(李仁老, 1152~1220)의『파한집(破閑集)』부터 이가원(李家原, 1917~2000)의『옥류산장시화(玉溜山莊詩話)』까지 총 128종의 시화(詩話) 자료에 수록된 약 1,500명의 시인에 대한 시평(詩評)을 정리한 시화자료집이다. 기존에 학계에 소개되지 않은 새로운 시화집 및 해외 소재 이본들까지 망라하여 기존의 한국 시화자료집의 성과를 뛰어넘었다는 평가를 받고 있다.[2] 또, 영인본을 인쇄하여 수록한 기존 자료집과 달리 원문을 모두 입력하고 표점을 찍었으며 가나다순과 한어병음순으로 정리한 492페이지 분량의 색인을 첨부하여 자료에 대한 접근성을 높인 것도 이 책의 강점이다.

이 책의 편차는 다음과 같다. 먼저 시대 순으로 인물을 배열하고 그 인물과 관련된 시화 본문을 시기 순으로 그 아래에 열거하되, 중복된 내

---

1 劉暢·허경진·趙季,『韓國詩話人物批評集』, 보고사, 2012.

2 윤호진, 「『韓國詩話人物批評集』 1-5권의 출간을 맞이하여」,『淵民學志』제18집, 연민학회, 2012.

용은 거듭 인용하지 않고 해당 부분이 포함된 서명과 조목만 밝혀 참고
하도록 하였다. 그리하여 800만 자에 이르는 한국 시화가 156만 자로
간추려졌다.[3] 이러한 편집방식으로 인해 각각의 작가들에 대한 평가가
시대에 따라 어떻게 달라지고 있는지, 또 그러한 평가가 어떤 양상으로
계승되고 있는지를 손쉽게 일람할 수 있게 되었다.

이 책의 출간으로 인해 이종은·정민 교수의 『한국역대시화류편(韓國
歷代詩話類編)』[4]과 조종업 교수의 『한국시화총편(韓國詩話總編)』[5]으로 이
어지는 한국 시화자료 정리 작업이 어느 정도 완결되었다고 할 수 있다.
지금까지 한국시화 방면의 연구는 개별 시화의 연구에 치중해 왔던 것이
사실이다. 따라서 전체적인 시 비평의 흐름, 즉 시화사(詩話史)의 검토는
미진했다.[6] 그러나 이 책의 발간으로 지금까지 시화 연구의 난점이었던
자료 수집과 원문 확정이 이루어짐에 따라 향후 시화 연구에 있어서 전
체적인 시각을 확보하기 위한 교두보가 마련되었다. 한국뿐 아니라 대
만, 중국의 문학연구자들이 한국 시화자료를 손쉽게 이용할 수 있게 된
점도 특기할 만하다. 이 책에 이어 2012년 12월에는 蔡美花·趙季 교수
주편(主編) 『韓國詩話全編校注』[7]가 중국에서 출판되어 중국 내 한국 시
화 연구의 기초가 마련되었다.

『한국시화인물비평집』은 이처럼 시화 자체에 대한 효율적인 연구를

---

3 劉暢·허경진·趙季, 4쪽.

4 이종은·정민, 『韓國歷代詩話類編』, 아세아문화사, 1988.

5 조종업, 『韓國詩話總編』1-17, 태학사, 1996.

6 윤호진, 같은 글, 265쪽.

7 蔡美花·趙季, 『韓國詩話全編校注』1-12, 北京: 人民文學出版社, 2012. 이 책은 조
   종업 교수의 『한국시화총편』을 기초로 하고 40여 종의 자료를 보완하여 전체 136종의
   시화 자료의 원문 약 8만 자를 입력하고 표점을 붙인.것이다. 허경진 교수도 이 책의
   편집진에 포함되어 있다.

촉진하는 한편, 한국문학 연구의 제 분야에서 시화 자료 활용의 폭을 확대하는 데에도 기여할 수 있다. 물론 지금까지도 작가론이나 작품론에서 해당 작가와 작품에 대한 비평 자료를 활용해 왔으며, 시화자료를 분석하여 각 시대의 시풍(詩風)이나 작시경향을 도출해 내는 방식도 널리 활용되어 왔다. 이 책의 가치는 그러한 연구 방식을 보다 체계적이고 전면적으로 적용할 수 있게 한다는 것, 그리고 각각의 세부 분야에서 시화자료를 활용하는 다양한 방식을 개발하도록 촉진한다는 것이다.

본 논문은 이러한 탐구의 각론으로서, 한국문학 연구의 하위 주제 중 하나인 고전 여성문학 연구와 관련하여 시화자료가 갖는 가치와 그 활용법에 대해 논하는 것을 목적으로 한다. 이에 『한국시화인물비평집』의 4권의 「여자(女子)」와 「기류(伎流)」 편에 수록된 여성한시 비평자료를 중심으로 논의를 진행하고자 한다.

2. 한국 여성한시 비평자료 개관

한국의 여성한시는 오늘날 한국뿐 아니라 중국의 학자들 사이에서도 주목을 받고 있는 한문학의 하위 분야이다. 한국의 여성한시 자료집으로는 허미자 교수의 『한국여성시문전집(韓國女性詩文全集)』[8]이 대표적이며, 최근 張伯偉 교수에 의해 중국에서 『朝鮮時代女性詩文集全篇』[9]이 출판되어 양국 모두에서 여성한시 연구의 기초자료가 마련되었다. 한편 시화자료의 경우 일찍이 문희순 교수의 『(한국고전)여성시비평연구((韓國古典)女性詩批評研究)』[10]에서 조종업 교수의 『한국시화총서(韓國詩話叢書)』[11]에

---

8 허미자, 『韓國女性詩文全集』 1-6, 국학자료원, 2004.

9 張伯偉, 『朝鮮時代女性詩文集全篇』 1-3, 南京 : 鳳凰出版社, 2012.

수록된 100여 종의 시화자료를 기초로 여성한시 관련 기사를 선별하여
부록으로 제시한 바 있다. 이 책은 여성 시를 수록하거나 여성의 문학
활동에 대해 언급한 기사들을 모두 찾아 46종의 시화집의 해당 기사를
나열하는 방식을 취하고 있다.

『한국시화인물비평집』은 앞에서 언급했듯이 각 인물에 대한 비평을
시대 순으로 정리했다는 것이 가장 큰 특징이다. 또한 기존에 시화로 여
겨지지 않았던 자료들, 예컨대 필기류(筆記類) 저작인『지수념필(智水拈
筆)』이나『서애선생문집(西厓先生文集)』같은 자료들에서 시화의 성격을
띠고 있는 기사들을 선별하여 수록하고 있다는 점도 중요하다. 허미자
교수의 자료집 및 이후 추가적으로 발견된 여성한시 자료들과 함께 이
책에 실린 여성한시 비평자료들을 참조하면 전근대 시기 여성한시의 창
작과 수용 양상을 전체적으로 조감할 수 있을 것으로 생각된다.

이 책에 수록된 여성한시 작가는 '여자(女子)' 43명, '기류(伎流)' 24명
으로 모두 67명이며, 여성한시에 대한 비평이 포함된 시화자료는 모두
55종이다. 이들 중에는『고부기담(姑婦奇譚)』에 등장하는 시어머니 정씨
(鄭氏)와 며느리 오씨(烏氏), 안평대군(安平大君)의 궁녀 운영(雲英)과 같이
가공의 인물로 보이는 작자들도 포함되어 있다. 55종의 시화와 각 시화
에 수록된 여성작가를 표로 제시하면 다음과 같다. 작가의 명칭은 해당
부분의 표제어를 따랐으며, 널리 알려진 다른 명칭이 있는 경우 [ ] 속에
병기하였다.

---

10 문희순, 『(韓國古典)女性詩批評研究』, 학민문화사, 1995.
11 조종업, 『韓國詩話叢書』, 동서문화원, 1989.

〈표 1〉 『한국시화인물비평집』 수록 여성한시 비평자료 목록

	詩話名	作者	收錄作家名
1	補閑集	崔滋(1188~1260)	于咄, 動人紅
2	東人詩話	徐居正(1420~1488)	士族鄭氏
3	慵齋叢話	成俔(1439~1504)	忠宣王所鍾情者, 昔有處女居室者
4	松溪漫錄	權應仁(1517~?)	李媛[玉峯], 勝二喬, 於宇同
5	遺閒雜錄	沈守慶(1516~1599)	許楚姬[蘭雪軒]
6	清江先生詩話	李濟臣(1536~1584)	鄭麟仁母
7	西厓論詩	柳成龍(1542~1607)	李媛, 許楚姬
8	聞韶漫錄	尹國馨(1543~1611)	李媛, 許楚姬
9	芝峯類說	李睟光(1563~1628)	忠宣王所鍾情者, 李媛, 宗室肅川令內子, 許楚姬, 楊士奇妾, 黃眞, 桂生, 擘玄
10	晴窓軟談	申欽(1566~1628)	許楚姬
11	霽湖詩話	梁慶遇(1568~?)	許楚姬
12	鶴山樵談	許筠(1569~1618)	李媛, 許楚姬
13	惺叟詩話	許筠(1569~1618)	李媛, 許楚姬, 桂生
14	涪溪紀聞	金時讓(1581~1643)	宋氏[德峯], 許楚姬
15	菊堂排語	鄭泰齊(1612~1669)	李媛, 許楚姬
16	壺谷詩話	南龍翼(1628~1692)	李媛, 許楚姬
17	水村漫錄	任埅(1640~1724)	黃眞, 桂生, 擘玄
18	小華詩評	洪萬宗(1643~1725)	宗室肅川令內子, 許楚姬, 楊士奇妾, 士族鄭氏, 黃眞, 桂生, 擘玄
19	詩評補遺	洪萬宗(1643~1725)	南氏, 李媛, 許楚姬, 楊士奇妾, 李氏, 黃眞, 桂生
20	詩話叢林·證正	洪萬宗(1643~1725)	李媛, 許楚姬
21	西浦漫筆	金萬重(1637~1692)	許楚姬, 黃眞
22	晦隱瑣錄	南鶴鳴(1654~1722)	李媛, 蔚山李氏, 金旻之女
23	陶谷雜著	李宜顯(1669~1745)	許楚姬
24	東國詩話彙成	洪重寅(1677~1752)	先進家新寡女, 李世璉婢, 桂生
25	左海裒談	(佚名)	李梅軒·趙玉簪
26	屯庵詩話	申昉(1685~1736)	許楚姬, 蔚山李氏
27	西京詩話	金漸	李一枝
28	別本東人詩話	(佚名)	先進家新寡女, 沈氏, 金氏(吳瑗母), 翠蓮
29	筆苑散語	成涉	先進家新寡女

30	淸脾錄	李德懋(1741~1793)	先進家新寡女, 李媛, 黃眞, 一枝紅, 蘗玄, 福娘
31	二旬錄	具樹勳	許楚姬, 蔚山李氏, 李世璜婢, 林姓女, 黃眞
32	(佚名) 海東詩話	(佚名)	南從萬妻, 華山母氏
33	(吳宗根藏本) 海東詩話	(佚名)	娼某
34	薑山筆豸	李書九(1754~1825)	李媛, 許楚姬, 德介
35	螢雪記聞	李存性	林埏家小婢
36	蘭室詩話	成海應(1760~1839)	權貴妃, 影響堂某氏, 趙家姬, 雲慧, 一枝紅
37	方是閒輯	尹行恁(1762~1801)	金氏(宋徵相妻), 趙氏, 淸兮, 李姬, 香靄, 蕙心
38	三溟詩話	姜浚欽(1768~?)	權貴妃, 影響堂某氏
39	東人論詩絶句	申緯(1769~1845)	許楚姬
40	靑丘詩話拾遺稿	徐湄(1785~1850)	許楚姬, 嶺南星州李氏, 鄭基善妾, 芙蓉, 蕙兒, 慶州妓某
41	詩家點燈	李圭景(1788~1856)	薛瑤, 鄭麟仁母, 李媛, 許楚姬, 蔚山李氏, 延安李氏, 嶺南星州李氏, 於宇同
42	茨山箚錄鈔	朴善性	南氏, 三宜堂金氏
43	智水拈筆	洪翰周(1798~1868)	芙蓉
44	古今詩話	李遇駿	南氏, 許楚姬
45	(竹聖堂改定本) 海東詩話	竹聖堂主人	雲英
46	玉磬觚賸記	李裕元(1814~1888)	景蕙
47	(佚名) 東詩叢話	(佚名)	鄭氏, 慶氏, 丁舜孝妾
48	讀國朝諸家詩	黃玹(1855~1910)	許楚姬
49	姑婦奇譚	(未詳)[12]	鄭氏·烏氏
50	(安肯來) 東詩叢話	安往居(1858~1929)[13]	李媛, 許楚姬, 鄭氏·烏氏, 蘗玄, 蔡玄霞
51	榕燈詩話	鄭萬朝(1858-1936)	錦鶯·九香·香心
52	葦庵漫錄	張志淵(1864-1921)	黃眞, 芙蓉
53	巖棲雜說	曺兢燮(1873-1933)	宋氏
54	東詩話	河謙鎭(1870-1946)	徐氏[永壽閣], 黃眞
55	玉溜山莊詩話	李家源(1917-2000)	薛瑤, 許楚姬, 黃眞, 孝娥

12 『고부기담』은 안왕거(安往居)를 중심으로 한 신해음사(辛亥唫社) 관련 인물들의 공동 창작일 가능성이 높다. (성민경, 「『고부기담』 연구-작자 문제와 창작 양상을 중심

3. 여성한시 연구와 시화자료의 활용

본 논문에서 사용하는 '여성문학'이라는 용어는 한국문학 중에서 고전문학의 하위범주로서의 여성문학을 가리키는 것이다. '여성한시' 연구는 고전 여성문학 중에서 여성이 지은 한시 작품을 지칭한다. 여성한시 외에 고전 여성문학의 중요한 부분을 차지하는 다른 한 축은 시조, 가사, 내간(內簡) 등을 포함하는 한국어문학의 영역이다. 중국 이외의 동아시아 국가들은 공동문어였던 한문과 별개로 자국어문학을 향유해 왔다. 이들 자국어문학에 대한 연구는 한문학과는 다른 접근 방식을 요하므로 본고에서는 논하지 않는다. 또한 시화는 본래 한시를 비평하는 것이므로 여성문학 중에서도 여성한시 연구에서 그 활용의 의의를 찾을 수 있음은 자명하다.

한편 여성문학 연구는 크게 두 가지의 접근법이 있어서, 각 방식에 따라 연구 대상의 범위가 달라진다. 첫째는 여성 작자의 작품을 대상으로 한 연구, 즉 여성 작자와 그들의 작품에 대한 분석을 위주로 하는 연구이다. 두 번째는 고전문학 작품 전체를 젠더적 관점에서 바라보는 연구 방식이다. 이 경우에는 여성작가의 작품들이 모두 연구 대상에 포함될 뿐만 아니라, 남성 작가의 작품 속 여성 형상이나 작가의 여성 인식 등 고전문학 전반에 나타난 젠더의 요소에 주목한다. 또한 개별 작품뿐 아니라 당시의 문학 활동 전체를 이러한 관점에서 파악하고자 한다.

시화자료는 위의 두 가지 방식의 연구 모두에서 중요한 역할을 한다. 전자는 전근대 한문학의 비주류로서 존재했던 여성작가의 작품들을 발

으로-」, 고려대 국어국문학과 석사학위논문, 2011, 17~24쪽.)

13 최재남 교수의 고증에 따라 해당 시화의 저자를 '安往居'로 표시한다. (최재남, 「『동시총화』 연구」, 『경남문학의 원류와 자장』, 경남대학교 출판부, 2003.)

굴하여 그것들을 정리하는 작업이 연구의 기초가 된다. 앞서 언급한 허미자 교수의 자료집이 그러한 작업의 일환으로 이루어진 것이라고 할 수 있다. 시화는 기본적으로 개별 작가의 작품을 제시하고 그것을 비평하는 형식으로 이루어져 있으므로 여성한시 작품의 발굴 및 그 특질 분석에 도움을 준다. 한편 시화가 본래 문학비평이며 따라서 특정한 담론의 생산물이라는 점을 고려한다면, 이들 자료의 함의를 읽는 작업은 자동적으로 담론 분석의 영역에 속하게 된다. 그러므로 시화자료가 후자의 방식과 관련하여 많은 시사점을 준다는 것도 분명하다.

위의 두 가지 방식은 물론 분리된 것이 아니라 개별 연구에서 복합적으로 나타난다. 예컨대 여성작가의 작품으로 연구 대상을 한정하더라도 개별 작품의 분석과 관련해서 후자의 관점을 활용할 수 있다. 아래에서는 먼저 첫 번째 방향의 연구와 관련하여 시화 자료가 어떻게 활용될 수 있는지, 특히 이 책의 편차가 제공하는 이점에 주목하여 제시할 것이다. 그 다음으로는 두 번째 접근 방법과 관련하여 시화자료에 나타나는 여성문학 담론의 예를 구체적으로 검토해 보려 한다.

1) 시화자료를 통한 여성한시 작품의 이해

첫째, 당대 및 후대의 비평자료는 작품 및 작가 연구에 있어 주요한 보조 자료가 되는데, 여성한시의 연구에 있어서는 더욱 그러하다. 시화 자료들은 시평뿐만 아니라 시 창작의 배경과 상황까지 함께 제시하는 경우가 많다. 과거에 여성이 시를 짓는다는 것은 흔치 않은 일이었으므로 특히 여성한시를 연구할 때는 각 작품이 어떤 상황에서 창작되었는지를 이해하는 것이 중요하다. 창작배경에 대한 이해를 바탕으로 할 때 해당 작품의 함의와 특질을 적절히 파악할 수 있음은 물론이다. 『한국시화인물비평집』은 여성한시 비평자료를 총망라하여 인물별로 제시하고 있으므로 개별 작가들의 작품이 창작된 상황을 한 눈에 살펴볼 수 있다. 특정한 여성한시 작품의 창작 배경을 설명하고 있는 예를 한 가지 살펴보자.

> ○『문소만록(聞韶漫錄)』 권하(下) : 근세 규수로는 허씨[김성립의 아내로, 허엽의 딸]가 제일 뛰어났고, 충의(忠儀) 이봉(李逢)의 첩의 딸 또한 시에 능하다는 명성이 있었는데 친구 백옥(伯玉) 조원(趙瑗)의 소실이었다. 기축년에 내가 새로 상주에 부임하게 되었고 백옥은 성주 목사에서 체직되어 서울로 올라가게 되어 고을 관소에서 묵었다. 나와 백옥이 그 첩이 사는 곳에 술상을 차렸다. 백옥이 시를 지어 나에게 주기를 권하자, 이(李)가 즉석에서 입으로 불러 백옥에게 쓰게 하였다.
>
> 　洛陽才子何遲召　　낙양의 재자를 어찌 이리 늦게 불러서
> 　作賦湘潭弔屈原　　상담부 지어 굴원을 애도하게 하나.
> 　手扮逆鱗危此道　　손으로 역린 잡는 것은 위태로운 길
> 　淮陽高臥亦君恩　　회양에 편히 누운 것 또한 임금의 은혜일세.
>
> 　읊으며 구상하는 사이에 손으로 백첩선(白疊扇)을 만지기도 하고 입을 가리기도 했다. 그 소리가 맑고 구슬퍼서 인간세상 사람 같지가 않았다.[그 처의 호는 옥봉이다.][14]

위 기록에는 저자 윤국형(尹國馨)이 친구 조원(1544~1595)의 첩이었던 이옥봉(李玉峯)을 만난 경험이 담겨 있다. 이 기사를 통해 볼 때 이 시가

14　近世閨秀, 許氏[金誠立妻, 許曄女]爲最, 而忠儀李逢之妾女, 亦有能詩聲, 友人趙伯玉[瑗]畜之. 己丑, 余新赴尙州, 伯玉遞星牧上京, 歷宿於州館. 余與伯玉, 設酌於其妾所寓處. 伯玉勸作一句詩以贈我, 李卽席口占, 倩筆伯玉曰, "洛陽才子何遲召, 作賦湘潭弔屈原. 手扮逆鱗危此道, 淮陽高臥亦君恩." 吟咏構思之際, 手麾白疊扇, 時或掩唇. 其聲淸婉凄絕, 似非人世間人. [其妾號玉峯]

내직에 나아가지 못한 남편의 친구를 위로하는 뜻이 담긴 시임을 분명히 알 수 있다. 또한 사대부 남성이 자신의 소실에게 술자리에서 즉석으로 시를 짓게 하고 그것을 받아 적어 친구에게 증정하기도 했던 시 창작의 현장이 생생히 담겨 있다. 이러한 현장의 정황을 이해할 때 비로소 이 시의 함의가 분명해진다. 그렇지 않고서는 옥봉이 누구의 입장에서 이러한 시를 창작했는지, 나아가 작품에 담긴 정서와 관념이 어디에서 비롯한 것인지를 제대로 파악할 수가 없게 된다. 또한 이 일화는 다른 곳에서 들은 이야기가 아니라 시화 작자의 직접경험이므로 특히 신빙성이 높다고 하겠다. 또한 정황상 작자는 옥봉이 지어준 한시를 받아왔을 것이므로 제시된 작품이 창작 당시의 원형에 가까울 것임도 짐작할 수 있다.[15]

옥봉의 시와 관련된 기사 중 하나를 더 예로 들어 보자. 옥봉의 대표작이라고 할 만한 「자술(自述)」(혹은 「몽혼(夢魂)」)시에 대한 기사이다.

○『회은쇄록(晦隱瑣錄)』: 승지 조원의 첩 이옥봉은 재주가 덕을 능가해서 출척을 당했다. 후에 시를 지어 승지에게 보냈다.

近來安否問如何	요사이 안부를 묻노니, 어찌 지내시나요.
月到紗窓妾恨多	사창에 달 비칠 때 제 한은 깊어가요.
若使夢魂行有跡	만약 꿈속의 혼이 자취를 남길 수 있다면
門前石路已成沙	문 앞의 돌길이 이미 모래가 되었을걸.

그러나 끝내 다시 돌아가지 못했다. 승지는 곧 죽음(竹陰) 조희일(趙希逸)의 아버지이다.[16]

---

15 후술하겠지만, 옥봉의 문집인 『가림세고(嘉林世稿)』는 작가 사후 100여 년이 흐른 후에 흩어져 있던 작품들을 모아서 간행한 것이므로 작자의 진위 여부 및 작품의 원형 확정이 쉽지 않다.

16 趙承旨瑗之妾李玉峰, 以才勝德見黜。後作詩送呈承旨曰, "近來安否問如何, 月到紗 牕妾恨多。若使夢魂行有迹, 門前石路已成沙。"終不更畜。承旨卽趙竹陰希逸之父。

이 기사의 기록 연대는 옥봉의 생존시기와 100여 년 정도 차이가 나
며, 이미 유명해진 작품을 대상으로 그 배경을 밝힌 것이므로 창작 당시
의 상황을 정확히 반영하지 못했을 가능성도 있다. 그러나 시화에서 언
급한 창작배경의 진위 여부가 불확실한 경우에도 그 기록은 작품 이해에
시사점을 제공한다. 옥봉의 이 작품은 보기에 따라서는 단순히 떨어져
있는 정인(情人)에 대한 사모를 표현한 시로 여겨질 수도 있다. 그러나
당시의 독자들은 이 시의 주된 정조를 '출척(黜斥)된 여인의 한'[17]이라고
보았다. 이렇게 보면 전구와 결구의 낭만적인 상상력은 기실은 풀리지
않는 괴로움, 안착에 대한 소망으로 해석할 수 있게 된다.

실제 위 시는 옥봉의 독창적인 작품이 아니라 앞 시기 윤현(尹鉉,
1514~1578)의 작품을 변개한 것이라는 견해가 있다.[18] 다음은『지봉유설』
의 기록이다.

> 판서 윤현이 충청도 방백을 지낼 때, 청주에 아끼던 이가 있었다. 뒷날
> 이런 시를 지었다.
>
> 人生離合苦無齊 인생살이 이별 만남 도무지 알 수 없으니
> 忍淚當時愴解携 눈물 참던 그때에 손 놓은 것 슬프구나.
> 若使夢魂行有跡 만약 꿈속의 넋이 자취를 남긴다면
> 西原城北摠成蹊 서원성 북쪽이 온통 길이 되었을 걸.
> 오직 결구가 좋은 듯하다.[19]

---

17 조정만(趙正萬, 1656~1739)이 쓴 「이옥봉행적(李玉峰行蹟)」(『오재집(寤齋集)』권3)
에서도 이러한 사실을 밝히고 있다. (歸家多年, 有詩曰, "近來安否問如何, 月到紗窓妾
恨多. 若使夢魂行有迹, 門前石逕已成沙." 語意悲切, 感人者深, 而公竟不許其還來, 可
見家法之甚嚴也.)

18 이종문, 「李玉峯의 작품으로 알려진 漢詩의 作者에 對한 再檢討」, 『韓國漢文學研究』
제47집, 한국한문학회, 2011, 483쪽.

19 尹判書鉉爲忠淸方伯時, 淸州有所昵。 後有詩曰, "人生離合苦無齊. 忍淚當時愴解

전구와 결구의 발상이 옥봉 시와 같다. 그러나 이 시의 해당 구절은 사랑하는 이를 그리워하는 애타는 마음만 나타나 있을 뿐 옥봉의 시와 동일한 미감이 느껴지지는 않는다. 물론 작품 자체만을 놓고 감상했을 때에는 이러한 미묘한 차이가 부각되지 않을 수 있고, 그런 방식으로 시를 분석하는 태도 역시 중요하다. 그러나 시화자료에 언급된 창작배경을 참조함으로써 작품을 보다 정밀하게 이해할 수 있다는 점도 분명하다.

둘째, 시화자료는 여성한시 작품의 원전비평에 중요한 참고자료가 될 수 있다. 현재 개별 여성작가에 대한 연구는 한국에서 어느 정도 진행되고 있다. 그러나 작가론에서 가장 기초라고 할 수 있는 원전비평이 제대로 이루어지고 있지 못하다는 점은 현행 여성한시 연구의 문제점 중 하나이다. 여성한시 작품은 문집으로 전해오는 분량이 많지 않고 이곳저곳에 흩어져 있을뿐더러 문집이나 시선집에 포함되어 있다 해도 작품의 출처가 분명하지 않은 경우가 많기 때문이다. 이러한 문제들을 해결하는 데 중요한 준거를 제공하는 것이 바로 시화자료들이다. 기존 연구들을 통해 구체적 사례를 살펴본다.

우선 앞서 언급한 이옥봉 작품을 거론할 수 있다. 옥봉의 시들은 작가가 죽은 후 100여 년이 지난 시점에서 조원의 현손인 조정만(趙正萬)에 의해 『가림세고(嘉林世稿)』의 부록으로 편집된 작품들, 즉 작가 사후 구비 전승된 것들을 수집한 작품들이다. 이 때문에 다른 작가의 작품이 옥봉의 이름으로 전해지기도 하고, 기존 작품을 변형한 작품이 옥봉의 독창적인 발상으로 인식되기도 하였다. 예컨대 김종직(金宗直)의 작품 「보천탄(寶淺灘)」이 『열조시집(列朝詩集)』에 옥봉의 시로 잘못 실려 후일 문제가 되기도 했다.[20] 이종문 교수는 옥봉의 생존 시기 및 여러 문헌의

携。若使夢魂行有跡, 西原城北摠成蹊。"唯結句似好。

기록들을 고려하여 그의 작품 40편 중에 17편이 타인의 작품이거나 그
럴 가능성이 있음을 증명했다.[21] 이 과정에서 이종문 교수는 여러 문집과
시선집 외에『청비록』,『지봉유설』,『성수시화』,『학산초담』,『동시화』,
『청창연담』,『시화총림』과 같은 시화자료를 적극적으로 활용하였다.

예를 들어「죽서루(竹西樓)」시는『서애집(西厓集)』,『청창연담』,『일사
유사』에 옥봉의 작품으로 나타나 있고, 신흠은 '고금의 시인 가운데 이
작품에 미친 사람이 없었다'는 극찬을 남기고 있다. 그러나 홍만종(洪萬
宗)은 신흠의 이 말을 거론하면서 해당 구절("江呑鷗夢闊, 天入雁愁長.")이
당(唐) 항사(項斯)의 시구("水涵萍勢遠, 天入鴈愁長")에서 나왔다고 하였
다.[22] 이종문 교수는 홍만종의 언급에서 더 나아가 송(宋) 진걸(陳杰)의
작품 중에 옥봉의 시구와 완전히 일치하는 것을 찾아내어 옥봉 시구의
출처를 밝혀냈다.[23] 동일 작품에 대한 각 시대의 서로 다른 기록들을 비
교하여 해당 작품의 유래를 찾아가는 방식을 취한 것이다.

한편 작가 고증을 위해 시화자료를 검토하는 과정에서 작품의 전승
과정과 관련된 새로운 정보를 확인한 예도 있다.『안동세고부연주록(安東
世稿附聯珠錄)』은 김성달(金盛達, 1642~1696)과 그의 처 연안(延安) 이씨(李
氏)의 수창시 및 자녀들 사이의 수창시를 실은 책이다. 구지현 교수는
이 책의 체제와 본문을 통해 각 작품의 작자와 창작시기를 추정하였는

---

20 이덕무(李德懋),『청비록(淸脾錄)』권2 : 小室李氏, 宗室裔也。號玉峯。有詩三十二
篇。而十一篇。見錄於列朝詩集。其中寶淺灘詩, "桃花高浪幾尺許, 銀石沒頂不知處。
兩兩鸕失舊磯, 唧魚飛入菰蒲去。"載於佔畢齋集。

21 이종문, 같은 글.

22 홍만종,『시화총림(詩話叢林)』附證正6 : 象村晴窓軟談云, "趙瑗妾李氏詩一句, '江
呑鷗夢闊, 天入雁愁長。'古今詩人, 未有及此者。"余見唐人項斯詩曰, "水涵萍勢遠, 天
入鴈愁長。"李氏此句, 全出於此, 象村豈不見項斯詩耶?

23 이종문, 같은 글, 486~487쪽.

데, 그 결과가 시화자료에 기록된 사실과는 다름을 알아냈다.[24] 다음은 김성달 가문 여성들의 작품을 거론한 이규경의 기록이다.

> 『시가점등』 권5 내가수증연주록(內家酬贈聯珠錄) : 고성 김성달은 자가 백겸(伯兼)이고 안동 사람이다. 선원상공(仙源相公) 상용(尙容)의 후손으로 고성군수를 지냈으며 시에 능했다. 그 아내 연안 이씨와 부실인 울산(蔚山) 이씨 및 자녀 열세 명이 모두 시를 잘했다. 『내가수증시(內家酬贈詩)』 한 권이 있는데 그 부인 및 부실과 창화한 것을 그 자녀들이 지은 것과 합쳐서 『연주록(聯珠錄)』이라고 제목을 붙여 모두 두 권이 된다. 규방에서 읊은 것 약간 수를 모은 것이지만 또한 우리나라 고금에 없었던 일이다.[25]

이규경은 이어서 연안 이씨와 울산 이씨, 딸들과 김성달의 시를 싣고 있는데, 여기에 실린 딸들의 시는 『연주록』을 통해 확인되는 작자와 일치하지 않는다. 구지현 교수는 이러한 오류가 발생한 까닭을 이규경이 본 작품집이 현전하는 『안동세고부연주록』과 동일본이 아니었기 때문으로 보았다. 위 기록에서는 김성달이 아내 및 부실과 창화한 것을 한 권으로 묶었다고 하였는데 현전 『안동세고』는 김성달과 연안 이씨의 수창시만을 수록하고 있다. 『연주록』 또한 위 기록과 달리 열세 명의 자녀가 아닌 연안 이씨의 자녀 6명과 울산 이씨의 작품만 싣고 있다. 무엇보다도 『안동세고부연주록』에는 보이지 않는 '이녀밀성군실(二女密城君室)'의 작품이 실려 있다는 점에서, 이규경이 본 책이 김성달의 큰아들 김시택

---

24 구지현, 「『安東世稿附聯珠錄』소재 작품의 작가와 시작시기」, 『한국고전여성문학연구』 제9집, 한국고전여성문학회, 2004.

25 金高城盛達, 字伯兼, 安東人, 仙源相公尙容之後, 官高城郡守, 能詩. 其配延安李氏, 副室蔚山李氏及子女十有三人俱能詩, 有內家酬贈詩一卷. 與其夫人副室唱和者, 合其子女所作, 名曰聯珠錄, 並二卷. 但收其閨房所詠若干首, 亦鴨東古今未曾有也.

이 편집한 현전『연주록』과는 다름을 알 수 있다. 또한 여기에 실린 밀성 군실의 시는 모두 다른 형제들의 시이다.

김성달과 울산 이씨, 서녀의 시를 모아 시선집『우진(宇珍)』을 편찬하기도 했던 것을 보면, 서자녀들과의 창화시집이 따로 있었을 것임도 짐작할 수 있다. 구지현 교수는『안동세고부연주록』과 김성달, 울산 이씨, 서자녀(庶子女)들의 창화시 등을 합쳐 후일 새롭게『내가수증연주록』전집이 편집되었고, 그 와중에 오류가 생겨 다른 형제들의 시가 밀성군실의 시로 오인된 것이라는 결론을 내린다.[26] 시화의 기록을 통해 특정 시문집의 편집과 전승 양상을 살펴볼 수 있었던 예라고 할 수 있다.

위에서 언급한 이규경의 기록은 김성달 가문에서 여성이 어떤 방식으로 한시를 창작하고 향유했는지를 보여주는 예이기도 하다. 김성달의 딸인 김호연재(金浩然齋)는 18세기 기호노론 가문 출신의 대표적인 여성한시 작가이다. 위의 기록은 다른 자료들과 함께 호연재라는 여성작가가 어떤 배경에서 탄생할 수 있었는지를 보여주는 자료로서 자주 인용되어 왔다. 이처럼 시화자료는 개별 작품에 대한 이해를 돕는 데 그치지 않고 특정 시기의 개별적, 집단적인 문학적 실천의 전개 양상을 보여주기도 한다. 지금까지의 여성문학 연구는 이와 같은 기록들에 많은 부분 힘입고 있으며,『한국시화인물비평집』의 발간으로 그러한 활용의 폭이 더욱 넓어질 것으로 기대된다.

2) 시화자료를 통한 여성한시 담론의 고찰

한문학에서 '여성한시'라는 하나의 범주를 설정하는 이유는 그러한 방식을 통해 대상 작품의 특질을 보다 선명하게 밝힐 수 있기 때문이다.

---

26 구지현, 같은 글, 56~58쪽.

문집이 전하는 몇몇 여성시인들 외에 대부분의 작가들은 한두 편, 많아야 대여섯 편이 여러 자료들에 흩어져 전해진다. 이 작품들은 개별 작가론의 연구대상이 되기는 힘들며, 하나의 작품군으로 포괄하여 그 성격을 파악할 수밖에 없다. 이러한 존재양상 자체가 이 작품들이 여성의 소작이라는 기본적인 성격에 기인하는 것이므로 이들을 여성문학의 테두리에서 논하는 것은 타당한 접근법이다. 문학이 남성사대부들의 전유물이었던 전근대 시기 여성한시의 존재는 우연하고 특별한 것이었거나, 사대부들의 여흥을 위한 기능적인 역할을 하는 것이었다. 이러한 특수한 성격을 지니고 있기 때문에 이들을 여성한시라는 하나의 범주로 포괄하여 연구하는 것이다.

이러한 측면에서 시화자료는 해당 시기 여성문학을 둘러싼 담론을 고찰할 때에 주요한 자료가 된다고 할 수 있다. 시화자료를 통해 당시 여성한시가 어떤 식으로 이해되고 논평되었는지, 나아가 과거 한문학에서 여성문학이 어떤 양상으로 존재했는지에 대해 확인할 수 있기 때문이다. 물론 시화자료만으로는 불충분하며, 문집 등에 출현하는 다른 언급들도 함께 참조할 필요가 있다. 그러나 시화는 본격적으로 시에 대한 논의를 전개하는 글이므로 이 방면의 연구에 있어서 가장 중심적인 자료가 된다.

그런데 선인들의 기록을 조술하고 자신의 견해를 밝히는 당시의 글쓰기 방식에 따라, 여성한시에 대한 언급도 이전 시기의 기록이 나중까지 반복적으로 출현하는 경우가 많다. 『한국시화인물비평집』은 인물과 관련된 기사를 제시하고, 다른 시화에 동일한 내용이 실려 있을 경우 같은 항목에서 해당 내용을 그 아래 열거하였다. 같은 주제를 담고 있는 기사도 같은 항목에 포함시켰다. 그 인물에 대한 다른 논평이 나올 경우 항목을 바꾸어 기사를 제시하고, 마찬가지로 후대 시화의 동일 내용을 나열하였다. 한편 같은 책에 실린 기사라 하더라도 내용이 상이할 경우 항목을 달리하였다. 이러한 구성은 해당 시인에 대한 특정한 언급이 후대에 어떤 양상으로 계승, 변형되고 있는지를 쉽게 파악할 수 있게 한다.

아래에서는 역대 시화에서 가장 많이 언급된 난설헌(蘭雪軒) 허초희(許楚姬, 字는 景樊, 1563~1589)에 대한 기록을 통해 특정한 여성 시인에 대한 담론이 시화 속에서 어떤 양상으로 전개되고 있는지를 살펴보고자 한다. 일찍이 허미자 교수는 『견한잡록』, 『지봉유설』, 『용등시화』, 『학산초담』, 『부계기문』, 『청비록』 등 위의 표에 포함된 기록과 시화 외의 다른 문집의 기록들을 종합하여 난설헌에 대한 전근대 시기의 평가를 종합하기도 하였다.[27] 본 발표는 시화자료의 활용방식을 제시하는 글이므로, 시화 외의 문집 속 기록들은 다루지 않기로 한다.

난설헌에 대한 기록을 내용에 따라 분류하면 다음과 같다. 『한국시화인물비평』에 수록된 시화의 내용을 요약 제시하였으며, 단순히 이름만 거론한 기사 몇 편은 제외하고 저자의 견해가 드러난 기록을 중심으로 정리하였다.

---

27 허미자, 『허난설헌』, 성신여자대학교출판부, 2007. 허미자 교수는 이 책에서 난설헌에 대한 과거의 기록들을 '여성이 시를 지었다는 사실에 대한 칭찬과 비난', '표절 시비에 대하여', '순수문학적 평가'의 세 가지로 나누어 살펴보고 있다.(198~224쪽) 본 발표에서도 이 책에서 취한 방식과 유사한 항목으로 기사를 분류하였다. 다만 허미자 교수가 시화와 각종 문집에 나타난 대표적 자료들을 선별하여 난설헌에 대한 주요한 평가를 검토한 것과 달리 여기서는 시화자료 전체를 대상으로 그 흐름을 살펴보고자 하며, 또한 개별 자료에 대한 해석에도 다소간 차이가 있다.

〈표 2〉 허난설헌 관련 시화 기록

	기사내용(요약)	수록시화
1	1-1. 부인이 시에 능한 것은 중국에서는 기이한 일이 아니지만 우리나라에서는 보기 드물다. 허봉과 허균은 시로 이름났는데 그 누이 허씨는 더 뛰어나다. 혹 '부인은 마땅히 주식(酒食)을 의논하고 누에치기와 베짜기를 숭상해야 할 뿐 시 읊조리는 일은 좋은 행실이 아니다'라고 하지만 내 생각에는 그 기이함을 탄복할 만하다.	-『遣閒雜錄』
	1-2. 난설헌 허씨는 근세 규수 중 제일이다. 일찍 죽었는데 시집이 세상에 돌아다닌다. 평생 부부 사이가 좋지 않아 원사(怨詞)가 많다. (시 2편 인용) 두 작품은 방탕하고 음란하여 시집에는 실리지 않았다.	-『芝峯類說』 권14 문장부7 閨秀 -『詩評補遺』補
	1-3. 부인으로 시를 잘하는 자는 그 재주를 하늘이 이룬 것으로, 하려고 하지 않아도 그렇게 된 것. 난설헌도 시 때문에 당시에 비방을 많이 받았으며 중국인들에게 여도사(女道士)로 알려졌으니 안타깝다.	-『屯庵詩話』
	1-4. (시 1편 인용) 난설의 시는 모두 절창이지만 방탕하고 음란하여 규방 여인의 태가 없다. 이로써 사대부가 규문 안에서 시사(詩詞)를 교습해서는 안 됨을 알 수 있다.	-『古今詩話』
2	2-1. "근세 여자로 시에 능한 자가 몇 있는데 그 중 허씨의 재주가 매우 뛰어나다. (시 2편 인용) 모두 초탈하고 깨끗하여 좋아할 만하고[脫灑可愛] 당시(唐詩)에 아주 가깝다."	-『西厓先生文集』雜著 女子能詩
	2-2. 난설헌집 속의 모든 작품은 놀랍고 빼어나다. 「광한전상량문(廣寒殿上樑文)」은 곱고 아름다우며 맑고 굳건하여[瑰麗淸健] 사걸(四傑)의 작품과 비슷하다. 다만 유선시(遊仙詩)는 태반이 고인의 전편이다. 혹 말하길 허균이 표절하여 넣었다고 하니 사실인 듯하다.	-『晴窓軟談』 권下
	2-3. 난설헌의 시는 자연히 이루어진 것으로 시어가 모두 맑고 깨끗하였으며 문은 기굴(奇崛)하였고 사륙문(四六文)이 특히 좋아 「백옥루상량문(白玉樓上樑文)」이 세상에 전한다.	-『鶴山樵談』
	2-4. 난설헌은 시의 음률(音律)에 정통했음. 일화를 통해 뛰어난 시재(詩才)를 칭송.	-『鶴山樵談』 -『二旬錄』 권上
	2-5. 난설헌은 시에 능하고 기상이 호방함.	-『菊堂排語』
	2-6. 난설헌의 시는 성당(盛唐)의 풍격이 있음. 난설헌을 조선시대 당풍(唐風)을 대표하는 시인으로 꼽음.	-『惺叟詩話』 -『壺谷詩話』 詩評 東詩

3	3-1. 난설헌집의 작품 중 옛날 중국 시인의 작품을 활용하여 모방, 절취한 작품이 있음을 예를 들어 증명.	-『芝峯類說』 권14 문장부7 旁流 -『芝峯類說』 권14 문장부7 閨秀 -『涪溪紀聞』
	3-2. 난설헌의 시를 허균이 지은 것이라고도 하지만 난설헌은 격조가 허봉보다도 높고 허균이 미칠 수 있는 바가 아님.	-『壺谷詩話』 詩評 東詩
	3-3. 중국에서 난설헌의 시가 유전(流傳)하는 것에 대해 언급	-『小華詩評』 권下 -『陶谷雜著』
	3-4. 허균이 원(元)·명(明) 시인의 구절을 빌려 누이의 명성을 과장했다. 난설헌의 재주는 그 자체로도 충분히 칭송할 만한데 허균의 행동으로 인해 중국인들의 비판을 받게 되었으니 탄식할 만하다.	-『西浦漫筆』
	3-5. 난설헌이 방탕한 작품을 썼다는 점, 옛 시인의 구절을 절취했다는 점 등에 대한 변론.	-安肯來『東詩叢話』
	3-6. 난설헌에 대한 반정균(潘庭筠)과 홍대용(洪大容)의 대화, 박지원(朴趾源)이 청나라에 갔을 때 난설헌의 이름 및 신분에 대해 고증하고 그 소회를 밝힌 기록 언급.	-『玉溜山莊詩話』
4	난설헌이 꿈에서 시를 지었는데 이것이 시참(詩讖)이 되었음.	-『鶴山樵談』 -『詩家點燈』 권1 -『東人論詩絕句』 其十三 -『二句錄』 권下

표의 1번 항목에 나열된 자료들은 난설헌의 작시 활동 자체에 대한 저자의 견해를 표출한 기록들이다. 2번 항목의 자료들은 난설헌의 작품에 주목하여 그 풍격을 논한 것이며, 3번은 난설헌 시의 중국 유입과『난설헌집』 소재 작품들의 출처에 대해 언급한 기록들이다. 4번은 난설헌의 죽음과 관련된 시참을 소재로 한 기록인데, 빈번히 등장하므로 따로 항목을 설정하였다.

1번 항목 자료의 저자는 순서대로 심수경(沈守慶, 1516~1599), 이수광(李睟光, 1563~1628), 정태제(鄭泰齊, 1612~1669), 신방(申昉, 1685~1736), 이우준(李遇駿, 18세기 후반~19세기 초)이다. 앞의 세 사람은 모두 난설헌 및 그의 아우 허균(許筠, 1569~1618)과 같은 시대의 저자이며, 신방 역시 시대가 몇 세대 지나긴 했으나 18세기 중반을 넘지 않은 때의 인물이다. 이 시기의 기록들은 주로 난설헌이라는 뛰어난 여성시인의 존재에 대한 보고(報告), 그러한 돌출적인 현상에 대한 놀라움을 표현한 것이 주종을 이룬다고 할 수 있겠다. 앞의 〈표 1〉을 통해서 확인되듯이 16세기에 옥봉과 난설헌이 출현하기 전까지는 몇몇 기생들에 대한 일화 형식의 기록들이 전부였다. 권응인(權應仁, 1517~?), 심수경에 와서야 시화에서 여성 시인에 대해 진지하게 다루기 시작했던 것이다.

1-1에 보이는 '부인은 마땅히 주식을 의논하고 누에치기를 숭상해야 할 뿐 시 읊조리는 일은 좋은 행실이 아니다'[28]라는 언설은 기생이 아닌 사대부 여성시인이 출현한 당시부터, 뒷날 가문 내에서의 여성의 문학 활동이 상당한 정도로까지 용인되는 18·19세기에 이르러서까지도 반복적으로 출현하는 논리이다. 그러나 후대에는 여성이 시를 짓는다는 현상 자체가 놀라움으로 인식되지는 않았다. 예컨대 18세기 홍대용(1731~1783)은 난설헌의 덕행이 그 시에 미치지 못함을 들어 비난하였는데, 여기에는 여성이 시에 힘쓰는 것을 일종의 선택으로 보는 인식이 깔려 있다고도 할 수 있다.

난설헌의 작품이 음탕하다고 한 1-2의 기록은 비록 두 작품만을 대상으로 한 평가이지만, 이러한 평가의 바탕에는 여성 시인의 작품에 대한 편견이 깔려 있다고 할 수 있다. 이는 여성의 시가 올바른 성정(性情)을 표현하기 힘들다는 관념이다. 1-3에서는 부인이 시를 할 수 있는 것은 하늘이 준 재주로, 하려고 하지 않아도 저절로 그렇게 된 것이라고 하였다. 이러한 언급 역시 여성의 시작을 우연하고 기이한 행위로 보고 있는

---

28 심수경, 『견한잡록(遣閒雜錄)』: 議者或以爲婦人嘗酒食是議, 而休其蠶織, 唯事吟哦, 非美行也。

것이다. 한편 1-4의 기록은 1-2의 기록을 답습하고 있는데, 여기에 저자가 사대부 가문의 규방 안에서 시사(詩詞)를 익혀서는 안 된다는 자신의 견해를 덧붙였다. 여성의 시 창작에 대한 부정적인 견해이지만, 여기에는 1-3과 달리 여성이 시를 배우고 익혀 잘하게 될 수 있다는 후대의 인식이 담겨 있다.

2의 항목은 난설헌의 시풍을 평한 기록들로, 난설헌의 시가 당시에 가까우며 시격(詩格)이 맑고 깨끗하다는 언급이 주를 이룬다. 같은 시기 당풍을 선도한 이달(李達)이나 백광훈(白光勳)과 나란히 놓거나 우열을 비교하는 등의 언급도 있다. 또 난설헌이 시의 음률에도 정통하여 자연스럽게 사(詞)를 지었다는 기록도 있다. 이러한 평가들은 난설헌의 작품을 기록하여 시집으로 만든 장본인인 허균과, 허균의 부탁으로 난설헌집의 서(序)를 써주기도 한 유성룡(柳成龍)의 기록에서 처음 나타난다. 비슷한 시기의 신흠(申欽, 1566~1628)은 비록 난설헌의 유선시가 고인의 시를 모방한 것임을 비판하고 있으나, 기본적으로는 그의 작품이 괴려(瑰麗)·청건(淸健)하여 초당사걸(初唐四傑)의 풍모가 있다고 하며 높이 평가하고 있다.[29] 나아가 17세기 말의 남용익(南龍翼, 1618~1692)은 동시(東詩)의 전체 맥락 속에 난설헌의 시를 위치시켰는데,[30] 이는 여성 시인의 작품을 시사(詩史)의 관점에서 논하기 시작했다는 점에서 중요한 의의를 갖는다.

3번 항목의 기록들은 난설헌 작품의 출처 및 중국에서의 유전에 대해 논한 것들이다. 이는 『지봉유설』에서 「채련곡(採蓮曲)」을 비롯한 난설헌

---

29 신흠, 『청창연담(晴窓軟談)』 권下 : 許草堂之女, 金正字誠立之妻, 自號景樊堂。詩集刊行于世, 篇篇驚絶。所傳廣寒殿上樑文, 瑰麗淸健, 有似四傑之作。

30 남용익, 『壺谷詩話』 詩評 東詩 : 我朝詩, 諸名家各有所向。四佳·挹翠·容齋·佔畢·湖陰·蘇齋·芝川·簡易·澤堂尙宋, 忘軒·沖庵·企齋·思庵·李純仁·鵝溪·荷谷·蘭雪[許氏]·孤竹·玉峰·蓀谷·芝峰尙唐, 石川·霽峰·白湖·石洲·東岳·五峰·月沙·體素·五山·東溟合取唐宋, 象村·白洲·觀海合取唐明。

의 몇몇 작품의 출처가 중국의 옛 시에 있음을 논한 이래로 19세기까지 계속해서 논란거리가 되어온 주제이다. 그런데『지봉유설』부터『호곡만필』에 이르기까지는 허균의 대작(代作) 여부나 난설헌 작품의 진위(眞僞) 여부 자체가 문제시되었다면, 17세기 초『소화시평』부터는 중국에서 출판된 시선집 속의 오류를 고증하는 것이 주된 관심사로 부상했다. 17세기부터 증가하기 시작한 청조(淸朝) 지식인과의 교류와 접촉이 이러한 태도를 심화시켰을 것임을 충분히 짐작할 수 있다. 난설헌의 작품은 이미 16세기부터 중국에 알려져 있었고, 조선 내에서도 그 사실을 알고 있었다. 이후 청나라 문인들과의 직접적 교류가 증대하고, 또 조선 내에서도 박학(博學)과 고증(考證)의 학풍이 발전하고 있던 18세기에 이르러 작품의 고증 문제가 본격적으로 전개되었던 것이다. 특히 전겸익(錢謙益, 1582~1664)의 아내 유여시(柳如是, 1618~1664)가 난설헌 작품의 출처에 대해 하나하나 변론한 일이 이러한 경향을 촉발한 주요한 계기가 되었다.

또한 18세기 이후의 시화 저자들이 시급하게 생각한 것은 중국에 잘못 알려진 난설헌의 이름이나 신분에 대해 바로잡는 문제이다. 일개 여성이 중국에까지 이름을 떨친 일에 대해 기특하게 여기면서도, 사대부 가문의 여성이 '도사(道士)'라는 식으로, '경번당'이란 명칭이 두목(杜牧)을 흠모하여 지은 것이라는 식으로 와전된 것에 대해 비판하는 것이다.[31] 이는 난설헌이라는 시인 자체에 대한 평가와 상관없이 조선의 작품이 중국

---

31 신방(申昉),『둔암시화(屯庵詩話)』: 我國蘭雪許氏亦以詩負謗於當時, 固不少矣。而近見淸人尤侗文集中所謂長洲樂府者, 卷末詠外國事, 而蘭雪爲女道士, 又直稱許景樊蓋女道士之云。必因其所作玉樓上樑文上淸步虛等謠, 認定爲女冠, 而景樊之號, 乃時人浮薄者僇辱之語, 而逐爲口實, 至流入中國, 誠一奇寃也。; 이서구(李書九),『강산필치(薑山筆豸)』권上: 列朝詩集十七則世傳許氏失愛于其夫, 故嘗有詩云, "人間願別金誠立, 地下長隨杜牧之。"仍號景樊堂, 蓋言景仰樊川也。然許氏實無此事, 而好事者轉相附會, 枉受此名。至於虞山·秀水, 則皆誤以景樊爲其名, 又蘭雪其號, 非字也。

문헌에 인용되는 방식에 관심을 갖는 태도이다. 『시가점등』의 작자 이규경의 『오주연문장전산고(五洲衍文長箋散稿)』에 이 논란의 경과가 자세히 정리되어 있다.[32]

이상 『한국시화인물비평집』에 정리된 허난설헌 관련 기록들을 통해 시화사에 나타난 여성문학 담론의 변천 양상을 검토해 보았다. 난설헌은 60여 명의 여성작가 중에서 가장 풍부한 기록을 보유하고 있는 작가이므로 이러한 양상을 확인하는 데에 대표적인 사례로 활용할 수 있었다. 이상의 분석을 뼈대로 하고 문집 속의 관련 기록을 보완하면 이러한 전개 양상을 보다 구체적으로 기술할 수 있을 것이다. 또, 난설헌 이외의 다른 여성 문인들에 대한 기록 역시 저자의 기록 태도나 저술 시기에 따라 분류하는 것이 가능하다. 이러한 작업들이 축적되면 여성문학을 둘러싼 담론이 전개된 방식을 총체적으로 파악할 수 있으리라 생각된다.[33]

4. 나가며

본 발표에서는 최근 발간된 『한국시화인물비평집』에 정리된 자료를 바탕으로 여성한시 연구 분야에 시화자료를 활용하는 방법에 대해 구체적인 예를 들어 소개하였다. 기존 연구들에서 활용된 방법들을 정리하

---

32 『오주연문장전산고』 經史篇5 論史類2 人物.

33 이 장에서 설명한 방법, 즉 시화자료를 통해 여성문학에 대한 담론이 전개되는 양상을 고찰하는 방식을 활용한 논문으로는 다음과 같은 것들이 있다. 박영민, 「시화의 기생한시 담론과 심미의식」, 『漢文敎育硏究』 제20호, 한국한문교육학회, 2003; 문희순, 「시화에 구현된 사대부가 여성 한시의 미적 특질」, 『韓國言語文學』 제62집, 한국언어문학회, 2007; 박현숙, 「조선시대 사대부들의 여성문학 인식」, 『韓國思想과 文化』 제47집, 한국사상문화학회, 2009.

고, 그 방법들을 폭넓게 적용할 수 있는 가능성을 검토하는 데에 본고의 주안점을 두었다. 마지막으로 난설헌과 관련된 기록을 하나 더 인용하면 서 논의를 마무리하고자 한다. 다음은 이덕무가 홍대용(湛軒)과 청나라 반정균(潘庭筠. 蘭公)의 대화를 기록한 「천애지기서(天涯知己書)」의 한 부분으로, [표2]의 3-6에 인용된 자료이다. 대화의 아래에 붙은 논평은 형 암거사(炯庵居士), 즉 이덕무의 의견이다.

> 난공 : "귀국의 경번당은 허봉의 누이동생으로 시에 능해서 그 이름이 중국 의 시선(詩選)에 실렸으니, 어찌 다행한 일이 아니겠습니까?"
>
> 담헌 : "이 부인의 시는 훌륭하지만 그의 덕행은 전혀 그의 시에 미치지 못 합니다. 그의 남편 김성립은 재주와 외모가 뛰어나지 못했습니다. 그래 서 부인이 이런 시를 지었습니다. '이 생에서 김성립을 이별하고 / 저 생에서 두목지를 따르고 싶네.' 이 시만 보아도 그 사람됨을 알 수가 있 습니다."
>
> 난공 : "아름다운 부인이 못난 남편과 부부가 되었으니, 어찌 원망이 없을 수 있겠습니까?"
>
> 형암은 논한다. 들건대 경번은 스스로 지은 호가 아니고 부박한 사람들 이 기롱하는 뜻으로 붙인 것이라 한다. 담헌도 이에 대해서는 미처 분변하 지 못했다. 중국의 책에는 허경번과 허난설헌을 다른 사람이라 했고, 또 '그의 남편이 왜적의 난에 절조를 지키다가 죽자 허씨는 여자 도사가 되어 일생을 마쳤다.'고 했으니, 와전됨이 너무 심하다. 난공이 만약 시화를 편 집할 때 담헌의 이 말을 싣는다면 어찌 불행한 일이 아니겠는가? 또 그의 시가 전수지(錢受之. 수지는 전겸익의 자)의 첩인 유여시의 경우와 같아 결함을 지적하자면 걸리지 않는 것이 없으니, 또한 기박한 운명이다. 세상 에서는 허씨의 시를 모두 맹랑하다고 한다. 이를테면, '첩이 직녀가 아니 니, 낭군이 견우일 수 있으랴.'한 이 시도 중국 사람의 시이기 때문이다.[34]

이 예문은 18세기 여성문인을 대하는 중국과 조선의 태도 차이를 보여 주는 대표적인 장면으로 거론되는 것이다. 홍대용은 여성의 시작 활동을 부정적으로 생각하는 조선 사대부들의 전통적인 태도를 견지하고 있으며, 이와 달리 반정균은 조선인들 앞에서 자기 아내의 시문을 거론하는 등 여성의 문학 활동에 대해 선양하는 태도를 보이고 있다. 이 대화에 대해 이덕무는 난설헌의 사적이 중국에 잘못 기록된 점을 거론하며 그것을 고쳐야 함을 역설하고 있다. 그러나 와전에 대해 우려하면서도, 이덕무 역시 마찬가지로 난설헌과 상관없는 작품을 그가 지은 것으로 오인하고 있다. 이 자료에 나타나는 이덕무의 태도는 홍대용과 같이 강경하지는 않다. 오히려 전겸익과 유여시에 의해 난설헌이 심하게 비판 받는 상황에 대해 안타까워하는 것처럼 느껴지기도 한다.[35] 허난설헌 문학과 관련된 여러 층위의 담론들이 이 기록에서 생생하게 교차하고 있음을 발견할 수 있다.

한시는 한국 고전문학의 핵심적인 영역이자 전근대 시기 동아시아의 공동문어문학이라는 의의를 지닌다. 한시 연구의 각 단계에서 동아시아 전체의 시사(詩史)에 대한 이해는 필수적이다. 또한 한시 연구는 궁극적

---

34 이덕무, 「천애지기서」 筆談, 『청장관전서(靑莊館全書)』 권63 : 蘭公曰, "貴國景樊堂 許筠之妹, 以能詩名。入中國選詩中, 豈非幸歟。"湛軒曰, "此婦人, 詩則高矣。其德行 遠不及其詩。其夫金誠立, 才貌不揚, 乃有詩曰, '人間願別金誠立, 地下長從杜牧之。' 卽此可見其人。"蘭公曰, "佳人伴拙夫, 安得無怨。"炯菴曰, 嘗聞景樊, 非自號, 廼浮薄 人侵譏語也。湛軒亦未之辨耶。中國書, 分許景樊, 蘭雪軒爲二人。且曰, 其夫死節於倭 亂, 許氏爲女道士以終身, 其誣亦已甚矣。蘭公若編詩話, 載湛軒此語, 豈非不幸之甚者 乎。且其詩爲錢受之柳如是指摘瑕纇, 無所不至, 亦薄命也。世所傳許氏詩云皆孟浪。 '如妾身非織, 郎豈是牽牛。' 亦中國詩也。

35 박무영, 「18-19세기 중국 여성예술가의 소식과 조선의 반응」, 『한국고전여성문학연 구』 제17집, 한국고전여성문학회, 2008. 이 논문은 18세기 후반에서 19세기에 걸쳐 청나라 문사들과의 교류 속에서 여성들의 예술 활동에 대한 조선 문인들의 태도에 변화가 일어나고 있음을 논증하였다.

으로 그러한 시사를 포괄한 지난 시기 문화 전체에 대한 포괄적이면서도 치밀한 서술을 지향하며, 이러한 전체적인 서술이 한국문학 교육의 각 분야에 기본적인 분석틀을 제공하게 된다. 이러한 서술의 재료 역할을 하는 것이 개별 작품과 작가에 대한 연구이며, 그러한 개별 연구를 통합하여 전체적인 시각에서 재구성하는 방법 중 하나가 바로 담론 분석이다. 3-1)과 3-2)에서 논한 연구 방법이 바로 이 두 단계에 상응하는 것이다.

　본고에서는 논의의 범위를 한정하기 위해 우선 여성한시와 관련된 자료들을 주로 살펴보았다. 여성한시 외에도 한국문학 연구의 많은 부분에서 시화자료는 다양하게 활용될 수 있다. 본 논문이 해외의 한국어와 한국문학의 연구 및 교육 방면에서 시화자료를 활용하는 다양한 방식을 개발하는 데에도 일조할 수 있기를 바란다.

XML을 활용한 디지털 용어사전 편찬을 위한 데이터 모델

'조선시대 대일외교 용어사전'을 중심으로

구지현 · 김영선
선문대학교 · 연세대학교

1. 머리말

현대 사회는 인터넷의 발달로 인해 지역이나 국경을 초월하여 다른 문화권과의 교류가 촉진되고 교류 양상도 다양화되고 있다. 이러한 시대에는 어떤 지식이나 정보에 접근할 때 인쇄된 서적이나 출판물 등 아날로그 매체보다는 웹상에서 구현되는 디지털 미디어를 이용하는 빈도가 증가한다. 모르는 단어 하나를 찾을 때에도 종이사전보다는 인터넷 검색을 통해 디지털 사전을 활용하는 이용자가 많아지고, 디지털 사전을 이용하는 것이 보다 유용하다는 인식이 확산되고 있다. 디지털 미디어를 이용하여 정보에 접근할 경우, 원하는 정보에 대한 텍스트 자료뿐만 아니라 관련 이미지나 동영상 자료, 유관한 내용을 서비스하는 웹사이트 등 연계된 정보들이 다양하고 풍부하게 제공되기 때문이다.

현재 인터넷에서 서비스되는 디지털 사전은 성격에 따라 백과사전, 어학사전, 특수사전 등으로 구분할 수 있다. 용어사전은 특정 분야의 전문어를 수록한 특수사전으로, '무역용어사전', '시사경제용어사전', '정보통신용어사전', '한국고전용어사전', '전통향토음식 용어사전' 등 정치·경제·문화의 다양한 분야에서 개인이나 기관에 의해 디지털화되고 있다.

한일 양국의 외교와 관련된 용어사전은 현재까지 오프라인과 온라인 모두에서 편찬되지 않았다. 한일 간 교류가 활발해지고 다양해지는 이때에 한일 외교와 문화 교류에 관한 전문용어사전의 편찬은 시급하다고 할 수 있다. 이러한 시의성과 자료의 중요성이 맞물려서 '조선시대 대일 외교 용어사전' 편찬이 기획되었다.[1]

본 연구는 조선시대에 한일 외교의 여러 문헌에서 사용된 용어를 온라인 상에서 효율적으로 서비스하기 위한 데이터 모델을 제시하고자 한다. 우선 기존의 디지털 용어사전이 어떤 양식으로 편찬되어 있는지 살펴보고, 한일 외교 용어사전이 갖는 특수성에 근거하여 그에 적합한 형태의 디지털 사전 편찬 모델을 제시할 것이다.

2. 디지털 용어사전 비교

1) 기존의 용어사전

현재 온라인 상에서 서비스되는 디지털 용어사전은 특정 기관에서 자체적으로 서비스하는 경우와 검색 포털 사이트에서 통합적으로 서비스하는 경우로 구분할 수 있다. 특정 기관에서 서비스하는 용어사전으로는

---

1 「조선시대 대일외교 용어사전」은 2012년 9월 1일부터 2015년 8월 31일까지 3년 과정의 사업으로 추진되고 있다. 정확하면서도 풍부한 정보를 제공하는 용어사전을 편찬하기 위해 7,600,000자 이상으로 추정되는 대일외교 관련 문헌을 텍스트 풀로 설정하고, 전문연구인력이 3년에 걸쳐 원전을 검토하여 대략 10,000건의 표제어를 작성하는 것을 목표로 한다.

관세청의 '관세용어사전', 국토교통부의 '국토교통용어사전', 농촌진흥청 농업과학도서관의 '디지털농업용어사전3.1', 한국무역협회의 '무역용어사전', 문화재청의 '용어사전', 전쟁기념관의 '전쟁군사용어사전', 한국경제신문의 '경제용어사전', 한국정보통신기술협회의 '정보통신용어사전', 대한민국정부의 '행정용어사전' 등이 있다.

검색 포털 사이트에서 서비스하는 용어사전은 더욱 다양하다. 네이버는 지식백과에서 천여 개의 사전과 백만 건 이상의 표제어를 서비스하고 있다.[2] 네이버 지식백과를 통해 접할 수 있는 용어사전에는, '과학용어사전(뉴턴코리아, 2010)', '문학비평용어사전(한국문학평론가협회, 2006.1.30., 국학자료원)', '세계미술용어사전(월간미술, 1999)', '시사경제용어사전(기획재정부, 2010.11, 대한민국정부)', '인테리어 용어사전(동방디자인, 2006)', '전통향토음식 용어사전(농촌진흥청 국립농업과학원, 2010.7.5., 농촌진흥청)', '컴퓨터인터넷IT용어대사전(전산용어사전편찬위원회, 2011.1.20., 일진사)', '한국고전용어사전(세종대왕기념사업회, 2001)', '한글글꼴용어사전(세종대왕기념사업회, 2011)', '해양과학용어사전(한국해양학회, 2005)', '화학용어사전(화학용어사전편찬회, 2006)', '환경공학용어사전(환경공학연구회, 2002)', '회계·세무 용어사전(고성삼, 2006)' 등이 있으며, 이외에도 인문·사회·과학·환경 등 다양한 분야의 용어사전이 제공되고 있다. 이들 사전에는 설명 내의 핵심 키워드에 하이퍼링크가 제공되고, 참조어도 제시되어 있으며, 관련 내용이 기술된 다른 사전으로 이동할 수 있는 경우도 있다.[3]

---

2 네이버의 지식백과는 1,700여 개의 사전과 1,675,147건의 표제어를 제공하고 있다고 해당 사이트에 명시하였다. 이 수치는 2014년 1월 23일에 검색한 결과이다. 시간이 지날수록 이 수치는 점점 늘어나고 있다.

3 네이버 지식백과에서 서비스하는 용어사전의 모든 표제어에 키워드의 하이퍼링크·참조어 등 관련 정보가 연결되어 있는 것은 아니다. 한국정보통신기술협회에서 편찬한 'IT용어사전'은 동의어를 제공하고 있으나 하이퍼링크는 걸려 있지 않고, 전산용어사

하이퍼미디어를 활용해서 어떤 지식에 관련된 다양한 정보를 충실히 제공하는 것은 해당 지식에 대한 이해를 높여주며 정보에 흥미롭게 접근할 수 있도록 하므로, 디지털 사전에서는 필수적이다.

특정 기관에서 서비스하는 용어사전은 표제어와 그에 대한 설명 등 기본적인 정보만을 제공하는 것이 대부분으로, 몇 개의 사전에서만 이미지 자료나 연관어, 연관 웹사이트 정보를 제공하고 있다. 대한민국정부의 '행정용어사전'을 비롯하여 국토교통부의 '국토교통용어사전', 관세청의 '관세용어사전', 문화재청의 '용어사전' 등 정부부처 홈페이지에서 제공하는 용어사전은 기본적으로 가나다 색인 목록, 표제어, 해설 자료를 제공한다. 각 부처에 따라 영어·일어 등 외국어표제어나 한자 표기를 함께 제공하기도 하고,[4] 이미지 자료를 제공하거나 키워드 또는 관련 사이트 정보를 하이퍼링크로 제공한다. 국세청의 '세무용어사전'은 하나의 표제어에 대한 해설에서 다른 표제어에 대한 하이퍼링크를 제공하고,[5] 농림축산식품부의 '용어사전'은 이미지 자료뿐만 아니라 관련된 사

전편찬위원회의 '컴퓨터인터넷IT용어대사전'에는 참조어가 제공되고 하이퍼링크도 걸려 있다. 동종의 사전이지만 편찬자가 다르기 때문에 내용 체계가 통일되어 있지 않은 것이다. 이처럼 일관되지 않은 체계는 포털업체의 노력만으로는 극복하기 어렵다.

4 한글표제어와 함께 영어표제어를 제공하는 사전에는 관세청의 '관세용어사전', 한국무역협회의 '무역용어사전', 한국원자력안전기술원의 '원자력안전용어', 대한민국정부의 '행정용어사전', 산업통상자원부의 '용어사전', 금융위원회의 '금융용어사전', 소방방제청의 '용어사전' 등이 해당하고, 한자표제어를 제공하는 사전에는 문화재청의 '용어사전'이 있으며, 영어와 한자표제어를 함께 제공하는 사전에는 산림청의 '산림임업용어사전', 해양수산부의 '해양수산용어사전', 국세청의 '세무용어사전', 한국정보통신기술협회의 '정보통신용어사전' 등이 있다. 농촌진흥청 농업과학도서관의 '디지털농업용어사전3.1'은 중국어·영어·일어·한자 등 다수의 외국어표제어를 제공한다.

5 국세청의 '세무용어사전'은, 하나의 표제어 해설에 사용된 단어 가운데 해당 사전에 수록된 다른 표제어가 있으면, 하이퍼링크를 통해 그 단어에 대한 설명을 볼 수 있도록 하였다.

이트와 홈페이지 내부에 탑재된 정보에 대한 검색 결과도 함께 제공한다. 농촌진흥청 농업과학도서관의 '디지털농업용어사전3.1'은 다국어로 구축된 시소러스 정보를 제공한다.

민간 기관에서 서비스하는 용어사전도 표제어에 대한 상세설명뿐만 아니라 관련 정보나 관련 사이트 등의 정보를 제공한다. 한국무역협회의 '무역용어사전'은 첫 화면에서 FTA무역종합지원센터의 'FTA용어' · 관세청의 '관세용어사전' · 국토교통부의 '국토교통용어사전' · 외교부의 '외교용어사전' · 네이버사전 등 관련 용어사전 사이트를 배너로 표시하고 링크되도록 하였다. 한국정보통신기술협회의 '정보통신용어사전'은 '관련어와 연결어' 창을 별도로 활성화시켜서 링크를 걸어 놓았고, 한국경제신문의 '경제용어사전'은 관련 뉴스 정보를 제공한다.

민간 기관의 이 용어사전들은 유관한 정보를 제공하고는 있지만 제공되는 정보의 범위가 해당 기관의 용어사전 자료에 국한되어 있어서 한계를 갖는다. '무역용어사전'이 관련 용어사전 사이트 정보를 링크하여 이용자에게 여러 사이트 정보를 알려주는 것은 의미 있는 일이지만, 표제어의 해설 부분에서 연관어 링크나 관련 사이트와의 연계는 이루어지고 있지 않다. '정보통신용어사전'은 관련어 정보를, '경제용어사전'은 관련 뉴스 정보를 제공하고 있지만, 관련어는 한국정보통신기술협회의 해당 용어사전 자료이고, 관련 뉴스는 한국경제신문의 자사 사이트에 수록된 뉴스 기사가 제공될 뿐이다. 이들 용어사전이 다른 사전이나 외부 웹사이트에 실린 정보까지 범위를 확대하여 제공한다면, 보다 유익하고 활용도 높은 사전이 될 것이다.

위에서 살펴본 용어사전들의 서비스 구성을 외국어표제어, 세부내용 링크, 연관어 링크, 이미지 또는 동영상 자료, 연관 웹사이트 링크 등의 항목으로 구분하여 살펴보자. 한글표제어 이외에 한자나 외국어표제어를 병기하는 것은 표제어에 대한 이해의 폭을 넓혀주는 데 도움을 주며, 세부내용 링크·연관어 링크·이미지 또는 동영상 자료·연관 웹사이트 링크 등의 정보는 디지털의 장점을 활용하여 다양하고 폭넓은 지식정보에 접근할 수 있는 길을 열어주는 것으로, 필요한 기능이다. 따라서 다섯 가지 항목에 따라 기존 디지털 용어사전을 살펴보면 이들 사전의 한계를 파악할 수 있다. 기존 디지털 용어사전의 서비스 구성을 표로 나타내면 〈표1〉과 같다.

〈표1〉 기존 디지털 용어사전의 서비스 구성

사전명 (기관명)	외국어표제어	세부내용 링크	연관어 링크	이미지 /동영상	연관 웹사이트 링크
경제용어사전 (한국경제신문)	×	×	×	×	○
관세용어사전 (관세청)	○ (영어)	×	×	×	×
국토교통용어사전 (국토교통부)	×	×	×	×	×
디지털농업용어사전3.1 (농촌진흥청 농업과학도서관)	○ (영어, 일본어, 중국어 등)	×	○	×	×
무역용어사전 (한국무역협회)	○ (영어)	×	×	×	○
세무용어사전 (국세청)	○ (영어, 한자)	○	×	×	×
용어사전 (농림축산식품부)	×	×	○	○	○
용어사전 (문화재청)	○ (한자)	×	×	×	×
원자력안전용어 (한국원자력안전기술원)	○ (영어)	×	×	○	×
전쟁군사용어사전 (전쟁기념관)	×	×	×	○	×

정보통신용어사전 (한국정보통신기술협회)	○ (영어, 한자)	×	○	×	×
행정용어사전 (대한민국정부)	○ (영어)	×	×	×	×

　표에서 보는 바와 같이, 외국어표제어 정보는 4곳을 제외한 대부분의 사전이 해당 정보를 제공하고 있으나, 세부내용 링크는 국세청의 '세무용어사전'에서만 제공하고, 연관어 링크 정보는 농촌진흥청 농업과학도서관의 '디지털농업용어사전3.1'과 농림축산식품부의 '용어사전'과 한국정보통신기술협회의 '정보통신용어사전'이 제공한다. 이미지 자료는 농림축산식품부의 '용어사전', 한국원자력안전기술원의 '원자력안전용어'사전, 전쟁기념관의 '전쟁군사용어사전'에서 제공하고, 연관 웹사이트 정보는 한국경제신문의 '경제용어사전', 한국무역협회의 '무역용어사전'과 농림축산식품부의 '용어사전'이 제공하고 있다.[6]

　이 다섯 가지 항목 가운데 세 가지 항목을 충족한 농림축산식품부의 '용어사전'이 그나마 유관한 정보를 다양하게 제공한 편에 속한다. 이 사전을 제외하고는 외국어표제어, 이미지 자료, 연관어, 연관 사이트 등 표제어의 이해를 돕는 정보 제공이 미흡한 실정이다.

　이것은 기존의 디지털 용어사전이 대부분 단편적인 정보를 제공할 뿐 용어가 갖고 있는 의미적 연결 고리를 제공하지 않고 있음을 보여준다.

6　이들 사전 외에 기획재정부 홈페이지의 '시사경제용어' 사전은 사전 사용방법 안내 자료에, '추가 정보가 필요한 경우에는 소제목으로 상세 설명을 부가하였고, 필요한 용어는 관련 홈페이지로 이동할 수 있도록 링크를 달아 놓았으며, 용어 설명 마지막에 관련 기사나 자료를 첨부하여 다운로드 가능하도록 구성하였다'고 기술되어 있으나, 실제로 용어를 검색했을 때에는 상세설명만 제공될 뿐 표제어 명칭조차 표시되지 않는다. 이 용어사전이 안내 자료에 언급된 것과 같은 형태로 서비스된다면 다양한 유관 자료로의 접근성을 확보함으로써, 보다 활용도 높은 사전이 될 것이다.

사회·역사적 환경 속에서 탄생한 용어는 연관된 다양한 대상들과 의미 관계를 맺고 있으며, 그 관련성을 파악하는 것은 대상에 대해 보다 입체적이고 효율적으로 조망할 수 있게 한다. 따라서 하나의 용어에 대해서 외국어 표제어나 한자를 병기하고, 관련 이미지나 동영상 자료, 연관어, 관련 사이트 등을 연계시켜서 제공해야 한다. 그러나 이러한 점을 모두 만족하는 디지털 용어사전은 현재까지 편찬되지 않았다.

2) XML을 활용한 용어사전

앞에서 살펴본 바와 같이 기존에 편찬된 디지털 용어사전은 관련 이미지나 동영상 자료, 연관어 제시 및 하이퍼링크, 관련 사이트 등 연계 정보 제공에 미흡하였고, 이 때문에 보다 유용한 지식자원으로 기능하지 못하였다. 따라서 필자는 '관계성'에 초점을 맞춘 서비스 모델을 제시하고자 한다. '조선시대 대일외교 용어사전'의 용어는 한일 외교라는 사회·역사적 맥락 속에서 만들어졌기 때문에 관계성 중심으로 파악할 때 이해의 폭이 넓어진다.

예를 들어, 인물의 경우, 생몰년과 본관, 자호, 경력, 유물이나 저서 등 기본정보뿐만 아니라, 초상화 이미지 정보에는 어떤 것이 있는지, 그 인물이 어느 지역에서 생활했으며 어떤 공간과 관련이 있는지, 그가 어떤 인물과 연관이 있고, 어떤 사건과 관계가 있으며, 연표에서는 어떤 지점에 위치하는지, 인물이 언급된 외교 관련 문헌에는 어떤 것이 있는지 등 관계성에 초점을 두어 다양한 정보와 연관지을 수 있다. 이때 관련 정보는 텍스트 정보 기술에 그치지 않고 이미지 자료가 함께 제공되며, 관련 정보나 연관어, 관련 웹사이트로의 하이퍼링크가 제공되어야 한다. 다양한 유관 정보를 하이퍼텍스트로 제공하면 이용자는 최초에 접근한 지식

정보뿐만 아니라 그와 연계되어 있는 다른 지식으로의 접근이 용이하다. 인물 정보를 이러한 시·공간의 맥락과 유의미한 관련성 속에서 접하게 되면 보다 다양한 정보를 폭넓고 효율적으로 습득할 수 있게 된다.

하나의 예를 더 들어 보자. 우리나라의 인삼은 삼국시대부터 주변 국가와의 교역에서 중요한 비중을 차지했다. 한국민족문화대백과사전에서는 인삼을 '두릅나무과에 속하는 다년생 초본(草本: 꽃이나 풀 등)식물'[7]로 정의하고, 명칭·문헌 기록·효능·재배의 기원과 재배조건·인삼을 매체로 한 국제관계 등 인삼에 대한 전반적인 지식을 소개하고 있다. 인삼을 조선시대 한일 외교의 맥락 속에서 파악하면 외교 및 문화 정보가 다양하게 연계될 수 있다.

인삼은 '통신사가 파견될 때 예단품에 반드시 포함되었고, 대일무역에서 쌀·공목(公木)과 함께 중요한 수출품이었다. 일본에서 간분(寬文) 연간에 시작된 의약사상의 보급은 조선인삼의 막대한 수입으로 이어져서 일본산 정은(丁銀)이 조선에 대량 유입되어 막부 재정에 적자를 초래하게 된다. 이에 에도막부는 원록정은(元祿丁銀)이라는 순도 60%의 악화(惡貨)를 주조하게 되었고, '인삼대왕고은(人蔘代往古銀)'이라는 조선 인삼 수입 전용 화폐까지 발행'[8]하게 되었다. 인삼과 관련된 개념용어인 '단삼(單蔘)'은 일본 사신에게 지급하는 예단 인삼을 의미하고, 통신사를 일본에 파견할 때 예물로 보낸 인삼은 '신삼(信蔘)'이라고 불렀다. '인삼다례[蔘茶]'는 조선 사신을 찾아온 일본 손님에게 인삼차를 대접하는 다례를 말한다. 일본에는 조선의 인삼을 판매하는 전문 상점인 '조선인삼좌(朝鮮人蔘座)', '오카히고(岡肥後)'가 개설되기도 하였고, 1819년 간행된 일본 도

---

7 한국학중앙연구원 한국민족문화대백과사전 (http://encykorea.aks.ac.kr/)
8 '조선시대 대일외교 용어사전' 집필진인 김강일 연구원이 작성한 표제어 '인삼(人蔘)'을 참고함.

교 쇼핑가이드북『강호매물독안내(江戶賣物獨案內)』에는 조선인삼을 광고하는 글이 실려 있다. 조선의 인삼을 에도에서 팔면 4배 이상의 이익을 남긴다고 할 정도로 인삼은 인기 상품이었는데, 1719년 통신사행 때 역관 권홍식은 인삼을 밀거래한 것이 들통 나자 자살하였다.[9]

이처럼 일본과의 외교에 있어서 인삼의 역할, 인삼으로 인해 벌어진 분쟁, 인삼을 수입하기 위한 상대국의 정책, 인삼 무역이 국내외 정세에 미친 영향 등 다양한 정보를 제공할 수 있다. 또한 이러한 설명과 함께 인삼의 시각적 이미지, 인삼과 관련된 외교 문헌의 원문 이미지, 관련 공간의 이미지, 전자연표 등 시·청각 자료를 함께 제공할 수 있다. 이와 같이 관련성 중심으로 용어사전을 설계하는 것은 인물에 국한되지 않고, 지명과 유물, 사건 등 여러 유형의 용어에 모두 적용될 수 있다.

한일 관계 최초의 용어사전인 '조선시대 대일외교 용어사전'에서는 표제어의 이해를 돕기 위해 한글표제어와 함께 한자표제어와 이칭 정보를 제공하고, 연관어를 링크하며, 연관 사이트, 전자연표, 전자지도, 이미지나 동영상 자료 등 풍부한 정보를 제공할 수 있다. 다양한 연계 정보와 함께 용어의 설명을 접하면 용어에 대한 보다 총체적인 이해가 가능할 것이다.

---

9 『강호매물독안내』와 역관 권홍식의 인삼 밀거래 사건은 김동철, 「한일 문화 실크로드 시간여행 「11」 통신사와 인삼 – '죽어가던 사람도 벌떡' 인삼, 천하의 명약 소문……왜인들 구입에 몸달아」, 『국제신문』기사(2013.04.08.)를 참고함.

왼쪽 그림은 『강호매물독안내』 속 조선인삼 광고이다.
불로장생에 좋은 약으로 광고되어 있다.
김동철 교수 제공

3. 디지털 용어사전의 데이터 모델

1) 디지털 편찬의 주안점

용어사전의 디지털 사전 편찬 모델을 제시함에 있어서 중점을 두어야 할 사항은 '관련성'이다. 여기에서 말하는 관련성은 용어와 관련지어 제공할 수 있는 이미지·동영상 자료, 연관어, 연관 웹사이트, 시·공간 좌표 속에서의 용어의 위치 등 다양한 정보와의 연계를 의미한다. 연관된 정보의 범위는 해당 용어사전에 수록된 정보에 국한된 것이 아니라, 다른 기관에서 제공하는 데이터베이스 자료와 다른 기관에서 운영하는 웹사이트를 망라하는 것이다. 이때 타 기관의 정보를 무단으로 활용하는 것이 아니라, 해당 정보의 URL 주소로 링크를 걸어서 타 기관의 웹사이트나 관련 정보가 탑재된 위치로 이용자를 안내한다. 즉, 관련 정보가 있는 위치를 찾아내어 그것을 이용자에게 보여줄 수 있도록 연결통로를 제공하는 것이다. 이러한 작업은 해당 용어사전뿐만 아니라 관련된 다른 기관의 데이터 정보나 사이트에 대한 홍보도 되므로 이용자와 서비스 주체 모두에게 유익하다.

이 용어사전을 데이터베이스화할 때에는 XML(eXtensible Markup Language) 문서로 설계하는 것이 유용하다. XML 언어는 '원시 자료를 전산 가독형 데이터로 변환할 목적으로 사용하는 여러 가지 마크업 언어 가운데 현재 국제적으로 널리 통용되고 있는 가장 영향력 있는 언어'[10]이기 때문이다. 또한 XML로 전자문서를 설계할 경우 원자료의 특성을 그대로 살리면서 데이터베이스에 탑재할 수 있다. 따라서 XML로 설계하면 한일

---

10 김현, 「고문헌 자료 XML 전자문서 편찬 기술에 관한 연구」, 『古文書研究』 제29호, 한국고문서학회, 2006.8, 130쪽.

외교 용어에 대한 설명뿐만 아니라 그와 관련된 자료의 원문 이미지나 시청각 자료, 해당 용어와 연관된 용어, 연관 사이트, 전자연표와 전자지도 등 관련된 다양한 정보를 제공할 수 있다.

원문 이미지는 고문서의 원본을 고해상도 컬러로 스캐닝한 이미지를 제공하며, 해당 용어와 연관된 용어·연관 사이트 정보를 제공하고, 링크를 걸어두어서 이용자가 해당 정보에 수월하게 접근할 수 있게 하고, 전자연표와 전자지도를 통해 시·공간의 맥락 속에서 해당 용어가 위치하는 지점을 파악할 수 있게 한다.

이와 같이 지식자원을 전자문서로 변환하여 데이터베이스에 담아 온라인으로 서비스할 경우, 누구나 쉽게 자료에 접근하여 이용할 수 있으며, 이용자는 전문지식을 보다 흥미롭게 습득하게 된다. 또한 하나의 용어를 다양한 관련성 속에서 파악할 경우, 이용자는 지식을 보다 폭넓고 효과적으로 얻을 수 있게 된다. 이처럼 유관한 정보를 하이퍼텍스트로 구성하는 것은 연관된 정보를 제공하는 여러 기관과 이용자 모두에게 효율적인 방법이다. 하나의 지식을 독립된 단편적인 지식이 아니라 역사와 사회·문화의 커다란 맥락 속에서 유의미한 관계성을 가지는 정보로 인식하도록 하면, 유관한 정보들이 상호 연결되어 이용자의 지식 확장과 획득에 도움을 줄 수 있다. 따라서 필자는 관련성에 초점을 두어 데이터 모델을 제시하는 것이다.

2) 대상 자원과 내용 요소

(1) 데이터 수집 대상 자원

'조선시대 대일외교 용어사전'의 데이터 수집 대상 자원에는 공식외교 기록과 민간외교 기록을 모두 포괄하였다. 공식적인 외교기록물에는 '조선왕조실록(朝鮮王朝實錄)'의 외교 관련 기사, 『통신사등록(通信使謄錄)』, 『수신사등록(修信使謄錄)』, 『통문관지(通文館志)』, 『증정교린지(增正交隣 志)』, 『변례집요(邊例集要)』, 『동문휘고(同文彙考)』 등이 해당하고, 민간의 외교기록물에는 사행 체험을 기록한 사행록류와 필담창화집류, 개인문집 의 대일 활동 관련 기록이 있다.

이들 외교 관련 기록은 조선과 일본 양국에 있어서 정치·경제·사 회·문화 전반에 걸친 여러 측면의 접촉 양상을 보여준다. 따라서 대일 외교 기록이 수록된 이들 문헌을 대상으로 하여, 외교와 관련된 용어를 '개념용어, 기관단체, 놀이, 문헌, 물품도구, 사건, 동식물, 유물, 유적, 음식물, 의복, 인물, 작품, 제도, 지명, 행사' 등 16가지 유형[11]으로 분류 하여 추출하였다.

(2) 내용 요소와 관계성

전자 문서는 텍스트 내부에 주요 키워드로 기능하는 내용 요소를 지정 할 수 있다. 단위 문서 안의 정보를 분석하여 별도의 요소로 처리하면 관련 이미지나 동영상 자료를 첨부할 수 있고, 내부경로를 지정하거나 외부 URL 주소를 입력함으로써 하이퍼텍스트 기능을 수행하게 할 수 있다. 또한 내용 요소에 해당하는 문자에 파란색이나 초록색 등의 색을 입힘으로써 브라우저에서 구현될 때 텍스트의 가독성을 높일 수 있다.

내용 요소로 추출할 수 있는 것은 인명과 지명 요소가 대표적이다. 인 명은 행위의 주체가 되기 때문에 외교 활동에 있어서 중요한 의미소가 되고, 지명은 행위의 주체가 활동한 공간이며 외교 활동이 벌어지거나

11　유형 분류의 기준은 한국학중앙연구원의 토대자료 포털 개발팀이 제시한 '통합메타 데이터 분류표'를 따랐다.

외교와 관련된 장소라는 측면에서 빼놓을 수 없는 요소이다. 인명과 지명은 외교 관련 자료에서 빠지지 않고 등장하여, 하나의 정보가 다른 유관한 정보와 연결될 수 있는 연계 고리 역할을 한다.

내용 요소에는 외교 관련 기사가 수록된 문헌의 원문 자료도 포함되어야 한다. 이 용어사전의 데이터 수집 대상 자원이 조선시대 문헌이기 때문에 모든 표제어에는 관련된 원문 정보가 제공되어야 한다. 표제어에 대한 상세한 설명과 함께 이들 원문 정보를 제공함으로써 내용 이해에 도움을 줄 수 있으며, 한편으로는 원문에 기록된 표제어에 대한 통계치를 구하거나 원문에 대한 또 다른 연구에도 활용할 수 있다. 고전 문헌의 원문 자료는 자료의 문면에 기록된 정보 이외에도 역사·사회·문화의 전반적인 정보를 담고 있으므로 다양한 콘텐츠로 확대 재생산될 무한한 가능성을 지니고 있으므로 제공되어야 하는 요소이다.

XML로 구축된 전자 문서는 전자연표 및 전자지도와 연계하여 텍스트 내의 시·공간 정보 요소를 표현할 수 있다. 전자연표는 인물, 사건, 유물, 저서 등과 연계하여 제공될 수 있고, 전자지도는 지명이라는 특정 공간과 연결하여 제공할 수 있다. 연대기적 시간축에 인물이나 사건 등 특정 정보 요소를 위치시키는 것은 역사적 맥락 속에서의 영향 관계나 의미를 파악할 수 있도록 도와준다. 입체적으로 시각화한 전자지도 상에 특정 공간을 하나의 좌표로 표시하는 것은 해당 정보가 갖는 현실성을 더욱 부각시키게 된다.

XML 전자 문서로 작성된 하이퍼미디어 시스템에서는 인물이나 공간, 원문 등의 내용 요소와 전자연표, 전자지도 등 시·공간 정보 요소가 관련성 속에서 상호 연계되어 시각적으로 구현될 수 있다. 이들 요소는 관련된 텍스트들이 다양한 정보와 연계되어 데이터베이스 내에서 상호 참조될 수 있게 함으로써 이용자에게 폭넓은 정보를 제공하여 활용도 높은 지식자원으로 기능하게 한다.

4. 데이터베이스 설계

'조선시대 대일외교 용어사전'의 데이터베이스를 다음과 같이 설계할
수 있다.

① Entity 관계도

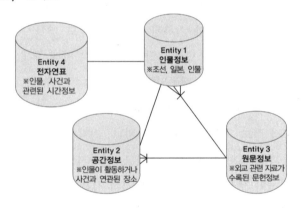

② 정보 요소의 속성

아래의 XML 전자문서 설계에 사용한 기호의 의미는 다음과 같다.

· 〈XXXX〉 ······ 〈/XXX〉 또는 〈XXX/〉 : '요소(Element)' 표시

· @XXX="" : '속성(Attribute)' 표시

· + : 요소(Element)의 반복 사용 표시, 1건 이상

· * : 요소(Element)의 반복 사용 표시, 0건 또는 1건 이상

Entity 1 : 인물정보

※ 원문 자료에 등장하는 인물에 관한 각종 메타데이터 정보는 이름·국적·본관·생몰년·관직명·역할 등으로 구성된다.

```
〈인물정보〉
    〈인물 @id=""〉
        〈기본정보〉
            〈이름 @유형="" @한글="" @한자=""/〉+ 〈!--유형에 대표|자|호|이칭|기
            타--〉
            〈국적/〉
            〈본관/〉
            〈생년/〉
            〈몰년/〉
            〈관직명 @url=""/〉〈!--외교 활동 당시 관직명--〉
            〈역할/〉
        〈/기본정보〉
        〈설명/〉〈!--인물에 대한 상세 설명--〉
        〈관련인물정보〉
            〈인물 @관계="" @인물_id=""/〉+ 〈!--관계에 교류|동행|기타--〉
        〈/관련인물정보〉
        〈시각자료〉+
            〈관련 자료 @id/〉
            ※ Foreigin Key: 관련 자료 [원문/인물/공간 정보]의 id
            〈캡션/〉
            〈URL〉 ※ 시각 자료 파일의 Uniform Resource Locator
                    〈Image/〉 ※ Full Size Image File의 URL
                    〈Index/〉 ※ Thumbnail Image File의 URL
            〈/URL〉
            〈Exif @included="YES/NO"/〉
            ※ 시각 자료 파일이 Exif(Exchangeable Image File) Data를
                포함하고 있는 경우에는 요소값 생략,
            아닌 경우 Image Size (가로 pixel x 세로 pixel) 기록
            〈촬영일시/〉
            〈제작자/〉
        〈/시각자료〉
    〈/인물〉
〈/인물정보〉
```

Entity 2 : 공간정보

※ 인물이 활동하거나 머물렀던 장소와 특정 사건을 매개로 관련이 있는 장소
(교류지·거주지·사행로·GIS 정보 포함)

```
〈공간정보〉
        〈공간 @유형="" @id=""〉〈!--유형에 교류지|거주지|사행로|기타--〉
                〈명칭 @한글="" @한자=""/〉
                〈위치 @경도="" @위도=""/〉
                〈주소/〉〈!--현대 행정구역--〉
                〈설명/〉〈!--공간에 대한 상세 설명--〉
        〈관련자료 @id/〉+
                ※ Foreigin Key: 관련 자료 [원문/인물/공간 정보]의 id
        〈시각자료〉+
                〈관련 자료 @id/〉
                ※ Foreigin Key: 관련 자료 [원문/인물/공간 정보]의 id
                〈캡션/〉
                〈URL〉 ※ 시각 자료 파일의 Uniform Resource Locator
                        〈Image/〉 ※ Full Size Image File의 URL
                        〈Index/〉 ※ Thumbnail Image File의 URL
                〈/URL〉
                〈Exif @included="YES/NO"/〉
                ※ 시각 자료 파일이 Exif(Exchangeable Image File) Data를
                포함하고 있는 경우에는 요소값 생략,
                아닌 경우 Image Size (가로 pixel x 세로 pixel) 기록
                〈촬영일시/〉
                〈제작자/〉
        〈/시각자료〉
        〈/공간〉
〈/공간정보〉
```

Entity 3 : 원문정보

※ 외교 관련 자료가 수록된 문헌

```
〈원문정보〉
    〈원문 @id=""〉
        〈서명 @유형="" @한글="" @한자=""/〉 〈!--유형에 사료|문집|기타--〉
            〈편저자 @국적="" @한글="" @한자=""/〉 〈!--국적에 조선|일본|기타--〉
            〈제작연도/〉 〈!--서기 표기는 0000-00-00/당대 왕명 표기--〉
            〈권수/〉
            〈소장처/〉
            〈설명/〉〈!--원문 정보에 대한 상세 설명--〉
        〈관련자료 @id/〉+
            ※ Foreigin Key: 관련 자료 [원문/인물/공간 정보]의 id
        〈시각자료〉+
            〈관련 자료 @id/〉
            ※ Foreigin Key: 관련 자료 [원문/인물/공간 정보]의 id
            〈캡션/〉
            〈URL〉 ※ 시각 자료 파일의 Uniform Resource Locator
                〈Image/〉 ※ Full Size Image File의 URL
                    〈Index/〉 ※ Thumbnail Image File의 URL
            〈/URL〉
            〈Exif @included="YES/NO"/〉
            ※ 시각 자료 파일이 Exif(Exchangeable Image File) Data를
            포함하고 있는 경우에는 요소값 생략,
            아닌 경우 Image Size (가로 pixel x 세로 pixel) 기록
            〈촬영일시/〉
            〈제작자/〉
        〈/시각자료〉
    〈/서명〉
    〈/원문〉
〈/원문정보〉
```

Entity 4 : 전자연표

※ 인물, 연계 사건과 관련된 시간정보

```
〈시간정보〉
    〈연표〉〈!--일반적인 내용을 서술--〉
        〈사건 @유형="" @서기="" @연호="" @id=""/〉〈!--유형에 교류|사행|사건/서기
        표기는 0000-00-00/연호는 당대의 중국 연호--〉
        〈/사건〉
    〈/연표〉
〈/시간정보〉
```

③ 서비스 모델

위에서 Entity 관계도와 정보 요소별 XML 전자문서를 설계하였다. 이를 토대로 하이퍼미디어 시스템 상에서 이 용어사전이 어떤 방식으로 구현될 수 있는지 살펴보자.

'조엄(趙曮)'이라는 인물을 예로 든다면, 그의 본관, 자호, 생몰년, 역임한 관직, 저작물 등 기본적인 설명을 간략하게 포함하면서도 외교와 관련된 활동 정보를 상세하게 기술한다. 그리고 여러 가지 유관한 정보도 함께 제공한다. 그의 초상을 그린 이미지 정보와 그가 남긴 저작물의 시각 자료를 비롯하여, 조엄과 관련된 사료의 원문 이미지를 보여주고, 통신사행의 회차 정보를 전자연표에 기록하며, 통신사행로와 외교 활동이 이루어진 공간을 전자지도에 좌표로 표시한다. 통신사행 당시 동행한 조선의 인물과 그가 접촉한 일본 측 인물에 대한 정보도 연관어로 함께 제시한다. 사행 당시 오사카의 관상가 니야마 다이호(新山退甫)가 통신사 일행의 관상을 그려서 『한객인상필화(韓客人相筆話)』를 남겼는데, 여기에 수록된 조엄의 초상 이미지도 제공한다. 또한 그가 사행길에서 돌아올 때 고구마 종자를 가져왔으므로 고구마 이미지와 전래에 관련된 정보도

함께 제공한다. 통신사와 관련된 다른 기관의 사이트 정보도 함께 제시한다. 이처럼 해당 용어사전이 웹상에서 실제로 구현될 때에는 다양한 유관 정보가 모두 제공될 수 있다.

여기에서는 위의 다양한 관련 정보 가운데 인물, 사건, 공간 등 몇 가지 정보가 구현되는 양상을 사례로 제시하고자 한다. 몇 가지의 정보를 제공하는 것만으로도 관련성에 초점을 둔 이 용어사전의 특성이 드러난다.

다음은 '조선시대 대일외교 용어사전' 서비스 모델의 구현 예시이다.

– XML 문서

〈문단〉〈인물 id="P0001"〉조엄〈/인물〉은 1763년 〈사건 유형="사건" id="E0005"〉통신사〈/사건〉로 〈공간 유형="사행로" id="L0001"〉일본〈/공간〉에 갔을 때 〈공간 유형="사행로" id="L0002"〉〈지명〉쓰시마〈/지명〉〈/공간〉에서 고구마 종자를 가져오고 그 보장법(保藏法)과 재배법을 아울러 보급하여, 구황식물로 널리 이용하게 하였다. 문장에 능하여 〈사건 유형="사건" id="E0005"〉통신사〈/사건〉로 〈공간 유형="사행로" id="L0001"〉일본〈/공간〉을 내왕하며 견문한 것을 기록한 〈원문 id="B0045"〉〈서명〉『해사일기(海槎日記)』〈/서명〉〈/원문〉를 남겼다. 〈/문단〉

위 전자문서가 브라우저에서 구현되는 양상

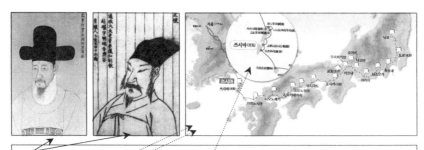

조엄은 1763년 통신사로 일본에 갔을 때 쓰시마에서 고구마 종자를 가져오고 그 보장법 (保藏法)과 재배법을 아울러 보급하여, 구황식물로 널리 이용하게 하였다. 문장에 능하여 통신사로 일본을 내왕하며 견문한 것을 기록한 『해사일기(海槎日記)』를 남겼다.

5. 향후 과제와 전망

이상으로 다양한 유관 자료를 제공함으로써 용어에 대한 이해를 극대화할 수 있는 디지털 사전의 데이터 모델을 제시하여 보았다. 이것은 관련성에 중점을 둔 확장된 용어사전으로, 디지털 '조선시대 대일외교 용어사전'은 지식의 증대와 확산뿐만 아니라, 조선과 일본의 문화 교류 역사에 대하여 입체적으로 조명할 수 있는 길을 열어줄 것이다.

이러한 디지털 사전을 서비스할 때 유관한 정보의 제공 범위에 있어서, 공공기관에서 서비스하는 데이터베이스만을 연계시켜서 자료의 신뢰도를 확보할 수도 있고, 가능한 한 모든 정보를 연계시켜서 활용도를 높일 수도 있다.

앞으로 제작되는 디지털 사전은 해당 사전의 특성을 살리면서도, 하이퍼텍스트 시스템의 장점을 살려서 유관한 정보를 충분히 활용할 수 있는 형태로 편찬될 것이다. 이는 한국학 연구의 저변 확대에 기여할 것이다.

다양한 관련 자료를 제공하는 디지털 사전은 한국어가 아닌 다른 언어와 문자를 사용하는 외국의 학자들도 이용할 수 있다. 인터넷을 통하여 한문 원전 텍스트와 관련 자료가 제공되기 때문에 외국의 학자들이 국경을 초월하여 한국의 지식 정보를 접할 수 있게 된다. 따라서 국내의 학자뿐만 아니라 외국의 학자들도 용이하게 이용할 수 있도록 온라인 접근성 강화 방안이 마련되어야 하겠다. 또한 정보 활용에 대한 표준 지침 마련이나 저작권 문제도 해결해야 할 과제이다.

수록 논문 출처

본서에 실린 논문들은 다음의 원 논문들을 수정, 보완한 것이다.

동아시아 문화교류의 다양한 층위와 데이터베이스 구축의 필요성 _ 허경진

「동아시아 문화교류의 다양한 층위(層位)와 데이터베이스 구축의 필요성」, 『한민
족어문학』 66집, 한민족어문학회, 2014.

제1부 동아시아 문화교류

『중조학사서한』을 통해 본 김재행과 항주 문사들의 교유 _ 千金梅

「『中朝學士書翰』을 통해 본 金在行과 杭州 선비들의 交流」, 『동아인문학』 제14집,
동아인문학회, 2008.

중조 외교활동과 조선여성시문의 편찬 및 전파 _ 張伯偉 · 이금선(번역)

「性別身份與詩歌文本—以朝鮮女詩人雲楚堂詩爲中心的探討」, 『域外漢籍硏究集刊』
第8輯, 中華書局(北京), 2012.

한중교유와 19세기 거주지 재현 예술 _ 김기완

「한중교유와 19세기 거주지 재현 예술」, 『한국한문학연구』 제51집, 한국한문학회,
2013.

『월남망국사』의 유통과 수용 _ 박상석

「월남망국사의 유통과 수용」, 『연민학지』 14권, 연민학회, 2010.

제2부 여행과 이주의 기록

여행이 우리에게 가져다 주는 것 _ 이상욱

「여행이 우리에게 가져다 주는 것」, 『인문과학』 제17집, 목원대학교 인문과학연구소, 2010.

조선통신사와 류큐사절단의 필담(대담) _ 조영심

「조선통신사와 류큐사절단의 筆談(對談) – 아라이 하쿠세키(新井白石)를 중심으로 –」, 『열상고전연구』 제41집, 열상고전연구회, 2014.

19세기 말 일본인의 조선여행 관련 기록물 _ 문순희

「19세기 말 일본인의 조선여행 관련 기록물 연구」, 『동북아문화연구』 제31집, 동북아시아문화학회, 2012.

1920년대 내지시찰단 기행문에 나타난 향촌 지식인의 내면의식 _ 박애경

「1920년대 내지시찰단 기행문에 나타난 향촌 지식인의 내면의식」, 『현대문학의 연구』 제42집, 한국문학연구학회, 2010.

조선인의 만주기행문 속 '국제도시' 하얼빈 _ 강혜종

「'국제도시의 기억'–1920~30년대 조선인의 만주기행문 속 하얼빈」, 『중국학논총』 34, 한국중국문화학회, 2011.

설화로 보는 간도지역 조선인의 이주와 정착 _ 김창화 · 朴今海

「설화로 보는 간도지역 조선인의 이주와 정착」, 『열상고전연구』 제35집, 열상고전연구회, 2012.

제3부 자료의 데이터베이스화

일본에 관한 정보의 수집과 정리 _ 박혜민

「이덕무의 일본에 관한 지식의 형성과정」, 연세대학교 석사학위논문, 2012.

조선시대 표류를 통한 해외 정보의 수집과 활용의 추이 _ 최영화

「조선시대 표류를 통한 해외 정보의 수집과 활용의 추이」, 『열상고전연구』 제45집, 열상고전연구회, 2015.

한국 시화자료 활용 방법의 제시 _ 장진엽

「한국 시화 자료 활용 방법의 제시」, 『中國文化大學韓國語文學系韓國學研究論文集』, 編輯委員會編, 文化大學華岡出版部, 臺灣, 2012.

XML을 활용한 디지털 용어사전 편찬을 위한 데이터 모델 _ 구지현 · 김영선

「XML을 활용한 디지털 용어사전 편찬을 위한 데이터 모델 연구」, 『한국학연구』 제48집, 고려대학교 한국학연구소, 2014.

【동아시아 문화교류의 다양한 층위와 데이터베이스 구축의 필요성】_ 허경진

1. 자료
金富軾, 『三國史記』.
李志恒, 『漂舟錄』.
蘇 軾, 『東坡續集』.
鄭麟趾, 『高麗史』.

2. 단행본
大庭修, 『漂着船物語-江戸時代日中交流』, 岩波新書, 2001.
原田禹雄, 『尖閣諸島』, 榕樹書林, 2006.
殷夢霞, 于浩, 『使朝鮮錄』, 北京圖書館出版社, 2003.

3. 논문
김 현, 「디지털시대, 인문지식의 새로운 형식」, 2013년 6월 12일 연세대학교 문화
     콘텐츠 자문회의 자료.
남미혜, 「표주록을 통해 본 이지항(1647-?)의 일본 인식」, 『梨花史學研究』 제33
     집, 이화여자대학교 이화사학연구소, 2006.
최영화, 「18세기 전기 표류를 통한 해외 정보의 유입과 지식화 - 漂流記事 纂輯書
     를 중심으로」, 연세대학교 대학원 석사학위논문, 2013.
허경진, 「표류민 이지항과 아이누인, 일본인 사이의 의사 소통」, 『洌上古典硏究』
     32집, 열상고전연구회, 2010.
허경진·최영화, 「청나라 무역선의 일본 표류와 『유방필어(遊房筆語)』」, 『아시아
     문화연구』 제26집, 가천대학교 아시아문화연구소, 2012.

제1부   동아시아 문화교류

【『중조학사서한』을 통해 본 김재행과 항주 문사들의 교류】_ 千金梅

1. 자료

『중조학사서한』, 고려대학교 중앙도서관 소장.

『燕杭詩牘』, 미국 하버드대학 옌칭도서관 소장.

安東金氏大同譜刊行委員會編, 『安東金氏世譜』, 安東金氏中央花樹會, 1982.

2. 단행본

金台俊, 『洪大容과 그의 時代』, 一志社, 1982.

朴齊家, 『楚亭全書』, 亞細亞文化社, 1992.

朴趾源, 『燕巖集』, 民族文化推進會 2000.

成大中, 『靑城集』, 民族文化推進會, 2000.

嚴　誠, 『鐵橋全集』, 서울대학교 소장.

李德懋, 『靑莊館全書』, 民族文化推進會, 2000.

洪大容, 『湛軒書』, 民族文化推進會, 2000.

3. 논문

박현규, 「조선 청조인의 연경 교유집-일하제금합집의 발굴과 소개」, 『한국한문학
　　　　연구』 23집, 한국한문학회, 1999.

허경진·천금매, 「홍대용 집안에서 편집한 燕杭詩牘」, 『열상고전연구』 27집, 열상고
　　　　전연구회, 2008.

祁慶富, 「中韓文化交流的歷史見證-關於新發現的鐵橋全集」, 『浙江大學學報』 第
　　　　31卷, 第1期, 2001.

【중조 외교활동과 조선여성시문의 편찬 및 전파】_ 蔣伯偉

1. 자료

『四庫全書存目叢書』 339, 齊魯書社, 1999.

『四書章句集注·論語集注』 7, 中華書局, 1983.

『續修四庫全書』1268, 上海古籍出版社, 2002.

『二旬錄』, 韓國亞細亞文化社, 1990.

『通文館志』, 京城帝國大學藏本 1991.

祁慶福, 『朝鮮詩選校注』, 遼寧民族出版社, 1999.

藍芳威 編, 『朝鮮詩選全集』, UC Berkeley 도서관 소장본.

閔丙壽 編, 『朝鮮歷代女流文』, 을유문화사, 1950.

朴趾源, 『燕巖集』, 韓國文集叢刊 252, 2000.

沈文倬 교주본, 『筆精』, 福建人民出版社, 1977.

柳成龍, 『西厓集』, 韓國文集叢刊 52, 1990.

安錫儆, 『霅橋集』, 韓國文集叢刊 233, 1999.

李德懋, 『靑莊館全書』, 韓國文集叢刊 258, 2000.

李廷龜, 『月沙集』, 韓國文集叢刊 70, 1992.

李宜顯, 『陶谷集』, 韓國文集叢刊 181, 1997.

林基中 編, 『燕行錄全集』, 동국대학교 출판부, 2001.

張伯偉 編, 『南京大學域外漢籍國際學術硏討會論文集』, 中華書局, 2009.

張伯偉 主編, 俞士玲·左江 參編, 『朝鮮時代女性詩文集全編』, 鳳凰出版社, 2011.

趙鍾業 編, 『修正增補韓國詩話叢編』3, 태학사, 1996.

錢謙益 著, 許逸民·林淑敏 編, 『列朝詩集』, 中華書局, 2007.

崔承翼 編, 『朝鮮時代江原道女性詩文集』, 강원도, 1998.

許筠, 『惺所覆瓿稿』, 韓國文集叢刊 74, 1991.

許米子 編, 『朝鮮朝女流詩文全集』, 태학사, 1988.

洪大容, 『湛軒書』, 韓國文集叢刊 248, 2000.

2. 단행본

中村榮孝 著, 『日鮮關係史の硏究』下, 東京: 吉川弘文館, 1969.

彭國棟 著, 『中韓詩史』, 臺灣: 正中書局, 1957.

【한중교유와 19세기 거주지 재현 예술】_ 김기완

1. 자료

신광수·신위 저, 신석초 역, 『한국명저대전집 석북시집·자하시집』, 대양서적, 1975.

이유원, 『橘山文稿』(규장각본).

조영석, 『觀我齋稿』, 한국정신문화연구원, 1984.

홍현주, 『洪顯周詩文稿, 其他』(규장각본).

_____, 『海居溲勃』(규장각본).

_____, 『海居齋詩集』(규장각본), 풍산홍씨 대종회 펴냄(비매품), 2009.

홍현주·안경직, 『한국역대문집총서 2859 海居齋文集 雙梅堂文集』, 경인문화사, 1999.

주자사상연구회 역, 『朱書百選』, 혜안, 2000.

李豫, 崔永禧 集校, 『韓客詩存』, 北京: 書目文獻出版社, 1996.

續修四庫全書(上海: 上海古籍出版社): 吳嵩梁 『香蘇山館詩集』/ 朱琦 『怡志堂詩初編』(續修四庫全書 1530).

한국문집총간(한국고전번역원 DB 이용): 金景善, 『燕轅直指』; 金正喜, 『阮堂全集』; 申緯, 『警修堂全藁』; 李尙迪, 『恩誦堂集』; 李裕元, 『嘉梧藁略』·『林下筆記』.

中國基本古籍庫 DB(북경) 이용: 吳嵩梁 『香蘇山館詩集』/ 朱琦 『怡志堂詩初編』/ 陶澍 『陶文毅公全集』.

2. 단행본

『간송문화 제83호: 명청시대회화』, 한국민족미술연구소 발행(도록), 2012.

『남종화의 거장 소치 허련 200년』, 국립광주박물관(도록), 2008.

『위창 오세창』, 예술의 전당(도록), 2001 재판.

고연희, 『그림, 문학에 취하다』, 아트북스, 2011.

손팔주, 『신위연구』, 태학사, 1983.

이종묵, 『조선의 문화공간 4책』, 휴머니스트, 2006.

이춘희, 『19세기 한·중 문학교류: 이상적을 중심으로』, 새문사, 2009.

후지츠카 치카시 저, 후지츠카 아키나오 편, 윤철규·이충구·김규선 역, 『추사 김정희 연구: 조청문화 동전의 연구』, 과천문화원, 2009.

앙리 르페브르 지음, 양영란 옮김, 『공간의 생산』, 에코 리브르, 2011.

3. 논문

금지아, 「신위의 회화수장과 감식안」, 『한중인문학연구』 23, 한중인문학회, 2008.

김기완, 「추사 일파의 「秋林讀書圖」를 통해 본 19세기 문예사의 實景」(워크숍 발표
　　　문: 발표자료집 197~214쪽 수록, 초록은 발표자료집 26~29쪽), 8th
　　　Worldwide Consortium of Korean Studies Centers Workshop(제8차
　　　세계한국학센터 컨소시움 워크숍) "Tradition & Transculturation",
　　　International Center for Korean Studies 주최, 고려대학교 민족문화
　　　연구원 개최, 2012년 7월 4일~6일.

김현권, 「김정희파의 한중회화교류와 19세기 조선의 화단」, 고려대학교 박사학위
　　　논문, 2010(김현권의 아래 논문과 구분하기 위하여, 본문 중에서는
　　　'2010a'로 줄여서 지칭함).

_____, 「藕船 이상적의 朝淸회화교류」, 『강좌 미술사』 35, 한국불교미술사학회
　　　(한국미술사연구소), 2010(김현권의 위 논문과 구분하기 위하여, 본문 중
　　　에서는 '2010b'로 줄여서 지칭함).

_____, 「오경석과 淸 문사의 회화교류 및 그 성격」, 『강좌 미술사』 37, 한국불교
　　　미술사학회(한국미술사연구소), 2011.

심경호, 「화원에서 얻은 단상: 조선후기의 화원기」, 『(수정 증보) 한문산문의 내면
　　　풍경』, 소명출판, 2003(1판 1쇄 발행은 2001년).

안대회, 「상상 속의 정원」, 『문헌과 해석』 16, 문헌과해석사, 2001.

_____, 「18·19세기의 주거문화와 상상의 정원: 조선 후기 산문가의 記文을 중심
　　　으로」, 『진단학보』 97, 진단학회, 2004.

_____, 「楚亭 朴齊家의 燕行과 일상속의 국제교류」, 『동방학지』 145, 연세대학교
　　　국학연구원, 2009.

유영혜, 「귤산 이유원 연구: 문화, 예술 취향을 중심으로」, 이화여자대학교 석사학
　　　위논문, 2007.

이민홍, 「귤산 이유원론」, 『한국한문학연구』 24, 한국한문학회, 1999.

이종묵, 「조선후기 경화세족의 주거문화와 사의당」, 『한문학보』 19, 우리한문학회,
　　　2008.

이현일, 「자하시 연구」, 성균관대학교 박사학위논문, 2006.

정　민, 「19세기 동아시아의 慕蘇 열풍」, 『한국한문학연구』 49, 한국한문학회,
　　　2012.

조규희, 「朝鮮時代 別墅圖 硏究」, 서울대 고고미술사학과 박사학위논문, 2006.

_____, 「家園眺望圖와 조선 후기 借景에 대한 인식」, 『미술사학연구』 257, 한국

미술사학회, 2008.

조선미, 「중국 초상화의 유입 및 한국적 변용」·「명·청대 초상화와의 비교를 통해
본 조선 시대 초상화의 성격」, 『초상화 연구』, 문예출판사, 2007.

【『월남망국사』의 유통과 수용】_ 박상석

1. 자료

양계초, 『越南亡國史』, 上海廣智書局, 1905.9.15. (영인본: 양계초 지음, 송엽휘·
안명철 옮김, 『역주 월남망국사』, 태학사, 2007)

「讀越南亡國史」, 『皇城新聞』, 1906.8.28~9.5.

현채 譯, 『월남망국사 : 附 滅國新論』 2판, 玄公廉 발행, 1907.5.27. (영인본: 한국
학문헌연구소 편, 『역사·전기소설』 5, 아세아문화사, 1979)

주시경 譯, 『월남망국ᄉ』 3판, 노익형 책사, 1908.6.15. (영인본: 한국학문헌연구
소 편, 『역사·전기소설』 5, 아세아문화사, 1979)

이상익 역술·현공렴 교, 『월남망국ᄉ』, 玄公廉 교열 및 발행, 1907.12. (영인본:
한국학문헌연구소 편, 『역사·전기소설』 5, 아세아문화사, 1979)

양계초 지음, 송엽휘·안명철 옮김, 『역주 월남망국사』, 태학사, 2007.

潘佩珠 著, 長岡新次郎·川本邦衛 編, 『ヴェトナム亡國史 他』, 平凡社, 1966.

2. 단행본

David G. Marr, *Vietnamese Anti colonialism* (Berkeley, Los Angeles and
London: University of California Press, 1971)

3. 논문

송엽휘, 「『越南亡國史』의 飜譯 過程에 나타난 諸問題」, 『語文研究』 34권 4호, 한
국어문교육연구회, 2006.

牛林杰, 「梁啓超 역사·전기소설의 한국적 수용―『越南亡國史』와 『意大利建國三
傑傳』을 중심으로」, 『제6회 중한인문과학연구회 국제학술대회 자료집』,
중한인문과학연구회, 2001.5.

이종미, 「『越南亡國史』와 국내 번역본 비교 연구―玄采本과 周時經本을 중심으로―」,
『中國人文科學』 34, 중국인문학회, 2006.

이충호, 「1908년 경향신문에 게재된 『월남망국사』에 대한 서평 소개」, 『한국민족
　　　운동사연구』 12, 한국민족운동사학회, 1995.

정환국, 「근대계몽기 역사전기물 번역에 대하여-『월남망국사(越南亡國史)』와 『이
　　　태리건국삼걸전(伊太利建國三傑傳)』의 경우」, 『大東文化硏究』 48, 성균
　　　관대학교 대동문화연구원, 2004.

최기영, 「國譯 『越南亡國史』에 關한 一考察」, 『東亞 硏究』 6, 서강대학교 동아연
　　　구소, 1985.

　　　　, 「한말 천주교회와 『越南亡國史』」, 『아시아문화』 제12호, 翰林大學校 아시
　　　아文化硏究所, 1996.

최박광, 「『월남 망국사』와 동아시아 지식인들」, 『人文科學』 36, 성균관대학교 인
　　　문과학연구소, 2005.

吳雪蘭, 「潘佩珠與梁啓超及孫中山的關係」, 『北京師範大學學報(社會科學版)』, 北
　　　京師範大學歷史系, 2004年 第6期(總第186期).

제2부 **여행과 이주의 기록**

【여행이 우리에게 가져다주는 것】 _ 이상욱

1. 자료

김창업, 「老稼齋 燕行日記」, 『국역 연행록선집 Ⅵ』, 민족문화추진회 편, 1984.

　　　　, 「老稼齋集」, 『韓國文集叢刊』 175, 民族文化推進會 편, 1996.

2. 단행본

강혜선, 『박지원 산문의 고문 변용 양상』, 태학사, 1999.

귀아르, 전규태 역, 『比較文學』, 정음사, 1973.

金采洙 편역, 『동아시아의 文化와 文學』 Ⅰ, Ⅱ, 보고사, 2001.

김태준, 『한국문학의 동아시아적 시각』 Ⅰ, Ⅱ, 집문당, 1999.

백영서, 『동아시아의 지역질서 : 제국을 넘어 공동체로』, 창비, 2005.

백영자, 『韓國의 服飾』, 경춘사, 1993.

소재영·김태준 편, 『旅行과 體驗의 文學』, 민족문화문고간행회, 1985.

소재영, 『연행노정, 그 고난과 깨달음의 길』, 박이정, 2004.

유봉학, 『연암일파 북학사상 연구』, 一志社, 1995.

李善宰, 『儒教思想과 儀禮服』, 아세아문화사, 1992.

李正玉 외 共著, 『靑代服飾史』, 螢雪出版社, 1999.

이혜순, 『比較文學』, 과학정보사, 1990.

정 민, 『비슷한 것은 가짜다』, 태학사, 2000.

조규익, 『연행록연구총서』 I~X, 학고방, 2006.

최영종, 『동아시아 공동체 : 비전과 전망』, 한양대학교 출판부 2005.

필립 쿤 지음, 이영옥 옮김, 『영혼을 훔치는 사람들 : 1768년 중국을 뒤흔든 공포와
　　　　광기』, 책과함께, 2005.

3. 논문

金亞利, 「『老稼齋燕行日記』 研究」, 서울대학교 석사학위논문, 1997.

金彰顯, 「『老稼齋燕行錄』에 대하여」, 『旅行과 體驗의 文學』, 민족문화문고간행회,
　　　　1985.

朴智鮮, 「金昌業의 『老稼齋燕行日記』 研究」, 고려대학교 박사학위논문, 1995.

송미령, 「18세기 조선지식인이 본 청조의 통치」, 『명청사연구』 23, 명청사학회,
　　　　2005.

李君善, 「金昌業 「燕行日記」의 敍述視角과 手法에 대한 考察」, 성균관대학교 석사
　　　　학위논문, 1997.

李章佑, 「「老稼齋燕行錄」과 「연행일기」」, 『國會圖書館報』 187, 國會圖書館, 1986.

이혜순, 「여행자 문학론의 정립」, 『비교문학의 새로운 조명』, 태학사, 2002.

林基中, 「조천록과 연행록의 복식」, 『한국복식』 10, 단국대학교 석주선기념박물
　　　　관, 1992.

_____, 「燕行錄의 對淸意識과 對朝鮮意識」, 『연민학지』 1, 연민학회, 1993.

全美子, 「金昌業 「燕行日記」 中的中國形象」, 『중국연구』 29, 한국외국어대학교 외
　　　　국학종합연구센터, 2002.

정혜중, 「조선 선비의 청국수도 北京見聞」-金昌業의 『稼齋燕行錄』을 중심으로-,
　　　　『명청사연구』 23, 명청사학회, 2005.

【1920년대 내지시찰단 기행문에 나타난 향촌 지식인의 내면의식】_ 박애경

1. 자료

국사편찬위원회 한국사 데이터베이스(www.history.go.kr)

『개벽』, 개벽사.

『동아일보』, 동아일보사.

『매일신보』, 조선총독부.

『儒道』, 유도진흥회.

『조선』 언문판, 조선총독부.

『조선』 일문판, 조선총독부.

심복진, 『東遊感興錄』, 東昌書屋, 1926. (연활자본, 중앙국립도서관 소장)

김인겸, 「일동장유가」, 심재완 校註, 『日東壯遊歌.燕行歌』, 한국고전문학대계 10,
　　　　교문사, 1984.

이태직, 「유일록」, 최강현 校註, 『조선시대 외교관이 본 명치시대 일본』, 신성출판
　　　　사, 1996.

2. 단행본

박지향, 『일그러진 근대』, 푸른역사, 2003.

허동현, 『近代韓日關係史研究-朝士視察團의 日本觀과 國家思想-』, 국학자료원,
　　　　2000.

황호덕, 『근대 네이션과 그 표상들』, 소명출판, 2005.

3. 논문

김윤희, 「조선 후기 사행가사의 세계 인식과 문학적 특질」, 고려대학교 박사학위논
　　　　문, 고려대학교, 2010.

김현주, 「근대 초기 기행문의 전개 양상과 문학적 기행문의 '기원'-국토기행을 중
　　　　심으로」, 『현대문학의 연구』 16집, 한국문학연구학회 편, 2001.

노관범, 「대한제국기 박은식과 장지연의 자강사상 연구」, 서울대학교 박사학위논문,
　　　　2007.

박애경, 「내지시찰단이 바라 본 일본- 시찰단 보고문 『동유감흥록』을 중심으로」,
　　　　『한국고전시가의 근대적 변전과정 연구』, 소명출판, 2008.

_____, 「장편가사 『東遊感興錄』에 나타난 식민지 근대 체험과 일본」, 『한국시가

연구』 16집, 한국시가학회, 2004.

박양신, 「일본의 한국병합을 즈음한 '일본관광단'과 그 성격」, 『동양학』 37, 단국대
학교 동양학연구소, 2005.

박찬모, 「'전시(展示)'의 문화정치와 내지 체험」, 『한국문학이론과 비평』 43집, 한
국문학이론과 비평학회, 2009.

박찬승, 「식민지 시기 조선인의 일본 시찰-내지시찰단을 중심으로」, 『지방사와 지
방문화』 9권 2호, 역사문화학회, 2006.

성주현, 「1920~30년대 유림계 단체의 조직에 관한 연구」, 수요역사연구회, 『식민
지 동화정책과 협력 그리고 인식』, 두리미디어, 2007.

우미영, 「東度의 욕망과 東京이라는 장소(Topos)-1905년~1920년대 초반 동경 유
학생의 기록을 중심으로」, 『정신문화연구』, 통권 109호, 한국학중앙연구
원, 2007.

이재봉, 「'내지(內地)'의 논리와 근대 초기 조선의 글쓰기」, 『한국민족문화』 37집,
부산대학교 한국민족문화연구소, 2010.

이재선, 「여행의 문학 주제학을 위하여」, 『여행서사의 계보-모험과 일상의 재편』,
대중서사학회·시학과 언어학회 공동학술대회 자료집, 2010년 3월.

정욱재, 「일제 협력 儒林의 儒敎認識」, 『한국사학사학보』 16집, 한국사학사학회,
2007.

조성운, 「1920년대 일제의 동화정책과 일본시찰단」, 『한국독립운동사연구』, 독립
기념관, 2007.

차혜영, 「지역 간 문명의 위계와 시각적 대상의 창안-1920년대 해외 기행문을 중
심으로」, 『현대문학의 연구』 24집, 한국문학연구학회, 2004.

황호덕, 「타자로의 항해들, 「사이」에서 창안된 네이션-개항기의 견문록과 간문화
적 자기 재현」, 『한국사상과 문화』 34집, 한국사상문화학회, 2006.

【조선통신사와 류큐사절단의 필담(대담)】 _ 조영심

1. 자료

『坐間筆語附江關筆談』, 八文字屋正兵衛 刊.

『新井白石全集』, 國書刊行會, 1977.

申維翰, 『海遊錄』, 한국고전종합DB.

任守幹, 『遯窩遺稿』, 한국고전종합DB.

_____, 『東槎日記』, 한국고전종합DB.

趙泰億, 『謙齋集』, 한국고전종합DB.

2. 단행본

피크 버크 지음 · 박광식 옮김, 『지식』, 현실문화연구, 2006.

宮崎道生, 『新井白石と洋学と海外知識』, 吉川弘文館, 1973.

_____, 『新井白石序論』, 吉川弘文館, 1976.

橫山學, 『琉球国使節渡来の研究』, 吉川弘文館, 2007.

3. 논문

구지현, 「1711년 신묘통신사와 아라이 하쿠세키[新井白石]의 필담을 통한 상호 소
　　　통」, 『열상고전연구』 28집, 洌上古典硏究會, 2008.

남성호, 「근세일본의 아악부흥과 아라이 하쿠세키(新井白石)」, 『동아시아고대학』
　　　31집, 동아시아고대학회, 2013.

박현규, 「북경(北京)에서의 허균(許筠) 족적(足跡) 고찰」, 『東方漢文學』 53집, 동
　　　방한문학회, 2012.

이일재, 「『江關筆談』에 대한 一考察」, 『아시아문화』 19호, 한림대학교 아시아문화
　　　연구소, 2003.

정응수, 「新井白石의 조선관」, 『남서울대학교 논문집』 2집, 남서울대학교, 1996.

_____, 「아라이 하쿠세키(新井白石)의 조선통신사 의례 개정에 관하여」, 『日本文
　　　化學報』 25집, 한국일본문화학회, 2005.

조영심, 「趙泰億 사행문학 연구; 對日觀을 중심으로」, 연세대학교 석사학위논문,
　　　2014.

허경진 · 장진엽, 「18세기 후반 일본에서의 『坐間筆語』 간행의 의미」, 『조선통신사
　　　연구』 9집, 조선통신사학회, 2009.

【19세기 말 일본인의 조선여행 관련 기록물】_ 문순희

1. 자료

小尾直蔵, 『朝鮮国京城奇談』, 報告堂, 1885.

鈴木信仁,『朝鮮紀聞』, 愛善社, 1885.

林武一編,『朝鮮案内』, 東京築地活版製造書, 1891.

鈴木信仁,『朝鮮紀聞』, 博文館, 1894.

柵瀨軍之佐(著)久保田米僊(画),『朝鮮時事(見聞随記)』, 春陽堂, 1894.

堀內松治郎,『鷄林紀遊』, 須原屋茂兵衛, 1894.

原田藤一郎,『亜細亜大陸旅行日誌並淸韓露三国評論』, 靑木嵩山堂, 1894.

矢津昌永,『朝鮮西伯利紀行』, 丸善, 1894.

如囚居士,『朝鮮雑記』, 荀祥堂, 1894.

2. 단행본

박찬승 외,『여행의 발견 타자의 표상』, 민속원, 2010.

서기재,『조선여행에 떠도는 제국』, 소명출판, 2011.

혼마 규스케 지음 최혜주 옮김,『(일본인의 조선정탐록) 조선잡기』, 김영사, 2008.

神崎宣武,『江戸の旅文化』, 岩波新書, 2004.

旗田巍,『日本人の朝鮮観』, 勁草書房, 1969.

Alain Corbin 저 小倉孝誠 역,『風景と人間 (L'Homme dans le payssage)』, 藤原
　　　書店, 2002.

Joshua A. Fogel, *The literature of travel in the japanese redicovery of china*,
　　　1862~1945 (Stanford, California: Stanford University Press, 1996)

3. 논문

박광현,「재조일본인의 '재경성' 의식과 '경성' 표상 - '한일합방' 전후시기를 중심
　　　으로」,『상허학보』29, 상허학회, 2010.

박양신,「19세기 말 일본인의 조선여행기에 나타난 조선상」,『역사학보』177, 역사
　　　학회, 2003.

박찬승,「서울의 일본인 거류지 형성 과정」,『사회와 역사』62, 한국사회사학회,
　　　2002.

윤소영,「러일전쟁 전후 일본인의 조선여행기록물에 보이는 조선인식」,『한국민족
　　　운동사연구』51, 한국민족운동사학회, 2007.

이규수,「일본인의 조선여행기록에 비친 조선의 표상-『大役小志』를 중심으로」,『대
　　　구사학』99, 대구사학회, 2010.

허경진, 「일본 시인 이시바타 사다(石幡貞)의 눈에 비친 19세기 부산의 모습」, 『인문학논총』 15권 1호, 경성대학교 인문과학연구소, 2010.

上田卓爾, 「明治期を主とした「海外觀光旅行」について」, 『名古屋外国語大学現代国際学部 紀要』 第6號, 2010.

【조선인의 만주기행문 속 '국제도시' 하얼빈】_ 강혜종

1. 자료

『大哈爾濱案內(指南)』, 哈爾濱: 大哈爾濱案內社, 昭和8[1933], 연세대 소장본.

『白光: 제1호-6호』, 영인본, 現代社, 1982.

『朝光: 제3권 7·8호, 1937년』, 영인본, 學研社, 1981.

『朝光: 제5권 7·8호, 1939년』, 영인본, 學研社, 1983.

『朝鮮文壇 二: 제8호-13호』, 영인본, 成進文化社, 1971.

김동훈·허경진·허휘훈 주편, 중국조선문학민족대계 15권 『종합산문 2』, 연변대학교 조선문학연구소, 보고사 2010.

김영식 편, 『三千里』 2, 4-5, 22, 영인본, 도서출판 한빛, 1995.

『東亞日報(學藝面)抄』, 영인본, 월촌문헌연구소 1986.

『朝鮮日報(學藝面)抄』, 영인본, 영신아카데미 한국학연구소, 1980.

한국학문헌연구소 편, 『萬鮮日報』 3-5, 영인본, 아세아문화사, 1988.

최삼룡·허경진 편, 『만주기행문』, 보고사, 2010.

국립중앙도서관 홈페이지(http://www.nl.go.kr/)

국사편찬위원회, 한국사 데이터베이스(http://db.history.go.kr/)

2. 단행본

김경일 외 지음, 『동아시아의 민족이산과 도시: 20세기 전반 만주의 조선인』, 역사비평사, 2004.

김남석 외 편, 『한국 언론산업의 역사와 구조: 새 천년에 바라보는 한국 언론산업의 과거와 미래』, 연암사, 2000.

김도형 외 저, 『식민지시기 재만조선인의 삶과 기억』, 선인, 2009.

야마무로 신이치(山室信一) 지음, 윤대석 옮김, 『키메라 만주국의 초상』, 소명출판, 2009.

제프리 K. 올릭 지음, 강경이 옮김, 『기억의 지도: 집단기억은 인류의 역사와 사회, 그리고 정치를 어떻게 뒤바꿔놓았나?』, 옥당, 2011.

한석정·노기식 편, 『만주, 동아시아 융합의 공간』, 소명출판, 2008.

James H. Carter, *Creating A Chinese Harbin: Nationalism in an International City, 1916~1932*, (Ithaca: Cornell University Press, 2002)

3. 논문

김관현·박남용, 「1930년대 하얼빈과 상하이의 도시 풍경과 도시 인식-이효석의 하얼빈(哈爾濱)과 穆時英의 상하이 폭스트롯(上海的狐步舞)을 중심으로」, 『세계문학비교연구』 25, 한국세계문학비교학회, 2008.

김도형, 「한말, 일제하 한국인의 만주 인식」, 『동방학지』 144, 연세대학교 국학연구원, 2008.

박애경, 「환락과 환멸: 1930년대 만요와 재즈송에 나타난 도시의 '낯선' 형상」, 『구비문학연구』 29, 한국구비문학회, 2009.

손지봉, 「1920~30년대 한국문학에 나타난 상해(上海)의 의미」, 韓國精神文化硏究院 석사학위논문, 1988.

이경훈, 「식민지와 관광지-만주라는 근대극장」, 『사이間SAI』 9, 국제한국문학문화학회, 2009.

이형근, 「中國 上海의 都市構造: 1895~1937」, 『문화역사지리』 11, 한국문화역사지리학회, 1999.

최낙민, 「"東方의 巴黎", 근대 해양도시 上海의 도시이미지-프랑스조계를 중심으로」, 『역사와 경계』 75, 부산경남사학회, 2010.

최정옥, 「爵靑 소설에 나타난 하얼빈의 도시이미지」, 『만주연구』 9, 만주학회, 2009.

허경진·강혜종, 「근대 조선인의 만주 기행문 생성 공간-1920~1930년대를 중심으로-」, 『한국문학논총』 57, 한국문학회, 2011.

Bakich, Olga Mikhailovna, "Russian City in China: Harbin before 1917", *Canadian Slavonic Papers* 28, no.2(1985)

Bakich, Olga Mikhailovna, "Emigre Identity: The Case of Harbin", *The South Atlantic Quarterly* 99(2000)

【설화로 보는 간도지역 조선인의 이주와 정착】_ 김창화 · 朴今海

1. 자료

李樹田主編, 『長白叢書』初集, 吉林文史出版社, 1986.

牛丸潤亮 외, 『最近間島事情』, 朝鮮及朝鮮人社, 1927.

金正明, 『朝鮮獨立運動』(5), 東京原書房, 1967.

金哲, 『韓國の人口と經濟』岩波書店, 1965.

김태갑 · 박창묵편, 『항일전설설화집』, 연변인민출판사, 1992.

연변대학교조선문학연구소, 허경진 · 허휘훈 · 채미화 주편, 『향토전설집』(연세국학
　　　　총서73-중국조선민족문학대계19), 보고사, 2006.

　　　　　　　　　　　　, 김동훈 · 허경진 · 허휘훈 주편, 『지명전설집』(연세국학
　　　　총서73-중국조선민족문학대계20), 보고사, 2007.

　　　　　　　　　　　　, 허경진 · 허휘훈 · 채미화 주편, 『민간설화자료집①~③』
　　　　(연세국학총서73-중국조선민족문학대계21~23), 보고사, 2006.

　　　　　　　　　　　　, 김동훈 · 허경진 · 허휘훈 주편, 『정길운 · 김례삼 채록 민
　　　　담집』(연세국학총서73-중국조선민족문학대계27), 보고사, 2007.

2. 단행본

이훈구, 『만주와 조선인』, 평양 숭실전문학교 경제학연구실간행, 1932.

우상렬, 『중국조선족설화의 종합적 연구』, 국학자료원, 2002.

3. 논문

강봉근, 「지하국대적퇴치설화와 해란강설화의 비교연구」, 『한국언어문학』第37輯,
　　　　한국언어문학회, 1996.

김동훈 · 허형석, 「중국지역 조선족설화의 변이양상」, 소라 허형석박사 화갑기념논
　　　　문집 『국어국문학연구』, 국어국문학회, 1996.

박창묵, 「조선족전설의 민족적 특성을 론함」, 『조선족민속연구』제1집, 연변대학
　　　　교출판사.

蘇在英, 「연변지역 조선족설화의 특이성연구」, 『中國硏究』第12輯, 건국대학교 중
　　　　국문제연구소, 1993.

이헌홍, 「중국조선족설화의 구술전통과 이데올로기지향성」, 『韓國文學論叢』第16
　　　　輯, 한국문학회, 1995.

이헌홍, 「중국 조선족 문헌정착설화의 변이양상」, 『韓國文學論叢』 第20輯, 한국문
　　학회, 1997.

임철호, 「조선족설화의 조선족형상」, 『세계문학비교연구』 제23집, 세계문학비교
　　학회, 2008.

조성일, 「조선족설화에 대한 개략적 고찰」, 『문학예술연구』 제6기, 1980.

최삼룡, 「중국 조선족재래설화 변이고」, 『조선족민속연구』 제1집, 연변대학교출판
　　사, 1992.

하미경, 「중국 조선족 설화 연구」, 부산대학교 석사학위논문, 1998.

＿＿＿, 「중국 조선족 항일설화 연구」, 『국어국문학』 제34집, 국어국문학회, 1997.

허경진·김창화, 「조선족항일투쟁과정에서 생성된 설화에 대하여」, 『영주어문』 제
　　23집, 영주어문학회, 2012.

제3부　자료의 데이터베이스화

【일본에 관한 정보의 수집과 정리】_ 박혜민

1. 자료

柳得恭, 『泠齋集』.

＿＿＿, 『並世集』, 국립중앙도서관본.

李德懋, 『靑莊館全書』.

南時韞, 『日觀記』, 국립중앙도서관본.

高橋 昌彦, 「朝鮮通信使唱和集目錄稿 (二)」, 『福岡大学硏究部論集. A, 人文科学
　　編』, 福岡大学硏究推進部, 2009.

민족문화추진회 편, 『국역 청장관전서』, 솔, 1997.

조선통신사문화사업회 도록시리즈, 『세이켄지 소장 조선통신사 유물도록』, 조선통
　　신사문화사업회·일본 시즈오카시, 2006.

허경진 역, 『한객인상필화』, 지만지, 2009.

貝原益軒, 『和漢名數』 國立中央圖書館本.

寺島良安, 『和漢三才図会』 九州大学記錄資料館本.

정약용·다산학회, 『與猶堂全書補遺』, 다산학회, 1974.

신숙주 저, 신용호 외 주해, 『해동제국기』, 범우사, 2004.

성은구 역주, 『日本書紀』, 고려원, 1993.

원중거 저, 이혜순 감수, 박재금 옮김, 『화국지: 와신상담의 마음으로 일본을 기록
　　　　하다』, 소명출판, 2006.

원중거 저, 이혜순 감수, 김경숙 옮김, 『승사록: 조선후기 지식인, 일본과 만나다』,
　　　　소명출판, 2006.

남옥 저, 이혜순 감수, 김보경 옮김, 『붓끝으로 부사산 바람을 가르다』, 소명출판,
　　　　2006.

성은구 역주, 『日本書紀』, 고려원, 1993.

崔根泳 편, 『(日本 六國史) 韓國關係記事 : 原文』, 駕洛國史蹟開發研究院, 1994.

小島憲之 校注, 『懷風藻 ; 文華秀麗集 ; 本朝文粹』, 岩波書店, 1964.

和田清 ; 石原道博 編譯, 『魏志倭人傳. 後漢書倭傳. 宋書倭國傳. 隋書倭國傳 : 中
　　　　國正史日本傳(1)』, 岩波書店, 1985.

2. 단행본

강동엽, 『조선시대의 동아시아 문화와 문학』, 북스힐, 2006.

구지현, 『계미 통신사 사행문학 연구』, 보고사, 2006.

김문식, 『조선후기 경학사상연구』, 일조각, 1996.

김태준 외, 『연행의 사회사』, 경기문화재단, 2005.

水田紀久, 『水の中央に在り木村蒹葭堂研究』, 岩波書店, 2002.

마쓰오카 세이고, 『지의 편집 공학』, 넥서스, 2000.

배우성, 『정조시대 동아시아 인식의 새로운 경향』, 일지사, 1999.

옥영정 외, 『조선의 백과지식: 대동운부군옥으로 보는 조선시대 책의 문화사』, 한
　　　　국학중앙연구원, 2009.

유봉학, 『조선후기 학계와 지식인』, 신구문화사, 1998.

이규상, 『18세기 조선 인물지 : 幷世才彦錄』, 창작과 비평사, 1997.

이승환, 『유교담론의 지형학: 근대 이후 유교 담론에 관한 정치철학적 고찰』, 푸른
　　　　숲, 2004.

이우성, 『한국의 역사상』, 창작과비평사, 1983.

이원식, 『조선통신사』, 민음사, 1991.

이혜순, 『조선통신사의 문학』, 이화여자대학교 출판부, 1996.

정민, 『18세기 조선 지식인의 발견』, 휴머니스트, 2007.

최환, 『한중유서문화 개관』, 영남대학교출판부, 2008.

피터 버크, 『지식; 그 탄생과 유통에 대한 모든 지식』, 현실문화연구, 2006.

하우봉, 『조선후기 실학자의 일본관연구』, 일지사, 1989.

후마 스스무, 『연행사와 통신사』, 신서원, 2008.

호사카 유지 저, 『조선 선비와 일본 사무라이』, 김영사, 2011.

3. 논문

구지현, 「필담을 통한 한일 문사 교류의 전개 양상: 적간관을 중심으로」, 『동방학지』 제138집, 연세대학교출판부, 2007.

권정원, 「靑莊館 李德懋의 尺牘 硏究」, 『동양한문학연구』 제15집, 동양한문학회, 2001.

_____, 「이덕무 가계와 교유관계」, 『한문학보』 제17집, 우리한문학회, 2007.

김상홍, 「다산의 일본 인식」, 『동양학』 제46집, 단국대학교 동양학연구소, 2009.

김성진, 「癸未使行時의 筆談唱和와 大阪의 混沌社」, 『韓國文學論叢』 54호, 한국문학회, 2010.

김영남, 「木村蒹葭堂의 회화 연구」, 고려대학교 대학원 석사학위논문, 2005.

_____, 「기무라켄카도(木村蒹葭堂, 1736~1802)의 繪畵 硏究」, 『미술사학』 21호, 한국미술사교육학회, 2007.

김영진, 「조선후기의 명청소품 수용과 소품문의 전개 양상」, 고려대학교 박사학위논문, 2004.

김언종, 「『여유당전서보유』의 저작별 진위문제에 대하여(中)」, 『다산학』 10권, 다산학술문화재단, 2007.

김채식, 「이규경의 『오주연문장전산고』 연구」, 성균관대학교 박사학위논문, 2009.

다카하시 히로미, 「통신사·북학파·켄카도(蒹葭堂)」, 『조선통신사연구』 제4호, 조선통신사학회, 2007.

류사와 타케시, 「일본의 "유서(類書)에서 백과사전에 이르기까지"－18세기 『와칸산사이즈에(倭漢三才圖會)』를 중심으로」, 『쌀삶문명 연구』 2권, 쌀·삶문명연구원, 2009.

박채영, 「현천 원중거의 통신사행록 연구: 『승사록』과 『화국지』를 중심으로」, 이화여자대학교 석사학위논문, 2009.

배우성, 「18세기 전국지리지 편찬과 지리지 인식의 변화」, 『한국학보』 Vol.22, 일지사, 1996.

서윤창, 「1764년 통신사의 회화활동과 그 교류」, 서울대학교 대학원 석사학위논문, 2004.

서인원, 「『東國輿地勝覽』의 編纂體裁와 特徵에 대한 一考察」, 『실학사상연구』 제12집, 역사실학회, 1999.

손혜리, 「성대중의 사행체험과 일본록」, 『한문학보』 22집, 우리한문학회, 2010.

신로사, 『원중거의 『화국지』에 관한 연구: 그의 일본인식을 중심으로』, 성균관대학교 석사학위논문, 2005.

안대회, 「18, 19세기 조선의 백과전서파(百科全書派)와 『화한삼재도회(和漢三才圖會)』」, 『대동문화연구』 제69권, 성균관대학교 대동문화연구원, 2010.

오수경, 「"燕巖그룹"연구 서설」, 『한국학보』 제12권 3호, 일지사, 1986.

_____, 「18세기 서울 文人知識層의 性向: '燕岩그룹'에 관한 硏究의 일단」, 성균관대학교 박사학위논문, 1990.

이태진, 「제10회 한국고전연구 심포지움 -해동역사(海東繹史)의 종합적 검토-: 해동역사(海東繹史)의 학술사적 검토」, 『진단학보』 53권, 진단학회, 1982.

정 민, 「18, 19세기 조선 지식인의 병세의식」, 『한국문화』 제54집, 한국환경생물학회, 2011.

정장식, 「李德懋의 日本硏究」, 『인문과학논집』 Vol.14, 청주대학교인문과학연구소, 1995.

_____, 「영조대(英祖代) 통신사와 이덕무(李德懋)의 일본 연구」, 『일본문화학보』 Vol.23, 한국일본문화학회, 2004.

진나영·송일기, 「『東國十志』「藝文志」관한 硏究」, 『한국문헌정보학회지』 제45권 제3호, 한국문헌정보학회, 2011.

진영미, 「동아시아 문화교류와 통신사 필담창화집; 『문차여향(問次餘響)』과 『일관창수(日觀唱酬)』 소재(所載) 남옥(南玉)의 수응시(酬應詩) 비교(比較) 연구(硏究)」, 『동방학지』 153권, 연세대학교 국학연구원, 2011.

진재교, 「18~19세기 초 지식·정보의 유통 메커니즘과 중간계층」, 『대동문화연구』 제68집, 성균관대학교 출판부, 2009.

_____, 「동아시아에서의 서적의 유통과 지식의 생성」, 『한국한문학연구』 제44집, 한국한문학회, 2008.

최박광, 「朝·日間 繪畵의 交流에 대하여;李聖麟과 大岡春卜을 중심으로」, 『대동문화연구』 29집, 성균관대학교 대동문화연구원, 1994.

하우봉, 「이덕무의 「청령국지」에 대하여」, 『전북사학』 Vol.9, 전북대학교사학회, 1985.

_____, 「元重擧의 〈和國志〉에 대하여」, 『전북사학』 Vol. 11·12合, 전북대학교사학회, 1989.

_____, 「조선후기 실학자들의 일본 연구와 문헌자료 정리」, 『일본사상』 6, 한국일본사상사학회, 2004.

허경진·박혜민, 「이덕무의 일본 한시 수집 경로와 서술방식」, 『동북아문화연구』 제24집, 동북아시아문화학회, 2010.

홍선표, 「朝鮮後期 한일 회화교류와 相互認識: 通信使行을 중심으로」, 『학예연구』 제2집, 국민대학교박물관, 2001.

_____, 「근세한일회화교류사연구」, 규슈대학대학원 문학연구과 미학·미술사박사학위논문, 1999.

_____, 「조선후기 통신사 수행화원과 한국의 남화」, 『일본미술-한일심포지엄』, 국립중앙박물과, 2005.

황원구, 「韓致奫의 史學思想: 海東繹史를 中心으로」, 『인문과학』 7, 연세대학교인문과학연구소, 1962.

_____, 「제10회 한국고전연구 심포지움 -해동역사(海東繹史)의 종합적 검토-: 해동역사(海東繹史)의 문화사적 이해」, 『진단학보』 53권, 진단학회, 1982.

【조선시대 표류를 통한 해외 정보의 수집과 활용의 추이】_ 최영화

1. 자료
『朝鮮王朝實錄』.
한국고전문학DB.
成海應, 『硏經齋全集』.
宋庭奎, 『海外聞見錄』, 일본 천리대 소장, 국립중앙도서관 복사본.
李圭景, 『五洲衍文長箋散稿』.

2. 단행본
강동엽, 『조선시대의 동아시아 문화와 문학』, 북스힐, 2006.
김상홍 외, 『동아시아 삼국의 상호 인식과 그 전환의 단초』, 문예원, 2010.

김영원 외, 『항해와 표류의 역사』, 솔, 2003.

김현미, 『18세기 연행록의 전개와 특성』, 혜안, 2007.

소재영·김태준 편, 『여행과 체험의 문학』, 민족문화문고간행회, 1985.

연세대학교 국학연구원 편, 『연세대학교 중앙도서관 소장 고서해제』 IV, 2008.

윤치부, 『한국해양문학연구』, 학문사, 1994.

정운경, 정민(옮김), 『耽羅聞見錄, 바다 밖의 넓은 세상』, 휴머니스트, 2008.

제주사 정립사업추진협의회, 『備邊司謄錄 제주기사』, 1999.

풍계 현정, 김상현(옮김), 『日本漂海錄』, 동국대학교 출판부, 2010.

피터 버크, 박광식(옮김), 『지식, 그 탄생과 유통에 대한 모든 지식』, 현실문화연
　　　구, 2006.

하우봉, 『조선후기 실학자의 일본관 연구』, 일지사, 1989.

한일관계사학회 편, 『조선시대 한일표류민연구』, 국학자료원, 2001.

3. 논문

고석규, 「조선시기 표류경험의 기록과 활용」, 『島嶼文化』 제31집, 국립목포대학교
　　　도서문화연구원, 2008.

김경옥, 「18~19세기 서남해 도서지역 漂到民들의 추이: 『備邊司謄錄』 「問情別單」
　　　을 중심으로」, 『조선시대사학보』 44, 조선시대사학회, 2008.

김영진, 「연행록의 체계적 정리 및 연구 방법에 대한 시론」, 『대동한문학』 제34집,
　　　대동한문학회, 2010.

김문식, 「『書李邦翼事』에 나타나는 박지원의 지리고증」, 『한국실학연구』 제15집,
　　　한국실학회, 2008.

김미선, 「최부 『漂海錄』의 기행문학적 연구」, 전남대학교 석사학위논문, 2006.

김창수, 「17세기 후반 조선사신의 공식보고와 정치적 파장」, 『사학연구』 제102호,
　　　한국사학회, 2012.

박은정, 「조선후기 지식 패러다임의 변화와 도곡 이의현-기록벽과 기록 정신을 중
　　　심으로-」, 『溫知論叢』 제30집, 온지학회, 2010.

안대회, 「茶山 제자 이강회의 이용후생학-船說·車說을 중심으로」, 『한국실학연
　　　구』 10, 한국실학회, 2005.

이은주, 「19세기 표해록의 모습과 변모양상-최두찬의 『乘槎錄』을 중심으로-」, 『국
　　　문학연구』 제9호, 국문학회, 2003.

정　민, 「다산의 「海防考」에 나타난 중국 漂船 처리문제」, 『한국학논집』 제45집,

한양대학교 동아시아문화연구소, 2009.

정　민, 「표류선, 청하지 않은 손님-외국 선박의 조선 표류 관련기록 探討」, 『한국 한문학연구』 제43호, 한국한문학회, 2009.

최영화, 「18세기 전기 표류를 통한 해외 정보의 유입과 지식화」, 연세대학교 석사 학위논문, 2013.

【한국 시화(詩話) 자료 활용 방법의 제시】_ 장진엽

1. 자료

문희순, 『(韓國古典)女性詩批評研究』, 학민문화사, 1995.

劉暢·허경진·趙季, 『韓國詩話人物批評集』, 보고사, 2012.

이종은·정민, 『韓國歷代詩話類編』, 아세아문화사, 1988.

張伯偉, 『朝鮮時代女性詩文集全篇』 1-3, 南京:鳳凰出版社, 2012.

조종업, 『韓國詩話總編』 1-17, 태학사, 1996.

＿＿＿, 『韓國詩話叢書』, 동서문화원, 1989.

蔡美花·趙季, 『韓國詩話全編校注』 1-12, 北京:人民文學出版社, 2012.

허미자, 『韓國女性詩文全集』 1-6, 국학자료원, 2004.

2. 단행본

허미자, 『허난설헌』, 성신여자대학교출판부, 2007.

3. 논문

구지현, 「『安東世稿附聯珠錄』 소재 작품의 작가와 시작시기」, 『한국고전여성문학 연구』 제9집, 한국고전여성문학회, 2004.

문희순, 「시화에 구현된 사대부가 여성 한시의 미적 특질」, 『韓國言語文學』 제62 집, 한국언어문학회, 2007.

박무영, 「18-19세기 중국 여성예술가의 소식과 조선의 반응」, 『한국고전여성문학 연구』 제17집, 한국고전여성문학회, 2008.

박영민, 「시화의 기생한시 담론과 심미의식」, 『漢文敎育硏究』 제20호, 한국한문교 육학회, 2003.

박현숙, 「조선시대 사대부들의 여성문학 인식」, 『韓國思想과 文化』 제47집, 한국사상문화학회, 2009.

성민경, 「『고부기담』 연구-작자 문제와 창작 양상을 중심으로-」, 고려대 국어국문
학과 석사학위논문, 2011.

윤호진, 「『韓國詩話人物批評集)』 1-5권의 출간을 맞이하여」, 『淵民學志』 제18집,
연민학회, 2012.

이종문, 「李玉峯의 작품으로 알려진 漢詩의 作者에 對한 再檢討」, 『韓國漢文學研
究』 제47집, 한국한문학회, 2011.

최재남, 「『동시총화』 연구」, 『경남문학의 원류와 자장』, 경남대학교 출판부, 2003.

【XML을 활용한 디지털 용어사전 편찬을 위한 데이터 모델】_ 구지현·김영선

곽길신·주경수, 「XML 데이터베이스 기반의 영상정보 검색시스템 설계」, 제32회
추계학술발표논문집 Ⅱ, 한국정보과학회, 2005.

김동철, 「한일 문화 실크로드 시간여행 「11」 통신사와 인삼 - '죽어가던 사람도 벌
떡' 인삼, 천하의 명약 소문…… 왜인들 구입에 몸 달아」, 『국제신문』,
2013.04.08. 기사.

김진희, 「XML을 이용한 문헌정보학용어사전의 구조화 및 브라우저 설계」, 숙명여
자대학교 석사학위논문, 2001.

김 현, 「고문헌 자료 XML 전자문서 편찬 기술에 관한 연구」, 『古文書研究』 제29
호, 한국고문서학회, 2006.8.

_____, 「電子文化地圖 開發을 위한 情報編纂技術」, 『인문콘텐츠』 제4호, 인문콘
텐츠학회, 2004.12.

리상용, 「XML을 활용한 고문헌의 원문 디지털화 방안에 대한 연구 : 고문헌을 위
한 DTD개발을 중심으로」, 『한국문헌정보학회지』 제37권 1호, 한국문헌
정보관리학회, 2003.

이남희, 「디지털 시대의 고문서정리 표준화」, 『古文書研究』 제22호, 한국고문서학
회, 2003.2.

한동숭, 「문화기술과 인문학」, 『인문콘텐츠』 제27호, 인문콘텐츠학회, 2012.

찾아보기

저자소개

강혜종
연세대학교 국어국문학과 박사과정 수료

구지현
선문대학교 국어국문학과 조교수

김기완
연세대학교 국어국문학과 박사과정 수료

김영선
연세대학교 국어국문학과 석사과정

김창화
연세대학교 국어국문학과 석사과정 수료

문순희
연세대학교 국어국문학과 박사과정 수료

朴今海
중국 연변대학교 인문학원 사회학과 교수, 민족연구원 원장

박애경
연세대학교 국어국문학과 교수

박상석
동아대학교 교양교육원 조교수

박혜민
연세대학교 국어국문학과 박사과정

이상욱
연세대학교 국어국문학과 박사과정 수료

張伯偉
중국 남경대학(中國 南京大學) 중문과 교수

장진엽
연세대학교 국어국문학과 박사과정 수료

조영심
연세대학교 국어국문학과 박사과정

千金梅
중국 남통대학(中國 南通大學) 문학원 부교수

최영화
연세대학교 국어국문학과 박사과정

허경진
연세대학교 국어국문학과 교수

한국 언어·문학·문화 총서 **4**

동아시아 문화 교류와 이동의 기록

2015년 7월 31일 초판 1쇄 펴냄

지은이 허경진 외
펴낸이 김흥국
펴낸곳 도서출판 보고사

책임편집 이경민
표지디자인 이유나

등록 1990년 12월 13일 제6-0429호
주소 서울특별시 성북구 보문동7가 11번지 2층
전화 922-5120~1(편집), 922-2246(영업)
팩스 922-6990
메일 kanapub3@naver.com
http://www.bogosabooks.co.kr

ISBN 979-11-5516-428-0 94300
      979-11-5516-424-2 94080(세트)
ⓒ 허경진 외, 2015

정가 31,000원
이 도서의 국립중앙도서관 출판시도서목록(CIP)은 서지정보유통지원시스템 홈페이지
(http://seoji.nl.go.kr)와 국가자료공동목록시스템(http://www.nl.go.kr/kolisnet)에서 이
용하실 수 있습니다. (CIP제어번호 : CIP2015020536)